Online Chinese Teaching and Learning in 2020

2020中文线上教学

A Monograph
for Journal of Technology and Chinese Language Teaching

《科技与中文教学》期刊

Online Chinese Teaching and Learning in 2020
2020中文线上教学

Edited by **Shijuan Liu** (刘士娟)

This edited monograph includes 21 papers written by 41 contributors from 9 countries on four continents, sharing their teaching practices, strategies, reflections, and/or findings from their research on online Chinese teaching and learning in 2020. Its introductory chapter authored by the editor, Dr. Shijuan Liu (刘士娟), provides a comprehensive overview of the history of online Chinese teaching and learning and thoughtful analysis of associated terms (e.g., distance education), in addition to summarization of the 21 wonderful papers in this volume. Readers can also gain a solid understanding of many Chinese language programs mentioned in the monograph, as well as the general situation of Chinese language education, and measures taken in responses to the COVID-19 pandemic in several countries, including India and South Africa. This monograph offers practical implications and historic references to the field of Chinese language education and online teaching and learning globally. It serves as a timely and significant addition to the published book edited by the same scholar, Teaching the Chinese Language Remotely: Global Cases and Perspectives, which includes 15 chapters in English from 21 authors in 10 countries on five continents.

Ordering information at nflrc.hawaii.edu

UNIVERSITY
of HAWAI'I
MĀNOA

Praise for *Online Chinese Teaching and Learning in 2020*

"Language educators are always at the forefront of society and are often among the first to feel the true face, true temperament and true needs of the current era. The book 2020 Chinese Online Teaching is just such an example work that keeps pace with the times. I applaud Dr. Shijuan Liu's pioneering organization, gathering Chinese online education experts from four continents and covering all aspects of Chinese online teaching under the impact of the Covid-19 epidemic. I believe that this work will establish some models and examples of Chinese teaching and applications of computer and internet technology in second language acquisition, and will give readers unlimited inspiration and space for innovation.

语言教育者总是走在社会前线，常能在第一时间感受当今时代的真面目，真性情与真需求。这本《2020 中文线上教学》一书，就是这么一本与时俱进的范例著作。赞赏刘士娟博士的先发组织、召集了四大洲的中文网络教育专家，提供了在新冠疫情冲击下的中文线上教学面面观。相信此作将对中文教学与科技网络在二语习得的教学应用上，树立一些楷模与规范，并能给予读者无限的启发与创新空间。"

----- Dr. **Sue-mei Wu** (**吴素美**博士)
Teaching Professor of Chinese Studies（中文教学教授）
Carnegie Mellon University（卡内基梅隆大学）
Founder and President of CLTA-WPA （西宾州中文教师学会创会会长）
Executive Director of CLTA-USA （美国中文教师学会执行长）

"The COVID-19 pandemic in the past two years has driven language teaching and learning online with many teachers not being prepared for this challenge. Against this background, the editor of Online Chinese Teaching and Learning 2020, Dr. LIU, Shijuan, an expert in online Chinese language teaching and research, conceived the need of editing a monograph to share the experience of instructors and students teaching and learning online. The book, contributed mostly by practicing teachers, would be an invaluable and timely read for practitioners who are searching for effective online teaching strategies, and for educational researchers who would like to get a glimpse of the Chinese language programs in various parts of the world."

-----Dr. **Jinlan Tang** (**唐锦兰**博士)
Professor and Dean of the Institute of Online Education(网络教育学院教授和院长)
Beijing Foreign Studies University (北京外国语大学)
Co-Editor-in-Chief, Journal of China Computer-Assisted Language Learning
（《语言智能教学》期刊联合主编)

"This monograph puts together the experiences and analysis of the impact of COVID-19 on Chinese language teaching, from the perspective of Chinese language practitioners and researchers from all parts of the world. It is an important step to enhance communication and exchange among colleagues around the globe. I am sure it will be of great use to all teachers eager to integrate technology more effectively into their teaching, including graduate students who are just starting out and have received little training in online teaching."

-----Dr. **Helena Casas-Tost** (**艾丽娜**博士)
Program Coordinator and Lecturer (项目负责人和讲师)
MA Program in Teaching Chinese to Spanish Speakers (国际汉语教育硕士项目)
Universitat Autònoma de Barcelona, Spain (西班牙 巴塞罗那自治大学)

More Praise for *Online Chinese Teaching and Learning in 2020*

"This book is a most welcome initiative to respond to the new challenging teaching context caused by the pandemic. It makes a significant and timely contribution to the field of Chinese language teaching and learning. The book draws on a wide range of contexts, from North America to Europe, Africa and Asia, and covers diverse topics generating stimulating and throughout-provoking discussions. For those of us involved in Chinese language teaching in the new context, this is an excellent book to have at hand."

------Dr. **Wei Cai** (蔡薇)
Chair, Division of Chinese Studies and Japanese Studies (中文和日文项目主任)
University of Calgary, Canada (加拿大卡尔加里大学)

"这部文集是新冠疫情时期国际中文教育的真实写照，也是科技赋能拓展国际中文教育发展空间的有益探索，更是世界外语教育发展进程中国际中文教育智慧的生动体现。这部文集为全球中文教师提供了及时和较为完善的教学指南。从中可以查阅不同国家和地区、不同类别的中文项目，也可以参考线上与线下、课内与课外、集体与个别等不同方式相互联合的教学方案，理解围绕学习过程和资源开展设计、开发、利用、管理和评价的意义。"

-----郑艳群博士 (Dr. **Yanqun Zheng**)
汉语国际研究院教授和博导(Professor and Doctoral advisor,
Research Institution of International Chinese Language Education)
北京语言大学 (Beijing Language University)

"This is a must-read for all educators if you want to know how education will proceed under the pandemic. The book, edited by Dr. Liu, includes a total of 21 articles from the United States, Europe, Asia, Africa and other regions. The content ranges from pragmatic and specific curriculum teaching, activity design to also reflections and precipitations on teaching in terms of ideas. This book is a message to all educators, especially those who felt like they were struggling alone in these dark times, that you are not alone."

-----Dr. **Tse, Ka Ho** (謝家浩博士)
Director of CKC Centre (纵横资讯科技语文发展中心总监）
The Education University of Hong Kong（香港教育大学）

"2019 年新冠疫情危机的爆发在世界范围内掀起了一场教育的大实验和大变革。这场危机刺激并加快了远程教育的发展，《2020 中文线上教学》一书就诞生在这个大背景下。它汇集了来自全世界四大洲 41 位教育者和学者在疫情期间对汉语远程教学的实践和思考，近百名学者参与其中，共同探讨汉语远程教学的课程设计，平台和工具的使用，教学策略，在线学习社群的建立等一系列问题，并对疫情后时代的远程教育如何从应急模式走向精心策划的在线学习体验模式提出了思考。本书同时也对全球的汉语教学进行了概述，从广度和深度让人了解到多个国家的中文教育以及多个院校的具体汉语课程设置。这本专著凝聚了编者多年的心血。为全球汉语教学领域，特别是全球汉语远程教学领域增添了一块坚实的砝码。"

--------王珏博士(Dr. **Jue Wang Szilas**)
中文初阶慕课负责人(Executive leader of the Introductory Chinese MOOC)
法国东方语言文化学院(National Institute for Oriental Languages and Civilizations, France)
瑞士日内瓦中文学校协会会长(President of the Association of Chinese School of Geneva)
远程教育项目负责人(Chief Coordinator of the distance education)
瑞士日内瓦大学(University of Geneva, Switzerland)

Online Chinese Teaching and Learning in 2020

2020中文线上教学

Edited by **Shijuan Liu** (刘士娟)

PUBLISHED BY

nflrc National Foreign Language
Resource Center
University of Hawai'i at Mānoa

Editor
Shijuan Liu (刘士娟)
Indiana University of Pennsylvania
Indiana, PA, USA

Manufactured in the United States of America.

The contents of this publication were developed in part under a grant from the U.S. Department
of Education (CFDA 84.229, P229A180026). However, the contents do not necessarily represent
the policy of the Department of Education, and one should not assume endorsement by the
Federal Government.

ISBN: 978-1-64316-859-3

Published by
National Foreign Language Resource Center
University of Hawai'i
1890 East-West Road #156
Honolulu HI 96822-2318
nflrc.hawaii.edu

This book is dedicated to

Dr. **Xie, Tianwei** 谢天蔚 (1946-2021),
a pioneer in the application of technology for Chinese language learning
and instruction

&

Others who have also made impacts on my life but recently completed their
life journeys, including
Professor **Tao, Sha** 陶沙 (1936-2020)
My father **Li, Xianchen** 李宪臣 (1947-2021)
Mother's mother **He, Xiu** 何秀 (1923-2021)

Contents
(目录)

Preface
（前言）

There were two popular memes in the dawn of 2022, both suggesting that 2022 is pronounced as "2020 too" or "2020 II." I was delighted with these memes for this monograph project alone since it had originally been planned for publication in 2020, but had been delayed, and now will finally be published in 2022. As the title of the monograph reveals, articles herein discuss the state of online Chinese teaching and learning in 2020. Additionally, nearly all articles were written in 2020 despite the publication delay into 2022.

Before the outbreak of the COVID-19 pandemic in 2020, very few institutions offered fully online Chinese courses resulting in limited research conducted. The annual Online Chinese Teaching Forum & Workshop (OCTFW) organized by Michigan State University from 2015-2020 was one of the few (if not only) conferences dedicating to online Chinese teaching and learning discussions, even though some OCTFW presentations were not focused on fully online teaching. Based on an invited talk I gave at OCTFW in 2016 (Liu, 2016), I wrote an article, in which I discussed different modes of Chinese teaching and learning, related concepts with online teaching and learning, and analyzed why learners chose to learn Chinese online and why institutions and individuals offered online Chinese courses including MOOCs (see Liu, 2018 for details).

The pandemic caused rapid school shutdowns one after another worldwide in the first half year of 2020, and most schools chose or were forced to continue their offerings through online teaching and learning. Consequently, Chinese language instructors and students across countries experienced online teaching and learning in 2020. I conceived the idea of editing a book documenting the online experiences of both instructors and students across the globe. I received encouragement from many colleagues, such as Drs. Curtis Bonk, Yea-Fen Chen, Chengzhi Chu, Wayne Wenchao He, Shih-chang Hsin, Sue-mei Wu, and Tianwei Xie. Both Dr. De Bao Xu (the founding editor-in-chief of the Journal of Technology and Chinese Language Teaching-JTCLT) and Dr. Jun Da (the present JTCLT editor-in-chief http://www.tclt.us/journal) supported the book as the first JTCLT monograph.

With a variety of assistance from numerous colleagues, I received nearly 60 articles from about 20 countries on six continents (North America, South America, Asia, Africa, Europe, and Oceania). These submitted articles all went through a double-blinded peer review process, and each article was reviewed by more than three reviewers, in addition to my review. Fourteen articles written in English, in addition to an overview chapter I wrote, have been published by Palgrave Macmillan under the title *Teaching the Chinese Language Remotely: Global Cases and Perspectives* (Liu, 2022). That book includes 15 chapters authored by 21 scholars in the following 10 countries: Czech Republic, Germany, Italy, Mauritius, South Africa, Australia, New Zealand, China (mainland and Hong Kong), Japan, and the U.S. To some extent, this present monograph is a companion volume to that book.

This present monograph, including my introductory chapter, consists of 22 articles written by 42 authors from the following countries and regions: the U.S. (9 articles), France (1), Germany (1), South Africa (1), Japan (2), India (1), Thailand (1), Mongolia (1), and China, including Mainland (4), and Taiwan (1). The title, abstract, and keywords of each article in this monograph are in both Chinese and English, with one article including body text in English. The initial chapter includes my introduction to these articles and overview of teaching and learning Chinese online both before and after 2020. Nearly all contributors to this monograph speak both Chinese and English (though proficiency levels may vary) and some of them can speak three or more languages. Their brief bios are included in the end of the monograph and interested readers can contact them in English or Chinese for questions on their articles.

Among the 21 articles contributed by 41 colleagues, most of them reflected that their fully online Chinese language courses and programs offered in 2020 were the direct result of pandemic related school shutdowns. The article by Li and Li (Chapter 9) is an exception as the fully online Chinese courses offered by Confucius Institute of Michigan State University through Michigan Virtual started from 2006. It's worth noting that the teaching experience, practice, and findings shared in these articles are not outdated in 2022. Many of them anticipatedly will also apply to future online teaching and learning, such as the variety of practical strategies on building online communities for online courses shared by Bao and Chen (Chapter 4). Undoubtedly, each article in the monograph will continue to remain relevant as part of the history of Chinese language teaching and learning as well as that of general online teaching and learning.

Additionally, readers can learn from this monograph about Chinese programs at different institutions and Chinese language education in several countries. For example, several authors in their chapters give an overview of their Chinese programs before discussing the design and teaching of specific courses, such as Chen from Brown University (in Chapter 5) and Liu from Peking University (in Chapter 14). Both Chapter 2 (by He et al.) and Chapter 3 (by Chang et al.) provide a comprehensive introduction of the entire summer intensive programs in University of Rhode Island and Middlebury Chinese School respectively. Some chapters also introduce the overall situation of online teaching and learning in their institutions, not limited to Chinese teaching and learning, such as Chapter 17 (by Hong et al. on National Taiwan Normal University). Additionally, some chapters include data collected at more than one institution, such as Chapter 7 (by Huang, reporting data from 19 high schools) and Chapter 21 (by Sunaoka, reporting data collected by seven institutions). Furthermore, some chapters also provide an overview of the Chinese language education and online teaching and learning in the entire country, such as Chapter 12 (by Ren and Ma on South Africa) and Chapter 20 (by Banerjee on India).

While there have been journal articles and book chapters published on online Chinese teaching and learning before the pandemic (such as Kan, 2013; Sun, Chen, & Olson, 2013) and during the pandemic (such as Xu, Chen, & Shi, 2021), this monograph is the first edited bilingual book concerning online Chinese language teaching and learning, as a companion volume to the aforementioned English book that I edited. These 21 articles from four continents have been rigorously reviewed by multiple peers, and the 41 authors patiently and tirelessly worked with me in revising and perfecting their articles over the course of the last two years. We believe that this monograph will be a significant contribution to the field of Chinese language teaching and learning as well as the arena of online education. We decided to make this monograph open access so that anyone interested can access it easily and more people can benefit from it globally, like the recent electronic version of the *Handbook of Distance Education* (Moore & Anderson, 2003).

This monograph is a collective product in every sense, and over 100 scholars worldwide were involved. The following Acknowledgement section details my sincere appreciation to those who helped the birth of this monograph. Here, I would like to particularly thank (1) Dr. Tianwei Xie, a pioneer in the application of technology for Chinese language learning and instruction, including online Chinese teaching and learning, a senior colleague/friend and role model, for encouraging me to pursue this project and sharing with me so much his wisdoms over the years. Dr. Xie passed away in September 2021 and this monograph is dedicated to him; (2) Dr. De Bao Xu, a true leader in the field I look up to, who is both visionary and encouraging, for inviting me to join the TCLT leadership team and to serve as the column editor for JTCLT since its inaugural issue in December 2010; and (3) Dr. Jun Da, the most capable and selfless colleague I know, from whom I have learned so much through working with him closely during the past 11 years in the process of editing the JTCLT articles as well as organizing the TCLT international conferences and editing the conference proceedings; (4) Dr. Curtis J. Bonk, my dissertation advisor and mentor, from whom I took the courses on online pedagogy twenty years ago, and began my subsequent research and collaboration with him, for his caring and unwavering support over the years, and as someone who demonstrates what a world-class scholar with global perspectives looks like through his prolific publications, international speeches and connections, and numerous initiatives; and (5) Mr. David Oka, from the Center for Language & Technology, University of Hawai'i at Mānoa, on behalf of National Foreign Language Resource Center, for helping to keep me on task for this ambitious yet strenuous project, and providing his insightful advice and professional assistance on the cover design, formatting, copyright, and much more. This book could not have been finished without the vast collegial assistance I received from so many wonderful colleagues whom I have the honor to work with, and without the personal support from my family members whom I have the blessing to live with. So, this book is for you all and of you all.

Shijuan Liu
Indiana, PA

References

Kan, Q. (2013). The use of ICT in supporting distance Chinese language learning-Review of the open university's beginners' Chinese course. *Journal of Technology and Chinese Language Teaching, 4*(1), 1-13.

Liu, S. (2016). *Teaching Chinese language online: What, when, why, how?* Invited presentation given at the 2nd Online Chinese Teaching Forum and Workshop (OCTFW). Organized by the Confucius Institute of Michigan State University, East Lansing, MI. November 11-12.

Liu, S. (2018). Teaching and learning Chinese language online: What and why? *International Chinese Language Education, 3*(2), 11-26.

Liu, S. (2022). *Teaching the Chinese language remotely: Global cases and perspectives.* Switzerland: Palgrave Macmillan, Spring Nature International. https://doi.org/10.1007/978-3-030-87055-3

Moore, M. & Anderson, W. (Eds.). (2003) *Handbook of distance education.* Mahwah, NJ: Erlbaum. https://citeseerx.ist.psu.edu/viewdoc/download?doi=10.1.1.452.2439&rep=rep1&type=pdf

Sun, M., Chen, Y., & Olson, A. (2013). Developing and implementing an online Chinese program: A Case Study. In B. Zou, M. Xing, Y. Wang, M. Sun, & C. Xiang (Eds.), *Computer-Assisted Foreign Language Teaching and Learning: Technological Advances* (pp. 160-187). Hershey, PA: IGI Global. doi:10.4018/978-1-4666-2821-2.ch010

Xu, L., Chen, Y. & Shi, S. (2021). An analysis of international students' experiences of online courses: Based on a survey of international students at a Chinese university. *Journal of International Chinese Teaching, 1*, 39-49. [徐来, 陈钰, 施妤婕 (2021). 国际学生汉语课程线上学习体验调查分析—以国内某高校国际学生为例,《国际汉语教学研究》, 2021 年第 1 期, 39-49 页]

致谢(Acknowledgement)

独木难成林，这本酝酿于 2020 年 3 月历经两年，汇集全球中文教师线上教学实践经验和研究发现的书，离不开诸多前辈、同侪、后起之秀的大力支持和帮助。这本书收有包括编者在内来自 9 个国家 42 位学者写的 22 篇文章。这本书的姐妹篇书名为《Teaching the Chinese Language Remotely: Global Cases and Perspectives》，收有来自 5 大洲 10 个国家 21 位学者用英文写成的 15 篇文章，已由 Spring Nature International 国际出版社旗下的 Palgrave Macmillan 出版。

编者首先感谢这些作者的信任，很多文章提交于 2020 年，由于种种因素这本书到了 2022 年才出版。其次感谢作者们的敬业和耐心，根据匿名审稿人和编者的建议，从内容到文字到格式，不厌其烦，精益求精，一遍遍认真修改。这些作者的名字和他们的简介在书中可以找到，这里不再一一重复。

编者要深深感谢很多热心的同行们帮着审稿，为文章提供专业修改建议。因为收到的近 60 篇稿件来自 6 大洲（北美、南美、非洲、欧洲、亚洲、大洋洲）近 20 个国家大中小学老师，除了请不同国家的大学老师帮着审稿外，也请了一些中小学老师帮着提建议，以保证所选文章有研究价值的同时也有实践意义。以下为部分审稿老师（及其工作所在国家地区）的名单（按姓氏排序）：

美国：鲍莹玲、蔡庆红、陈雅芬、陈文慧、笪骏、高辰、韩慈磊、郝雪飞、何云娟、季晶晶、江凌欧、江子鹭、李惠文、李佳行、李依惠、梁宁辉、梁新欣、林川、刘刚、刘海、倪小鹏、Diane Neubauer(杜雁子)、宋晨清、谭大立、田野、王文霞、吴青璇、徐军、杨君、尹承旭、曾晓、战红、张航、张静(Jing Paul)、张胜兰、张正生、赵冉、周虞农

加拿大：蔡薇、王仁忠

中国大陆：包爱东、陈满华、黄梅、李禄兴、李泉、刘晓南、宋春香、袁舫、张恒煜、周睿

中国香港：李兆麟、林金锡、谢家浩

日本：砂冈和子、曲明

印度：Avijit Banerjee（阿维杰特 班纳吉）

澳大利亚：姜文英

新西兰：李守纪

英国：施黎静、张新生

法国：郭晶

意大利：Chiara Romagnoli （罗齐亚）

德国：林钦惠

捷克：Michaela Zahradnikova (叶爱莲)

西班牙：Helena Casas Tost （艾丽娜）

南非：马跃

在列出的这些老师中，有不少老师帮着审过多篇，并且每次都欣然同意并认真审稿提出中肯意见。因为是双向匿名盲审，这些审稿老师都甘作无名英雄，任劳任怨为业界的学术发展无私奉献。其中，需要特别感谢的是周虞农老师。周老师主动提出帮我把作者们根据审稿人的建议修改过的近 20 篇中文文章，在我作为主编逐篇编辑修改前，把其文字包括标点符号从头检查一遍。

如在英文写的前言中所述，从我萌生要编辑一本有关线上中文教学的书开始，便得到了很多师长的支持和鼓励，如谢天蔚、信世昌、储诚志、陈雅芬、何文潮、梁霞、张曼荪等教授、以及我当年博士论文导师与多年的良师益友 Curtis J. Bonk 教授等等。《科技和中文教学》(Journal of Technology and Chinese Language Teaching)的主编许德宝和笪骏教授更是支持我把要编的书作为期

刊的专辑。从征稿启事的起拟到宣传更是得到他们两位还有很多老师的帮助，比如美国中文教师学会期刊前主编张正生教授、欧洲汉语教学协会副会长张新生教授、瑞士日内瓦中文学校协会会长王琇博士、日本早稻田大学荣退教授砂冈和子、国立台湾师范大学副校长宋曜廷教授、还有我来美读博前在中国人民大学任全职对外汉语教师时的前同事和前领导李泉和李禄兴等教授。

我起心编辑线上教学专辑的一个宏愿是能够征集到世界各国中文线上教学的稿件。因此除了在各中文教师微信群发征稿启事外，我也按照中国汉办网站上提供的在各大洲所设孔子学院的邮件联系方式广发邀请。并且也请一些认识的老师和朋友推荐特别是较小的国家（如埃及、墨西哥、越南等）的中文教师，很欣慰得到不少对专辑感兴趣的回复。虽然一些老师由于时间和其他因素最终没有完成想提交的稿件，但我很高兴还是收到了一些不太常见的国家的稿件并结识了以前不认识的学者和同行。这里要特别感谢毛里求斯大学孔子学院 Naraindra Kistamah 院长，能使那本英文专辑里有一篇介绍毛里求斯中文线上教学的文章；感谢丹麦的张纯博士介绍我认识德国的林钦惠博士，感谢包爱东老师介绍我认识在蒙古国任教的宋盼老师，我人民大学的前同事陈满华教授介绍我认识印度的 Avijit Banerjee 教授，从而能使这本书中同时有来自德国、蒙古和印度的文章。

这里还要重点感谢位于美国夏威夷大学的国家外语资源中心(National Foreign Language Resource Center-NFLRC)支持出版这本专辑。感谢夏威夷大学姜松教授的推荐，感谢代表 NFLRC 中心的 David Oka 先生从 2020 年 10 月到 2022 年 4 月的这 18 个月里，给我和这本书的诸多支持和帮助。2012 年 TCLT 第七届会议（TCLT7）在夏威夷大学召开，我有幸能与笪骏和姜松教授一起编辑 TCLT7 会议论文集。该论文集 2012 年由 NFLRC 出版。10 年后，TCLT 期刊的这本中文线上教学专辑书也是由 NFLRC 出版。在此也借此机会感谢许德宝、笪骏、姜松、白建华、砂冈和子、张霓、陈东东、和 Scott McGinnis（马思凯）教授等诸多我通过 TCLT 结识的师长同行们多年来的扶持和鼓励。

此外，还要感谢其他以各种方式支持和帮助我做这项工作的很多老师。比如北京大学的赵杨教授，北京语言大学的郑艳群、徐娟和施家炜等教授，复旦大学的吴中伟教授，暨南大学的王汉卫教授和陆佳幸老师，山东师范大学的郭文娟教授和王鑫磊老师，英国开放大学的阚茜博士，美国中文教师学会(CLTA)执行长和卡内基梅隆大学的吴素美教授，圣母大学的朱永平教授 (CLTA 学会 2021-22 年会长)和叶为兵教授，匹兹堡大学的许怡教授和汪海霞博士，俄亥俄州立大学的谢魁教授，西北大学的顾利程教授，弗吉尼亚大学的曾妙芬教授和高瑛老师，夏威夷大学的郑东平教授和 Michaela Nuesser 老师，波士顿大学的黄丽玲老师，罗德岛大学的胡小艳老师，麻省理工大学的廖灏翔博士和陈彤老师，ICLS 中心的韩萱老师，全美中文学校协会会长邢彬老师，在加州工作的 Thomas Cook 教授和 Jen Ren 老师，在阿根廷工作的庄锦惠老师，在印度的 Shanky Chandra 老师，在俄国的 Alena Pavlova 老师，在加拿大的王蔚君老师，在香港的林小平老师，以及在西班牙的 Mireia Vargas-Urpí 博士和许嫣君、王子珲等等。

由于篇幅有限，还有很多支持这个项目的老师和同学们的名字这里未能一一列出。另外，这里列出名字的老师不少帮我做的不止一件、两件而是很多件事，这里也未能一一提及，敬请见谅。比如西南大学的周睿老师除了投稿审稿外，还帮着对几篇文章的文字作了编辑。最后还要感谢包容和支持我做这个项目的家人。编辑这两本书基本都是在日常教学工作之余，利用晚上、周末和假期这些本应该花在家庭和家人在一起的时间。所以这两本书的完成也有家人的诸多奉献。

希望这本播种于 2020 年春季，包含着编者、作者、审稿者和其他助力者上百人的心血和汗水的《2020 年中文线上教学》专辑，能在其开花的 2022 年春季，与《Teaching the Chinese Language Remotely: Global Cases and Perspectives》英文书一起，为这世界和中文教学界以及线上教学研究领域增添几分春意。

1

2020 年中文线上教学简介
(An Introduction to Online Chinese Teaching and Learning in 2020)

刘士娟

(Liu, Shijuan)

宾州印第安那大学

(Indiana University of Pennsylvania)

sliu@iup.edu

摘要： 本文首先对中文线上教学的有关术语进行辨析，介绍线上教学的含义及其种类，并讨论线上教学和远程教学的关系。其次，梳理回顾 2020 年新冠疫情前中文线上教学的实践和有关研究。然后介绍书中所收录的由来自 4 大洲 9 个国家 41 位作者写的 21 篇文章，总结概括这些文章的内容和部分发现。最后阐述分析 2020 年线上中文教学的后续影响。希望此文能有助于对本书概况及线上中文教学历史的了解，也希望本书能对线上中文教学的研究和发展起到承前启后的作用。

Abstract: This chapter first introduces what online Chinese teaching and learning refers to and its various types, and then analyzes associated terms including distance education and the origin of Chinese distance education. This chapter then reviews practice and research of online Chinese teaching and learning before the COVID-19 pandemic and in 2020. The chapter summarizes the contents of 21 articles written by 41 authors from 9 countries on 4 continents in this monograph. It discusses the impacts of online Chinese teaching and learning in 2020 with hopes that this introductory chapter proves helpful for understanding of the monograph as well as the overall history of online Chinese language teaching and learning.

1. 中文线上教学辨析

　　线上教学又常称作网上教学，是通过互联网进行的教学。中华文化和学术传统很注重名称的辨析。《论语》里曾说"名不正，则言不顺"；战国时期的名家代表公孙龙子更著有专文《名实论》。在同一名称常被用来指称不同事物的今天，正名显得尤为重要，尤其是同一事物又有诸多分类的情况下。就线上教学而言，有完全的线上教学，即教学只在线上进行；也有部分的线上教学，即部分教学内容或活动在线上开展。另外，同为完全的线上教学，有的采取的是实时线上教学，即每周固定时间老师和学生同时在线上进行教学活动；而有的则采取不同时的异步线上教学，即老师通常将上课内容和作业等都提前发布在网上，学生根据自己的时间灵活完成；还有的线上教学采取的是同步和异步相结合的方式。

　　给事物取合适的名称并选取相应的名称来指称事物可以帮助对事物的理解，反之则易造成不必要的误解。笔者注意到近两年有些人将师生同时在线的教学活动叫做直播，把不同时的线上教学活动叫做录播。在笔者看来，将一些教学内容提前制成视频放在网上供学生学习称为"录播"尚可，因为确实是录下来由学生自己播放。但将教师和学生同时在线的教学活动称为直播值得商榷，鉴于以下因素建议使用时慎重。"直播"一词令人首先联想到的是电视广播节目的直播，而广播电视的播出以播讲人或主持人为主，这与当代语言教学中要以学生为中心的理念和做法相悖；另外，直播给人单向的感觉，即一方播讲一方听，老师讲学生听。而线上教学之所以不同于以前广播函授方式等的远程教学的一大优点是可以互动，即学生和老师之间的互动以及学生和学生之间的互动。因此，笔者建议在使用术语讨论不同形式的线上教学时，回归到教学形式本身。即如果是教师和学生同时在线的教学活动就称同时、同步或实时（对应英文中的 synchronous），而如果不是同时在线则就称不同时/不同步或异步/异时（对应英文中的 asynchronous）。

笔者在 2018 年写的一篇题为《Teaching and Learning Chinese Language Online: What and Why?》的英文论文 (Liu, 2018) 中谈到了线上学习和远程（或远距）学习 (distance learning) 的关系。线上教学可视作远程教学的一种。除此之外，远程教学还包括上个世纪利用教材、留声片和磁带的远程教学和利用收音机广播节目的远程教学，以及利用电视节目的远程教学。其年代可追溯到 120 多年前的 1900 年。美国出版的 Phonoscope 杂志在其 1900 年五月期提到住在西海岸旧金山的 John Enicott Gardner 博士通过将其讲课录成留声片的形式，给东海岸宾州大学的学生上中文课（详见笔者所著涉及到科技运用到中文教学历史的论文 Liu, 2020b 和 Liu & Da, 2021）。

值得指出的是，在远程教学中还有一种是利用互动电视技术 (interactive television 简称 ITV) 的教学。该技术设备在美国的发展可追溯到 20 世纪 60 年代，在 70-80 年代在各州推广（Carey, 1978; Rees & Downs, 1995）；自 80 年代后期开始应用于远程教学，至今仍在使用。有不少研究 ITV 教学的文章（如 Evans & Blignaut, 2010; Hodge-hardin, 1995; Rao & Dietrich, 1996）；其中也有分享和讨论将 ITV 用于中文教学实践的文章, 如 Fleming (1999) 和 Chen (2005)。有人将此类远程教学称作视频会议 (video conferencing 或 teleconferencing)。基于该技术的远程教学不同于互联网技术之处在于教师和远程的学生必须在配有 ITV 设备的特定教室 (remote site) 上课，而线上（或网上）教学则是只要有互联网的地方就可以。其共性是这两种技术都可以支持不在学校教室的学生和在学校教室 (host site) 的学生同时上课。

2.2020 年之前的线上中文教学
2.1 2000 年前后的线上中文教学

上世纪 90 年代，随着个人电脑的逐步普及，DNS、TCP/IP、HTPP 等协议的相继建立，以及创建和浏览网页工具的逐步完善提高，互联网在 1995 年之后在全球得到了迅速发展（The National Science and Media Museum, 2010）。利用互联网进行的教学活动也相应增多。就中文教学而言，2000 年之前多为利用互联网辅助中文教学，而完全的线上中文教学极少。谢天蔚教授在 1999 年发表的一篇文章中谈到了如何将互联网应用于中文教学，提出将教学材料放在网上供学生随时随地学习，通过电子邮件加强师生之间以及生生之间还有和其他笔友 (Keypal)的交流，利用网上聊天功能组织讨论和进行老师答疑，设计网上阅读材料和互动练习，以及让学生创建网页将自己的学习成果放在网上等（详见 Xie, 1999）。此外，谢教授还在 2000 年之前创建了汇集中文教学相关资源的网站 (learning Chinese online)，该网站（现已停用）在上世纪末和本世纪初的访问量曾居全球首位。

1999 年暑期第一届全球华文网路教育研讨会（International Conference on Internet Chinese Education, 简称 ICICE）在台北举行，探讨互联网在华文教育中的各种应用。比如姚道中会议上分享了其创建的一个汇集《中文听说读写》教材相关的教学活动材料的网站；何宝璋介绍了哈佛大学如何利用网路辅助中文教学; 印京华基于在其大学中文部建设中文网站的经验介绍了网站的设计原则。2000 年暑期第一届国际科技与中文教学(Technology and Chinese Language Teaching, 简称 TCLT)会议在汉密尔顿学院（Hamilton College）举行，会议上的报告和工作坊也多和线上教学有关[1]，比如谢天蔚做的工作坊是关于网课中师生的互动，陈雅芬做的报告是关于网路支持的课程（Web-supported curriculum），胡文泽分享的是用于中文教学的互联网技术(web-based technology)。

---

[1] 会议日程详见 https://academics.hamilton.edu/eal/home/conf/c1/schedulspeaker.html

这两个国际会议都是每两年举行一次。ICICE 至 2017 年举办了十届[1]，TCLT 在 2018 年也举行了第十届[2]。

2000 年中文电化教学国际研讨会在广西师范大学举行第二届，会议收录的 63 篇论文中有 14 篇是关于网络技术和对外汉语教学的研究。第三届 2002 年在南京师范大学举行，会议主题是 E-Learning 与对外汉语教学。会议上有多篇论文涉及网络教学理论以及网络教学平台、系统、工具等的研究。这两届会议都有论文集出版，由北京语言大学的张普和徐娟老师等选编。历届会议介绍可参见中文教学现代化学会网站[3]。

早期对线上教学的探索和研究中，下面几个值得特别指出。2001 年郑艳群在《课堂上的网络和网络上的课堂》一文中提出，一方面要把多媒体和网络技术引入课堂，使中文课堂教学更加完善；另一方面，在网络教学中，应当尽可能地显现课堂教学中的人的因素和优势；该文总结了网络上的课堂应该有的三个特征：（1）由教师和学习者构成虚拟的学习群体，（2）体现课堂授课的真实过程和气氛，（3）使学习者有参与感，如可进行提问及会话等（Zheng, 2001）。谢天蔚在 2003 年写的一篇文章里讨论了美国中文远程教学的问题和探索。他分析的远程教学里包括上文谈到的基于互动电视的远程教学和他自己探索的利用网络电话、网上聊天和电子邮件的教学等。他指出了远程同步教学中面临的时差问题，技术更新快，教师缺乏培训、经验不足，课件制作复杂，经费和人力不足等问题；他在文中还分享了其他语种远程教学的经验，比如 Carnegie Mellon University 的 LanguageOnline 项目发现并不是所有的学生都适合网上学习，而是需要三个重要条件：（1）学生要是主动学习者，（2）要有很强的学习外语的动机，（3）要使用电脑技术得心应手至少不讨厌电脑（Xie, 2003）。另外，日本早稻田大学的砂冈和子教授做过很多线上教学方面的探索，比如她和同事从 1999 年开始请台湾师范大学和北京大学的辅导老师通过网络教日本学生汉语口语，并和日本和韩国等大学开展合作等（参见郑艳群写的一篇评介文章 Zheng, 2004）；另外，砂冈教授在 2016 年 TCLT9 会议上做的主旨报告中介绍了她组织日本学生和北京大学学生之间的线上文化交流活动等（Sunaoka，2016）。

2.2 有关网上教学和互联网在中文教学应用分类的一些讨论和实例

谢天蔚 2002 年根据 1999 年伊利诺伊大学的一个报告分析了当时网上教学的三种模式，即（1）用作传统课堂的辅助和补充手段；（2）部分网上教学，与传统教学手段混合使用；（3）完全线上教学。提出选择哪一种模式完全取决于实际需要，而不是随大流，赶时髦（Xie，2002）。笔者在 2002 年写的一篇讨论当代科技在中文教学中应用的文章里，将当时互联网在中文教学方面的应用分成了三类：一是介绍中国文化、历史和语言文字等的网站，这些网站给中文老师的教学和学生的自学提供了大量备选内容；二是一些中文项目开发的有关听力、词汇、阅读等的网上练习；三是网课，比如澳大利亚的 La Trobe University 提供的网上中文课，北京语言大学 2000 年推出的网上北语。除了网课外，北语还为网上学习中文的学生提供学位。该文还提到了 Chineseon.net Company 为想学中文的学习者和愿教中文的老师提供的同名网站（已关闭），据当时该网站的创始人说，当时有 179 个付费学生和 220 个注册老师（Liu, 2002)。

笔者在 2004 年写的一篇文章里(Liu, 2004)，参考 Bonk 等人（2000）提出的框架，将互联网在中文教学中的应用分为如下十个层次：第一层是将课程大纲放在网上，第二层是充分利用网上已有资源，第三层是将学生完成的作业或制作的其他和课程有关的作品放到网上，第四层是将教师设计制作的与课程有关的材料放到网上，第五层是将网上与自己所教课程类似或相关的教学材

---

[1] 详见 http://ocac.go2school.com.tw/icice2017/index.html。

[2] 详见 http://www.tclt.us/conferences/。

[3] http://www.amcle.org/

料加以整理修改使用，第六层是将学生的网上讨论及其他活动计入课程成绩，第七层是组织延续到课程之外的网上活动，第八层是将网上教学作为学生上课的一种重要补充形式，第九层是将整个课程放在网上，实行完全网络教学，第十层是提供系列网络课程或学位项目。

用上述十个层次来看，互联网在中文教学中的应用，在 COVID-19 疫情爆发之前，多在第八层之下。包括中文教学在内的全球外语教学，实体课堂教学一直是主流，完全的线上教学课程相对较少。值得补充的是在第八层的应用，即常说的混合式(blended 或 hybrid)教学。如五个学分应该每周在教室上五个小时课，混合式教学模式下可以每周有 1-4 个小时在网上上课，网上上课的形式多为异步不同时上课，即学生可以选择自己学习的时间。有一些大学的中文教师在 2020 年疫情之前就进行了这方面的探索，如美国圣母大学 (University of Notre Dame) 的尹承旭 (Yin, 2021)，以及爱荷华州立大学的张胜兰 (Zhang, 2022)。

在第九层即采取完全的线上教学的课程尝试中，值得特别指出的是，前面提到的美国的白建华和陈雅芬两位教授在过去 20 年内从使用 ITV 到使用互联网教学，对远程教学做了很多尝试。他们的尝试可参见其所写的文章(如 Bai, 2003; Bai, Li, & Yeh, 2019; Chen, 2005; Sun., Chen, & Olson, 2013)。在第十层提供系列网络课程或学位项目中，除了上面提到的已有 20 多年历史的网上北语外，新西兰梅西大学（Massey University）和美国密西根州立大学(Michigan State University 简称MSU)的系列网络课程也值得注意。梅西大学从 1990 年代初就开始为不便参加面授的学生提供远程中文课程，最早采用的是印刷材料和音频资源相结合的方式，2004 年开始使用 Wimba 帮助学生进行听力和发音练习，2010 年用 Adobe Connect 来给学生做线上辅导（参看李守纪的文章，如 Li, 2022）。MSU 的孔子学院[1]与 Michigan Virtual 合作，从 2006 年开始为中学生提供系列中文课程（详见李佳行的文章，如 Li & Jiang, 2017; Li, 2019，和本书第 9 章）。

2.3 2010 年左右兴起的线上慕课(或称磨课)MOOC

2012 年被纽约时报称为 MOOC 年（Pappano, 2012）。MOOC 是 Massive Open Online Courses 的缩写。从其名字可看出，可归为线上教学的一种，只不过是大型（或大规模）和开放（即谁都可以注册，不同于需满足一定入学条件需付学费拿学分的网课）。MOOC 之所以在 2012 年受到重视，是因为 Coursera 和 edX 等平台的推出（Wiley, 2014）。林金锡和张亦凝 2014 年曾应笔者之邀在《科技与中文教学》期刊（Journal of Technology and Chinese Language Teaching-JTCLT)专栏发表过一篇 MOOC 与中文教学的文章（Lin & Zhang, 2014）。文中他们把 MOOC 的历史追溯到 2008 年 Stephen Downes and George Siemans 两位教育者在网上开设的一门 Connectivism and Connective Knowledge 课，该课在当年吸引了 2000 多学生参加。林金锡和张亦凝在其文章中分享了当时北京大学在 Coursera 和 edX 开设的初级汉语课程和中级语法课程以及一些文化课，还有其他语言教学和职业培训等方面的课程。王珏和白乐桑在 2017 年写的一篇文章里分析了很多 MOOC 课中存在的一些问题，如缺少文化成分以及学生和学生之间的互动等，分享了一些设计原则，并介绍了他们为母语是法语的中文学习者设计的一门初级中文课（7 周）(Wang-Szilas & Bellassen, 2017)。据负责法国东方语言文化学院中文初阶慕课项目的王珏博士介绍，该学院的学生可以通过学习学院开发的慕课获得学院承认的学分。

笔者在 2018 年发表的那篇论文里也总结归纳了当时各大慕课平台（包括清华大学开发的 XuetangX 学堂在线）上与中文教学有关的很多课程，并从高等教育领域里有名的"铁三角(Iron Triangle)"角度分析了线上教学中教学质量（quality）、普及度（access）和成本（cost）三者之间的关系；还基于诸多文献（如 Konnikova, 2014; Littlefield, 2017），讨论了 MOOC 课里缺乏学生

---

[1] MSU 孔子学院于 2021 年关闭，但该线上中文项目在 MSU 教育学院支持下继续进行。

之间的互动，开始学生注册人数多但完成整个课程的人却有限等问题；指出这种模式不是适合所有学生，慕课上学得好的学生多是自律和独立学习能力强、学习动机高的学生；此外，文章还指出虽然都叫 MOOC，但各种慕课课型间差别很大。比如，有的是真正意义上的大规模开放线上课程，历时几周，有很多学习者参加，且开课者要满足一定资质。而有的课，如 Udemy 平台上的课，更像是人人可开课、人人可买课的微课（可类比淘宝店）。因此建议在讨论慕课时不要一概而论而要具体分析。另外，笔者还在该文提出中文教师可考虑利用免费慕课资源来补充正式教学，引导学生将正式学习 (formal learning) 和非正式学习 (informal learning) 相结合（详见 Liu, 2018）。

2.4 2020 年前在线上学中文和教中文的原因分析

笔者在上述 2018 所发表的一文中总结分析了线上中文教学的原因，并提供了很多实例。该文将线上学中文的原因分为五类：（1）中小学生由于当地学校没有中文课而在网上学，比如上述 MSU 线上教的中学生；(2) 大学生为了课程时间安排方便或其他原因上网课，如李柳所作学术报告中提到的美国 Ball State University 的学生（Li, 2016）；（3）成年学生为了兼顾工作或照顾家人选择网课学习，如阚茜和施黎静等文章中提到的英国开放大学的大部分学生(Kan, 2013; Stickler & Shi, 2013)；（4）不要学分，出于个人兴趣学习，比如通过 Youtube 上的视频和前述各种慕课平台（如 Coursera, edX）上的中文课程学习的诸多自学者；（5）其他。比如由弗吉尼亚大学曾妙芬组织并得到美国 STARTALK 星谈资助的暑期线上学习项目（Tseng, Gao, & Cai, 2019），以及在美国战红老师的学生在网上通过老师安排跟台湾的研究生练习中文等(Cheng & Zhan, 2012)。 该文也对线上教中文（包括线上辅导）的原因做了较全面的分析，比如除了满足上述学习者的需求外，中国很多大学资助教师开发和提供慕课，是出于证明和提高该大学影响力的考量。

尽管该文总结较全面，但现在回看并没有覆盖 2020 年之前世界各地线上中文教学的所有情况，比如谢天蔚 2009 年带学生暑期在上海学习期间遇到禽流感，师生被隔离一周，通过用 Skype 等工具进行线上教和学（参见 Xie, 2018）。再如，马跃的文章(Ma ,2022)提到 2015-17 年间，南非因为学生的抗议和示威，学校无法进行正常教室上课，他所在的开普敦大学当时采取线上教学或混合式教学的方式。

需要指出的是，2020 年前已有不少有关线上教学的研究和著述，特别是在 20 年前就提供系列线上课程和学位的 MBA 等学科领域。笔者在美国印第安那大学教育学院读博期间也做过有关线上教学的研究，并发表过一些论文(如 Kim, Liu, & Bonk, 2005; Liu, 2005；Martinez, Liu, Watson, & Bichelmeyer, 2006)。2003 年 Michael Moore 和 William Anderson 主编的《Handbook of Distance Education》一书更是汇集了 55 篇有关线上教学方方面面的文章。但是就线上中文教学而言，由于 2020 年之前采取完全线上教学的中文课程和项目整体较少，有关研究特别是有关完全线上教学的实证研究也相应有限。除了上面提到的一些文章外，可参看的文章还包括 Li (2007) 和 Wang (2012) 等。

3. 2020 年的线上中文教学和研究

从 2020 年初，中国发现新冠疫情关闭学校实行线上教学开始，随着疫情在世界各地的蔓延，到 2020 年 5 月 13 日，有超过 190 个国家的学校关闭，从而影响到全球 90% 的学生 （Giannini et al., 2020).各国各地区的大中小学教学机构也根据自己情况，采取各种措施帮助学生们在疫情封校期间继续学习。于是基于互联网的线上教学得到了空前关注。尽管 Hodges et al. (2020) 指出这种基于紧急情况采取的远程教学（Emergency Remote Teaching 简称 ERT）不同于有计划提前设计、有准备的线上教学，但从其使用技术角度来看，因为很多国家的 ERT 教学采取的是基于互联网技术的线上教学，所以将之称为线上教学也不为过。由于疫情封校，之前很多从未想过要进行线上教学，包括曾强烈反对线上教学的教师，都有了线上教学的体验；与之相应，很多从未在线上上过课的学生也有了线上学习的体验。研究全球中文教师和学生在线上教和学中文的经验具有重要价值。笔者在 2020 年 3 月与战红和王彦琳两位老师一起设计了针对全球中文教师和学生的调查问卷，得到学校学术研究委员会批准后，在 4 月底发出，调查的初步分析结果可参见 Liu, Wang, & Zhan (2020a, 2020b, 2022)。

另外，将世界各国各地区 2020 年线上中文教学的经验和所作相关研究的文章汇集起来编辑成书，会对线上教学和全球中文教学的实践与研究都有现实和历史意义。如本书英文前言和中文致谢里所写，本人从 2020 年 3 月酝酿，经过诸多同仁的帮助，收到来自 6 大洲（北美、南美、欧洲、亚洲、非洲、大洋洲）约 20 个国家近 60 篇文章。其中的 14 篇已于 2022 年初由 Spring Nature International 国际出版社旗下的 Palgrave Macmillan 出版（Liu, 2022a）。该书所选文章来自 10 个国家（美国、澳大利亚、新西兰、南非、毛里求斯、德国、意大利、捷克、中国大陆和香港、日本）的 21 位作者用英文写成。该书内容的总结请参看笔者在该书第一章所写的英文综述（Liu, 2022b），这里不再赘述。下面仅就本书收录的 21 篇由 41 位作者撰写的文章做一简要介绍。

3.1. 书中文章的编排和内容简介

本书将这 21 篇文章按照作者所写国家地区所在的洲进行编排，其中美国 8 篇，欧洲 2 篇（德国和法国各 1 篇），非洲 1 篇（南非），亚洲 10 篇，包括中国 5 篇（大陆 4 篇台湾 1 篇），日本 2 篇，蒙古、泰国和印度各 1 篇。

书中大部分文章介绍的是大学的线上教学情况，但也有 4-5 篇介绍中小学的教学情况。如第 7、8、9 章介绍的是美国中小学的线上教学，第 18 章宋盼介绍的是蒙古国小学的线上教学，任少泽和马跃在第 12 章不仅谈了南非的大学中文教育和疫情期间的教学，也谈到了南非中小学的情况。

除了第 12 章和第 21 章外，书中的 19 篇文章都侧重介绍的是一个学校或一个项目或具体课程的线上教学情况。其中洪嘉徽等在第 17 章介绍了台湾师范大学线上教学的历史以及疫情期间该大学的线上教学情况和所作调查问卷的结果。美国罗德岛大学的何文潮团队（在第 2 章）和明德中文暑期学校的张曼荪教授团队（在第 3 章）分别详细全面介绍了他们 2020 年暑期中文项目的线上教学情况。

陈文慧在第 5 章介绍了美国布朗大学中文项目疫情期间线上教学的情况和对一些学生的调查问卷分析结果。郭晶在第 11 章介绍了法国国立东方语言文化学院中文本科专业疫情期间的线上学习情况和对二、三年级学生的调查结果。林钦惠在第 10 章介绍了德国柏林洪堡大学中文项目疫情期间的线上教学和一门高年级汉语课程的设计与实践过程及学生的反馈。与其类似，刘晓南在第 14 章介绍了北京大学的对外汉语课程设置及疫情期间的教学安排，和高级汉语课程的设计和学生反馈。张恒煜在第 16 章分享了 2020 年 CET 北京线上暑期班的教学情况和其所教授的高年级暑期线上课程的设计和学生反馈等。

除了讨论高级班线上教学的文章（如上述第 10、14 和 16 章），本书还有文章重点讨论初级班的线上教学，比如刘波和鲍蕊在第 15 章介绍了浙江师范大学为非汉语专业来华留学生开设的初级汉语综合课的设计和实践，渡边等在第 22 章分享了他们利用软件来帮助初级水平学生练习发音的课程设计和取得的成效。此外，书中有文章侧重介绍读写课程的线上教学设计，如宋春香第 13 章介绍的是中国政法大学的读写课程。而第 3 章明德中文学校的文章里则对初、中、高级各年级线上情况都有介绍。

另外，书中有文章把线上教学和一些理论框架相结合，就线上教学研究的某方面加以深入探讨。比如鲍莹玲和陈雅芬在第 4 章从提高学生参与度、社会临场感、共同目标等方面详细介绍了如何建立线上社区，并分享了很多实用的策略技巧。杨君在第 6 章探讨了网络中文课堂真实交际活动的规划与设计。宋春香在第 13 章探讨了线上教学中情感行为的研究和共情策略的实践经验。

李岩和李佳行在第 9 章分享了他们根据美国外语教学学会提倡的三种沟通模式和基于混合式教学的有关研究，而设计的线上中文课程框架及具体教学实例。

3.2 文章中的部分发现与贡献

这本书集聚了 41 位作者作为学者和教师（Scholar teacher）的观察和反思。这些基于教学实践和调查研究的文章，每篇都有很多宝贵发现和真知灼见。下面仅介绍一少部分。

本书很多文章都提到了线上教学要扬长避短。比如杨君在第 6 章提到，虽然网课的条件对传统的教学活动带来了挑战，但是网课的某些特点（比如远程带来的隔离感）也可使之更适合某些课堂的交际活动，如带有信息沟的交际活动。张恒煜在第 16 章也提到利用网络开展一些线上交流活动，帮助学生认识更多的中国人来提高中文语言水平及对文化的了解。明德团队在第 3 章里提到据网课特色调整教学目标与大纲，发挥网络平台的功能并利用公共资源来整合语言及文化教学内容；制作教学视频翻转大班教学，与海外对外汉语研究生院合作, 选聘志愿者担任单班课老师，加长单班时间，从而确保学生语言水平得到最大程度的提高。他们通过测试发现，尽管学生只在网上上课，因不住校缺少了许多课下的师生和生生之间的交流机会，但是通过极小班制的实施和个体化教学的加强，学生的口语提升程度与往年基本持平。罗德岛大学团队在第 2 章也发现暑期上网课的学生的各项语言技能都有大幅提高，其中阅读水平的提高幅度最大。他们的项目和课程设计与明德团队有很多类似性，如注重社群建设，结合时事选择教学辅助材料，提供生动有趣的大班课，灵活多练的小班课，量身定做的单班课等；此外，他们利用科技工具提高语言技能。根据不同年级进行不同的翻转课堂的设计，如根据低年级学生的特点，二年级的翻转课注重夯实学生的语言基础，提高生词、语法的复现率；高年级翻转课的设计更注重听说读写四个技能的综合训练。

书中有文章提到线上教学对高年级或某些课程更合适。比如陈文慧在第 5 章提到网络教学模式对高年级的学习者的学习效果影响不大，因为这一水平的学习者已经完成了基本的语音和语法训练，具备了一定的自学能力，已有自己的中文学习方法。但是对初中级，尤其是初级中文学习者会有很大的影响，因为这一水平的学习者对教师的依赖性比较大，需要更多来自教师的关注和指导。砂冈和子的第 21 章基于日本 7 所教育机关及研究机构做的调查问卷，分析结果发现大二以上学生对线上教学的满意度高于新生。另外，刘晓南在第 14 章提到被调查的学生认为较高难度、较大信息量的课程更适用于翻转课堂的形式，以互动和讨论为主的口语课可能不太适合。

渡边等的第 22 章发现，学生在线上学习发音和在教室学习同样有效，远程教学的成败与师生沟通的难易度有较大的关联。李岩和李佳行的第 9 章提出线上教学要根据自身情况，平衡实时和非实时比例；互动教学的部分应紧扣学习者的自学内容，以使学习者获得足够的成就感；另外，要根据教学目标，理性选择教学软件，教学软件并非越多越花哨就越好，而应有针对性、操作简单。刘波和鲍蕊在第 15 章里也提出线上教学在选取电子教学资源和工具时，要遵循 "少而精" 的原则。

另外，不少文章里都提到了线上教学要对学生身心健康给予更多关心，特别是在疫情期间。比如上述罗德岛团队提到他们的线上教学设计给予学生人文关怀，关心其身心健康。刘波和鲍蕊的第 15 章也提到要关注学习者的心理动态。张恒煜在第 16 章提到线上学生居家学习，缺乏教师监督与学校管理，学习的主观能动性减弱，学习效率较低，内心以为自己的进步不足。宋春香在第 13 章里倡导要尊重、理解汉语学习者的学习情绪，将关心、鼓励与帮助贯穿于在线教学的始终。

班纳吉的第 20 章提到线上学习时一些学生缺乏自律，偷偷玩手机游戏，学习不专心，甚至养成了不良的学习习惯；从而形成了学生学习的两极分化——自律性强的学生成绩更好，自律性差的学生表现不佳。郭晶的第 11 章里指出线上教学要重视培养学生的自主学习意识，应该把自主学习能力归入网络学习的教学目标之一；教师既要会教课，还要掌握网络资源和相关技能，并成为学生的自主学习能力培训师及心理导师。

另外，班纳吉还提到印度许多学生来自经济弱势家庭。他们上网的机会有限，且许多学生在手机上没有足够的数据流量来支撑他们完成所有课程。陈文慧在第 5 章也提到由于网络信号、技术故障或者学习环境等原因时常造成沟通不畅，在网课中纠正语音的效果往往不尽如人意。这与笔者在 2020 年做的一场线上报告分享的观察一致 (Liu, 2020a)。即科技的使用在面对面实体教室里的教学有时可能是锦上添花，有时不用也关系不太大；但对依赖网络技术的线上教学而言，可以说是 "生死攸关"，尤其是师生同时在线的实时课堂。如果电脑死机，没有了网络，或网速太慢，且没有智能手机可以上网，或者电话上网流量不够等，学生就无法参与实时课堂的活动，只能课后看课堂录像。如果是教师的电脑或网络出现问题，实时在线课堂就无法继续。因此师生上网所用的硬件软件设备、网速、网课平台技术等都对线上教学成功与否有重要影响。

就中小学线上教学而言，黄梅在第 7 章谈到美国犹他州一所高中在 2020 年 3 月因疫情改成线上上课后，三分之一学习目标没有达到，还有不少学生辍课；她通过调查发现美国其他 19 所高中的中文课也存在类似现象。究其原因，在于学区管理层对封校后的应对措施不足，缺少线上教学指导，没有相关教学软件培训机制，以及对线上课的要求过于宽松（比如学区很多学校对线上课没有任何明确要求，有些学校仅要求教师每周一次在线进行答疑），还有教师本人对线上网课的认识不足等。郝雪飞在第 8 章根据对华裔社区中文学校 11 位教师和 50 位家长的调查，发现网课固然令大家满意，但还是在一定程度上影响了教学计划，在课堂活动的具体实施方式、语言技能的练习等方面有诸多挑战。比如低幼年级网课的主要挑战是如何吸引并维持学生的注意力；中年级网课的主要挑战是注意力、互动、技术故障、朗读、作业批改等问题；高年级网课的主要挑战是互动、课堂管理与氛围营造。宋盼的第 18 章总结了其在线上教授蒙古国小学一年级拼音的经验和挑战，提出教师的教学设计要综合当地国家和地区的特色与民俗，选择合适的教学方法，对低龄段学生多采用奖励机制，从学生身心健康考虑出发，加强教师间交流，注意时时联系家长，家校相互配合。

除了具体教学设计上的反思和建议，很多文章也提出了很多宏观层面上的建议。比如郝雪飞在第 8 章提出可以集中优秀教师发展精品课程，北美各校也可联合开发中文慕课，免费或收取较少费用，向所有华裔学生老师开放。任少泽和马跃在第 12 章提出南非中文教育要加强在线教学项目联合开发，建立良性的师资培养体系，和开发拓展国别化教学资源等。吴平和周睿在第 19 章里建议泰国实力稍弱的院校或机构可以考虑效仿泰国皇太后大学的成功做法，通过高校联盟、校际合作、校地互动、对口支援等协议实现资源共享和技术支持，保证优质线上教学经验的效能与效力。

3.3 各篇文章和两本专辑的相得益彰

本书所收录的这 21 篇文章各有芬芳，相辅相成。这本书也与前面提到的年初出版的那本英文专辑书(Liu, 2022a) 各有千秋，相得益彰。比如那本书和这本书里的一些文章都提到线上教学与实体教室教学各有长短，可以互相补充；都发现虽然教师和学生仍然喜欢实体教室上课模式，但经过疫情期间的亲身体验后，也可以接受完全的线上教学模式，并且对可以集合线上课和教室上课两者优势的混合式教学表示欢迎。另外，这两本书内的很多文章都提到 2020 年因疫情而采取的完全线上教学模式在给中文教学带来挑战的同时，也产生了一些积极影响，比如教师和学生在运用线上资源和使用相关科技工具等方面的能力和水平都有所提高。

需要补充的是这本书里的一些文章写于 2020 年下半年，在 2021 年修改补充过程中，有的文章加入了 2021 年的一些情况。而那本英文专辑里的文章大多写的是 2020 年上半年的线上教学情况。由于当时是学期中间因疫情改为线上教学，很多作者将后半学期的线上教学和前半学期在教室上课的情况做了比较。文章除了教师的反思外，很多也包括了学生的反馈。比如那本书里不少文章都提到教师和学生对因疫情改为线上后的教和学的效果整体满意。虽然改为完全线上教学事发突然、时间紧急，但很多老师和学生发现并不非常困难。原因之一在于疫情之前很多中文课已经包含不少线上教学的成分，比如使用课程管理系统（Course Management System）又称学习管理系统 (Learning Management System) 来分享教学课件、管理作业的布置和提交等；还有的中文老师疫情前就已经使用其他科技工具（如 VoiceThread 和 Padlet）给学生组织课外作业，使用微信等社交媒体与学生交流和组织学生间的交流等(参看 Liu, 2022b, Liu, Wang, & Zhan, 2022)。

4. 2020 年线上中文教学的后续影响

从 2020 年初开始的 COVID-19 疫情，到此书定稿的 2022 年 4 月尚未完全结束。从 2020 年春节前后的武汉封城，在中国学中文的很多留学生回到自己国家，到 2022 年清明前后上海的全域静态管理[1]，很多想去中国大陆学中文的学生仍然只能在线上留学。两年时间悄然过去，但不觉间很多变化也在发生。就线上中文教学而言，完全的线上教学模式已经被学生、教师和家长接受，几乎所有人对线上学习和工作已经不再陌生。线上教学的一大优势是可以跨越地域限制，使各地学生足不出户便能学习。比如疫情前的华裔社区中文学校大都仅限于当地学生，而经过疫情期间线上教学的实践，美国的一些华裔中文学校把课程改到了网上，招生范围也扩大到了其他地区甚至其他国家。一些在正式中小学任职的专业中文老师也开始单独在网上招收各地感兴趣的学生，利用周末和暑期授课。这样为当地公立学校不开中文课或社区没有中文学校的华裔家庭提供了方便。与之类似，很多大学也开始开设完全的中文线上课，特别是暑期。除了自己学校的学生外，也招收其他学校的学生。这样既提高了该大学的学生注册人数，也为其他学校的学生提供了学习机会。

除了实体教室教学和完全的线上教学外，越来越多的大学支持混合式教学，并且还支持教师和学生根据课程和自己的情况采用灵活的教和学的方式。比如笔者所在的大学提供多样的授课方式并附有解释[2]；教师在申请远程授课时需注明具体远程授课方式，比如是实时同步，还是异步，还是 ITV 等以免混淆。需要指出的是为了满足学生的需求、教师工作量、班级注册学生人数等因素考量，有的课程支持同一堂课内有学生在实体教室上课，同时有学生通过教室的 360 度摄像头以及 ZOOM 线上会议平台在线上同步上课。为了与之前的混合式(blended/hybrid) 教学区分，有人把这种方式叫做 Hyflex (参见 Liu, 2020c)。

另外一个变化是原本只是地方或区域的会议和文化活动，很多改成了线上，或者同时支持现场和线上远程参加，以便可以吸引到更多感兴趣的人。再者，由于举办讲座特别是请讲座人的成本大幅降低，只要讲座人同意和时间合适，便可请其在线上做讲座。各种线上学术讲座自 2020 年 3 月开始呈井喷式增长，特别是中文教学方面。由于微信在全球华人社区的广泛使用，每个微信群可容纳 500 人，全球各地大中小学中文教师建立了跨国跨地区的各种微信群，各国各地区各院校各机构组织的学术讲座信息能迅速有效传遍全球。并且很多华人教师没有周末和假期一定要休息的传统，加上全球时区的不同，于是从 2020 年 3 月到 2022 年 3 月两年间，有关中文教学方面的大小讲座和线上学术会议报告加起来估算有上千场甚至可达万场，几乎每天都有线上讲座，并且常常出现同一时间段有三四场甚至五六场线上讲座的情况。这些线上举办的会议和学术讲座和交流活动，加强了全球中文教师的联系，对中文教师的知识技能的更新提高都起到了积极作用。

---

[1] https://news.bjd.com.cn/2022/03/31/10062812.shtml

[2] https://www.iup.edu/registrar/howto/register/instructional-methods.html

美国中文教师学会(CLTA) 自 2020 年 7 月以来，将学会组织的或隶属的各兴趣小组[1]组织的或部分区域分会[2]组织的讲座信息，每个月汇总起来，放在学会网站 (https://www.clta-us.org/news/)；全美中小学中文教师协会自 2020 年 3 月 18 日开始，在线上组织了大量有关教学方法和技术工具的免费讲座和热点谈，录像或相关资料可参看其网站(https://www.classk12.org/en/webinar]；英国汉语教学研究会（BCLTS）组织的会议和讲座以及加拿大中文教学小组(Chinese Teaching Group in Canada)组织的会议和系列讲座可参见其各自网站[3]。另外，CLTA 的 2021 和 2022 年的年会在线上举行，全美中文大会的 2020、2021 和 2022 年的年会也都在网上举行[4]，专注科技与中文教学的 TCLT 国际会议在 2021 年 5 月在线上举办了第 11 届（http://www.tclt.us/tclt11/），并且免注册费，吸引了全球 800 多人参加。

值得注意的一个现象是，随着线上教学、线上会议、线上活动等词语的频频使用，与之相对应的"线下"一词的使用也开始增多，常看到"线上"、"线下"两词并列使用的情况，如一些会议声称采用线上线下相结合的方式。这里需要指出的两点是：首先，两词能并列说明线上的方式已经得到了普遍认可。其次，虽然线上线下两词用在一起很对称，但以其来对应英文中的 online 和 onsite 似乎有些问题。中文中的"上"在先，给人以比"下"重要的感觉。线上线下相结合的说法，给人以"线下"是对"线上"的补充的感觉。而实际情况是，就会议而言，线下指的是到会议现场实地参加。而无论对组织方还是参加方而言，组织现场会议和到现场参加会议都需要做大量准备，所花费的时间、精力和物力也要比在线上多。此外，如果同时有现场参加和线上参加的话，一般都会以现场为主，在现场参加的人际之间的互动也更灵活、方便，有时现场还提供食物和其他实体物品等。同样就教学而言，学生到校园教室上课，住在学校或附近需要花钱找住房，即便不住宿，也需要花时间和使用交通工具到学校，投入要比在线上上课多。就这点看将线上列在线下之前，不能准确反映线下的实际地位。

当然也确有以线上为主、线下为辅的情况，比如有些 MBA 线上项目就是采取的是以线上授课为主的方式，只是偶尔让学生参加一些线下活动，比如集体来学校参加一两天活动，与教师和同学们在校园见面，以提高班级凝聚力和加强对学校及项目的归属感等。 总之，建议慎用"线下"一词，特别是和"线上"并列使用时。如果线下参加实际就是疫情前的现场参加，线下课就是疫情前的到教室上课，就没必要改用线下一词，就用原来疫情前的指称方式便可，不然会造成不必要的困惑。

再者，有关线上教学的研究文章，包括各种实证研究的文章，自 2020 年也大量增加。除了笔者收到的近 60 多篇文章外，包括 JTCLT 在内的全球各大学术期刊也刊登了大量有关线上教学的文章，比如廖灏翔发表的介绍他依托 MIT 新近开发的 MOOC 中文课的文章 (Liao, 2020), 徐来发表的有关国际学生汉语课程线上学习体验的调查分析（Xu, Chen, & Shi, 2021); 许怡和金丽研究团队发表的系列线上教学研究的文章（如 Jin et al., 2021; Xu et al., 2021）等。

5.结语

---

[1]比如，CLTA 初、中级中文教学兴趣小组的讲座记录和相关信息网站在 https://campuspress.yale.edu/exchange/lecture/；跨学科高年级中文教学兴趣小组的讲座记录在 https://sites.google.com/andrew.cmu.edu/clta-sig/home；华裔教学兴趣小组组织的讲座记录在 https://sites.google.com/view/chinese-heritage-language/Webinar?authuser=0

[2] 比如，加州中文教师协会的网站在 https://www.clta-ca.org/conferenceworkshop.html ；新英格兰地区中文教师协会的网站在 https://neclta.org/ ；维州中文教师协会网站在 http://clta-va.org/index.html

[3]英国汉语教学研究会的网站在 https://bclts.org.uk/ ； 加拿大中文教学小组的网站在 https://live-ucalgary.ucalgary.ca/groups/chinese-teaching-canada/events/our-events 。

[4] https://asiasociety.org/national-chinese-language-conference

　　本文对线上教学的种类和有关名词术语进行了辨析和梳理，并总结回顾了 2020 年疫情之前中文线上教学的实践和相关研究，介绍了 2020 年的线上教学及其后续影响。本文对本书中收录的来自四大洲 9 个国家 41 位作者的 21 篇文章做了重点介绍。这些文章不仅有助于对 2020 年中文线上教学的了解，同时也有助于了解文中介绍的中文项目及所在院校乃至所在国家的语言教学情况。笔者衷心希望本文和这本书能为线上中文教学的研究和实践提供阶段性总结，并起到承上启下的作用。

注：衷心感谢施黎静、郑艳群、周睿、郭文娟、周虞农、郝雪飞、李佳行等 7 位老师在本文修改过程中提出的诸多宝贵建议，其中还有几位老师帮着校对。虽几经修改，力求完善，但自觉仍有诸多疏漏之处，责在本人。

参考文献

Bai, J. (2003). Making multimedia an integral part of curricular innovation. *Journal of the Chinese Language Teachers Association, 38* (2): 1–16.

Bai, J., Li, C., & Yeh, W. C. (2019). Integrating technology in the teaching of advanced Chinese. *Journal of Technology and Chinese Language Teaching,10*(1), 73-90.

Bonk, C.J., Cummings, J.A., Hara, N., Fischler, R.B., and Lee, S.M. (2000). A ten-level web integration continuum for higher education. In B. Abbey (Ed.), *Instructional and cognitive impacts of web-based education* (56–77). Hershey, PA: IGI Global. https://doi.org/10.4018/978-1-878289-59-9.ch004.

Carey, J. (1978). A primer on interactive television. *Journal of the University Film Association, 30*(2), 35-39.

Chen, Y. (2005). Distance learning Chinese via interactive TV: A rewarding but costly experience. In C. Li , Y. Chen and H. Liang (Eds.), *Reflecting on the future of Chinese language pedagogy: honoring the 40-year distinguished career of Professor George Chih-ch'ao Chao* (pp.325-332). Taipei: Shida Shuyuan.

Cheng, H. J. & Zhan, H. (2012). Examining pre-service teachers' instructional strategies for technological pedagogical content knowledge via video-conferencing. *Journal of Educational Technology Development and Exchange, 5*(2). http://aquila.usm.edu/jetde/vol5/iss2/6/

Czerniewicz, L., Trotter, H. & Haupt, G. (2019). Online teaching in response to student protests and campus shutdowns: Academics' perspectives. *International Journal of Educational Technology in Higher Education, 16*(43). https://doi.org/10.1186/s41239-019-0170-1

Evans, R. and Blignaut, A.S. (2010). Instructional dissonance during interactive television support broadcasts – A South African experience. *Progressio, 32* (1), 111–130

Fleming, S. (1999). *A web-based resource for foreign language distance education teacher training.* Presentation given at the First International Conference on Internet Chinese Education, Taipei, Taiwan. May 22–24, 1999.

Giannini, S., Jenkins, R. & Saavedra, J. (2020, May 13). *Reopening schools: When, where and how?* https://en.unesco.org/news/reopening-schools-when-where-and-how

Hodge-hardin, S. L. (1995). Interactive television in the classroom: a comparison of student math achievement among three instructional setting. https://dc.etsu.edu/etd/2921

Hodges, C., Moore, S., Lockee, B., Trust, T. & Bond, A. (2020, March 27). The difference between emergency remote teaching and online learning. *Educause Review.* https://er.educause.edu/articles/2020/3/the-difference-between-emergency-remote-teaching-and-online-learning

Jin, L., Xu, Y., Deifell, E., & Angus, K. (2021). Emergency remote language teaching and U.S.-based college-level world language educators' intention to adopt online teaching in postpandemic times. *The Modern Language Journal, 105*(2). https://doi.org/10.1111/modl.12712

Kan, Q. (2013). The use of ICT in supporting distance Chinese language learning-Review of the open university's beginners' Chinese course. *Journal of Technology and Chinese Language Teaching, 4*(1), 1-13.

Kim, K. J., Liu, S., & Bonk, C. J. (2005). Online MBA students' perceptions of online learning: Benefits, challenges and suggestions. *Internet and Higher Education, 8*(4), 335-344.

Konnikova, M. (2014). Will MOOCs be flukes? https://www.newyorker.com/science/maria-konnikova/moocs-failure-solutions, 2014.

Li, J. (2019). Online Chinese program evaluation and quality control. *International Chinese Language Education, 4*(3), 62-70.

Li, J., & Jiang, Z. (2017). Students' perceptions about a flipped online Chinese language course. *Journal of Technology and Chinese Language Teaching, 8*(2), 25-38

Li, L. (2016). *Online instruction vs. traditional instruction on CFL students' language development.* Presentation given at the 2nd Online Chinese Teaching Forum and Workshop (OCTFW). Organized by the Confucius Institute of Michigan State University, East Lansing, MI. November 11-12.

Li, M. (2022). Online Chinese teaching and learning at Massey University in New Zealand. In S. Liu (Ed.), *Teaching the Chinese language remotely: Global cases and perspectives* (pp.181-202). Switzerland: Palgrave Macmillan, Spring Nature International.

Li, S. (2007). *The characteristics of online Chinese language teaching and learning in higher education: Perceptions of teachers and students.* Unpublished doctoral dissertation of Alliant International University.

Liao, H. (2020). The materials presentation and pedagogical design of "MITx: Chinese Language in Culture, Level 1", *The World of Chinese Language,* [廖灝翔 (2020). 華語磨課師 MITx: Chinese Language in Culture, Level 1 之教材呈現與教學設計, *華文世界*] *126*, 35-47.

Lin, C., & Zhang, Y. (2014). MOOCs and Chinese language education. *Journal of Technology and Chinese Language Teaching, 5*(2), 49-65.

Littlefield, J. (2017). The dark side of the MOOCs. https://www.thoughtco.com/problems-with-online-classes-1098085

Liu, S. (2002). *Modern technologies in Chinese teaching and learning.* In Proceedings of the 2nd annual IST conference. Bloomington: Indiana University, http://www.indiana.edu/~istb/conferences/2002/IST_Conf_2002_liu.pdf

Liu, S. (2004). Ten levels of integrating the Internet in teaching Chinese as a foreign language. In P. Zhang, T., Xie & J. Xu (Eds.). *The studies on the theory and methodology of the digitalized Chinese teaching to foreigners* (pp.81-86). Beijing, China: Tsinghua University Press.

Liu, S. (2005). Faculty use of technology in online courses. *International Journal of Instructional Technology and Distance Learning. 2*(8). Available online: http://www.itdl.org/Journal/Aug_05/article03.htm

Liu, S. (2016). *Teaching Chinese language online: What, when, why, how?* Invited presentation given at the 2nd Online Chinese Teaching Forum and Workshop (OCTFW). Organized by the Confucius Institute of Michigan State University, East Lansing, MI. November 11-12.

Liu, S. (2018). Teaching and learning Chinese language online: What and why? *International Chinese Language Education, 3*(2), 11-26.

Liu, S. (2020a). *Similarities and differences between teaching and learning of the Chinese language online and onsite: Opportunities and challenges.* Invited presentation given at the "A Series of Zoom Presentations on Remote Chinese Teaching", organized by DoIE Chinese Language & Exchange Programs, San Francisco State University, May 29, via Zoom.

Liu, S. (2020b). An examination of the history of using technology in teaching Chinese as a foreign/second language before the computer era. *Proceedings of the First International Conference on the Developmental History of Chinese as a Second/ Foreign Language* (pp.210-218). National Tsinghua University, Taiwan, December 18-19, via Zoom.

Liu, S. (2020c). *Online, remote, hybrid/blended, hyflex: A brief discussion on teaching in different delivery modes.* Invited talk given for the 6th Online Chinese Teaching Forum and Workshop (OCTFW) and Chinese Teachers Association of Michigan Conference. Organized by the Confucius Institute of Michigan State University, November 14, via Zoom.

Liu, S. (Ed.).(2022a). *Teaching the Chinese language remotely: Global cases and perspectives.* Switzerland: Palgrave Macmillan, Spring Nature International. https://doi.org/10.1007/978-3-030-87055-3

Liu, S. (2022b). An overview. In S. Liu (Ed.), *Teaching the Chinese language remotely: Global cases and perspectives* (pp.1-22). Switzerland: Palgrave Macmillan, Spring Nature International.

Liu, S. & Da, J. (2021) *Technology in Chinese language teaching.* In: Ye Z. (Ed.) The Palgrave handbook of Chinese language studies. Palgrave Macmillan, Singapore. https://doi.org/10.1007/978-981-13-6844-8_3-1

Liu, S., Wang, Y., & Zhan, H. (2020a,). *A survey of student perspectives on learning Chinese online: Preliminary results.* Presentation given at The International Forum of Textbook Development and Virtual Conference on Teaching Chinese as an International Language, Organized by The Education University of Hong Kong, July 11, via Zoom.

Liu, S., Wang, Y., & Zhan, H. (2020b). *A survey of instructors on teaching Chinese online in 2020: Preliminary results.* The International Forum of Textbook Development and Virtual Conference on Teaching Chinese as an International Language, Organized by The Education University of Hong Kong, July 11, via Zoom.

Liu. S., Wang, Y. & Zhan, H. (2022). Perspectives of instructors and students on online Chinese teaching and learning in 2020: Preliminary findings. In S. Liu (Ed.). *Teaching the Chinese language remotely: Global cases and perspectives* (pp.349-372). Switzerland: Palgrave Macmillan, Spring Nature International.

Ma. Y. (2022). A blessing in disguise: The emergency remote teaching of Chinese in University of Cape Town in South Africa. In S. Liu (Ed.). *Teaching the Chinese language remotely: Global cases and perspectives* (pp.111-134). Switzerland: Palgrave Macmillan, Spring Nature International.

Martinez, R., Liu, S., Watson, W., & Bichelmeyer, B. (2006). Evaluation of a web-based Masters degree program in a Midwestern research university. *Quarterly Review of Distance Education, 7* (3), 267-283.

Moore, M. & Anderson, W. (Eds.). (2003) *Handbook of distance education.* Mahwah, NJ: Erlbaum. https://citeseerx.ist.psu.edu/viewdoc/download?doi=10.1.1.452.2439&rep=rep1&type=pdf

Pappano, L. (2012). The Year of the MOOC. Retrieved from https://www.nytimes.com/2012/11/04/education/edlife/massive-open-online-courses-are-multiplying-at-a-rapid-pace.html

Rao, V.S. & Dietrich, G.B. (1996). The study of interactive-television based classrooms: some theoretical and methodological issues. *International Journal of Instructional Media, 23*(4), 305. https://www.learntechlib.org/p/85438/.

Rees, F. & Downs, D. (1995). Interactive television and distance learning. *Musical Educator Journal, 82*(2):21-25. https://doi.org/10.2307/3398864

Royal, K. & Bradley, K. (2005) Interactive television (ITV) courses and students' satisfaction. http://citeseerx.ist.psu.edu/viewdoc/download?doi=10.1.1.499.2652&rep=rep1&type=pdf

Stickler, U. & Shi, L. (2013). Supporting Chinese speaking skills online. *System, 41* (1), 50-69. http://eprints.lse.ac.uk/49513/

Sun, M., Chen, Y. & Olson, A. Developing and implementing an online Chinese program: A Case Study. In B. Zou, M. Xing, Y. Wang, M. Sun & C. Xiang (Eds.), *Computer-Assisted Foreign Language Teaching and Learning: Technological Advances* (pp. 160-187). Hershey, PA: IGI Global. doi:10.4018/978-1-4666-2821-2.ch010, 2013.

Sunaoka, K. (2016). *Cross-classrooms peer-to-peer activity through mobile phone in the Asian students' distance learning.* Invited presentation given at the 9th International Conference and Workshops on Technology and Chinese Language Teaching (TCLT9), University of Macau, May 27-29.

The National Science and Media Museum (2020). *A short history of the Internet.*
https://www.scienceandmediamuseum.org.uk/objects-and-stories/short-history-internet

Tseng, M., Gao, Y., & Cai, L. (2019). Enhancing Interaction through the Effective Incorporation of Technology Tools for a Virtual Chinese Language Classroom. *Journal of Technology and Chinese Language Teaching, 10*(1), 91-113.[曾妙芬, 高燕, & 蔡罗一. (2019). 中文线上课堂有效结合科技工具以强化互动之报告.《科技与中文教学》, *10*(1), 91-113.]

Xie, T. (1999). Using computers in Chinese language teaching. In M. Chun (ed.) *Mapping the course of the Chinese language filed: Chinese teachers association monograph series volume III* (103–119) Kalamazoo: Chinese Language Teachers Association.
https://home.csulb.edu/~txie/papers/Using_computers.htm

Xie, T. (2002). Three modes of online teaching. [谢天蔚(2002).網上教學的三种模式]
https://home.csulb.edu/~txie/papers/Three_Models.b5

Xie, T. (2003). Chinese long distance education in the U.S.: Issues and explorations. [谢天蔚（2003）. 美国中文远程教学的问题与探索.]
https://home.csulb.edu/~txie/papers/US_Long_Distance_Ed.htm

Xie, T. (2018). How I was moulded into a Chinese language teacher in the U.S. In V. Ling (Ed.). *The field of Chinese language education in the U.S.: A retrospective of the 20th century* (pp.274-280). Andover: Routledge.

Xu, L., Chen, Y. & Shi, S. (2021). An analysis of international students' experiences of online courses: Based on a survey of international students at a Chinese university. *Journal of International Chinese Teaching, 1,* 39-49. [徐来, 陈钰, 施妤婕 (2021),国际学生汉语课程线上学习体验调查分析—以国内某高校国际学生为例,《国际汉语教学研究》, 2021 年第 1 期, 39-49 页]

Xu, Y., Jin, L., Deifell, E., Angus, K. (2021). Chinese character instruction online: a technology acceptance perspective in emergency remote teaching. *System, 100.*
Available at: https://aquila.usm.edu/fac_pubs/18819

Yin, C. (2021). *Towards a three-step interactive model for hybrid instruction in Chinese language courses. International Chinese Language Education, 6*(1), 62-70.

Wang-Szilas, J., and J. Bellassen. 2017. Dualism-based design of the Introductory Chinese MOOC 'Kit de contact en langue chinoise'. In Q. Kan and S. Bax (Eds.) *Beyond the language classroom: researching MOOCs and other innovations* (43–57). Research-publishing.net.
https://doi.org/10.14705/rpnet.2017.mooc2016.670.

Wang, Y. (2012). E-language learning and teaching in Australia: A case study.
http://www98.griffith.edu.au/dspace/bitstream/handle/10072/48843/80825_1.pdf;jsessionid=3C9D4A47655AD2A416FBD375283C6ECB?sequence=1

Wiley, D. (2014). The MOOC misstep and the open education infrastructure.
https://opencontent.org/blog/archives/3557

Zhang, S. (2022). From flipped /blended to fully online: Lessons learned and strategies for the future. In S. Liu (Ed.). *Teaching the Chinese language remotely: Global cases and perspectives* (pp.269-294). Switzerland: Palgrave Macmillan, Spring Nature International.

Zheng, Y. (2001). Network in the classroom and classroom on the network. *Chinese Teaching in the World. 4,* 98-104. [郑艳群. 课堂上的网络和网络上的课堂—从现代教育技术看对外汉语教学的发展.《世界汉语教学》2001 年第 4 期, 98-104 页]

Zheng, Y. (2004). An analysis of the distance teaching Tutorial model in Waseda University of Japan. *Chinese Teaching in the World. 2,* 88-97 [郑艳群. 日本早稻田大学 Tutorial 汉语远程教学模式评析.《世界汉语教学》2004 年第 2 期, 88-97 页]

2

罗德岛大学中文领航 2020：发挥网课特点打造以人为本的暑期密集项目
(Chinese Flagship Intensive Program at URI in 2020: Building an Online Student-Centered Summer Intensive Program)

何文潮
（He, Wayne Wenchao）
罗德岛大学
（University of Rhode Island）
whe@uri.edu

梁宁辉
（Liang, Ninghui）
耶鲁大学
（Yale University）
ninghui.liang@yale.edu

杨清钰
（Yang,Qingyu）
罗德岛大学
University of Rhode Island）
kittyyang@uri.edu

蔡江坪
(Cai, Jiangping)
罗德岛大学
（University of Rhode Island）
jiangping_cai@uri.edu

王薇
（Wang, Wei)
哈佛大学
（Harvard University）
wwwemma820@gmail.com

张一平
（Zhang, Yiping)
罗德岛大学
（University of Rhode Island）
yiping_zhang@uri.edu

摘要：本文介绍美国罗德岛大学中文领航项目暑期密集班团队在 2020 年暑期如何在八周的时间里打造了一个充分发挥网课特点，体现人文关怀，教学效果显著的暑期项目。领航项目有明确的水平能力标准目标，在这八周里，该团队重新设置了教学大纲，根据网课特点，减少网上同步课时，增加翻转课等异步学习，给学生更多的主动性和灵活性；设计了线上线下互相结合、大班小班和单班课各种课型互相衔接、由点到线、连线成面的整体教学规划，和适合云端特点，体现人文关怀的各种课内外的活动，建立了社群精神。教学以科技为主要辅助手段，充分发挥了网课科技手段的优势和数码时代学生的科技能力。学生学习目标明确，学习动机强，学习过程既有挑战又有趣味性，寓教于乐。通过八周的学习，各年级的学生都达到了项目制定的水平能力标准，为将来的网课和科技中文教学提供了很多宝贵的经验财富。

Abstract：The Chinese Flagship Intensive Program (CFIP) at the University of Rhode Island (URI) created a highly effective online summer program in 2020. To achieve the proficiency goal, CFIP re-designed its curriculum by reducing synchronous class meeting time, increased asynchronous studies and flipped classroom based on the online teaching characteristics, offfering more initiatives and flexibility to the students. The new design combined online and offline studies and adopted different types of online classes including full size class, breakout small class and one-on-one class. In addition, CFIP carefully planned the homework assignments and various activities which fit the online environment, and built strong community spirit. In teaching, CFIP applied Computer Assisted Language Learning (CALL), which gave full play to the advantages of online courses and students' skills and knowledge in technology. The students all have clear goals and strong motivation. The learning process is challenging, interesting, and entertaining. Through eight weeks of study, almost all the students have reached the proficiency benchmarks in the post-summer standard testing. Their practice in online teaching and program building will have great positive impact on the future online teaching, blended learning and application of technology in L2 Chinese instruction.

关键词：暑期网课密集班、 科技教学、 社群精神、水平能力标准

Key words: Summer online intensive class, Technology assisted teaching, Community, Proficiency standard

1. 引言

　　2020 年暑期班是个很特别的暑期项目，由于新冠疫情的原因，原来要参加暑期海外留学的学生都无法成行。于是罗德岛大学中文领航项目 （罗大领航）决定开办三个年级的暑期网课密集项目（这里简称为暑期班），旨在通过网课达到以前出国留学的水平能力（proficiency）目标标准。这对罗大领航项目是一个巨大的挑战。因为是全部线上教学，跟平时已经成熟的面对面实体课密集教学很不一样，要重新设计课程大纲，甚至每节课的上法。罗大领航提出了以人为本，以学生为中心，建立一个全新的暑期班社群，培养学生的社群精神，投入到暑期密集班的学习。经过八个星期的师生共同努力，达到了预期的效果。本文将分享暑期班的经验体会，主要分为两部分，第一部分将着重介绍 如何发挥网课特点，以科技为教学工具设计适合网课特点的可以达到领航教学目标的课程。另一部分将侧重介绍适合云端特点的体现人文关怀的各种课内外的活动，这些活动弥补了不能直接面对面接触的缺憾，使学生对暑期班有归属感、社区感和认同感，把暑期班当成家，从而激发学习的热情。本文重点讨论了以下几个方面：整体项目设计、教学环节设计和课堂教学包括不同类型的课程和科技工具在各个教学环节的应用，以及如何帮助学生提高听、说、读、 写语言技能。为了更好地展示教学的新颖和有效性，专门介绍翻转课的设计和安排。最后介绍社群建设和各种相关活动和学生的调查以及标准考试结果。

2. 整体项目设计

　　领航项目不同于一般的教学单位和暑校，有明确的水平能力目标和教学指导思想，需要有一个专业素质高的教学团队，有积极好学的学生，和适合网课和学生特点，积极有效的教学设计和方法的教学大纲。这期暑期密集项目有 42 个学生，其中罗德岛大学领航项目（简称罗大领航）的学生 40 人，外校 2 人，根据学生水平分为三个年级：2 年级（17 人）， 2.5 年级（5 人）和 3 年级（20 人）。共聘请了 5 位大班老师，10 位小班老师和 1 位项目研究生助理。师生比达到 1 比 2.8。

　　罗大领航一般暑期密集项目只有二年级（上完一年级密集中文课，第一个暑假上二年级），今年因为三年级准备去台湾留学的同学项目取消，为他们开办了暑期三年级。可是在 2020 年春季，有一个二年级班，是为在高中学过中文，有基础的同学第一年就从二年级开设的。也有少数领航学生上完一年级，2019 年暑期没能参加暑期密集班，也参加了这个班，现在只有 5 个学生。他们的中文程度高于暑期二年级，但低于三年级，故称为二点五年级班。暑期结束如果水平能力可以达到高级低(Advance Low)，他们秋季学期可以参加四年级学习，如果在中级高或者中级中(Intermediate High 或 Mid)，也可以参加秋季三年级学习。

2.1 教师聘任和培训

　　5 位大班老师里包括 3 位罗大领航的老师和 2 位外聘老师。10 位小班老师全部外聘。 考虑到暑期班短期高强度的特色，我们在聘任选拔教师的时候坚持高标准，严要求。所聘教师除了必需的教学资质外，还需要认同我们的教学理念，并在教学中能坚持以学生为 中心，精讲多练，善于调动学生学习的积极性和积极参与。所有的应聘教师申请时需提 供教学录像，考虑到本期暑校是百分之百线上教学，我们还要求所有入选网上面试的教师做一个 15 分钟的线上示范教学。有的应聘教师尽管教学经验丰富，但与我们的教学理念不相符，我们还是不能聘用。最终暑期密集班聘请到了两位教学经验丰富，教学理念相符，且富有责任感，奉献精神和热爱学生和教学的大班老师，和 10 位积极进取，好学上进的小班老师，使教学质量得以保证。此外，暑期班还从北京语言文化大学汉语教育学院和中国中央民族大学聘请了 42 名学习汉教专业的本科和研究生，和我们的学生结成一对一的语 伴，每周最少活动一次。充分体现了以人为本的教学理念，有了高质量的教学团队才可能保证高质量的教学。

考虑到教师的教学和教育背景的不同，需要必须的教师培训。首先要教好领航的学生，就必须有 OPI 的培训，暑期班专门请了有二十多年经验的资深 ACTFL 测试官，纽约城市大学的徐平教授给老师们进行 OPI 训练。又针对老师们教学背景不同的情况，专门邀请了美国中文教学届富有盛名的项目检查和教师培训专家，弗吉尼亚大学的梁新欣教授给大家进行了有针对性的教学指导思想和教学法的培训。梁教授还对罗大领航的三名教师进行了 一对一的教学设计指导。罗大领航团队为新聘教师分年级介绍了各年级的教学和特色，最后一天罗大领航的教师和新聘教师对教学常用的 APP 和教学平台进行了一对一的训练。虽然教师培训时间不长，但针对性强，有时效，对新聘教师很快进入教学角色起到了重要作用。

2.2 项目设计

过去罗大领航面对面的实体暑期密集班，课时为每天上午 4 小时大小班课，下午半小 时一对一辅导， 跟任课老师谈话，一小时文化课，晚饭集体看电影，晚上做功课，预习和老师答疑时间。考虑到上网课，学生每天对着电脑的时间太多，我们做了一些调整。2019 年暑期密集班实体课和2020 年网课时间安排对照请看下表。

表1：暑期密集班实体课和网课时间安排对照

2019 实体教学时间安排		2020 网课密集班时间安排		注
上午课	大班两节、小班两节	上午	大班课、小班课	50 分钟一节
			翻转课 1.5-2 小时	大班课前完成
下午	一对一辅导 30 分钟	下午	单班课	45 分钟
	跟任课老师谈话		跟任课教师谈话	
	文化活动	每天下午	文化活动每周一次	有时晚上
	晚餐电影	晚上	电影每周一次	自愿参加
晚上	教师答疑		教师线上答疑	
	功课 1.5-2 小时		功课 1.5-2 小时	

关于课时，面对面上课每天连着上 4 节课是可以的，但考虑到网课，时间长了学生会产生网课疲劳症（Zoom fatigue），直接影响到教学效果。而网课的特点就是它的灵活性，我们可以把一部分的课变成异步（asynchronous），由学生根据情况安排自己的时间，也减少课时，增加自习时间，学生自己掌握学习进度，自主学习。因此我们减少了大小班课时，安排了翻转课，上课时更多地安排互动，充分利用上课的宝贵时间。另外暑期班还增加了单班课的时间，使每个学生得到更多的老师的个人关注(individual attention)，有针对性的授课。老师的教学安排是大班老师每天上一到两节课（每个年级分三个班），但除自己的课外，要负责全课的教学设计安排，包括小班和单班课，还要做翻转课。虽然课时少，但教学设计领导任务重，要听课和监督小班、单班课，每天还要跟学生谈话和组织每周的集体备课。小班老师每天要上一个小班课和 4-5 个单班课。因为小班老师也听大班课，了解教学进度和学生的表现，单班课可以有的放矢，这不同于一般意义的辅导，确保单班课内容是核心课程的延伸。

3.暑期班的教学

3.1 教学环节的设计

暑期班整体教学目标是以全美外语教学学会语言水平能力大纲（ACTFL Proficiency Guideline）为基础而确定的。三个年级的总体教学目标分别为：二年级学生的 ACTFL 目标为中级中等(Intermediate Mid)。这一水平的语言学习者能够应对简单社交任务，但是话题一般限于生存层面，包括与个人、家庭、居家、日常活动、爱好以及个人喜好有关的个人信息，还包括生活及社会需求方面的信息，例如食品、购物、旅行及住宿。二点五年级教学目标为中级高等(Intermediate High)，这一水平的语言学习者能够应对简单社交任务，能够成功、轻松地成功地处理不复杂的任务及社交情景。三年级的教学目标为高级低（Advance Low），这一水平的语言学习者能够应对多种交流任务。他们能够应对大部分非正式及部分正式的话题，如涉及学校、家庭及休闲活动等话题。他们也能对一部分涉及工作、时事以及与公共和社区利益有关的话题进行讨论。

这些要求不仅对学生，也是对老师的一个极大的挑战。一般学生需要一两年才能跨越的这些瓶颈，我们期望能在短短的八周时间内解决。就学习任务而言，学生在暑期一天的时间内就要完成平常学期一个星期的内容。比如三年级的学生，在一天的时间内，既要记住生词的意思、字形和发音，还要掌握如何在句子中使用这些生词，包括了解生词的搭配、使用的语境、词义辨析等等，最后还要能够将句子组合连接为段落，运用所学词汇或句型，就学校、家庭、时事，或与公共和社区利益有关的话题进行条理清晰的叙述、描写和讨论。这样的强化要求，以前只有在暑期海外班的全中文沉浸式教学环境中才能完成，而今年转为在美国国内，而且还是采用网课的形式，如何才能实现理想的教学目标，迅速提高学生的中文水平？教学环节应该怎样设计，才能规避网课教学的不足，有效发挥网课教学的优势？这成了我们开课前需要解决的首要条件。为此，暑期班各年级组早在开课前一两个月就开始了备课会，经过数次讨论，最终确定了线上线下互相结合、大班小班和单班课各种课型互相衔接、由点到线、连线成面的整体教学规划。

（1）轻松愉快的自主预习："点"的准备

所谓"点"，就是生词，"点"的准备就是学生对生词的掌握，包括生词的意思、字形的认读和准确发音，这一部分我们放到了 Quizlet 网站上，让学生自己准备。我们把当天需要掌握的生词做成一个学习集，学生加入老师在 Quizlet 上建立的班级，就可以看到每天的学习集，然后自主地预习、练习、复习指定的生词。Quizlet 中提供了8种学习模式，学生可以通过单词卡、学习、书写、拼写和测试等形式来预习和巩固生词，还可以通过配对(match)、重力(gravity)游戏(https://help.quizlet.com/hc/en-us/articles/360030674972-Playing-Gravity）来进行自我测试和复习。老师们可以通过班级进度来查看学生的学习效果和完成情况。我们的要求是，学生要在当天的生词学习集中完成至少3个模式的学习或测试，而事实上，Quizlet 上多样的练习和有趣的游戏，消除了学生的疲劳，增加了学习兴趣和热情。很多同学都会超额完成学习任务，进行3 个甚至 6 个模式的学习。这是我们之后高楼搭建的关键所在，学生们需要充分做好"点"的准备。

（2） 匠心独具的翻转课："线"的勾画

所谓"线"，就是一个完整的句子，"线"的勾画就是学生掌握生词在句子层面的运用，包括了解生词的搭配、使用的语境和词义辨析等等。在讨论、比较、筛选了多种网课制作手段以后，老师们根据中、高年级学生中文水平以及教学要求的不同，决定采用两种技术手段来录制生词、语法视频。对二年级学生，老师们采用了微视频的办法，把每个重点生词和语法录制成 2-5 分钟的视频，以减轻学生记忆负担，学生还可灵活选择观看顺序。看完每个微视频以后，学生都要马上做与该视频有关的语法或者生词练习，并能在学校 Brightspace 网站(https://www.d2l.com/)上得到即时反馈。

对于高年级学生，我们采用了 VoiceThread 软件，挑选出课文中的难点生词和重点句型结构，在 VoiceThread 上进行录音讲解，学生们在课前进行线下的自我学习，在听取讲解和例句说明之后，根据指定的情境和图片，录音进行大量的造句和模仿练习，以达到熟练运用生词、句型的目的，为搭建立体高楼做好"线"的准备。在 VoiceThread 中，教师会对词的用法、搭配进行讲解，并且给学生提供练习机会，学生回答做什么可以缓解考试/经济/学习的压力，怎样才能缓解中美关系，如何缓解头痛等等。翻转课的具体设计安排构思请见下一个章节的详细阐述。

（3）生动有趣的大班课：铺设"平面"

所谓"面"，就是课文中的句段，铺设"平面"就是学生能够准确运用所学词汇和句型，成段复述课文内容，这一部分我们是在 Zoom 大班课进行实时操练。学生们已经事先掌握了生词的意思及其在句子中的运用，课堂上老师们会用 Quizlet Live 热身温习生词，再通过丰富有趣的课堂活动引导学生，运用 Zoom 的注释、聊天、分组、共享屏幕等功能增强师生和生生互动，培养学生的成段复述课文以及发表自己看法的能力。

暑期班大班课各个年级大概都在 5-7 人，设计教学时，老师们主要围绕课文的内容进行展开，以任务型教学为依托，交际性为原则让学生在完成任务中学习。与传统的面对面课堂相比，生生之间的互动在网课教学中展现出了更大的不同与挑战，课堂中，生生的互动变成了 Zoom breakout room，学生把它称之为"小教室"，学生会在小教室进行采访、讨论或者角色扮演等活动。这样不仅增加了生生互动，同时也给学生提供了更多开口说话进行输出的机会。 如下图学生在 breakout room 进行角色扮演。

角色扮演（请同学们在"小教室"跟你的朋友进行角色扮演）

Suli公司是一家美国快餐公司，在中国，到处都是这家公司的办事处。最近，中国当地政府发现，这家公司的食物对人们的身体有害，所以要限制这家公司做广告。

A: 美国公司在中国办事处的发言人。请你保护自己的权利。
（谁应该负责任；自由竞争；权利；不必；选择）

B: 中国当地政府的代表。请你说服Suli公司。
（保护老百姓；快餐的特点；肥胖问题；公司的社会责任；道德）

C: 当地老百姓，你可以选择支持A还是B。

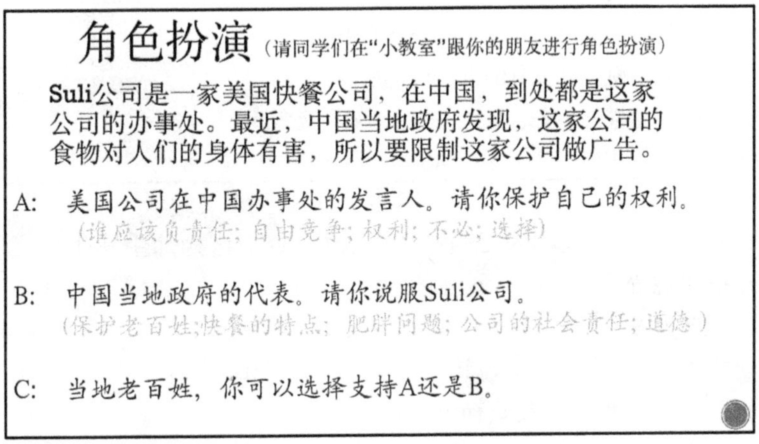

图1：学生在 breakout room 进行角色扮演

大班课师生之间的互动主要以问答和"chatbox"聊天室打字的方式体现，为了让师生之间的互动更有效，老师们在对问答的设计上花了大量时间，老师们发现，开放性的、具有挑战性、或者与学生自身相关的问题更能激发学生兴趣。同时，互动时也要照顾到学生的个体差异，不同语言水平的学生老师们在进行互动时会选择不同的问题，这就要求老师们对学生的个性进行充分地了解。

如前文所述，大班课的侧重点在于对课文内容的梳理，为避免让学生有"死记硬背"的错觉，也为了让大班课的教学更有趣味性，我们在教学过程中运用图片、图表、动画和短视频，并加入了游戏等有竞争性的活动，让学生在竞争中相互合作和学习。同时调动课堂气氛，让学生在轻松的氛围下熟悉了课文，增强了语言能力，帮助他们把孤立的句子连接成有逻辑性的条理清楚的句段，把学生掌握的零散单句和复句编织成一个平面网。

（4）灵活多练的小班课：搭建"楼房"

所谓"楼房"，就是学生的语言能力可以在课文的话题下平行拓展，延伸到其他相关话题，能熟练运用所学词汇或句型，进行条理清晰的叙述、描写和讨论。这一部分我们是在 Zoom 小班课实时进行。在语言学习中，操练是一个重要的环节，但是如何操练是需要老师们仔细思考的问题。暑期班的小班课，教师会对大班课和翻转课学过的语法、词汇进行操练，但并非是机械性的重复，而是基于任务型教学法的操练，教师会给学生不同的任务，让学生在完成任务的过程中练习语言。如下图在《饮食与健康》一课中小班课的任务，是给其中一个人制定锻炼计划。给学生不同的选择，可以给老师、朋友甚至自己制定计划，这样一来，不仅可以调动学生的积极性，与此同时也拉近了师生和生生之间的距离。

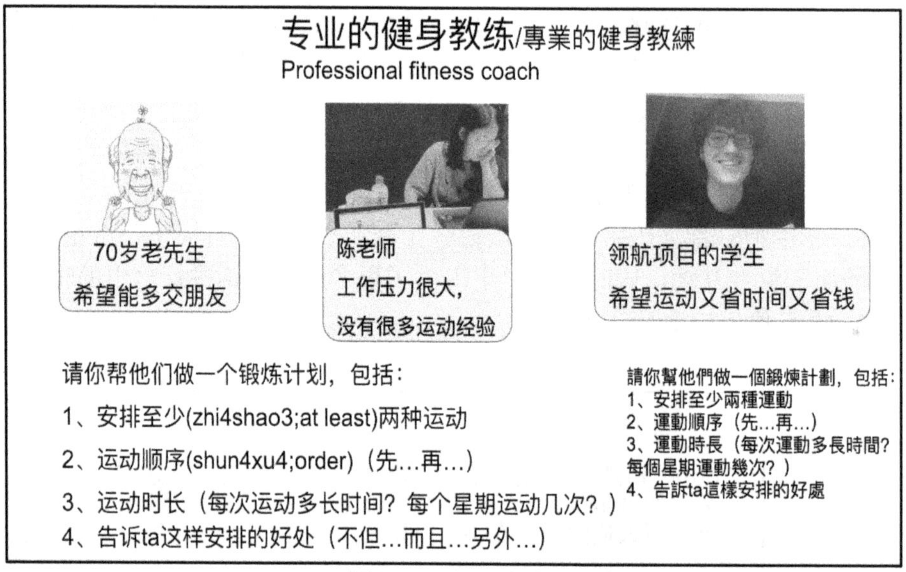

专业的健身教练/專業的健身教練
Professional fitness coach

70岁老先生
希望能多交朋友

陈老师
工作压力很大，
没有很多运动经验

领航项目的学生
希望运动又省时间又省钱

请你帮他们做一个锻炼计划，包括：
1、安排至少(zhi4shao3;at least)两种运动
2、运动顺序(shun4xu4;order)（先...再...）
3、运动时长（每次运动多长时间？每个星期运动几次？）
4、告诉ta这样安排的好处（不但...而且...另外...）

請你幫他們做一個鍛煉計劃，包括：
1、安排至少兩種運動
2、運動順序（先...再...）
3、運動時長（每次運動多長時間？每個星期運動幾次？）
4、告訴ta這樣安排的好處

图2：小班课的任务教学

暑期班小班课各个年级大约为 2-4 人，人数更少，这为师生和生生之间提供了更多的互动时间和机会，因此小班课充分利用了 Zoom 的标注(annotate)功能增加了学生的课堂参与感。此外，老师们还准备了很多相关话题，围绕热点事件、实时新闻以及学生们的兴趣点，安排学生小组讨论、辩论、互访调查或者采访中文母语者。拓展的话题增强了学生立体地、综合运用语言的能力。

（5）量身定做的单班课：查缺补漏

一天之内全班统一进度搭建起的楼房，自然会出现水平参差、漏洞四出、或地基不稳的现象，加上网络教学过程中网速不够，信号不稳等原因，学生们听不清、说不明、齐唱不"齐"等问题也难以避免。所以一对一的单班课就是最好的查缺补漏的好时机。老师们会根据学生在翻转课的作业情况，找出他们的薄弱环节，并对症下药，有针对性地进行强化训练，坚实基础，补上漏洞。对能力较强的学生则进一步拔高，向更高的空间发展相比大班课，一对一的单班课具有更大的灵活性，首先是时间上的灵活性，由于网络的问题，有些学生不能按时上课，可以跟老师重新约时间，补上单班课。其次是内容的灵活性，根据学生的个性、水平等，老师们可以对已有的单班课材料/问题等进行特别的调整，针对学生的优势和不足，最大化发挥单班课的作用。但是灵活并不意味着没有计划，每节一对一课老师们都会制作 PPT 或者一对一学习单，每一部分都会列出希望学生使用的生活、语法点等等。如下图为是三年级 L10《高铁》辅导单。

单班课　　L10 高铁

请同学们课前熟悉单班课内容，在单班课上只和老师说中文！

Part 1 作业反馈
Part2 查缺补漏【请学生用给出的词语回答问题】
从课文出发，纠错，然后再拓展。
1、　对比：在中国，南方人和北方人有哪些不同？【语言、生活习惯、性情、长相】
2、　美国东海岸和西海岸是如何划分的？东海岸的人和西海岸的人有什么不同？

3. 中国的交通建设的大力发展，使许多偏远的地方都开发成了旅游景点。你认为，这样的做法对当地的经济发展、人民的生活水平、环境保护有什么影响？为什么？有什么更合适的做法？

Part 3 平行拓展话题

1.　在美国，如果要出远门的话，人们更喜欢乘坐什么交通工具？为什么？【准点、晚点/目的地、除非....要不然....】
2.　美国应不应该建设高铁？为什么？
3.　介绍自己/家人平时常用的出行方式（比较优缺点）
4.　**读新闻，与老师一起讨论问题。**
　（1）　地摊经济为什么不是新鲜事？
　（2）　一些城市发展地摊经济有什么优点？有什么缺点？
　（3）　你认为北京上海这样的大城市，适合发展地摊经济吗？为什么？
　（4）　你认为中国的地摊经济和美国的 yard sale 有什么相似和不同？请你结合自身的经历具体说一说。
（新浪财经--06-10--如何正确就地摊经济）

图 3：三年级第 10 课《高铁》辅导单

　　一般来说，单班课共 45 分钟，分为 3 部分，首先是反馈，反馈包括翻转课、功课、大班小班课微信的反馈。中低年级在学习的过程中，夯实基础非常重要，因此，暑期班老师们也给学生制作了"学习日记"，记录学生功课、或者个别谈话时出现的发音、生词、语法的错误。一来让老师们之间相互了解学生的特点，而来也为学生提供了复习的资源。第二个环节是大班和小班课的查漏补缺。在这个环节，老师们会设计一些从课文出发的问题，让学生用指定的语法进行回答。最后一部分是拓展和延伸。为了让水平更高的学生有更大的进步，老师们对课文的话题进行扩展，走出课文，走向社会。这时，往往会加入一些新闻或者热点，老师和学生会针对相关话题进行讨论。由于学生情况不同，老师们也会有针对性地调整各个环节的时间。如果学生大小班内容没有掌握牢固，一对一时可能会用更长的时间对之前的内容进行复习。如果学生掌握情况好，有进一步提升的条件，老师会在平行话题讨论时用更多的时间。

（6）视听说兼顾的课外作业："地基"和"屋顶"

领航暑期班三个年级的功课分为课前预习功课和课后复习功课，学生平均需要 3 小时左右完成功课。课前功课的目的是为了帮助学生主动预习，为接下来"盖房子"打好地基。预习主要包括生词、语法、课文、文化四个维度，让学生提前了解第二天要学习的内容，思考有哪些问题，听课时更加有针对性。生词功课一般在 Quizlet 上完成，而语法预习是由老师提供预习单，在预习单上包括第二天所学语法以及例句。不少学生反馈预习单给他们的学习提供了很大的便利，他们不仅仅在课前会学习，课后复习也会用。在课文的预习中听和读相结合，学生听完课文以后还需要自己录音，模仿示范录音的语速语调，调整自己的发音。文化预习是指老师会为学生提供一些短视频了解和第二天所学内容有关的文化。因为视频比较短小，有趣，所以学生不会感到很大的压力。如果学生想要取得好成绩，必须自己做好预习功课。除此以外，为了检查学生的预习功课，老师们还给学生设计了"小考"，小考的内容是和课文中的生词或者语法有关的问题，小考所使用的平台是 Brightspace。预习功课是造房子的基础，只有学生进行预习，我们才能打造一个坚实的地基。

课后复习功课的目的是为了帮助学生查漏补缺的同时，进一步增加输入和输出，并为学生的房子建造一个屋顶。复习主要包括阅读、听力、口语三部分。老师们会给学生提供和当天的话题相关的阅读、或者视频，用增加输入的方式让学生对这个话题或者相关文化有更加深入的了解；在找阅读和视频资料的时候，老师们也会以真实语料为主要材料，尤其是高年级，以新闻、访谈等为主。老师们深知，输出也是学习语言的重要部分，学生学习语言的很大一部分是为了能够表达自己的看法，和他人分享自己的见解，因此，在设计课后作业时候，老师们也为学生提供了输出的机会——口语作业。口语作业一般是在真实情景下完成的"任务"，比如，暑期班期间的一个星期由于天气的原因，很多学生家里停电，老师们根据这个情景设计的了如下口语功课之一："你要参加一个非常重要的网课/会议，但是突然停电了，请告诉你的老师/老板发生了什么，并且和他们协商一个解决方案。" 课后作业是高楼盖好以后的最后一步——建造屋顶，完成功课以后，这个语言的高楼才算是搭建完成。

总之，通过结合线下学牛的生词自我预习和翻转课的听讲练习，并充分发挥大班、小班和单班课等线上各种课型的优势，老师们帮助学生们在一天内成功地实现了打好地基，再由点到线、由线及面，到最后搭建坚固房屋的目标，培养了学生立体地、多方位地综合运用语言的能力。

3.2 课堂教学特点

3.2.1 设立每堂课的学习目标

暑期班明确的教学目标不仅体现在整体教学计划上，而且在每节大、小班课都有极其具体的教学目标，并以布卢姆分类学（Bloom's taxonomy）（Bloom et al., 1964）为指导， 参照 ACTFL 和 NCSSFL 联合发布的《"能做"声明》(NCSSFL-ACTFL Can Do Statements) 而确定。布卢姆分类学把教育者的教学目标分类，以便更有效的达成各个目标。领航项目暑期班在设计教学目标时，参考了记忆（remember）、理解(understand)、应用(apply)、 分析(analyze)、评价(evaluate)、创造(create)这几类目标，如下图是二年级上课前给学生展示的学习目标。

图 4：2 年级《宿舍》一课的学习目标

　　课堂正式开始以前，教师会带学生一起阅读这堂课的学习目标，下课以前，也会带学生一起检查，这节课的目标是否已经完成了。暑期班期间，教师会反复向学生强调暑期班的目标。这不仅对学生起到提示、监督作用，也对教师的备课起到了指导性作用。根据教学目标，教师会进行课堂活动的设计、材料的选择，以及考试内容的安排。

3.2.2 结合时事选择教学辅助材料

　　进行材料选择时，暑期班的教学会以课文的内容、话题为出发点，运用真实语料，并结合当下热点事件进行筛选。主要选择了图片和视听这两种媒介的真实语料。在语料的选择过程中，对于低年级来说最大的难点是难易度的把握，与经过改编后的课文不同，真实语料中往往有学生不熟悉的生词和文化，甚至是口音，因此需要老师们的精挑细选。比如二年级在《生活与健康》这一单元中运用了下图。

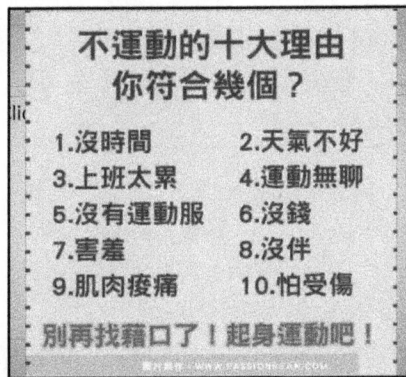

图 5：二年级教学中真实语料的使用

　　高年级的水平给予了老师们更多的选择，因此加入了街头访谈、新闻报道等等，让学生适应不同的口音、增加词汇量。但是，高年级学生在运用真实语料时，往往不能跳出舒适区，会使用以前学过的，较为简单、低级的语言去完成任务，因此，老师们在给学生提供图片或者视频的同时，也会写出要求学生需要运用的生词和语法。

对于低年级学生来说，真实语料的应用让学生更有成就感，激发学生学习的积极性。对于高年级学生，真实语料也可以帮助学生扩充词汇量，了解同时也让学生跳出课本的舒适区，尽可能多地接触真实的语言、地道的文化。

如何结合时事进行教学呢？领航暑期班低年级和高年级在教学过程中都紧密结合事实。以低年级学生的语言水平不能对事实进行深入和复杂的评价，但是可以谈及和个人有关的话题，因此如何选择贴切的时事，如何将时事与课本内容相结合，给老师带来了挑战，对老师提出了更高的要求。比如：二年级在《开学》一课中"教师问学生你的居家隔离生活怎么样？你做了什么？"；罗德岛大学宣布 2020 秋季学期上课安排以后，老师们也将这个新闻用作教学辅助材料，让学生针对秋季学期是否应该回学校上课进行了辩论。如下图。

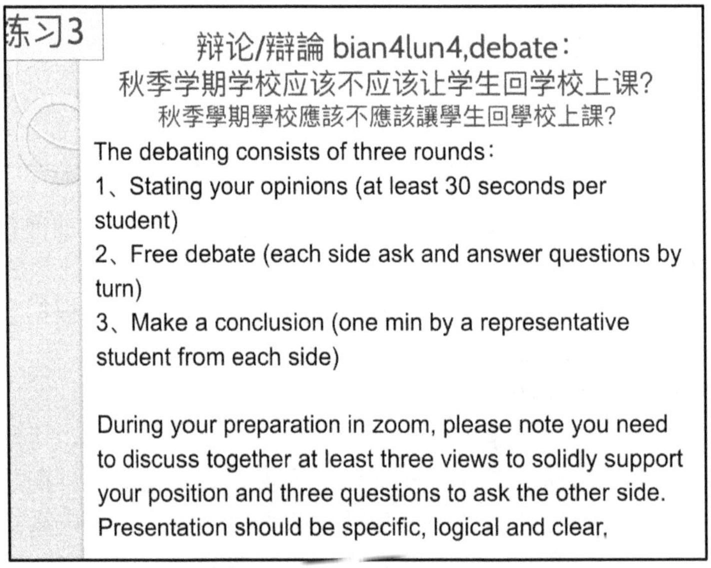

图 6：2 年级的辩论活动

二点五和三年级学生水平相对较高，因此新闻经常会成为教学的辅助材料。比如前期川普政府所提出的对移民、留学生的新政策，都被应用于教学。如图二点五年级在《开放留学政策》一课中对新闻的描述。课上，学生对美国移民局发布的新政策进行了叙述和讨论，如图片所示，PPT左侧列举出学生可以用到的生词语法，右侧是新闻的标题，学生可以根据生词和标题对新闻进行叙述。

图 7： 2.5 年级结合时事的教学

3.2.3 利用科技工具提高语言技能

由于暑期班的教学任务重，学生学习时间有限，老师与学生实时见面的时间也减少，我们希望运用不同的科技工具，在提高学生学习积极性与自主性的同时，高效地完成教学目标，提高学生的听说读写技能。在整个课程设置上，暑期班主要运用的科技辅助工具有 Quizlet、Google Slides、WeChat、Google Forms、VoiceThread、Brightspace、Zoom、Kahoot 等，下表简要概括了这几种工具在不同阶段的使用情况。

表二： 课程中科技辅助工具的应用和功能

课程阶段	科技辅助工具	主要功能
课程期间	Brightspace（教学组织平台）	学习资源中心，提供课程大纲、学习日程、课件，发布公告、电子邮件和功课等。
课前	Quizlet (线上学习网站)	提供课前预习的词汇、语法、课文练习。
	VoiceThread	翻转课组织、测试
	Brightspace	翻转课组织、测试
课中	WeChat微信	提供语音、文字、图片、视频等的交流平台，可以增加学生的语言输出。
	Google Slides（在线PPT制作分享网站）	支持实时共享，增加学生交流、互动与语言输出，创造真实语言情景，增加课堂趣味性。
	Quizlet Live（Quizlet 中的一项在线游戏功能）	增加课堂趣味性与朋辈压力。
	Kahoot（在线游戏学习网站）	在线答题平台，考察学生对生词、课文、视频等的理解，增加课堂趣味性。
	Zoom	同步课程的教学组织平台
课后	Google Forms（在线测验工具）	为课后功课提供及时反馈。

因为前面已经对 Quizlet、Google Slides、VoiceThread 等进行了介绍，这里将重点介绍 Brightspace、WeChat、Zoom 和 Google Forms 的使用。

首先，Brightspace 是罗德岛大学的教学管理平台。在这里可以系统地跟学生分享学习资源，比如课程大纲、学习日程、上课 PPT 等，也可以发布公告、功课，管理成绩，老师还可以监控学生的学习进度。

在课中，Zoom 是我们主要的实时教学平台。为了应对网课学生容易注意力分散，学生发言机会少的难题，我们充分利用 Zoom 的问卷、聊天、标注、和 Breakoutroom 功能，调动学生积极参与到课堂中，增加学生的语言输入与输出。例如，如果聊到学生的意见或者生活，可以准备一个 Zoom 问卷，让学生填写。填写完以后可以马上把问卷结果与学生共享，让学生去微信口头报告。不仅练习了读与说，而且贴近学生生活，更能引起学生兴趣。另外，在练习语法或者句型的时候，让学生在聊天框打字，在很短的时间内每个学生都可以参与，老师也可以马上看到练习成果并给反馈。利用标注功能，可以很快让学生动起手来，在 PPT 上标注自己的喜好，或者打字表达看法，或者连线。老师可以根据学生的标注提问或者进行分组活动。Breakout Room 前面已经提到过，也是老师和学生们最喜欢的活动之一，将一些讨论活动安排成 Breakout room 不仅增加每个学生说话的机会，而且是生生互动的好机会。

除了 Zoom 以外，课上我们也经常使用微信，增加学生的输出。每个年级的学生都有一个微信群。利用微信的语音、文字发送功能，老师在课堂上布置任务；学生可以在群里发送语音、文字方面的信息。这不仅形成了一个学习、对话的空间，同时也可以锻炼学生的听、说、读、写、打的技能。虽然打字任务在 Zoom 上也可以完成，微信录音功能却是不能代替的。让学生发送微信录音，可以增加每个学生表达的机会。虽然上课时间有限，不允许听每个学生的录音，但是老师可以课后检查。另外学生也可以通过听同学的录音互相学习。在录音的时候，老师可规定录音时长，如最少30秒，或者1分钟，鼓励学生多说，并进行成段表达。在课后，为了克服网课的延时性，大部分功课都在 Google Forms 完成。在 Google Forms 可以设置是非题、多项选择、简答、传录音文件等，老师可以设置分值、正确答案和反馈。所以学生做完客观题以后能马上得到反馈，主观题老师也会设置一个参考答案，供学生参考。这样就省去了学生交功课，老师再批改这一环节，大大提高了网课效率。老师们每天早上会单独查看每个学生的功课，以及班级整体的完成情况，以此更好地了解学生的学习情况，有针对地进行查漏补缺，调整上课内容。单班课的时候老师也会针对要辅导学生的情况，给学生一对一的反馈。

3.3 翻转课堂设计

3.3.1 翻转课堂设计原则与理念

2020 年罗大领航项目由线下搬到了线上，为了保证教学效果与学生学习时间，同时避免学生产生网课疲惫，原来的四个小时的线下大小班课，改成了两个小时的同步（Synchronous）网课和一个半到两个小时的异步（Asynchronous）网课，也就是所谓的 翻转课。我们要求学生在上每天的大班课以前，完成当天的翻转课，这包括看生词、语法视频，并完成相应练习，阅读背景材料，看视频谈感想等等。

因为网上同步学习时间减少了，为了最大程度利用我们的同步网课时间，有效提高学生语言输出，我们在设计翻转课的时候，希望学生们在翻转课上学会重要生词、语法，并且了解课文的背景知识。高年级在翻转课中特别注重背景知识的介绍，主要是因为我们使用的教材分别是普大出版社的《新的中国》（二点五年级)和《我看中国》（三年级）。 这两本教材都以学生在中国的视点对一些现象、事件进行讨论。可是 2020 年暑期班的学生是在美国完成的网课，没有沉浸在目的语环境中，对课文的背景知识了解非常有限，这对大班课梳理课文及小班课的讨论都会造成障碍。所以在翻转课里，老师们给学生提供相关背景知识的阅读材料或者视频材料，为上后面的大班课与小班课扫清障碍。

我们在设计网课的时候也利用了组块化(chunking) 理念(Miller, 1956)，因为人们的工 作记忆(working memory)的容量是有限的，每次注意力只能集中有限 的时间，所以教学 内容的组块化对于网课尤为重要。因为老师不能引导学生进行逐步练习，不能面对面地回答学生随时提出的问题，也不能根据学生的反应来调整或者强调学习内容，这时候就需要我们通过组块化，把教学内容切分成一个个有逻辑的个体，但同时也要把他们系统地组织起来，让学生循序渐进地了解目标生词语法和背景知识并加以练习。

3.3.2 翻转课堂技术手段的选择与应用

考虑到各个年级的差异性，罗大领航项目并没有对三个年级的翻转课堂进行统一的要求，这给了各个年级的负责老师极大的自由。老师们可以根据本年级的课程设计安排，学生的特点，以及自己对做翻转课技术的了解与掌握来进行设计与选择。在讨论、比较、筛选了多种网课制作手段以后，老师们锁定了两种技术手段来录制生词、语法视频，一个是用微视频的办法，把每个重点生词和语法录制成 2-5 分钟的视频。另一个是用 VoiceThread，对老师讲解练习生词、语法进行录制，然后让观看的学生对问题进行回答。

录制微视频最大的好处是可以减轻学生记忆负担，学生可灵活选择观看顺序，而且对学生有吸引力。根据 Guo et al.（2014） 对 Edx 平台上 960 万条 视频观看记录的数据分析，他们发现短于六分钟的视频最能吸引人。所以我们的教学视频都控制在六分钟以内。另外，看完每个微视频以后，学生都要马上做与该视频有关的语法或者生词练习，并能在 Brightspace 上得到即时反馈。

利用 VoiceThread 录制的翻转课视频，在老师讲完一个句型，给出例子以后，学生能马上运用目标句型进行回答。这有利于学生的合作参与，能有效增加学生与老师的互动感，群体感。而且因为是异步问答，学生并不受时间的限制，他们有时间先对语法进行消化，然后尽可能多地进行口语输出。最后老师在听完学生的口头回答以后，在辅导课上，会对学生给出反馈。下图为 VioceThread 练习示例。

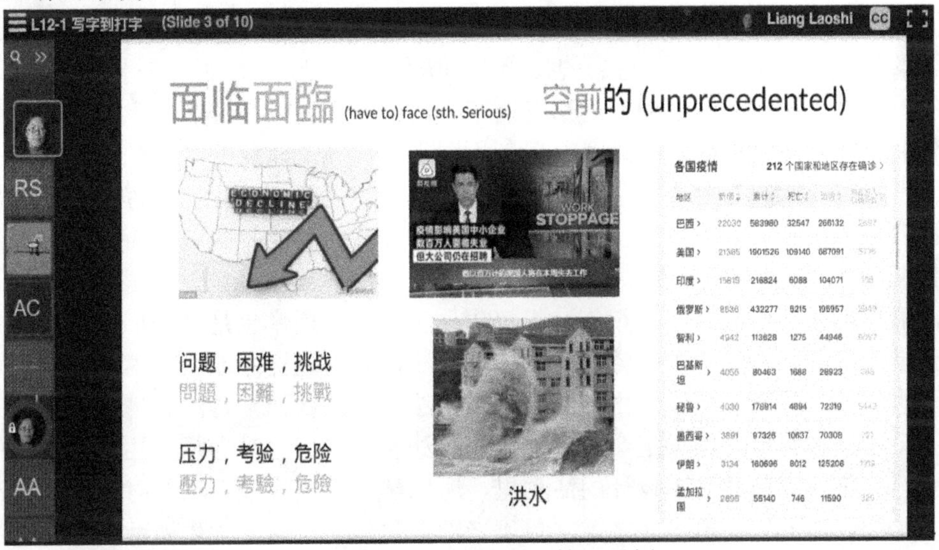

图 8： VoiceThread 练习示例

二年级考虑到学生是低年级二语学习者，减轻学生的记忆负担，让学生得到即时反馈是重中之重，所以使用了 Camtasia（视频样例: https://youtu.be/AjQZPzptehY）录制了教学微视频。二点五年级与三年级则更注重学生与老师的互动感，以及对学生口语输出的训练，所以使用了 VoiceThread(视频样例:tinyurl.com/ae64r6jz)制作视频。

3.3.3 不同年级翻转课堂的设计

根据低年级学生的特点，二年级的翻转课更注重夯实学生的语言基础，提高生词、语法的复现率。翻转课第一部分是由老师用已学过的生词、语法制作的一个视频或者编写的一段阅读文本，内容是介绍课文的背景，相关文化知识等等。第二部分就是语法和重点生词的微视频及相应练习。并且根据课程需要，有时也会给设计要求学生录视频的任务。

高年级翻转课的设计更注重听说读写四个技能的综合训练，以及背景知识，文化知识的介绍。学生除了要观看生词、语法视频，进行口头回答以外，还会根据课文内容完成一个高级的口语任务，比方说介绍一个旅游景点，叙述一个故事等等。另外一个部分则是阅读文章，回答问题，这里的文章是与课文背景有关的真实语料。最后一个部分一般是一个看视频，谈感想的任务，这也是为小班讨论做的铺垫。

27

3.3.4 对翻转课堂的反思

　　老师们在设计制作翻转课的时候遇到了很多困难，在不断摸索的过程中积累了宝贵的经验。比方说老师们普遍反映准备翻转课视频的幻灯片是最花时间，最费心思的。老师们要考虑如何在短短一两分钟内把一个句型用简单的语言讲清楚，并且要给学生适量的练习，让他们能准确运用句型说出一个句子甚至一段话。这与传统的面对面课堂不同，因为在面对面课堂，老师可以根据学生的反应来判断学生是否掌握了这个句型，如果有问题可以马上改正并再进行有针对性的练习。所以在制作翻转课教学幻灯片时，老师要从自己的教学经验出发，找到目标句型使用的典型情景，易错点，在视频中清楚地、深入浅出地展现出来。另外，老师们也一致认为，从学生的翻转课练习，上大小班的表现中可以了解翻转课视频成功的地方，欠缺的地方，这样在几轮授课的打磨下，最终会制作出一个比较完善的翻转课视频。

　　另一个难点是怎么让翻转课视频更吸引人。除了把视频控制在六分钟以内，老师们还有一些别的心得体会。比方说我们在视频里并不仅仅是自己一个人在讲解语法知识，而仍像在上课一样，好像对着学生们说话，时不时提到某个学生的名字，或者把我们暑期班的生活、活动结合到句型操练的情景里，并且留出给学生回答的时间。这样的设计也跟 Guoet al（2014） 的研究相符合。他们认为不那么正式的，具有个人色彩的视频更加吸引人。与此相吻合的另一点是，以前老师们追求在一个极安静的环境下录视频，后来发现背景出现汽车呼啸而过的声音，出现一声猫叫反而更能引起学生注意，拉近与学生的距离。但是不同于该研究所建议的，视频上有老师的头像更能收获关注，我们的老师们先后选择了不放头像，因为我们发现幻灯片上内容丰富，老师的语速也较快，有的幻灯片还加了字幕，这些都需要学生集中注意力才能听明白，而放上老师讲解的头像会分散学生注意力，影响学习效果。

　　最后，翻转课跟同步网课怎么衔接，提高生词语法的复现率也是老师们注意的地方。我们的原则是大班课，小班课坚决不讲翻转课的生词、语法，因为这样才能让学生意识到翻转课的重要性，才能让他们有准备地来上课。虽然上课不讲语法，但是我们一直注意生词、语法的复现。比方说，大班课在串课文的时候一定会用到本课的语法和生词，这时老师会注意考查学生是否掌握。而小班课也把语法和生词揉进了设计的活动里，所以学生们在完成活动的时候，会再次练习目标语法、生词。最后在下午上单班课之前，单班老师会收到关于辅导学生做翻转课练习的反馈，这样在辅导课上老师就会针对该学生对语法生词掌握的情况进行查漏补缺。除了语法生词以外，我们的翻转课也会设计让学生录音或者录视频的任务，这些录音和视频会作为大、小班课，或者辅导课进一步讨论的材料。这样也有利于把翻转课跟大、小班课及辅导课有机地联系起来。

4. 社群建设

　　建立学习社群，有助于学习者在更广的范围内学习和运用所学的知识。尽管 Vygotsky 提出的社会文化理论起初是运用于儿童学习和心理学的发展，但是随着时间的推进，也被广泛的运用到第二语言教学中。Lantolf（2000），Lantolf 和 Appel（1994），和 Warschauer（1997）则更进一步 将 Vygotky 的社会文化理论与网络教学技术以及平台相结合，探讨网络 语言教学环境中，学习社群对学习者的积极意义。

　　Vygotsky 社会文化理论（Social Theory）的核心内容是:学习在很大程度上依赖于学习者与他人之间的社会合作。通过在成人指导下解决问题或与更有能力的同龄人合作可以使学习者更快地提升（Vygotsky，1978）。这对语言学习的启示是，无论是学习者之间的 合作，还是学习者与教师之间的合作，对二语学习者的发展至关重要。不仅如此，个体在更有能力的同龄人或老师的帮助下，所能取得的二语成就比他们自己独立学习的往往更高。因此，运用不同的平台，建立一个学生乐于分享，敢于分享，并且可以互相学习的学习环境和社群对于学生的语言学习往往能起到事半功倍的效果。

在这个部分，我们运用 Garrison 和 Arbaugh （2007）的 Community of Inquiry（CoI）作为研究框架，来审视及分析罗大领航项目暑期班的学习社群。这种研究框架构建的主要 目的是关注于社区的有意识发展，并强调引导认知参与的教学对话过程（Shea & Bidjerano（2010）。CoI 包含三个独立的部分，而这三个部分都对网络学习有积极作用。 这三个部分是：教学临场感（Teaching Presence），社会临场感（Social Presence） 和认知临场感（Cognitive Presence）。 教学临场感指教师如何安排教学活动以达到教学 目标，这包括教学设计，教学方向，对学生活动提供支持，以及优质的教学体验；社会临场感指教师如何在网络教学的环境中，创造更多机会促进学生的社会及人际互动；认知临场感指如何帮助学生形成批判性思维，在谈话中获得新的认知以及运用新学的内容。

在安排和设计教学目标，也就是教学临场感方面，如前文所述，罗大暑期班采用的是以水平能力为导向的教学方式，因此在网络教学环境中，明确不同年级的教学目标，以此为据安排相应的具有互动性的教学活动，同时在这过程中，充分地给予学生机会进行生生 互动和师生互动，是每个年级教师的首要任务。在暑期班的每个星期，不同年级的学生都会有报告和需要协作完成的语言项目。如二年级的领航实境秀，通过不同而真实的社会角色设定，让学生分小组协作完成相应的交际任务（安排旅行计划，写简历、找工作等等）。在这个过程中，学生们互相帮助，分工合作；在这个过程中，他们是语言内容的分享者，也是新的语言材料的提供者。在报告的过程中，他们的角色从学生转换成了教师，与其他学生分享他们精心准备的语言材料，就生活中的不同话题进行交流，创造性地的使用语言，以期达到中级中的语言水平。在高年级的教学中，三年级的研究报告是根据学生的第二专业来分班的，有相近的研究话题或者是研究兴趣的学生被分在了同一组。在这个过程中，除了教师会给他们提供语言上的有效反馈，其他同学因为掌握了相关的专业 知识，往往可以提出很多专业上的建议与意见，形成一个个的兴趣小组。真正做到将中文变成一种工具，往国际专业人才的方向发展。

在社会临场感方面，罗大领航项目的暑期班期间，教师会使用不同的平台来搭建教学社群。除了定期在 Zoom 上见面，跟教师进行互动和意见的交换，Zoom 的分组活动也被广泛运用，让学生们有机会进行生生互动，交换对某些特定事件的看法和意见。同时，教师们还会运用诸如 Brightspace 的课程管理平台，让学生分享个人经历，完成学习任务。比如，三年级的某次翻转课会要求学生描述一次旅行的经历，而其他同学会被要求听这位同学的经历，并且给出评价。这样做不仅会给学习者一些同伴压力（peer pressure）， 让他们 能认真对待这个学习任务，同时也可以互相学习。另外其他平台诸如 Flipgrid, Google Drive 都可以达到类似的效果。值得一提的是，在 Google Drive 上，每个学生都有一个自 己的文件夹。在整个暑期班的学习中，学习者需要用中文完成一个跟自己另外专业相关的独立研究报告，而研究报告的相关内容，比如参考文献，研究进度表，研究论文的相关内容都会放在这个文件夹中。而这些文件夹都是公开的，学生们可以互相查看其他同学的进度，找到自己的写作灵感。好几名同学都表示，看到其他同学的优秀研究能够激励自己把报告做得更好，同时也表示有兴趣帮助其他同学完成他们报告所需的采访任务。这种互相学习的社区环境可以让学生彼此激励，互相欣赏，共同进步。

除了创新性地使用各种教学平台，文化活动课也是一个适合学生交流，进行互动的方式。在暑期班的文化活动课中，教师们运用多种形式，比如说，网络教学的学习方法，毕业生经验分享会，破冰游戏，成功汉语学习者在中国的生活经历，一起学做中国菜和直播游中国等等，实现社会临场感。在设计文化活动课之初，教师们就有意识地将三个年级合班进行。这样，不同年级的学习者可以互相交流，低年级的学习者可以知道自己的短期目标，同时结交高年级的同学；高年级的同学也可以在活动中充当低年级的翻译，通过帮助低年级的同学，增加他们的自豪感与自信心；学生们还可以接触到不同年级的老师，获得更为丰富的语言输入和输出。

在认知临场感方面，每周一次的教师谈话可以帮学生更好地制定学习目标，完善学习方法，提升学生的元语言知识。二年级，二点五年级和三年级的大班老师每周都会跟每一个学生有至少一次十五分钟以上的谈话。在一对一的环境下，学生更容易敞开心扉跟教师交流，在这个过程中教师也能更容易地了解学生的心理动态，提出相应的建议。比如帮助学生合理安排打工与学习的时间；帮助学生针对薄弱环节或者技能（听、说、读、写）提出个性化的提高方式；帮助学生分析现有中文能力水平的位置，提出长期（暑期班）；短期（一周）的学习目标，以及针对学生的学习压力，提出纾解的方法，等等。教师不仅是语言知识的教授者，更是学生们的拐杖，他们的角色是学生的学习促进者（facilitator），学生在这个过程是占主导地位的。

除了与教师的谈话，此次暑期班创造性地采用了"语伴"这种特殊的交流模式。以往高年级的暑期班都是在中国进行的。根据语言能力水平要求，进入高年级以后，学生的语言学习内容已经从学校生活扩展到了社区乃至社会问题。三年级的大部分学生（70%）在这次暑期班以前是从来没去过中国的，这些学生因为今年夏天无法去中国学习，对于中国的变化或者是中国的情况都只能来源于媒体的报道，难免不够客观。帮助学生认识一个真实的中国，加深学习动力，培养批判性思维，同时帮助他们运用课堂所学的生词和语法是本次语伴活动以期达到的目标。

本次参与语伴交流的中国学生包括国内两所知名高校对外汉语专业的本科生以及汉语国际教育专业的研究生。在征集到足够的语伴以后，教师会根据中文学习者的要求及兴趣爱好与语伴进行配对。每周各年级的教师会跟国内的语伴小老师们分享教学内容，同时也向这些小老师们开放课堂，让他们了解领航项目的教学方式以及教学要求。学生们也会收到一张跟语伴讨论的话题单。话题单上规定了部分谈话内容，这样既避免了学生用初级语言漫无目的地聊天，也避免了学生因为性格问题，不容易开启话题的尴尬情况。因为每周都有与所学内容相关的话题，学生既可以充分运用所学的语言，与语伴进行交流，同时也可以更深入地了解中国的情况，不仅深化了学习内容，还可以对中美不同的情况进行比较，达到培养批判性思维的目的。比如，学生在学习《电子支付与共享单车》这一课时，对于微信支付并没有太多概念，通过跟语伴谈话，学生对于中国的电子支付有了更深层次的了解，同时也可以跟语伴交换意见，对于美国的电子支付发展情况进行分享，以及共同寻找两国在电子支付方面差异产生的原因。隔周学生会在小班课就语伴讨论的话题进行报告，或者在网络视频分享平台（Flipgrid）上与同班同学分享，其他同学也会积极的参与到分享的过程中，尤其是测评中来，他们在其他学生分享中的表现以及提问都将成为他们成绩的一部分。学生将谈话内容报告出来的过程更是一个将输入的内容进行加工以后再输出的过程。学生之间对于语伴谈话内容的报告和交换也有助于学习社群的建立，提升认知水平。

综上所述，罗大暑期班创造性地运用不同的平台资源以及使用贴合网络教学环境的教学模式让学生在学习的过程中形成一个互相协作的社群，共同进步。在这一过程中，学生始终处于主导地位，而教师，在更多的时候是学习的辅助者。从 CoI 教学临场感，社会临场感和认知临场感这三个不同的内涵来看，罗大暑期班都实现了良好社群的建立所需的要素。

5. 学生反馈与教学成果

5.1 问卷调查分析

为了了解学生的学习经历与看法，暑期项目结束后，我们发放了一份调查问卷，收集学生对网络暑期项目的反馈。有 40 个学生完成了此份问卷，其中 95%的学生对此次暑期网课的学习经历的评价是积极正面的，没有负面评价。在课程设置上，大部分学生对于同步和异步课程设置的比例都很满意，不仅为学生创造了灵活的学习时间与空间，而且发挥了学生的积极主动性，主动学习，自主学习。另外，即使是网课，学生们还是可以通过各种渠道获取学习资料，几乎所有学生都对学校资料的获取非常满意。对于课程要求与课程目标，几乎所有学生也都表示非常满意。学生可以通过课程大纲、课前教学目标，与老师的一对一谈话，辅导等各个环节获取课程信息，按时、按质、按量完成课业要求。

其次，由于网课同步上课时间短、交流困难等原因，给学生反馈成为了很大的挑战。我们特别调查了学生对于教师反馈的满意度，其中包括对功课、总体课程表现、课上表现、考试等各方面的反馈。大部分学生对于教师的反馈非常满意，很多学生特别提到单班课上老师针对学生的问题、作业情况、发音等提供的反馈非常有用，不仅可以帮助学生理解，加深印象，而且也是互动性的。这种学习习惯也无形中增加了学生的压力，让学生可以带着问题来上单班课，发挥单班课查漏补缺的作用。另外，对于 Google Form 和 Brightspace 上的即时反馈，学生也表示打破了网课的延时性，学生可以马上改正错 误，反复练习。

在群体感的建立上，大部分学生都认为虽然是网课，但是我们建立了很强的群体感。特别是在跟老师的互动上，97.5%的学生都认为跟老师的互动是有效的，特别是每周的一对一谈话，学生不仅可以跟老师交流学习情况，还可以聊一些生活情况。相对来说，学生对与同学之间互动的满意度相对较低。之前面对面的课程，学生都住在宿舍，每天生活在集体环境中，与同学的互动自然不是问题。但是在网课的环境下，这就成为了一个难题。但是因为之前面对面课的时候这些学生大部分都是同学，领航项目也比较注重群体感的建立，所以学生已经建立了一定的感情基础。学生们都表示会跟比较亲近的同学交流学习与生活情况，另外每个年级也有自己的社交媒体群，学生们有问题会在群里跟同学交流，互相鼓励。除此之外，Zoom 的 Breakout room 也是在课上增进学生活动的好机会。也有学生提到文化课的活动也增进了不同年级之间、师生之间的互动，有助于建立群体感。

当然，学生在网课中也遇到了不少挑战。对大部分学生来说，最大的挑战不是学习，而是时间管理、学习与工作的平衡，以及网课学习环境。暑期班的很多学生都同时在上暑期班与打工，所以时间管理、平衡工作与学习就成了一大难题。一半以上的学生都认为时间管理很难，所以学生也想出了不同的办法管理自己的时间。通过调查发现，大部分学生在暑期班的前两个星期都意识到了这个问题，然后想办法解决。相对时间管理，学生的网课学习环境是一个更大的挑战。很多学生表示因为在家上课，常常要照顾兄弟姐妹，或者做一些其他家庭琐事，另外还有同学表示上课过程中要不停换房间，寻找安静的学习环境等。当然，也有学生的家长非常支持，尽最大努力为孩子创造良好的学习环境。这就要求老师在网课中多了解学生的生活，为学生创造一个包容、鼓励、有效的网上学习环境。

5.2 标准考试结果分析

本次暑期班共 42 名学生，在暑期班前后我们都对学生的口语、听力、阅读进行了标准化测试。口语使用的是 ACTFL 国际考试中心（LTI）提供的 OPI 和 OPIC。OPI 是 Oral Proficieency Interview 的缩写，考试方式是考官和学生一对一通过电话完成。OPIC 是该考试的电脑版。听力是 ACTFL 国际考试中心（LTI）提供的 BYU Listening(https://cls.byu.edu/listening-proficiency-test-lpt)，阅读为 BYU Reading(https://cls.byu.edu/reading-proficiency-test-rpt)。BYU 阅读和听力考试开发的比较早，罗大领航已经使用多年。在 LTI 没有开发出自己的阅读和听力考试的时候，该中心用 BYU 的这两个考试作为 LTI 的考试，但仍保留原来的名称，收费也相较于 LTI 的其他考试低很多。现在 LTI 开发了自己的阅读和听力考试，但同时保留 BYU 考试，供参试者选择。学生等级从初级低 NL 到优秀 S 共被划分为 10 个等级。进行数据统计时候，我们将学生成绩等级从初级低到优秀级（NL-S）量化为数字 1-10 （NL-1；NM-2；NH-3；IL-4；IM-5；IH-6；AL-7；AM-8； AH-9； S-10），以便算出学生暑期成绩的平均值。二年级、二点五年级、三年级暑期班前和暑期班后学生的语言水平对比如图所示，三个年级皆有进步，且基本达到了暑期班的目标，二年级中级中 IM、二点五年级中级高 IH、三年级高级低 AL。

二年级同学暑期口语前测平均在中级低到中级中（IL-IM）之间，而后测平均成绩达到了中级中到中级高（IM-IH）之间。二年级同学暑期听力前测平均在中级低到中级中（IL-IM）之间，而后测平均成绩在中级中到中级高（IM-IH）之间。二年级同学暑期阅读前测平均成绩在初级高到中级低（NH- IL）之间，而后测平均成绩在中级低到中级中（IL-IM）之间。

二点五年级同学暑期口语前测和后测平均在中级中到中级高(IM-IH)之间，后测平均成绩更接近中级高（IH）。二点五年级同学暑期听力前测成绩平均在中级中到中级高（IM-IH）之间，而后测平均成绩在中级高到高级低（IH- AL）之间。二点五年级同学暑期阅读前测成绩平均在中级中到中级高（IM-IH）之间，而后测平均成绩在中级高到高级低（IH- AL）之间。

三年级同学暑期口语前测平均在中级中到中级高(IM-IH)之间，而后测平均成绩达到了中级高到高级低（IH-AL）之间。三年级同学暑期听力前测平均在中级高到高级低（IH-AL）之间，而后测平均成绩在高级低到高级中（AL- AM）之间。三年级同学暑期阅读前测平均成绩在中级低到中级中（IL-IM）之间，后测平均成绩在中级高到高级低（IH- AL）之间。

下面，将从暑期班学生总体的三项成绩进行分析，评析暑期班教学成果，并讨论从中得到的教学启示。

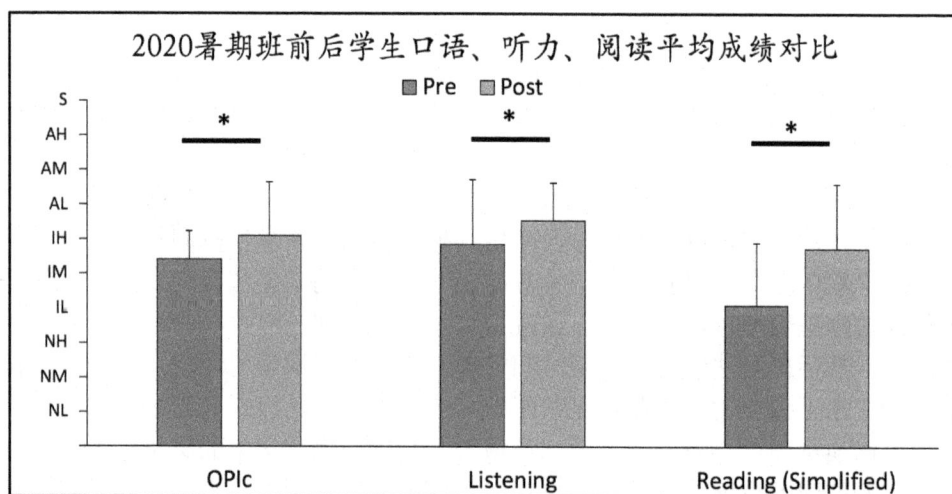

图 9： 暑期班全体学生前测和后测的平均成绩分析

从上图可以看出，2020 暑期班前后学生的口语、阅读、听力水平都有显著性提高。前测的 OPI 口语成绩在中级中和中级高(IM-IH)之间，学生水平相对集中；而后测的平均口语成绩在中级高到高级低(IH-AL)之间，学生水平较分散。 虽然在网课的情况下，学生 没有以往沉浸式的环境，语言誓约的要求也限制在师生、生生互动之间，但是学生口语成绩的提高证明了教学的有效性。学生水平分散说明学生暑期班以后个体之间的差异加大了。可能有以下原因，从学生的角度分析，首先，在网课环境下，网课教学对学生的学习习惯、时间管理能力等有更强的依赖性，而且学生的性格也对其口语水平的发展有影响。其次，学生对课外活动，比如文化活动、办公室时间的参与度也是造成学习效果不同的原因之一。从教学方法来看，网课中我们引入了翻转课堂，对学生的自律性有更高的要求，学生对待翻转课堂的认真程度不同，也会直接导致其口语水平发展的差异。比如同样的功课，有些学生为了完成功课三言两语结束录音，而有些学生很认真，录音时间很长，增加了输出，从而能够更快提高成绩。

学生听力水平在暑期班之后有显著提高，前测平均成绩在中级中到中级高（IM-IH）之间，学生水平相对分散；后测平均听力成绩在中级高到高级低（IH-AL）之间，学生水平较更为集中。这说明教师教学方法普遍适用于大多学生，学生的个体差异在听力中表现不明显，我们推测这主要是因为学生的主要听力训练和练习来自于课上的输入以及老师课后提供的资料，但是，这一观点需要更多的数据来支持。虽然有部分学生可能课后会看电影或者视频等材料，但是可能是因为视频中往往有字幕，导致纯粹听力训练减少了。

通过暑期班前后三项成绩之间的比较，可以看出学生的口语、听力水平稍高于阅读，但是暑期班期间学生阅读提高幅度是三项中最大的。为了比较进步情况，如前所述，作者将学生成绩等级从初级低到优秀级（NL-S）量化为数字 1-10，暑期班前后学生平均成绩差除以暑期班前学生成绩的平均值，（口语：13%；听力：12%；阅读：40%）。阅读前测平均成绩在中级低到中级中（IL-IM）之间，后测平均成绩在中级中到中级高（IM-IH）之间。暑期班前后阅读成绩分布变化不大，都较为分散。这说明学生个人能力在阅读中表现最为明显。我们推测学生阅读水平进步幅度大主要有以下原因：首先，网课教学使用 Zoom 平台，老师分享教学 PPT，因此学生的注意力往往在老师分享的屏幕资源上，而面对面课堂中，尤其在交际式为导向的课堂中，学生的关注点往往在于教师，因为课堂中主要为师生之间的互动。因此学生的主动阅读量有很大增加。此外，网课和面对面的另一大差别是师生之间的见面机会少，因此书面的交流机会增加了，教师发布的通知、功课等更变成了无形中增加的书面输入。第三，在暑期班教学中，各个年级都设计了专项阅读训练，为学生阅读水平的提高提供了更大的可能性。

6. 结语

八周的线上密集暑期班为领航项目以及其他中文项目今后的教学提供了借鉴。从学生的角度进行分析，首先，暑期班应该在开学以前针对学生的学习习惯、时间管理等提供培训，以确保学生能够更有效率地学习。2020 年领航的暑期班开始时就邀请了靳洪刚老师从理论和实践方面对学生的学习方法进行了培训。同时教师在网课情况下也应该加强对学生的监督。其次，从大一入学开始就着重培养学生的自学能力，网课下如果学生的自学能力强，就能更快适应不同的教学方法，也能更快取得进步。第三，虽然文化活动不是强制要求的，但是我们应鼓励学生积极参加课外文化活动，组织学生感兴趣的、更有互动性的活动，比如今年暑校举办的"破冰游戏""谁是卧底"[1]等互动活动十分受学生欢迎，这样不仅可以为学生提供课外使用汉语的机会，同时也可以增强社群建设。在教学方法上，我们可以在教学的过程中通过问卷、调查的形式收集学生对于不同教学方法和教学安排的满意度以及接受程度，从而对教学方法进行相应调整。2020 罗大暑期班，在第二周和第八周都做了调查，收集了学生的建议，并有针对性地进行了改进。

此外，我们应该完善教师培训，保留每天大班、小班、单班师生轮流制，增加不同师生之间合作的新鲜感。今年罗大领航项目暑期班提供的教师培训非常丰富，包括 OPI 培训、教学思想和

---

[1] 谁是卧底游戏规则：首先，老师将根据学生人数事先准备好的词卡发给学生，其中 3/4 的学生会收到同样的词语，这 3/4 学生被称之为"平民"；而另外 1/4 学生会收到不同的词语，这 1/4 学生被称之为"卧底"，这两组词语是近义词或者是十分相近的两样事物。（比如 16 个学生，12 人收到的词语是"苹果"，而另外四人收到的词语是"水果"。）接下来学生会轮流描述自己拿到的磁卡，描述的过程中不能出现词语中的出现的字。学生描述完后，所有参与的同学投票选出他们认为最像"卧底"的人，票数最多的人出局。接下来进行下一轮描述和投票，重复这一过程，直到参加游戏的"卧底"都被投票选出，"平民"会获胜，反之，如果所有"平民"被误认为"卧底"，那么"卧底"会获胜。

方法的培训和指导，罗大领航项目各个年级教学以及特点介绍、科技在教学中的应用等。这些培训为老师们尽快适应暑期班的教学，以及为暑期班后取得的显著教学成果提供了基础。

此次线上暑期项目的成果显示了科技辅助在中文教学中的成效，在日后的教学中，无论是面对面还是线上，我们应该有效利用不同科技手段，增加学生互动，优化教学效果。我们也应强调群体建设，帮助学生在学习的过程中形成一个互相协作的社群。总之，只有将科技与学生的需求以及教学目标相结合，以学生为中心，打造以人为本的课堂，才能够真正做到科技融于教学，并且为教师、学生提供便利。

罗大为期八周的线上密集项目十分具有挑战性，但这次实践为密集项目教学提供了新的思路。罗大领航坚持其教学目标，把提高学生水平能力等级作为教学的中心和指导思想；并且在以人为本的原则上建立领航暑期社群，保证教学任务的完成。在领航核心教学大纲的指导下，暑期教学整合交际教学法以及综合教学法之长，坚持科技辅助教学和基于内容的语言教学原则，使学生达到了各年级的语言水平目标，同时，也向其成为具有优级 语言能力的全球化专业人士的最终目标迈出了坚实的一步。罗大此次暑期教学实践对领航 项目的发展和将来其他大学网上教学都会有借鉴意义。

参考文献

ACTFL Proficiency Guidelines. (2012). *The American Council on the Teaching of Foreign Languages.* *https://www.actfl.org/resources/actfl-proficiency-guidelines-2012*

Bloom, B. S., Max D. Engelhart, Edward J. Furst, Walker H. Hill, & David R. Krathwohl. (1964). Taxonomy of educational objectives (Vol. 1). Longmans, Green New York.

Chou, C., Chiang, J., & Eagar, J. (2011a). *A New China（新的中国）: An Intermediate Reader of Modern Chinese, Revised Edition (The Princeton Language Program: Modern Chinese, 22)* (Revised ed.). Princeton University Press.

Guo, P. J., Kim, J., & Rubin, R. (2014, March). How video production affects student engagement: An empirical study of MOOC videos. *In Proceedings of the first ACM conference on Learning@ scale conference (pp. 41-50).* https://doi.org/10.1145/2556325.2566239

Garrison, D. R., & Arbaugh, J. B. (2007). Researching the community of inquiry framework: Review, issues, and future directions. *The Internet and higher education, 10*(3), 157-172.

Lantolf, J. P. (Ed.). (2000). *Sociocultural theory and second language learning* (Vol. 78, No. 4). Oxford University Press.

Lantolf, J. P., & Appel, G. (Eds.). (1994). Vygotskian approaches to second language research. Norwood, NJ: Ablex.

Liu, J., Zou, X., & Chou, C. (2019). *Eyes on China（我看中国）: An Intermediate-Advanced Reader of Modern Chinese (The Princeton Language Program: Modern Chinese, 43)* (Bilingual ed.). Princeton University Press.

Miller, G. A. (1956). The magical number seven, plus or minus two: some limits on our capacity for processing information. *Psychological Review, 63*(2), 81–97. https://doi.org/10.1037/h0043158

NCSSFL-ACTFL. (2017). Can-Do Statements, the National Council of State Supervisors of Languages and the American Council on the Teaching of Foreign Languages.

Shea, P., & Bidjerano, T. (2010). Learning presence: Towards a theory of self-efficacy, self-regulation, and the development of a communities of inquiry in online and blended learning environments. *Computers & Education, 55*(4), 1721-1731.

Vygotsky, L. S. (1978). Mind and society. Cambridge, MA: Harvard University Press.

Wiggins, G., & McTighe, J. (2005) Understanding by design (2nd ed.). Alexandria, VA: Association for Supervision and Curriculum Development ASCD

3

2020 疫情下的明德中文暑校：线上模式的设计、实践和反思
(2020 Middlebury Chinese School in the Time of Covid-19: Curriculum Innovations, Implementation, and Reflection)

张曼荪
(Chang, Cecilia)
威廉姆斯学院
（Williams College）
cchang@williams.edu

陈彤
(Chen, Tong)
麻省理工学院
（MIT）
tongchen@mit.edu

高畔畔
(Gao, Panpan)
麻省理工学院
（MIT）
panpang@mit.edu

周康
(Zhou, Kang)
麻省理工学院
MIT
kangzhou@mit.edu

高瑛
(Gao, Ying)
弗吉尼亚大学
University of Virginia
yg9q@virginia.edu

何小蔓
(Mairead Harris)
明德学院
Middlebury College
maireadh@middlebury.edu

摘要：由于新冠疫情在美国的爆发，2020 年的明德暑校被迫采取网上授课的模式。本文将介绍疫情中的明德暑校在史无前例的情况下如何应对挑战，通过种种创新措施成功完成教学任务。在教学目标上，明德迅速根据网课特色调整教学目标与大纲，发挥网络平台的功能并利用公共资源来整合语言及文化教学内容。在教学模式上，制作教学视频翻转大班教学、大幅度减少小班人数、与海外对外汉语研究生院合作聘请志愿单班课老师加长单班时间等创新教学策略多管齐下，确保了学生语言水平得到最大程度的提高。期末项目评鉴显示，学生对项目学习效果非常满意，对项目管理与教学安排给予高度赞赏。同时，OPI 水平测试结果也与往年几乎相同，达到了预期的提升目标。在加强社群感方面，我们组织了种类繁多的课外活动来增加师生和生生之间的互动，然而学生评价不一，仍旧存在提升空间。

Abstract: The outbreak of the Covid-19 pandemic in the United States in the spring of 2020 forced the Middlebury Summer Chinese School to switch to an online teaching model for the summer of that year for the first time in its history. In this paper, we outline how Middlebury met the challenges of this unprecedented situation, using a variety of innovative measure to successfully complete the summer's educational mission. Middlebury rapidly adjusted teaching goals and instructional outlines according to the unique characteristics of online learning, making full use of the features of various online tools and using open resources to integrate cultural and linguistic content. In order to ensure the largest possible language gains for students, we incorporated such methods as creating instructional videos to "flip" the instruction of lecture classes, which allowed a reduction in the number of students in each drill class; we also recruited volunteer 1-1 teachers through cooperation with overseas Teaching Chinese as a Foreign Language graduate programs, which increased the length of time for the 1-1 sessions. In end-of-session evaluations, students expressed a high level of satisfaction in the program's effectiveness; the results of internal OPI-style exit exams were also similar to past years', with students achieving the expected increase in proficiency level. In order to strengthen the sense of community in the online format, we organized a variety of extracurricular activities to increase student-teacher and student-student interaction, with varying results.

关键词：明德、网上教学、沉浸式教学、翻转课堂、国际合作、社群感

Keywords: Middlebury, Online teaching, Immersion, Flipped classroom, International cooperation, Sense of community

1. 引言：疫情的冲击与影响

  2020年新冠病毒为全球带来的冲击是前所未有、始料未及的。在中文教学界，首当其冲的就是各暑期语言项目需要马上决定是否应该如期开班还是得转成以网课进行教学。位于美国东北部佛蒙特州的明德学院是美国境内以外语教学见长的文理学院。隶属明德学院旗下的 12 个外语暑期密集型沉浸式语言学校[*]，在美国的外语教学界中也久负盛名，在许多人的心目中是美国本土语言项目的首选之一。面对疫情的严峻现实，明德学院在四月初宣布 2020 年的 12 个语言暑校将全面转成网课，以期在确保全体人员健康安全的前提下继续为学生提供语言进修的机会。在接下来的两个多月中，各个语言学校为六月中开始的暑期项目展开了如火如荼的准备工作。明德中文暑校当然也不例外。

  明德中文暑校建立于 1966 年，至今已有 54 年的历史了。其教学原则与理念，从建校开始一直到今日，不论是对美国本土的中文项目或是落户中国的美国暑期项目都起着相当大的影响作用，也吸引了众多学者对这个教学模式的研究与分析。 跟海外项目比起来，本土项目虽然缺少让学生实地体验文化的机会，但是在语言的提升上并不一定不如海外项目，甚至有可能超越一些海外项目（Dewey, 2004, 2007; Freed, Segalowitz, & Dewey, 2004)。在这个情况下，明德一个主要的教学目标就是在学程中为学生创造最大程度上的语言提升。为了达到这个目标，我们除了在教学上的精研之外，还在生活上实施语言誓约[†]，为学生创造全中文的环境。课外活动也在这个目标上扮演着不可或缺的关键角色。明德的师生朝夕相处，除了上课以外，还在一起吃饭，住在同一个宿舍。下午和周末都有学校安排的全校性的和各年级的课外活动。每年我们提供各种各样的课外活动，包括演讲，大型中国传统音乐会，周末电影，中文广播，太极拳，烹饪，民歌，茶艺，绘画，麻将，书法；各种球类活动，比方说羽毛球，足球，排球和篮球。另外，还有学生最喜欢的小型同乐会，一起烤棉花糖。这种多样性的课外活动，不但增加了学生对中国文化的认识，而且密切的师生接触也大大地增加了学生使用中文交流和得到即时反馈的机会；更重要的是课外活动能适度地为学生疏压以及创造浓厚的群体感和归属感。这种浓厚的群体感和归属感在我们看来其实正是「明德经验」的一个精髓。

  2020年受到疫情影响，中文暑校不得不转成网课。我们在设想课程的时候，碰到了几个最大的困难。其一就是如何在网上复制以上所述的「明德经验」。比方说，语言誓约是大家公认的「明德经验」的标志，但在网课的情况下是绝对无法严格执行的。另外，缺了师生课下的紧密互动和学生使用中文的机会，我们如何保证学生的语言提升能达到我们预期的目标呢？其二是如何将线上课程塑造成「线上暑校」的境界。传统暑校浓厚的凝聚力来自师生的朝夕相处与互动；在网课的形式下，我们又如何能有效地营造出以往的群体感和归属感呢？线上的「明德经验」会是什么面貌呢？

2. 2020 明德课程设置与理念

  虽然 2020 年明德转成网课是中文学校建校以来第一回，但是从三月份疫情开始迅速扩散，全美所有的学校一律改成网课后，老师们对网课教学已经累积了少许的经验了。根据当时的经验，我们感到像明德这样八周密集型的课程，如果全程同步势必造成屏幕疲劳，如此一来就很难保证

---

[*] 德文，法文，阿拉伯文，俄文，中文，西班牙文，意大利文，日文，葡萄牙文，希伯来文，韩文，阿布那基（北美印第安人语）

[†] 语言誓约(language pledge) 的意思是学生在入学时签字发誓在项目进行中，不论是课上还是课下，只用中文交谈。除此以外，学生也不允许接触使用非中文的社交媒体及和朋友用中文以外的语言沟通联系。违反语言誓约也将导致严重的后果：前两次违规会得到警告，第三次则勒令退学，也不会得到学费退款；日后再申请明德暑校也可能影响录取机率。

预期的语言进展，更别说进一步的促进了。基于这个认识，我们果断地做出了两项大的创新：(1) 缩短项目长度、制作教学视频实行翻转课堂以减少屏幕疲劳; (2)大幅度减少班级人数，延长单班课时间，实行个人化教学。

1）缩短学程，进行翻转

要减少屏幕疲劳最直接的办法就是减少上网的时间。在比较了明德学程时数和一般政府奖学金对赞助项目时数的要求后，我们将八周课程改成七周[*]，各年级的授予学分也相对做了调整。在计算了七周的学时之后，二，三，四年级的学时都能满足授予四个学分的要求，但是跟其他年级比起来，一年级一天少上一个小时的课，全部学时只能达到授予三个学分的要求。其实，我们对一年级学时的设计是有意的。我们认为一年级中文重在打好基础，今年由于网课，学生们在课外减少了大量使用中文的时间，七周下来，即使每天上四个小时的课，中文水平很可能达不到平常一年级的学生。如果得到四个学分，回到自己学校后就可以直接升到二年级。在基础不甚稳定的情况下，迅速升级未必是好事。反之，三个学分可以让学生在自己的学校从 102 开始，重新打好基础。

其次，因为要担保学时，我们每天的课时不能少于四个小时。然而连续上四个小时的网课，下午再进行一对一的个别谈话[†]，这对老师和学生都很容易造成屏幕疲劳。我们应对的办法是将第一个大班（语法讲解）改成教学视频，异步授课。这个做法在学习上提供了学生更多的灵活性和自主性。同时为了顾及在不同时区的学生上课，我们的上课时段从往年的早上 8:00－中午 12:00 改到了上午 11:00－下午 3:00。平常下午进行的单班课和值班时间也顺延到了晚上 8:30－10:00 进行。2020 年和往年的上课时段对比，请看表一。

表1：明德中文暑校上课时段对比表

2020 以前		2020	
上午 8:00 – 8:50	大班课（一）	上午～ 11:00	异步视频课
上午 9:00 – 9:50	大班课（二）	上午 11:00 – 11:50	同步大班课
上午 10:00 – 10:50	小班操练课（一）	下午 1:00 – 1:50	同步小班操练课（一）
上午 11:00 – 11:50	小班操练课（二）	下午 2:00 – 2:50	同步小班操练课（二）
下午 1:00 – 2:30	单班课	晚上 8:30 – 10:00	单班课与答疑时间
下午 3:00 – 5:00	课外活动		
晚上 7:00 – 9:00	答疑时间	课外活动多半安排在周末（周五、周六、周日）	

教学视频的制作实际上是一种翻转课堂教学理念的体现。翻转课堂指的是教师利用网络工具将教学内容事先录制成教学录像，提供给学生进行预先准备。如此一来，课上的时间就能被更充分地花在讨论和其他任务型的活动上。近年来，在外语教育界翻转课堂的成效渐渐受人瞩目，因为学生可以在课前和课下按照自己的学习速度来多次学习语法，词汇，句法等语言结构的特性，而在课上则可以专注于使用语言来进行交际。也因为如此，越来越多的研究显示使用翻转课堂的学生在多项学习成效上比传统课堂方式高出许多（Hung 2017; Kim et al 2017; Lee & Wallace 2018）。有了这些研究结果的支持，我们在距离开学只有一个月准备时间的情况下，毅然而然地决定学习制作教学视频，实施翻转式教学。虽然这样做最初的主要目的是在于减少师生的屏幕疲劳，但是

---

[*]美国教育部的 FLAS（Foreign Language and Area Studies）Fellowship 规定奖学金得奖人申请的语言项目一定得满足他们对课时的要求：初、中级至少 140 学时，高级至少 120 学时。今年明德的一年级学时在 116 左右，只能颁发三个学分， 二年级到四年级都在 154 学时左右，颁发四个学分。

[†] 一对一个别谈话平常是由各年级老师担任，每位老师谈 4-5 位学生，每个学生 20 分钟，一周三次，在下午进行。个别谈话的目的在为学生提供会话练习的机会，同时老师也可以更有针对性地帮助每个学生解决语言上的各种困难。这一直是明德教学中最受欢迎的一个环节。

实际证明翻转式教学在 2020 年的暑校更大的效应体现在学生可以更好地进行自主学习，绝大多数的学生课前课后都多次观看教学视频，巩固所学。关于视频的制作及使用成效，请参看第四节的详细说明。

2） 个人化、小班制的教学模式

网课因为受到网速和空间的限制，学生很难进行齐声合唱的语言练习，小班制能最大程度地弥补这一缺失而且能进一步确保个人化的教学。2020 年夏天，我们把各年级的班级全面大幅缩小，把往年的大班从 14、15 人减少到 6、7 人，小班从往年的 5、6 人减少到 2、3 人。因为实施小班制，老师的教课时数也跟着增加了。在这样的情况下，往年在下午进行的个别谈话/单班课就不可能再由任课老师们负责了。由于个别谈话的设置在明德一向受到学生高度肯定，我们知道无论如何一定得为学生安排个别谈话，增加口语练习的机会。有鉴于此，我们联系了多所台湾和中国大陆的对外汉语教学的研究所，发出了招聘单班课老师的启事，从数百名应征者中招聘了 30 位研究生担任个别谈话的单班教学责任。这些研究生一半来自台湾，一半来自中国大陆。这样的安排主要是为了能给学生提供接触不同地域的中文口音的机会，除了跟任课老师接触之外，还能认识更多的母语者。。

另外，由于国际税法的问题，我们无法支付海外老师薪酬，研究生都是志愿参加今年的明德教学的。在这样的情况下，我们策划了一整套的师资培训，为同学们进行前期和在岗的培训，让同学们在教学过程中获得丰富的实习经验及反馈。在我们看来，这是我们能给他们最大的报酬。我们也在期末的时候颁发实习证书，注明他们参与的工作时数与任课年级。关于我们在暑校期间如何进行单班课培训方面的细节，在后面的疫情下的管理创新部分有完整的详述。

3） 突出多元化，加强群体建设

如前所述，在明德的实体课程中，课外活动扮演着一个重要的角色。透过参加课外活动，师生的距离缩小了，语言练习和跨文化交际的机会也大大地增加了。这些由于参加课外活动而产生的效果是组成整个明德经验的几个重要元素。今年的网课形式使得许多类型的课外活动无法举办，大大地局限了我们营造群体感和归属感的努力。在这方面我们着实绞尽脑筋了一番，推出了一系列的课外活动。我们主要的发现是虽然学生有意愿参加这些课外活动，但是有许多其他因素使得他们无法参加。这些因素包括了什么呢？另外，在众多的课外活动中，某些活动比其他的活动受欢迎，但一般来说，课外活动的出席率普遍偏低。在本文后面的群体建设部分，我们从课外活动的类型与作用出发，介绍我们在以提供多元化的学习环境为目标的前提下如何安排设置课外活动，也将讨论一下我们在建立群体感方面的成效及反思日后改进的方向。

3. 初级班的教学:整合教学资源，发挥网络功能

3.1 明确教学目标，整合教学资源

影响语言学习的因素很多，特别是在疫情之下，这些因素更为复杂。我们意识到此次网络教学不是普通意义上的远程教学，而是突发疫情下的一次挑战。因此，明确教学目标、寻找、制定相对较佳的教学方案尤为重要。

与常态下实体教室教学不同，网上教学要考虑的因素更多，除了学生的背景不同以外，有很多学生处于不同时区，这给网上教学增加了一定的难度。根据这些实际情况，我们及时调整教学计划、教学内容及教学方案，并重新调整课型，缩小班级规模，最大限度地调动、保持学生学习的热情，降低学生的焦虑感，通过初级教学为学生将来继续学习打下比较坚实的基础。重新整合的课型为：复习课、语法课（大课）及小班操练课。具体操作如下：

- 10 点到 11 点是三个平行的复习课，每班 6-7 人。主要是围绕前一天所学内容，结合学生日常生活，设计课堂教学活动，包括老师引导提问、师生互动、学生之间互动等，其目的是通过各种教学活动来复习、巩固前一天所学的内容，强化学生的记忆及语言输出。
- 11 点到 12 点是三个平行的语法课，每班 6-7 人。主要学习、讲解、练习新课语法词汇的使用，做到精讲多练，以练带讲，在学中练，在练中学。
- 操练课分为两个时段，下午 1 点到 2 点为第一个时段，2 点到 3 点为第二个时段，每个时段有四个平行小班，每个小班 2-3 人。在操练课上不仅进行大量练习，还通过一些与学生生活相关的活动来反复重现所学知识，帮助学生掌握并能比较好地使用新课的词汇和语法，进行强化训练，促进他们的语言输出。
- 晚上 8 点到 9 点半为单班课时间。单班课主要是根据当天的语法课内容和课文所涉及的文化知识点来进一步练习，以达到进一步熟悉和巩固课文中出现的语言、文化知识的目的。单班课每个老师分别跟 3 个学生练习，每个学生 30 分钟。
- 每周二、三、四 5:45 到 7:15，设有一年级发音门诊，主要是针对不同学生的语音语调问题进行纠音练习，帮助他们掌握发音要领。
- 注重课前预习。为鼓励学生预习，增进对新课语法及课文内容的理解，在学习新课之前，我们把新课语法点加注释放在课程网站上供学生参考。除此之外，学生还要听课文录音并阅读跟课文相关的文化注释。这样，上课的时候更能够有的放矢，集中精力进行练习，师生都做到有备而来，积极参与，抓住机会，多多练习，收效明显。

3.2 利用网络优势，提高学习效率

除了大量的脚手架式的训练和练习之外，一年级还采用不同的网络工具来帮助学生进一步练习，为学生提供更多交流的机会以及与其他年级师生互动的机会，较好地弥补了没有真正面对面交流之不足，在网络教学的情况下最大限度地激发学生的学习热情，使他们在紧张的学习过程中建立群体感，通过各种形式的训练促进学生的语言输出，增强他们的成就感，也使紧张的学习过程变得更加愉快。

使用以训练学习听力、口语为主的 lingt (https://www.lingt.com/) 。Lingt 练习内容以当周所学知识为主，形式从听单句、用单句回答开始，慢慢过渡到学生听一段根据当周所学内容改编的对话，然后根据要求回答问题，问题有针对对话内容的，也有一些开放性问题，即从内容提问过渡到信息提问（靳，2004a）。学生可以多次录音，提交自己觉得最满意的录音。这样的训练要求学生不仅要听懂对话内容，而且也要听懂问题，然后再组织自己的语言来回答问题。每个周末学生要在规定的日期以前完成并上交练习，老师在同一个周末及时检查学生的回答，并给出语音或文字的反馈。

使用以训练学生综合表达能力为主的 Flipgrid (flipgrid.com)。疫情之下的网络教学中，这样的练习让生生之间、师生之间的联系更加紧密，特别是使学生能有学中文的群体感和归属感，因为学习是一种群体行为（Learning in persons），也是不断变化创新的过程（Learning is dynamic and creative）（Diane Larsen-Freeman，2007）。因此，在学生与学生之间、老师与学生之间建立互相信任、互相帮助、互相合作的关系，使学生在不断学习中不断进步、不断创新，能最大限度地调动学生的学习积极性，促进他们的语言产出，而且成效最为显著。根据今年暑期的情况，一年级设计了两次 Flipgrid 视频练习，一次为自我介绍 (https://flipgrid.com/c569eb62)，一次是期末口头报告(https://flipgrid.com/a480348e)，在布置练习时，明确要求，并为学生提供需要用到的语法结构、相应的句块和相关词汇（靳，2004b）录制视频前，学生们根据要求认真准备，从文稿撰写，到练习发音，注意声调，还练习怎么说得更自然，因此，录制过程中减少了很多发音、声调和表达不

当的说法。学生上传视频以后，大家互相观看，然后录视频或者文字留言进行反馈，互相鼓励，上课时也进行分享。这样不仅让学生很有成就感，也增强了学生之间、师生之间课下的交流与互动。特别是第一次自我介绍的视频开放给全校师生，看到很多老师和同学的反馈，使学生们受到了很大的鼓舞。社会心理学家指出，公认的成就能增强个人的自我概念（Myers, 2005），老师和同学们的积极评价让学生们看到了自己的成就，会以更加积极的态度继续学习，因而期末口头报告也做得更好。期末口头报告采用学生提前录制视频，课堂分享一起观看的做法，适当地避免了当堂做口头报告会出现的意想不到的技术问题。

网络教学不同于传统的实体教室的教学，有很多挑战，但也有其优势。我们在初级班上根据网络教学的优势与缺点重新制定了教学目标、发挥了网络的工具的功能，也因此提供了更多的学习机会给我们的学生。

4.中级班：异步视频的制作与成效

如前文所述，为了减轻学生在线课堂可能出现的"屏幕疲劳"，明德中文学校在二、三、四年级均增设了异步视频课，提前将适合学生自主学习的教学内容进行翻转，供学生在课前学习并完成配套练习。我们把异步视频课定位在最大限度地帮助学生做好课前热身，预习新课的基础知识。譬如说解析语法的结构和使用情境、展示词语搭配及用法规则等。这样，省去了原来大班课上解析、阐释语法词汇的时间，余下更多时间带领学生深入理解课文内容，更好地关注到课文文本的其他方面。比如剖析课文内在逻辑、段落衔接、篇章结构、写作手法等，也有更多时间为学生答疑解惑。以三年级为例，异步课的视频分为三大独立板块，分别是热身、重要词汇、重要语法以及词汇语法练习。下面是对这四大板块进行的简单说明。

4.1 热身板块（视频时长 2-3 分钟）

在热身板块，老师首先概述新课的主要内容，说明为什么要学习这一课，然后以聊天的口吻表达跟课文主题相关的个人观点、讲述自己的所见所闻。其目的一是让学生对课文的主要内容有所了解；二是让学生认识到学习这一课的必要性，调动学习的积极性；三是这种讲故事的方式是一种非常有效的输入。由于这些故事是老师亲身经历，亲耳所闻，因此很容易吸引学生注意力。比方说，有一课的主题是音乐欣赏，谈的是音乐跟我们生活的关系以及音乐存在的意义。在两分多钟的视频里跟学生分享了老师欣赏的歌手（展示歌手、专辑照片），喜欢听的歌曲类型（播放音乐片段），谈了音乐在自己的生活中，特别是在不同人生阶段（学生时代、异国生活）扮演了什么样的角色。学生在教学反馈中提到，热身板块有助于了解课文主旨大意，这种轻松的"故事导入"的方式大大拉近了师生间的心理距离，另外，老师在热身板块通常会以"课文内容提问"的方式做为结尾，激发了学生学习新课文的好奇心。

4.2 重要生词板块（视频时长 12-15 分钟）

重要生词板块就是针对课文中的重要生词进行讲解。一般来说每一课挑选出 12-15 个词语。讲解的词语主要分为三大类：一是同义词辨析，例如严肃—严重；关注—重视；节约—节省；受到—得到；感受—感觉；经验—经历；二是能产性高或是有固定搭配的词语，例如毫无、失去、无法、拥有、达到、背景、表达、采用这类词；三是那些看似简单，但在实际运用中却容易因为英语母语负迁移、目的语文化差异而造成大量偏误的词语。例如恨、亲自、开口、面子、推辞、财富、花费、伟大。

4.3 重要语法板块（视频总时长约为 15 分钟）

语法视频的录制采用一个语法一条视频的形式，每课录 4-5 个语法视频，每个视频约 3 分钟。这样做的好处是便于搜索和回看，学生可以快速找到需要反复学习的语法条目。我们深知，在介绍新语法的时候，要力求做到语法结构展示完整、语义关系阐释清晰，使用限制条件分析到位、典型语境设置准确，任何一方面做得不到位，都会影响学生的正确输出。因此，我们在选择录制哪些语法点的时候，特别挑选出那些语义关系复杂，需要老师一步步详解、剖析或是需要提供充分语境的语法点。比方说"反而"、"到底"、"随着A的V，B……"，"按照这种说法，岂不是……？"、"既然……，当初为什么……？"。这些语法点在常规的大班课里也需要花大量的时间来讲解，因此将这些内容转入异步视频中很有必要。

对于异步视频课这三大板块的设置，我们在学期末征集了学生的反馈意见，绝大多数学生认同这样的设计和安排，认为对学习有所帮助（强烈同意：57%，同意：39%，不同意：4%）。

确定好了生词、语法的视频教学内容，下一步就要仔细考量视频课的授课方式，这也是在录制视频时最为关键、最伤脑力和体力的环节。必须承认，在视频录制之初，老师时常找不到录制的状态，大到语言控制、讲解互动方式，小到说话的语气、声像与幻灯片的配合等等，都需要花时间去练习和调整。由于今年的准备时间十分仓促，因此各年级的负责老师在录制、制作视频的过程中都承受了相当的心理压力。经过暑期上百条视频的录制，根据个人经验和学生反馈，下面我们总结在录制视频的时候所秉持的两个基本原则，以及需要注意的方面。

1）营造课堂场景、注重互动

在录制视频的时候，老师虽然只能看到摄像头和屏幕上的课件，但是应该想象自己面对的是学生，尽可能地还原、营造出"课堂"场景，让学生参与到视频课中。因此，老师完全可以使用在真实课堂中师生互动的语言和教学指令。比如，在展示例句的时候，我们也应该跟学生互动起来，而不光是老师自己读。我们经常会使用如下教学指令："请你再跟我读一遍"、"请注意这个词，两个四声，注意你的声调"、"请你读两遍，第一遍慢一点儿，第二遍快一点儿"、"这个句子有点儿长，不太容易说，没关系，我们再试着读一次"等。老师在给出这些指令后要停下来，给学生留出练习的时间。

增加交流感还有一个小技巧，就是注意"留白"。"留白"的意思是老师要避免不间断地讲解，在合适的情况下稍作停顿，创造出一种"此时无声胜有声"的感觉。这个"无声"的片刻就是学生思考的时间。所以，在我们的教学视频中，时常能听到"请你们想一想……，（停顿若干秒），现在有答案了吗？""我的看法是……，你们同意吗？请你说说自己的看法（停顿若干秒）""好，要是请你们用一个词形容……，你会用哪个词？请你现在在纸上写下来"。通过这种互动方式，学生能充分感受到老师上课是从学习者的角度出发的，而不是自顾自地照本宣科。对于采取这种互动形式、讲解方式的异步视频课，学生给予了非常正面的反馈。

2）词汇、语法讲解最终上升到话题层面

我们在录制生词和语法视频时，特别注重这些词和语法如何呈现在合适的语境和话题中。因此，在解析完词汇语法结构、说明用法规则后，最终均上升到具有讨论性的话题层面。举一个例子，在处理"毫无"这个词的时候，第一步在幻灯片上给出这个词的发音；第二步给出其后的搭配（如兴趣、信心、意义、经验、责任感等），启发学生总结出"毫无"一词的两个特点，一是比较正式，二是后面搭配的词最少两个字，而且比较抽象。第三步给出例句"有人认为，既然可以用电脑打字，练习用手写汉字就变得毫无意义了"。这里出现第一个话题讨论点，老师可以问学生"现在用手写汉字真的变得毫无意义了吗？你们是怎么看这个问题的？""要是老师以后只让你们练习打字，不给你们手写汉字的作业，你觉得这样好吗？"。第四步利用真实语料继续讨论。老师用一个标题为"零经验毕业生求职难"的新闻标题，先启发学生运用已经学过的语言点把标题转为"毫无经验的毕业生在求职过程中面临很大的困难"，然后问学生"在美国，毫无经验的毕业生会遇到求职困难吗？""公司面对一个毫无经验的毕业生，真的应该拒绝他吗？你们怎么看这个社会现象呢？"。从词到句再到话题，学生就能充分感受到自己不光是在学习语言点，而且在跟老师运用语言知识进行有意义的交流、探讨，这也是我们词汇和语法教学的最终目标。对于语法教学的有效性这一方面，所有学生都给予了积极的反馈（强烈同意：61%，同意：39%）。

学生看完异步视频后，需要在课前完成相关的练习题目。一般来说，词汇视频配套的练习是词语搭配、近义词辨析；语法视频的配套练习是用目标句式回答问题。学生需要用语音作答，然后上传到课程网站上。由于这部分会计入总成绩，因此绝大多数学生都会认真对待，甚至有不少学生会反复地学习视频内容。老师在第二天上课前会去检查学生提交的作业，这样对学生的预习情况会有更好地了解，因而在同步课上容易做到有的放矢，针对偏误比较多的语言点集中进行操练。

在最初布置练习题时，我们也担心这样的做法是否让课前预习任务变得过于繁重，给学生造成太大的学习压力。我们调查了学生对"设置练习题是否有必要"的看法，在提供反馈的 28 位学生中仅有 2 位学生持反对意见。由此可见，学生在独立、自主地学习完异步视频后希望通过练习题进行自我检测，并得到老师的反馈。

由于第一次在暑期班尝试这样的形式，我们在课程结束时收集了学生的反馈意见以便日后改进。整体而言，学生给出了非常积极的评价，认为异步课的板块设计合理，视频长度适中，是一种非常有效的学习手段。老师的互动方式有很强的交流感，能抓住学生的注意力。还有学生提到暑期班学习心理压力很大，视频课能很好地帮助自己做好课前预习，这样在课前和课中的焦虑感大大减少，增强了自己上好中文课的信心。

与此同时，学生也给出了一些改进意见。例如对于特别难的语法，希望老师可以在视频中给出更多的例句，这是很好的提议。另外，还有学生希望新课中的每一个语法点都能通过异步视频的形式展示出来。我们猜测这可能是因为老师挑选出的重难点语法跟学生感知的难易度可能有所差别，也就是说老师认为不难习得的语法，学生未必觉得容易。从长远看，我们确实可以制作更多的语法视频，从而建立起一个全面、丰富的视频语法学习资料库。

5.高级班：疫情主题单元的设计与实践

"疫情"、"新冠肺炎"，无疑是 2020 年的首要关键词。如何将这些极具话题性、时效性的关键词设计到教学中，如何在课程设计、活动设计中融入此类话题，是中文教师在教学中所面对的新的挑战。与此同时这一新挑战也为教师提供了更多的创新灵感，明德暑校各年级都在教学中加入了与疫情相关的内容。现以高级班为例，从主题选择的出发点、时间安排及选材的多样性、语言活动设计与安排、口试与笔试的充分利用、学生反馈及教学反思等五个方面对疫情主题教学设计与实践加以介绍。

5.1 主题选择的出发点

在力求客观的基础上，为学生提供更多新颖而多样的主题及视角，是明德四年级课程设计的出发点之一。此外，拓宽师生的视野，力求通过课程设计，促进教与学由个人角度上升到社区、国际层面，上升到世界公民格局，亦为教学设计的重要立意。基于以上两个出发点，作家方方的《武汉日记》被设计为高级班主题单元之一。

之所以选择极具争议的《武汉日记》，原因有三。其一，方方的《武汉日记》与时事热点及局势密不可分，与个人生活、社区及世界公民意识息息相关；其二，通过《武汉日记》，可以为学生提供更多的视角去了解并分析武汉疫情，兼而有之还包括探讨与疫情相关的系列话题，如政府防疫、民众心声、争议质疑、国家利益、公民自由、价值取向等等；其三，在这个特殊而敏感的时期，教育的角色尤为重要，通过创新的课程设计，语言课堂将成为传递信息与希望、消除误解与猜疑、增强信心与信念的绝佳契机，亦是跨过语言障碍，建立信任、增进理解的绝佳渠道。

综上所述，《武汉日记》正犹如一扇窗，通过这套真实语料，学生们得以从另一个角度接近疫情中的中国城市。通过开启这扇窗，也为学生提供了进一步阅读及探究的方向及素材。

5.2 时间安排及选材的多样性

在时间安排上，结合文本的语言难度，此单元安排在下半学期，待学生们具备一定的语言储备之时，再进入该单元的学习。在选材上，主要有三方面的考量：首先，由于课时有限，该单元的学习需在一周内完成，因此在选材上必须有所取舍。于是，根据武汉疫情发展的时间线，封城前期、中期、后期各有一篇日记被选定为阅读文本。所选取的日记涉及到极具代表性的三个关键事件，分别为李文亮医生的去世、艾芬医生的专访，以及方方日记的出版。

其次，针对方方日记，我们也采取了不同以往的取材方式。一般情况下，我们会根据学生的语言程度及教学目标，对所选材料进行编辑、改写。但此次取材，只在内容及篇幅上做删减，不做其他形式的改写，尽量呈现与作家原文较为接近的文本。以期学生能更接近日记所涉事件，更能体会到作家的立场与感情色彩。同时也让学生有机会接近更原始的真实语料。

另外，为确保选材的多样性，在给学生提供文字材料的同时，本单元还包括大量的视频材料。虽然此单元被安排在下半学期，但实际上，在第一周的周考中，我们已经为疫情单元的学习埋下了伏笔。第一周的主题是自媒体，在讨论微博、微信时，我们要求学生观看由日本导演竹内亮拍摄的纪录片《武汉，好久不见》。当时这部纪录片在微博平台引发了大量关注，通过这部关于武汉疫情、城市复苏的纪录片，学生们在口试中讨论了与自媒体相关的话题，除此之外，讨论也涉及到了疫情话题。在讨论的过程中，学生对下半学期的疫情单元表示出了强烈的兴趣。进入疫情主题单元后，这部纪录片也多次再被提及并讨论。这种自然而然的贯穿设计，对语言学习进程及课程设计的完整性均有极大的促进作用。

不仅如此，我们还确保每篇日记都能实现文字材料与视听材料的结合。为此，我们选取了一组武汉当地微博博主拍摄的封城日记视频。选取的视频时长均为 8-16 分钟，视频内容与方方日记中提到的内容高度相关，这不但是一种自然巧妙的结合，同时也为学生提供了不同的视角。学生既可以看到知名作家笔下的愤怒或谴责，同时也可以看到普通老百姓镜头下的无奈或感动。更多的角度、不同的侧面，通过一手材料，让学生有更多机会在信息获取的过程中，循序渐进地实现生词、语法或内容的有效复现。

每天的大班课上，老师还会提供与日记内容相切合的新闻短视频。让学生有机会实现文字与影像的结合，进而水到渠成地实现描述、讨论、对比方面的有效输出。

在选材过程中，话题是否与美国疫情相关也是考量的标准之一。如复工复产等问题是多国正在面对的话题。确保相关性，以此提供更多对比讨论的机会。学生们在同一话题下，从武汉疫情过渡到自己的国家正在面对的问题，会有更强的表达欲望，也能水到渠成地实现话题的过渡、跳出及深入。在本单元的最后环节，我们还选取了来自 BBC 的新闻评论文章，从而为学生提供除中国、美国以外的，第三方的视角。要实现步步推进、环环相扣的主题单元教学，选材、输入、设计至关重要。

5.3 语言活动设计与安排

四年级的课堂结构包括 75 分钟的大班课和 75 分钟的小班课。大班课教学内容为：文本结构与内容梳理、生词语法练习，及必要的背景信息的补充。小班课教学内容为：生词与结构搭配的练习，以及完成语言活动任务。

文字与视听的结合、权威与小众的结合、中美疫情的结合，是本单元语言活动设计的"指南针"。例如，将针对艾芬医生专访报道的保护、网民与网管的对抗相结合，将与武汉博主拍摄的和民众生活状态、心理状态相关的视频相结合，分析在特殊网络环境及特殊的时事环境下，出现的对话语权、透明度等方面的诉求与努力。针对这些问题，学生们进行了相当精彩的评析和论述。再如，将方方日记中记载的医生形象与武汉博主视频中记录的医生相联系，为学生提供更直观、更生动的一线素材，让学生进一步了解当地人与疫情争分夺秒的顽抗。

在网课环境下，更丰富、更多元的材料，对成功的教学设计来说不可或缺。如何保持电脑屏幕前学生的积极性与主动性，如何提升互动性和参与感，都与丰富多元的有效输入密不可分。

5.4 口试与笔试的充分利用

为期一周的主题单元学习，包括四天新课、一天的口试及笔试。对暑期项目而言，考试的目的不仅仅是总结或测评，更是教学延伸与补充的好时机。通过有效设计，考试的作用还应当包括帮助学生留下悬念，引导学生产生探索发掘的兴趣和灵感，甚至可以成为学生继续学习、自主学习的有效推进器。而个中关键则在于，教师通过设计给学生传递怎样的信号、是否进行了有效引导。疫情单元的设计成功地实现了这样的有效引导。

首先，口试成为了本单元的一种延伸。口试要求学生从方方博客中选择一篇日记，向老师和同学介绍、讲解及分析所选日记。口试要求学生根据当周对文本的学习经验，巩固和再现文本分析思路，从不同角度进行分析。此次口试实践效果极佳。学生们选择的日记各不相同，在选择日记的同时，对当时的具体新闻事件也做了相关研究。学生们的产出具体而生动。课后反馈显示，自由选择日记的过程激发了学生继续研读的兴趣，学生们打算在学期结束后将阅读继续下去。由此可见，成功的考试设计可以实现并引导自主学习、激发学生潜力。

其次，笔试是本单元的一种有效补充。由于时间紧，还有很多值得探讨分析的视角无法在课堂上展现。那么，笔试阅读则是一个完美的追加途径。通过教师的编写设计，笔试阅读部分不仅可以测试学生对关键词汇及结构搭配的掌握情况，更能为学生客观展现更多视角，以使本单元更加完整。

另外，作文作为当周笔试的一个部分，也是一种有效拓展。本单元作文要求学生写一篇关于美国的疫情日记，建议学生模仿方方的写作结构和写作手法，从天气、日常生活中的点滴小事或变化入手，进而过渡到疫情期间备受关注的事件或问题，并加以分析、评论。学生的作品自然流畅、娓娓道来，不但生动地介绍了自己当下的生活，并且对时事进行了分析或抨击。与此同时，学生们还非常准确地使用了大量的成语及结构搭配，习得效果自然而理想。

5.5 学生反馈与教学反思

学期结束后，针对四年级暑期课程设计，我们也做了问卷调查，同时也在与学生的一对一谈话中也进行了进一步的了解。疫情单元深受学生喜爱，学生们认为疫情主题最具话题性，同时也与我们的日常生活、全球公共安全、国际关系局势息息相关。更有学生提到疫情单元让他们有机会从非美国媒体的角度、由一线资料入手去认识疫情的开始与发展，并且看到了战胜疫情的胜利与希望。这些学习体会，从另一个侧面反映出本单元的教学设计初衷得以全面实现。

在教学实践中，我们也在不断反思如何在当下的特殊时期，对课程进行再设计和改良。从暑期项目课程设计和普通学年课程设计这两个角度出发，我们有如下感受：

反思之一，针对暑期项目，疫情的相关话题可以分不同层面分散设计在暑期课程中，可以将疫情主题单元与其他单元衔接得更加自然流畅。另外，疫情日记，可以贯穿在整个学期中，可以围绕学生的《疫情日记》做出更多的设计，例如与学期间的反思报告相结合、与口试相结合、出日记合集等等。

反思之二，针对普通学年，《武汉日记》的可用资源十分丰富，可以设计出多个详尽具体的主题单元。

反思之三，无论在暑期项目还是常规学年中，均可以考虑设计与疫情相关的一门课，将政治学、社会学、人类学、经济学、公共安全、名家名篇（如：鲁迅《热风》）等相关内容融合到一门课中，这种创新尝试一定会吸引更多学习者。

6. 单班课师资培训

单班课在语言教学中的重要作用是毋庸置疑的：单班教师能够根据学生特点和学习情况有针对性地因材施教，不仅可以进行一对一语言操练，还可以兼顾语言知识的检测、学习习惯的优化和跨文化交流能力的培养。

尤其是在强化教学项目中，单班课更是不可或缺。从项目的角度来看，单班课可以让学生与来自不同地区与文化背景的老师进行深入交流，建立一个多元化的中文社群，打造暑期强化项目的优势和特色。从教师的角度来看，单班课可以缩小学生之间的水平差距，营造良好的学习气氛，最终帮助学生适应快节奏的教学，巩固教学成果。

从学生的角度来看，大班课小班课上的练习侧重于课文理解和生词语法操练，多为老师提问、学生回答的模式，因此受课型和上课时长所限，他们无法在大小班课上尽情表达自己的看法。而在单班课上，他们可以讲述经历、阐述观点、比较异同、质疑支持、举例论证、描述细节，进行充分的自我表达。除此之外，在单班课上与老师的互动还可以让学生了解不同母语者的个人经历，获取丰富的文化信息，提高跨文化交际能力。

6.1 明德中文暑校历年单班师资培训

由于上述原因，北美暑期强化语言项目都十分重视单班课，明德中文暑校也不例外，每一年都致力于优化单班教学内容，培养优秀的教师团队，力求充分发挥单班课的作用。明德暑校对单班教师的期待是，扮演好身兼数职的重要角色，完成多项教学任务：既要帮助因故缺课的学生赶上进度，也要帮助正常出席的学生巩固当天所学，还要帮助吸收较好的学生进行拓展训练，并且在语言教学中有技巧地进行知识检测和文化教学。正如李泉在《对外汉语教学理论思考》中指出的，对外汉语教师在教学课堂中应有学生意识、交际意识、语言意识、课型意识、目的意识等 11 种意识，强化这些意识将有助于课堂教学效率的提高（P87-95）。可以说，明德模式要求单班老师能在完成语言操练、促进文化交流、增加学生动机等多个方面发挥重要作用。为达成这一目标，明德暑校历年师资培训中都有相应内容，指导老师们设计单班教案、提高单班授课技巧。

2020 年暑期明德中文暑校单班师资培训既沿用了往年的惯例，又根据本届单班教师的特点做出了调整。沿用往年的惯例是指依旧采用培训大会、名师讲座等形式，仍然重点强调教学原则、操练技巧、跨文化交际等几个方面。而做出调整是因为 2020 年夏的单班教师不再由中文暑校的大班、小班老师担任，改由来自北京或台湾高校的研究生负责。这些研究生普遍教龄不长，对北美强化模式也不熟悉，需要明德中文暑校提供分阶段、多种类的培训。因此，我们根据单班教师的实际需求做出了调整，不仅加长了培训时间，为他们提供全程支持，而且增加了分年级培训会、教学录像讲评、教学实战演练等新的培训活动类型，为单班老师提供有针对性的反馈。

6.2 明德中文暑校 2020 年单班师资培训

通过问卷和观察我们发现，2020 年单班老师面临的挑战主要是不熟悉北美模式，强化项目教学经验不足，对美国学生的了解不够充分。这给他们教学带来的挑战是多方面的，包括难以适应快节奏的语言教学，对严格纠音纠错等重要原则理解不够深入，面对学生时不知如何促进语言输出、引导文化讨论，等等。换言之，许多北美中文教师习以为常的教学理念与模式，对于来自北京、台湾等地的老师来说却是一个新概念、新方法，需要一个理解、消化、适应的过程。

比如，有单班老师在交流会上提出，他们也知道应该加快课堂节奏，避免拖沓，但是在教学实践中不知如何加速，不知如何精简提问用语、找准时机缩短留白，只好加快语速，因此时常发生老师突然加快语速、学生听不懂要求老师重复的情况，结果往往是适得其反，拖慢课堂节奏。也有老师提到，来明德项目参与教学之前对于严格纠错始终有种恐惧心理，常常因为害怕打断学生、打击学生自信心，出现"宁可错放不敢多纠"的情况。还有老师面对低年级的学生不知如何降低语言难度，面对中高年级的学生拿到讨论话题后不知如何寻找切入点，也抓不住学生的兴趣点，讨论变"尬聊"的情况也时有发生。

由此可见，单班教师对于培训的需求是，他们首先需要了解北美项目的理念和教学原则，然后需要参照资深老师提供的具体操作方法和教学反馈，在培训和实践中学习如何控制课堂节奏，营造轻松的课堂气氛，进行有效的提问与操练，快速纠音纠错，给出及时多样的反馈，组织文化讨论，最后才能在语言教学、文化教学、跨文化交际等多个方面自我提高。

6.3. 单班师资培训的思路、方法与反馈

1）培训活动总体设计

为了达成上述培训目标，在单班教师为期三周的教学过程中，明德中文暑校为他们提供了分类型、分步骤的师资培训。分类型、分步骤培训是指在不同阶段通过不同类型的培训活动完成不同的培训任务。比如，在项目前期筹备阶段，通过全体教师大会、名师讲座、各年级介绍会，帮助单班老师了解项目特色、项目理念，开学后培训形式改为课堂观摩、编写教学日志，鼓励单班老师进行观察模仿、教学反思，在完成阶段性的教学任务后，项目年级负责人根据单班老师的教学录像进行讲评和总结，帮助他们扬长避短，继续提高。

2）前期筹备阶段的培训与作用

项目前期筹备阶段的培训主要包括三种：第一，全体教师培训大会，主要介绍北美强化模式、明德中文暑校项目特色等，并介绍语法教学的大原则，特别是提问和纠错的方法。第二，名师讲座，介绍实用有效的操作方法和方法原则背后的理论支撑；2020 年我们邀请了靳洪刚老师介绍语言输入与输出的原理，帮助单班老师透彻理解语言操练的本质和原则，并提供了胡龙华老师的语音教学讲座链接，让单班老师理解语音教学的重点和有效纠音的方法。第三，分年级培训会，各年级负责人介绍一至四年级的教学重难点及注意事项。

值得一提的是，名师讲座不仅能为单班教师提供教学上的指导，也对他们的职业规划产生了影响。不少老师在培训反馈中提到，业界名师的讲座能够帮助他们了解学界的主流看法和最新趋势，为他们今后从事研究以及从业提供了不少信息，给他们带来了很大启发。正如李泉在《汉语国际教育硕士的教学信念和专业发展信念》中提到的，在行教师需要不断强化和发展个人的职业情感、职业认知，树立应有的教学信念和专业发展信念（P1-8）。明德项目认为，单班教师培训能够为参与教学的研究生提供在行业内长远发展的意识和动力，无论是对研究生的未来职业规划，还是对师资队伍的建设，都有着十分重要的作用。

3）教学同步培训的新尝试

单班老师正式开始教学之后，培训并未终止，而是继续同步进行。首先，所有年级都会提供学生的预习材料和单班教案，帮助单班课老师梳理单班课的结构和重点。比如，一年级会给出每一课的发音练习重点和纠音注意事项，二三四年级会按照"生词练习+语法练习+话题讨论"的框架，帮助单班老师有层次、有重点地进行单班教学。其次，各年级或对单班老师开放网络课堂或提供大班课、操练课、讨论课教学录像，供单班老师观摩学习，让他们感受课堂气氛，熟悉各个课型的教学环节，并观察课堂中的突发状况，学习如何应对。最后，我们要求单班课老师每天教学结束后撰写"教学日志"，记录当天的教学进度、学生的主要偏误和问题解决情况。

其中"教学日志"是 2020 年的新尝试，设计的初衷是便于各年级掌握单班教学情况，在师生交流受限的网课环境中加深老师对学生的了解。实践后我们发现教学日志在培训中也发挥了重要作

用：第一，教学日志有固定的格式要求，比如"语音错误+词法错误+话题理解"，这一基本框架能够督促单班老师关注发音和词法错误，严格纠音纠错；第二，通过跟踪同一个学生不同日期的教学日志，单班老师可以总结学生的犯错规律，观察学生的改正情况，对反馈和纠错方法是否有效进行反思；通过对比不同学生同一天的教学日志，单班老师可以总结出易错的词汇和语言点，对中文本体知识、语言偏误进行梳理；第三，在教学日志中观察到难以解决的、反复出现的偏误时，单班老师会主动联系各年级的任课教师讨论教学方法和效果，对单班老师提高教学能力和技巧有很大的帮助。

值得一提的是，从培训老师的角度来看，"教学日志"也非常有用。一是能反映出单班教师的工作态度和专业素养，帮助项目发掘认真、负责、细致的单班老师进行重点培养；二是能发现明显存在不足的老师，及时跟他们沟通，进行鼓励和监督。同时，培训教师也能从"教学日志"的用语中看出单班老师的语言功底和教学重点，对每一位单班老师形成一个较为全面的综合印象，为单班教师的评估提供参考。

4）教学实践后的培训与反馈

单班老师在教学中遭遇诸多挑战，我们收集了他们的反馈，发现他们认为难度最大的有以下几点：对学生语言表达错误的快速识别与归因，用简洁的语言给学生说明和反馈，自然舒服地跟学生进行话题讨论，在给学生介绍文化信息时保持语言难易程度适中且留有足够的讨论空间。

为帮助单班老师解决这些教学中的实际问题，我们请单班老师征得学生同意后将上课过程录制下来交给各年级负责人，然后年级负责人每周末组织讨论会，针对单班教学实际情况，并结合"教学日志"里的文字记录，进行各年级内部的教学讲评。在讲评时，我们会针对某一个教学场景，选出教学效果最好的和最不理想的，通过对比分析，探讨如何处理教学中遇到的问题。例如，"最拖沓的提问"和"最简洁的提问"，"学生听得懂的反馈"和"误导学生的反馈"，"效果明显的纠音"和"屡纠不改的无用功"等等。

有趣的是，虽然教学讲评的部分少不了直接指出问题和错误，但是单班老师们都表示并不介意。他们在反馈中提到，教学讲评是发现错误、改正错误最高效的途径，培训老师反复指出单班老师们的问题所在，反复强调教学中的注意事项，能够帮助他们发现共性的问题、借鉴别人的优秀方法。而且这也是一个提高心理素质、适应教学工作的重要过程，能够帮助他们减少害羞、恐惧、自责等心理因素的不良影响，找到更好的教学状态，对他们的成长很有意义。

在此过程中，有三个细节能够让培训事半功倍。第一，我们通过一些容易理解的方式说明教学注意事项，比如将纠错比喻成诊疗，诊疗时医生需要看病、开药方、给出服药说明、复诊，同样，老师纠错也需要观察分析学生的错误、错误成因，最后给出一个切实有效的改正方法，还不能缺少检验、确定学生彻底掌握的环节。第二，讨论结束后我们与单班老师一起进行"实战演练"，自己扮演学生，模拟各种教学中的突发状况，让单班老师进行实际操作，不断磨练教学技巧。第三，除了语言教学技巧之外，我们也非常重视跨文化交际的方法策略。

值得一提的是，帮助单班老师提高跨文化交际能力非常重要。单班老师与北美高校学生接触较少，如何开启话题、结束话题对他们来说都是需要注意、学习的。因此，我们会在培训中跟单班老师讨论如何进行课前热身，如何在课上给学生留下"老师很想了解我的想法，而不是在强迫我使用生词语法"的良好印象，如何跟学生分享自己的个人经历，以及如何规避刻板印象和文化差异带来的误解和不快。

学生的单班课评鉴结果表明，学生对单班课的教学效果较为满意，满意度既来自于语言教学的有效性，也来自于良好的谈话氛围、课上丰富的文化信息，以及与单班老师进行的深入文化交流。

总而言之，我们进行单班师资培训的主要思路是：前期做好理论支撑和教学原则的铺垫，然后在单班老师开始实际教学之后再根据他们的上课实况总结出共性的问题，并针对他们各自的不足提出建议，帮助他们调整教学方法。项目结束后单班老师也在调查问卷中对我们的培训理念和形式表示了认同。

在2020年暑期的七周时间里，单班老师和我们共同进步，出色地完成了教学任务，相信未来会有更多单班老师加入我们的队伍，与我们一同成长。今年是明德线上教学的第一次尝试，尚有诸多限制，以后若条件允许，我们会尽力为单班老师们提供更多的优秀范例、更多的开放课堂、更多的实践机会和实时反馈。

7. 群体建设：课外活动在线上项目中的作用与设置
7.1 课外活动的目标

多年以来，明德一直都有课外活动，每年学生的反馈也都是觉得课外活动对他们的语言进展有帮助，但到底是什么样的帮助？在我们计划网课之初，通过老师之间的讨论，我们发现课外活动并不仅仅只是一些娱乐机会，其实依其种类，背后可能有三种不同目标：为学生提供高质量的语言输入、提高学习者的文化知识和建立项目的群体感以及学生的归属感。

明确了这三个目标之后，我们还必须反思的是如何在线上的模式当中达到这些目标。网上特有的挑战很多。首先，大家都熟悉的"Zoom fatigue"会使学生不愿意下了网课以后再在空余时间上Zoom参加活动。其次，线上的体验当然会跟实体的经验不同：自然度比较低，互动性比较难培养，学生进了一个有十几个人的视频会议无法坐在旁边找一个熟人随意地聊天，等等。最后，学生不仅在家里有不同语言环境，而且他们也都在不同时区，有的在美国东部，有的在美国西部，还有的在欧洲，这使得我们很难找到一个适合大家的时间开不同的课外活动。

7.2 线上活动的分类、形式

第一次开线上项目，又在短时间之内面临这么多挑战，我们决定尝试不同模式来达到我们的三个目标，活动的分类如下：

1）一次性、对全校开放

这一类活动的最大目标是建立群体感或者提高文化知识。大多数活动是直接在 Zoom 上举办的，少数是用 YouTube Premiere 组织的。这一类活动包括四次演讲、一次音乐会、一次茶文化工作坊、一次方言活动、三次校友或客人讲个人在不同职业中使用汉语的"Story Time"、每年都举办的"中文之夜"和我们的开学和结业典礼。

这些活动中，中文之夜、开学典礼和结业典礼的目标在于建立或培养群体感。中文之夜是每年都举办的一个活动，我们通过这个活动给学生机会展示他们努力学习的成果。学生的表演包括小品、唱歌、武术等形式。因为面对面的时候，给其他学生正面反馈是中文之夜的一个重要的部分，所以 Zoom 是一个很合适的平台，学生表演完后同学可以开麦克或者用聊天室呐喊助威。这三个活动都给大家机会看到其他年级的老师和学生，体验那种"在一起"的感觉。

这一类活动还有一些更针对提高文化知识这个目标。这些包括音乐会、方言活动和茶文化工作坊。设计这些活动的时候，有两个问题决定我们最后选择用哪个平台，那就是互动性更重要，还是视频质量更重要？最后，方言活动和茶文化工作坊是通过 Zoom 组织的，因为我们希望参加的学生和老师之间会有一些直接的沟通或问答。而音乐会则选择了 YouTube Premiere 和 Zoom 的混合形式 来进行。这次音乐会是我们的校友王爱萍(Abigail Washburn)和她的音乐合作伙伴吴非一起通过视频会议聊他们多年的合作、跟听众分享她们一起创作歌曲的过程，然后演奏给大家听。音乐会部分我们用了 YouTube Premiere，然后表演结束后换到 Zoom 进行问答环节。虽然音乐会的视频是提前录的，可是因为 Premiere 这个功能可以让大家都同时观看而且在聊天框内打字评论，所以还是保留了一定程度的互动性.

2）多次性、向全校开放

原来在校园的时候，提到"课外活动"，一般学生都会想到每周定期组织的文化活动。虽然这一类活动在线上执行起来比较难，但是的确有助于提高学生的文化知识，因此我们决定在网课时继续举办。2020 年的定期活动包括书法、剪纸、游戏、烹饪、京剧脸谱设计、摄影和博客。前三者是实体项目四个最受欢迎的活动，后三者是方便在线上组织的新活动。每一周我们只举办三四种课外活动，而每个课外活动采取了两周一次的轮回，免得学生感觉压力太大，不能参加。

这一类活动都是通过 Zoom 组织的，可是还包括 Zoom 外面的一些内容，例如：负责烹饪课的老师会提前拍视频教学生怎么做一道菜，参加博客活动的学生和老师有一个谷歌文件可以随时进去加中文博客链接推荐给别人。这些活动虽然参加的人数较少，但是参加的学生非常活跃，来了一次非常有可能会再来，有些学生甚至通过自己的兴趣，建立了一些跨年级的小社群。因此，除了传授文化知识以外，这一类活动也起到了建立群体感的作用 。

3）多次性、各年级内部组织

除了全校性活动之外，各年级也组织了一些让学生有互动机会的活动。每一个年级语言水平和文化知识都不一样，因此这一类活动在内容、形式上也都有区别。这些活动的目标有两个；首先，老师们希望借此建立群体感以及归属感，其次还可以为学生提供课外的高质量的适合该年级的语言输入随着学生语言水平的提高，活动形式也越来越开放。比方说，一年级内部组织了中文桌子和网上"Café"。在参加这两个活动的时候，学生会聊不同的生活话题，还会以游戏等方式总结本周的学习内容。

二年级组织的活动二年级组织的两个活动是游戏和学习小组 ，以互动为主，旨在培养学生自然进行口头交流的能力。其中游戏活动尤其受欢迎。

三年级的学生的需求跟初级中级水平就不一样了。三年级的老师们每周四下午都会跟学生讨论提前定好的一个话题，话题包括各地美食、中文流行歌曲等等。这样的安排又为学生提供了更多的语言输入，又补足了他们不同方面的非正式的文化知识。三年级的课程话题常常是政治性的，比较严肃的话题，而每周的小讨论就给他们一次讨论轻松话题的机会。

四年级内部组织的活动以放松、促进了解为主，每周举办一次，没有固定的题目。到了高级语言水平，上课时目标由老师来定，但下课后学生不需要老师给他们太多的格局，只要为他们提供放松聊天的机会，他们就很乐意地用目的语跟同学和老师交流。 四年级内部组织的这些机会很像实体项目的吃饭时间：老师和学生都在一块，没有固定的题目，但是老师在学生旁边随时都可以提供扶助。

4）异步性

最后一种活动是异步性的，就是说没有固定时间的课外学习机会。这一类活动包括电影、Canvas 上面的讨论，一年级学生的自我介绍等。电影和网上讨论的主要目标是提高文化知识，而一年级的自我介绍则促进了整个项目学生的归属感。

一年级的自我介绍是通过 Flipgrid 组织的，这个网上平台上面可以让参加者就一个题目录制视频，还可以观看其他人的视频，用文字或者视频来提供评论。在网上，不同年级之间没有很多自然交流的机会，我们就在中文之夜那个星期组织了一年级的自我介绍，希望这样其他年级的学生在看一年级的表演的时候就更了解这些学生的情况。作为工具，Flipgrid 很适合这个目标，以后也许有其他的机会使用这一个平台。

7.3 反思心得

　　虽然今年的线上项目各方面都面临了挑战，但是也提供了许多反思的机会，2020 年暑期项目结束后，我们回头看：最受欢迎的几个课外活动是哪一些？为什么这些活动会最受学生的欢迎？有哪些心得值得作为以后准备项目时的参考？

　　如果我们按照参加的人数来算，那最受欢迎的几个活动包括各年级内部组织的不同活动、游戏活动、中文之夜和一次题为"新冠疫情下的中美关系"的演讲。这些活动，除了演讲以外，都是互动性比较强的活动。参加演讲的学生虽然主要只是听，没有太多互动的机会，但是及时的题目显然促进了他们参与的动机；毕竟：我们的学生大多数是在疫情下学中文的美国人，他们愿意在疫情下花时间花钱在网上学习汉语，一定是对于中美关系的未来感兴趣的。

　　那如果要再次组织网上的课外活动，我们应该如何改善？通过今年的经验，我们发现有以下几个重点值得注意。

　　1）活动的时间

　　一般来说、工作日比周末好，美东时间的下午（看大多数学生住哪里）较好。我们原先的想法是在平日学生都忙着学习，也许在周末举办课外活动的话，一方面可以创造更多学中文的机会，另一方面不会加长平日上网的时间。但是我们发现，很多人希望周末可以完全不用看电脑，所以实际上周末举办的课外活动一般参与程度都不是很高。如果活动的时间能更接近他们每天的活动，可能就会有更多的人参加。还有，有的学生表示说因为活动很多，而且是由不同老师组织的，所以他们不知道应该看电子邮件还是 Canvas 上面的通知栏寻找跟活动相关的信息。以后可以用 Canvas 上面的日历把每个年级的主要活动和全校的互动都放在一个共同的地方，这样方便学生寻找。

　　2）针对性

　　为什么会有这么多学生愿意参加自己年级的活动，而不太愿意参加全校性的活动？我们认为一方面，学生跟自己年级的老师和同学已经比较熟悉了，他们不用担心活动上没有认识的人；另一方面，学生在进入活动之前已经知道使用的语言会是适合他们的水平的，更能帮助他们促进语言能力的提高。日后，为了吸引更多学生参加全校的活动，也许应该提前沟通活动的更多信息：除了内容或题目以外，我们还可以说明互动的目标、大概适合几年级的学生、有哪几位老师会参加，等等。另外，在项目开始的时候学校可以多按语言水平来进行不同的课外活动，但是随着语言水平的渐渐提升，从项目中期后可以开始把语言水平的局限逐渐打开，而以引人的话题来鼓励不同语言水平的学生参与，一方面促进语言习得，另一方面增加群体感。

　　3）建立小社群

　　虽然各年级各自举办的活动都非常受欢迎，互动性也很强，但是从建设全体社群感的角度来看，跨年级的互动机会还是比较少的。我们认为以后可以考虑在项目开始执行语言誓约之前为学生提供互相认识的机会，这样可以早点组织跨年级的兴趣小组。另外类似 Flipgrid 这样的互动性异步平台应该继续多方面使用。

　　尽管整体而言 2020 暑校课外活动的出席率偏低，但是在过程中我们得到了许多宝贵的经验。无论是实体课还是网课，这些经验对我们将来设计和安排课外活动都有着高度的参考价值。

8. 结语：项目成效与未来展望

　　2020 的疫情球带来的冲击是前所未有的。它为教育界带来了各种各样的危机，但是与此同时也呈现了无数的契机。科技在外语教育上的应用长久以来一直受到鼓吹，但是 2020 年中教育界人士大规模地使用科技、学习如何以网课进行教学还是史无前例的。跟传统的、有规划的网课比起来，2020 明德暑校的网课只能算是打鸭子上架式的产物，虽然我们在短时间内在多方面发挥了网课特性，但是某些方面受到实际情况的限制，我们也不得不简化作业程序，其中一项就是入学时的各种测试。

2020 年的测试与过去有很大的不同。往年学生在进入项目和离开项目之前都需要参加在线阅读测试，写作测试(语法和短文写作)和 OPI。然而，在网课的情况下，学生不能在学校的书店买书而得上网购买教材，邮寄时间在当时由于疫情的关系往往变成了往常的两、三倍。我们需要尽快确定学生级别以便学生在网上购买教材，因此将阅读测试和写作测试合而为一，减少了测试所需的时间。平常在学生到校之后进行的 OPI 也简化成一般口试，提前在网上进行。这些测试的主要目的是为了确定分班的准确度而不在判定学生当时的语言水平。接着，在夏季课程期间，我们安排了两次周末 OPI 培训，每次为时 4 个小时。在这些培训完成后，我们在学生离校前进行了 OPI 测试。以下是 2019 年和 2020 年离校 OPI 的比较。从图表中可以看出 2020 年暑校虽然以网课形式进行教学，致使学生缺少了许多课下的师生和生生之间的交流机会，但是通过极小班制的实施和个体化教学的加强，学生的口语提升程度与往年几乎相同。

表 2：明德 2019，2020 离校 OPI 学生表现对比表*

	2019	2020
Level 1	3.7	3.8
Level 2	5.5	5.0
Level 3	6.8	6.9
Level 4	8.3	8.1

从 2020 年四月明德决定全面将 12 个暑期语言学校改成以网课形式教学到六月中正式开学，短短的两个月中我们经历了一个又一个的挑战，也一个又一个地克服。尽管我们在 2020 年不负众望地达成了我们的目标，在前所未有的全球逆境中为我们的学生打造了一个安全而高效的学习环境，不使他们的学习受到疫情的影响而中断。然而，归根结底，2020 年的网课其实只是一个补救性的、应急性的网课，跟规划过后的网课还相距甚远（Gacs, Goertler & Spasova, 2020）。根据大家在疫情期间使用网络科技的经验和启发，我们相信教育界各个层面都已经开始认真探索如何在未来更好地将科技融入到教学中，甚至会更大规模地使用网络工具来丰富教学内容和加强教学成效。我们在 2020 年的种种经历已经构成了我们今后往更成型的网课发展的坚实基础。仅以此文将我们的经验及措施与学界分享，聊供参考。

注：章节负责撰写老师的分工
　　引言 - 张曼荪
　　2020 明德课程设置与理念 – 张曼荪
　　初级班的教学:整合教学资源，发挥网络功能 – 陈彤

---

* 在此我们需要注明，明德的 OPI 并不是正式的由有 OPI 认证资格的口试官进行的，而是有明德的老师在经过密集的训练后，根据 OPI 的准则进行的。为了计算起见，我们将 Novice Low （NH=1）定为 1，Novice Med （NM）定为 2，Novice High （NH）定为 3，以此类推，IL=4, IM=5, IH=6, AL=7, AM=8, AH=9, S=10。在取得各年级的平均值后，将两年的学生表现进行了比较，以图看出网课形式与实体课形式下学生的学习成果是否有所差异。一年级学生的口语平均测试水平大致处于 Novice High 及 Intermediate Low 之间；二年级的学生大致在 Intermediate Mid；三年级在 Intermediate High 及 Advance Low 之间；四年级则大致在 Advanced Mid。

中级班：异步视频的制作与成效 – 周康
高级班：疫情主题单元的设计与实践 - 高瑛
单班课师资培训 - 高畔畔
群体建设：课外活动在线上项目中的作用与设置 - 何小蔓
结语：项目成效与未来展望 – 张曼荪

参考文献

Dewey, D. P. (2004) A comparison of reading development by learners of Japanese in intensive domestic immersion and study abroad contexts. *Studies in Second Language Acquisition, 26*, 303–327

Dewey, D. P. (2007) Japanese vocabulary acquisition by learners in three contexts. *Frontiers: The Interdisciplinary Journal of Study Abroad, 15*, 127–148

Freed, B. F., Segalowitz, N., & Dewey, D. P. (2004) Context of learning and second language fluency in French: Comparing regular classroom, study abroad, and intensive domestic immersion programs. *Studies in Second Language Acquisition, 26,* 275–301

Gacs A, Goertler S, Spasova S. （2020）Planned online language education versus crisis-prompted online language teaching: Lessons for the future. *Foreign Language Annals. 53*, 380–392. https://doi.org/10.1111/flan.12460

Hung, H. T. (2017). Design-based research: Redesign of an English language course using a flipped classroom approach. *TESOL Quarterly, 50*(1), 180- 192.

Jin, H. G. (2004a). The Importance of CFL Teacher Training on Elicitation Techniques. *Journal of the Chinese Language Teachers Association, 39(3)*: 85-110。

Jin, H. G. (2004b). The Role of Formulaic Speech in Teaching and Learning Patterned Chinese Structures. *Journal of the Chinese Language Teachers Association, 39*(1): 45-62。

Kim, J. E., Park, H., Jang, M., & Nam, H. (2017). Exploring flipped classroom effects on second language learners' cognitive processing. *Foreign Language Annals, 50*(2), 260-284.

Larsen-Freeman, D. (2007). Techniques and Principles in Language Teaching. Oxford: Oxford University Press. [毛佩琦. (译）《英语教学法大全》台湾师德文教股份有限公司, 2007.]

Lee, G., & Wallace, A. (2018). Flipped learning in the English as a foreign language classroom: Outcomes and perceptions. *TESOL Quarterly, 52*(1), 62-84.

Li, Q. (2015). Beliefs in teaching and professional development for master's programs of Chinese to Speakers of other languages. [李泉.汉语国际教育硕士的教学信念和专业发展信念.云南师范大学学报，2015,(3)， 1-8.]

Li, Q. (2017). Thoughts on theories of teaching Chinese as a foreign language [李泉.对外汉语教学理论思考.北京：北京语言大学出版社，2017.]

Myers, D.G. and Twenge, J.M. (2016) Social psychology. 12th Edition, McGraw-Hill, New York. [侯玉波、乐安国、张智勇 (译）《社会心理学》.人民邮电出版社, 2014。]

4

学习社群的建立： 线上教学的成功要素
——以印大中文项目为例
(Building Learning Communities in Online Language Instruction:
A Case of Indiana University's Chinese Language Program)

鲍莹玲
(Bao, Yingling)
印第安纳大学布鲁明顿分校
(Indiana University Bloomington)
yingbao@iu.edu

陈雅芬
(Chen, Yea-Fen)
印第安纳大学布鲁明顿分校
(Indiana University Bloomington)
yeafen@iu.edu

摘要：学习社群的建立让学生在班上有归属感，增加学生的信任从而提高互动及学习成效。然而从面授课转变到网上授课无疑对班级语言社群的形成造成了巨大的挑战。因此如何创造以及维持网上虚拟学习社群是一个重要的课题。借鉴前人的研究，本文将从促进社群建立的三大要素（参与度与互动性、社会临场感、共同目标）几个方面来考察及反思印大中文项目在 2020 年春季普通学期转为网课后以及暑期密集网上项目中社群意识的建立，并分享中文项目及领航项目如何建立社群、营造团体归属感的一些具体做法及成效，以期对今后网课的设置有所启发。

Abstract: The sudden transition from in-person classes to online instruction in 2020 due to COVID-19 has posed enormous challenges to maintaining traditional learning communities, especially in university settings where they serve to both offer students a chance to interact with their peers and provide additional educational support to ensure their success. Thus, developing methods to effectively transfer these functions to an online format is of upmost importance. Informed by previous research on learning communities, this article analyzes our experiences from spring and summer 2020 to identify three essential factors (namely, degree of engagement and interactivity, social presence, and common goals) in cultivating online learning communities. The article also discusses strategies we have utilized to increase student interaction both inside and outside the virtual classroom. Our hope is to shed some light on how to best utilize online instruction to nurture the learning communities that have long defined the college experience.

关键词：网课、学习社群、互动

Keywords: Online teaching, Learning community, Interaction

1. 引言

2020 年三月突如其来的疫情，迫使几乎所有美国的学校将教学及学习移到网上进行，虽然有学者认为学校还算应对得宜，中文课程设置变动不大，只是教学活动形式改变以适应网络教学条件（储诚志，2020a）。但线上教学如何让学生保持学习热情，积极参与，仍是一大挑战。

由于疫情仍未得到有效控制，不少学生面临生活不稳定、身心健康出状况等与自身安全感有关的危机。加上长时间缺少互动更会使人有强烈的社交需求，希望寻求建立人际关系及群体归属感（Maslow，1943）。早期不少研究显示物理空间上的分离容易使学生感到孤立，缺少关注，也因此在课堂的参与度和投入度减少，结果放弃或者退课（详见 Rovai，2002b）。根据最新调查显示（Means, Neisler, et al., 2020)，50%的受访者表示改成网课后最受到不利影响的方面是失去了作为"班级一员"的感觉。高达 65%的受访者认为跟同班学生的合作机会大大减少。另外一份对教师的调查研究（Fox, Bryan, Lin, & Srinivasan, 2020）也显示，使课堂更能促进学生的自主性，归属感以及参与度是各大院校的重要任务之一。更有 75%的教师表示增加学生课堂参与度是秋季教学的当务之急。

目前，已有不少学者（如王瑞烽，2020）讨论了网上应急教学的做法和不同教学方式的利弊，为秋季有计划进行网上教学提出了建议（Gacs, Goertler, Spasova, 2020），然而关于学习社群建设的研究仍然较少。在强调互动的语言课堂中，从面授课转变到网上授课无疑对班级语言社群的形成造成了巨大的挑战。如何创造以及维持网上虚拟学习社群是一个重要的课题（Lomicak, 2020），也是很多语言老师们关心的问题。本文将以印第安纳大学在 2020 年春季学期以及暑期密集项目为例，分享中文项目及领航项目如何建立社群、营造团体归属感的一些具体做法。

2. 社群概念

社群（community）通常指的是一群人在共同目标的指引下，在共同参与活动和实践的过程中，形成群体，并且建立在社群中的身份和归属感。在这个基本概念上，发展出很多不同有关社群的理论。比如说，Garrison, Anderson, & Archer （2000）提出的 Community of Inquiry （CoI）理论框架强调的是个体在合作和互动的过程中创建意义，实现互相理解。 Lave & Wenger （1991）提出 Community of Practice（CoP），强调社区成员享有共同的兴趣和目标，在彼此互动的过程中学习如何把事情做得更好。

社群意识（sense of community）之所以受到关注是因为大量研究发现社群意识跟学生的学习成果关系密切（Lichtenstein, 2005; McKinney, McKinney, Franiuk, Schweitzer, 2006）。比如，McKinney 等人对 40 名学生的问卷调查发现在大学课堂的社群意识不仅跟学生自己对于学习表现的知觉以及对课程的满意度正相关，而且也跟实际的学习表现（即成绩）正相关。换句话说，学生对于课堂的社群意识越强，实际的学习表现就越好。

社群的概念很复杂，定义也很多元。Rovai （2002b) 总结出在教育环境中，课堂作为社群的四大要素，包括精神（spirit），信任，互动，以及共同的预期及目标。网上教学与面对面教学有很大的不同，有不少研究发现教学媒介的改变（即面对面或网上）会影响学习效果（见 Ramage, 2002 综述）。但也有不少研究提出了不同的看法。比如 Rovai（2002a）指出课程设置和教学方法才是决定学习效果的关键因素。他的研究显示在虚拟课堂中，与社群意识密切相关的七个因素分别是：交互影响距离（transactional distance，即学习者与教师之间心理和沟通上的距离）、社会临场感（social presence）、社会平等（social equality）、小组活动（small group activities）、小组协调（group facilitation）、教学风格及学习阶段（teaching style and learning stage）、以及社群规模（community size）（Rovai, 2002b, p. 7）。

本文接下来讨论社群的三大要素：参与度与互动性（engagement & interaction）、社会临场感（social presence）、共同目标（common goals），及目前科技的限制、网课造成的挑战并从这几个方面来考察及反思印大中文项目在春季普通学期转为网课后以及暑期密集网上项目中社群意识的培养，以期对今后网课的设置有所启发。

2.1 参与度与互动性

互动是建立课堂社群的重要因素。Hare & Davis （1994）把互动分为任务导向型互动以及社会情感导向型互动。前者的目的在于完成任务，而后者的目的在于建立关系，两者缺一不可。以课堂为例，教师需要考虑的因素包括课堂活动设计是以老师为中心还是以学生中心，是否有大量让学生参与的机会，是否有小组活动或者任务让学生合作，老师在协调小组活动过程中扮演什么角色，课堂外老师是否表示出对学生的关心，是否创造机会帮助学生建立友谊等等。

在传统面对面课堂中，师生互动、生生互动较易操作，学生碰到问题时，老师可以很快发现并处理。比如，老师可以按照需求很快将学生分成不同人数的小组。在学生互动时，老师可以在加入一组给予反馈的同时，用眼角余光观察其他组的表现。如果其他组有学生举手，老师很容易换组并提供帮助。当发现全班共同出现的问题时，老师也可以很快总结。在面对面课上，一节课通常可以安排 2-4 个活动，分组形式多样，组合起来也非常快速。然而，这些在远程教学时都需要重新设计。

增加互动的机会被视为远程学习成功的关键因素之一（Moore, 1989; Parker, 1999）。具有互动功能的 Zoom 应该是目前最常用的网络会议、教学工具，它的分组讨论室（breakout room）功能强大，既可以随机分组，也可以手动分组，能有效帮助老师组织小组互动，增加生生互动的机会。然而，根据我们的实际教学经验，当老师选择进入某一组后，就无法看到其他小组的情况。而不停地进出小组都需要一点时间，老师通常很难兼顾到每组，每节课的互动次数也会相应减少。这也要求教师进一步探索线上工具，同时在教学设计上创造更多其他互动的可能性。

2.2 社会临场感

社会临场感指的是个体在社群中能够有存在感 （Garrison, Anderson, & Archer, 2010）。在课堂中，这种社会临场感指的就是学生感到自己属于班级，并且能够跟老师或同学进行互动。在面对面上课时，师生都在同一个物理空间。学生通常有自己习惯坐的位置，课前关系比较近的学生会互相寒暄问好，大家环顾一下教室很快可以发现谁来了谁没来。上课的时候，老师很容易通过学生的肢体动作（举手、趴在桌子上）、表情（皱眉，微笑）或者声音（Huh? Oh~）来了解学生的反馈。 同学之间也很容易表达自己的情绪和想法，察觉到彼此的状态，或者在别人回答后表示赞成，反对，或者提出建议等。

改成网课后，师生在各自的空间中，将大家联系起来的就是同一块屏幕。这也给学习社区的建立带来了很大的困难。课堂内大家轻易可以察觉到的语言和行为上的细节在网上变得特别受限。电脑的摄像头一般只能拍到头部，全班所有学生的头像集中在一起，再加上老师的 PPT 占据了大半块屏幕，师生间能看到的只有方寸间的影像。再加上为了减少干扰，老师通常要求学生静音，结果老师只有不断在画廊视图（gallery view）中来回切换，才能看到所有学生。这样一来，很多学生的细微反应都无法在第一时间内捕捉到。还有一些学生因为网速慢、连接不够稳定的原因必须关掉摄像头，这样课上就"只闻其声不见其人"了，甚至有时连声音也听不到。这些因素都会使社会临场感变弱。

2.3 共同目标

任何一个社群的形成离不开成员之间共享的目标。在语言课堂中，师生所追求的最重要的共同目标就是发展学生的语言能力。为了实现这个目标，学生需要付出大量时间和精力参与各类学习活动。同时，教师也需要衡量当前的目标是否合适，自己的教学风格是否与学生的学习阶段和水平相匹配，是否需要做出调整。

从面授课改成网课以后，教学的方式发生了变化，教学进度也可能随之变化。再加上教师和学生都需要面对的个人生活和身心状态上的挑战，我们有必要重新评估现有的教学目标。这些目标大到整个项目的规划，对每个年级的预期，小到每节课甚至每个活动的安排，层层相关，紧密联系。无论是维持原来的目标还是设立新的目标，我们都需要思考如何将这些目标传达给学生，使其为大家所认可并愿意为之付出。另外，我们需要采取什么新手段、新技术、或是新任务来保证教学效率及学习成果。

3. 印大的中文项目介绍

印大中文项目创建于 1962 年，历史悠久，颇具规模，平时学期除了开设一到五年级的中文课程之外，为了增加学生练习中文、了解中国文化的机会，也有中文桌子（Chinese Table）、电影讨论及领航项目举办的东风讲座（Tidings Lecture）、庆祝节日等活动。2020 年春假之后，受疫情影响，所有的课程及课外活动都移到网上。鉴于实时教学能最好满足语言课堂上言语交互的需求，能真实再现线下课堂的集体学习氛围（王瑞烽，2020），我们借助科技（比如 Zoom）采用同步（synchronous）上课的方式顺利完成了所有计划中的课程及活动。

春季学期结束后，疫情继续蔓延，印大暑期学校（Summer Language Workshop，以下简称印大暑校）的所有暑期语言项目都改成网上授课。本来要求学生住校的暑期领航中文项目（Flagship Chinese Institute）不得不在非常短的时间里改成网课。除了往年常设的一至三年级之外，为了今年本来应该到海外留学的中文领航学生增设了四年级，还为军官项目（Project GO）开设了专门的班级。因此总人数近 130 人，学生来自 20 多个高校。课程设置保留了传统的两节大班课，两节小班课，一节辅导课的形式，每班不超过 12 人，采取 Zoom 同步上课的方式进行。为了增进学生互动及对中国文化的了解，课外还有社团（烹饪、歌唱、书画、麻将）、电影讨论、网上休息室等。此外，也有台湾文藻大学提供的虚拟接待家庭 （virtual homestay），介绍台湾文化和生活。顾及不同的时差，上课、辅导时间也做了大为调整。上完两堂课之后有两个小时的空档，让学生稍事休息，可以用餐，也可以进行项目的其他活动。

4. 网课中如何增加互动性、创造临场感、建立共同目标

这个部分作者从促进社群建立的三大要素（参与度与互动性、社会临场感、共同目标）这几个方面来考察及反思印大中文项目在春季普通学期转为网课后以及暑期密集网上项目中社群意识的建立，以期对今后网课的设置有所启发。

4.1 增加互动性

4.1.1 建立多渠道联系方式

为了保证改成网课后师生之间能够及时联系，我们利用春假前最后几次面对面上课的机会，在每个班建立了微信群，并且在课上简单尝试了打字留言和语音留言的功能。此外，各年级老师通过 Canvas 通知（Announcement）、邮件、微信等各种渠道告知学生上网课的安排，包括上课时间、Zoom 会议室、网上办公室、听写形式，以保证学生顺利过渡。老师们还在 Canvas 上设置了聊天（chat）功能和讨论公告栏（discussion board）。老师们都及时积极地回复学生的邮件、微信留言、或是在线上跟学生互动。从使用情况来看，相较于 Canvas 聊天功能，学生更习惯使用微信询问有关于课程的安排，功课设置的细节，互相分享材料，提供技术支持等。

在暑期项目中，从印大整个暑期学校到中文暑期项目，再到各年级，可以从三个层级给学生发邮件。在暑校开始前，中文项目建立了项目的脸书私人群和推特账号（@fciatiu），并在寄给学生的基本信息问卷调查中附上了二维码（QR code）。在迎新会上，老师们也说明了各年级的联系方式。有的年级建立了自己的班级微信群，有的建立了脸书私人群。

不同的联系渠道承担不同的功能。项目脸书和推特主要用来发布与项目有关的各种活动信息和照片，尽管学生留言很少，但是阅读数和点赞数维持在一定水平，可以作为项目记录，用于今后推广和回顾。在 Canvas 上发布通知或者邮件是处理跟教学有关的任务最有效的方式。不少老师在完成一周课程后会用书面方式简单总结，布置下周任务，相当于是在课程大纲和进度表之外又多了一层提醒。另外，即使是非课程相关的通知，由任课老师发出的邮件通常比从项目发出更加有效。因此我们在安排项目大型活动（比如迎新会、毕业典礼）时，会先从中文项目层级发出通知，再请各年级老师发送班内邮件强调。上述两种方式主要是老师对学生的单向沟通，相较而言，微信平台更加轻松随意，适合师生或者生生间的双向或多向的及时交流，也更便于建立友谊。

4.1.2 确立班级互动的基本框架

上网课的时候，因为缺少语言和肢体上的线索，会出现大家抢着说话或者同时沉默的情况。基于春季网上教学的经验以及学生反馈，老师们发现学期初确立班级互动的基本原则是十分有必要的。首先，老师们会在课上说明学生课堂表现是如何打分的，鼓励学生主动发言。其次，课上采取老师点名和学生举手（Zoom 的举手功能）相结合的方式。当班级人数较多时，老师们更倾向于将学生名单打印出来，简单记录当天学生发言次数，这样可以避免某些学生经常被忽略。而且，主动举手的功能也可以避免学生在被老师点名以后回答不出的尴尬，并且减少不必要的等待时间。再次，确立一些共用的手势和图示。比如用双手放在耳边表示听不清，用大拇指朝上表示"准备好了"，用大拇指朝下表示"还没准备好"，用画圈表示"时间到了"，甚至可以举出双臂表示"隔空拥抱"。在其他学生回答或者报告后，鼓励大家用 Zoom 的点赞或者鼓掌功能来给同学反馈。最后，如果学生有问题，建议先打在聊天框（chatbox）中，这样方便老师了解问题的性质。对于有普遍性意义的问题可以在课上解决，对于个别学生特有的问题可以留到课下。这些规定不仅可以让课堂进行得更加顺利，而且会形成班级特有的交流方式和仪式感，营造出一种包容平等的班级氛围。

4.1.3 分组讨论室的使用

在课上，Zoom 分组讨论室是老师们最常用的方式。根据学生的反馈，这也是他们觉得最有用的功能。为了避免学生在分组之后不知道要做什么，常见的做法是请学生事先用手机拍下 PPT 幻灯片上的指令，或者是每组派一个学生负责截屏以后在小组内分享屏幕。截屏的好处是学生还可以用注释（annotate）功能边说边记录大家的看法，等讨论结束后再次截屏回到大组再分享。

在面对面课堂中，除了老师可以同时监督各组的表现外，不同组之间也可以互为参照。比如说当某一组提前讨论结束后发现其他小组还在继续讨论时，通常会思考是否还需要增加新的内容或者重新组织一下。也就是说，其他组的表现在某种程度上是在老师的角色之外提供了非正式的反馈。为了弥补在网上教学这方面的不足，也有老师提前设置好 google doc 或者 google slide，列出讨论题目，请学生将讨论要点记录在上面。这种做法能让老师及时看到各组讨论情况，适时进入各组提供支持，也便于不同组之间的交流。而且老师还可以课后在共享文件上面给出反馈，供学生复习或完成功课时参考。

4.1.4 有效互动的方式和工具

无论是面对面还是网上，互动是教学的本质。利用"信息差"是创造互动的有效方法之一。比如，在中低年级描述任务时，老师会让一个学生描述，另一个学生根据所听内容画画或者填写信息。描述的内容可以是学校、宿舍、房间、餐馆、路线、人物等。在中高年级，老师就某个争议性话题为学生分配角色，大家需要通过讨论来确定对方的立场，并且试图说服对方或者达成一致。

此外，游戏和比赛也是在学生中形成团队感的一种有效方式。常见的形式包括机智问答（Jeopardy），井字游戏（tic-tac-toe），比手画脚（charade），20 个问题（20 questions），两对一错（two truths and a lie）等。除了传统游戏，老师在课上用的比较多的线上工具有 Kahoot，Quizlet live 等。这些工具都可以很好地活跃课堂气氛，加强学生间的互动。

还有一点值得注意的是尽管身处不同空间给社群的建设带来了困难，但如果老师能就地取材充分利用学生所在的环境，可以让我们从不同的角度来了解学生真实的生活和个性。比如说，在学生自愿的情况下，可以请他们描述自己的房间，或者介绍一个他们觉得最能代表自己特点的物件。这样的活动既有趣味性和互动性，又能加强课堂内师生和生生之间的了解。

4.1.5 在考核中加入互动

除了课上的互动，在课后考核中也可以加入互动。一是考核任务本身要求两人或多人一组共同完成。比如在春季二年级课上，学生自选组员，两三人一组拍摄一个短片。为此学生需要在网上开会讨论，分配任务，完成脚本，进而拍摄剪辑成作品。这些小组内部的反复沟通都有助于学生间加强联系，在某种程度上类似于学习小组，组员之间互帮互助，共同完成任务。其次，我们在考核标准中加入同学反馈这一项，比如上面的短片任务老师打分占 80%，同学打分占 20%。学生需要看其他组的录像，给彼此评语和建议。这样学生也能感觉到在这个社群中有参与感和自主权，也可以起到互相督促的作用。

4.1.6 设置多种项目活动

除了在课程设计中注重互动以外，项目提供的多种活动也大大帮助了学生之间互相熟悉，这在暑期项目尤为明显。往年学生通过参加暑期项目的各种活动建立起来的友谊都是他们最难忘的经历。今年我们仍保留了迎新会和毕业典礼、兴趣小组、文化活动、网上休息室和电影讨论。前三个是要求参加的，后两个是自选参加的。所有活动都是对全体学生开放的，学生有机会跟自己所在年级以外的学生互动。

兴趣小组是建立社群意识最有效的方式，因为大家在共同兴趣的驱动下完成一件事，很容易在参与和互动的过程中建立与他人的关系。今年设置的四个兴趣小组分别是麻将、书画、卡拉OK、烹饪小组。每组为期四周，30 人为上限，分两次开班。根据不同兴趣小组的特点，我们采取了不同的操作形式。比如说，麻将组用 Kahoot 来检测学生对麻将基本规则的掌握，在学完基本规则后，再用 Mahjong 13 tile 这个 APP 分组打麻将。卡拉 OK 主要是采用老师在 Zoom 主房间教唱，再到分组讨论室小组练唱的形式。书画小组的每位学生都收到了项目采买的文房四宝基础套装，每次课程完成后大家都会把当天的作品上传到项目设置的共享文件夹。烹饪组的老师会提前将食谱寄给学生，请他们准备材料。每次大家也会把成果拍照上传。事实证明，这样的活动让学生有很强的参与感，在课堂外建立起友谊。在期末汇演中，有一组学生分工录制了卡拉 OK 教唱过的歌曲，并配上了舞蹈。也有学生化身大厨制作视频教大家做宫保鸡丁。

从其他活动的经验来看，将活动的设置慢慢从从老师主导变成学生主导也对社群意识的培养起到积极作用。这一方面能让学生感到有主导权可以决定活动的形式及内容，另一方面也意识到自己的贡献对于社群是有意义的。以网上休息室为例，这个活动最初就是希望给学生提供一个休闲放松的社交环境。在前几次活动中，由老师带头组织，安排了诸如"开始认识你"，"谁是间谍"，"跟我做瑜伽"等活动。在项目进行到中期，我们邀请学生自愿报名组织活动，得到了积极响应。四年级学生组织了 jeopardy 游戏来帮助大家了解中国当下流行的音乐类型。二三年级学生带大家玩中国地理连连四（connect 4），词语接龙，和串词讲故事的游戏。还有二年级学生给大家介绍中国年轻人常用的 APP（比如微信、陌陌），请大家在陌陌上为老师的虚拟对象写个人档案。由于这些活动是学生组织的，更容易吸引自己年级的同学来捧场，气氛也更加活跃。当学生有了自主性，就更愿意为社群做出贡献。在我们几次项目文化活动中，中高年级学生都帮忙将讲座的内容做简单翻译和总结，帮助中低年级的学生理解，从而促进了合作互助的社群文化。

4.2 创造临场感

Lomicka （2020) 提到教师创造虚拟临场感的三大要素：在场（present）、真实（real）、与学生互动（interact with students）。下面我们会介绍老师们如何运用不同的手段创造出学生的临场感。

4.2.1 创造教师在场的机会

在面对面课堂中，老师们通常会提前几分钟进入教室，跟学生寒暄一下。课后也会在教室停留一会，回答学生的问题。同样的，无论是在春季学期还是在暑期项目，教师们都提前进入 Zoom

会议室，问下学生的情况，看看大家是否都到齐。因为每个班级都设置了微信群，老师们也会及时在群里发信息提醒没来的学生。课后老师们会请有问题的学生留下进行答疑。如果学生人数较多或者有隐私信息不方便透露，老师们会跟学生额外约时间单独谈。另外，所有年级都保留了网上办公时间，为了能让谈话更加有序，老师会跟先来的学生在 Zoom 主房间谈，同时把后来的学生分到小房间或是利用"等待"的功能，等与先来的同学谈完后再邀请后来的同学进来。这样既可以保证所有的学生能够老师谈，又可以保护学生的隐私。

在上网课时，老师通常会共享屏幕，让学生看到 PPT 上的内容。这样一来学生的屏幕被 PPT 占据，只能看到老师和同学很小的头像，彼此的存在感很低。为了解决这个问题，我们尝试事先把 PPT 发给学生预习，并请学生保存在自己的电脑上。课上尽量在不需要 PPT 的时候关闭共享屏幕，大家可以选择画廊试图看到所有人。这样师生都可以更好观察到彼此的反应，存在感更强，也更容易互动。

另外，暑期项目提供了大量的课外活动，这些活动每次都会有专门的老师负责，不要求所有老师都参与。但我们仍能不时看到各年级老师出现在活动中。他们的出现让学生感到老师的支持和关心，不但师生之间有更多可聊的话题，老师也可以通过这个机会了解学生课堂以外的不同面向。

4.2.2 展现教师不同的面向

虚拟课堂容易将授课老师工具化，师生之间仅有视频页面大小的认知窗口，我们需要努力在虚拟环境中重新构建教师的真实形象（Lomicka, 2020）。有些老师通过分享自己感兴趣的事情及个人生活来拉近与学生的距离。暑期项目中，有老师们在班级微信群里分享自己看到的有意思的新闻报道、文章或者视频。这样的分享既可以扩大学生对课文相关话题的知识面，又可以让他们感到跟老师的联结，了解老师平时喜欢看什么样的网站，关心什么样的话题。此外，老师也会分享自己在家里教课时，小狗坐在旁边的照片。当班上有学生过生日的时候，老师会带头祝福，并附上一些可爱的动图，其他学生也会纷纷送上祝福。这些看似微小的举动都对形成友善的班级氛围起了很大的作用，让学生感受到老师及同学不只是虚拟的头像，而是真实存在的。

让学生看到了老师"不为人知"的一面和隐藏才艺也往往能达到出奇的效果。比如在暑期汇报演出中，老师们提前各自排演了小苹果舞蹈，并剪辑成完整的一首歌。尽管老师们的舞蹈水平层次不齐，但当学生看到老师们不同于平时上课的形象时，仍然非常兴奋。这个节目也成为了当天的大惊喜，事后也常常为学生津津乐道。

4.2.3 保持师生课下互动

前文笔者已经讨论过与课堂教学相关的互动性问题，以下是在非教学情况下保持与学生互动的做法。Reinhardt（2020）呼吁老师们重视社交媒体对于教学的助益。当学生自发在社交媒体上发起讨论或者评论时，老师们也会积极响应。比如，在暑期项目某个年级的微信群中，有学生提到希望项目结束后能够在网上一起唱卡拉 OK。老师们很快表示了赞成，其他学生也很快加入讨论。师生你一言我一语，讨论起喜欢的歌手和歌曲，彼此找到共同点时还会用动图和表情包来表达兴奋。这些看似与学业无关的互动实际上拉近了师生及生生间的距离，使大家找到了联结。

有意思的是，建立了微信群并且师生在微信群上互动比较多的班级通常也是学生互动比较积极的班级。这些互动常常是学生自发的，既有跟课程有关的，也有无关课程的。有时候学生遇到了技术上的问题，或者对于课程要求不太明确时，会有其他学生主动出来解释说明或者提供资源。也有时候学生会互相打气加油，提供情感上的支持。当社群意识形成后，学生会更愿意互帮互助，一起完成任务。在暑期项目中，集体准备期末汇演节目的学生也正是来自微信上互动最多的两个年级。从我们的实践经验来看，虚拟社群的建立尤其需要老师带头，并且时常地出现，持续地互动，主动地尝试，甚至有时候需要找几个比较积极主动的同学配合。这样能让学生感到教师不仅承担了传统的教学上的角色，同时也是班级社群的一员，从而帮助学生建立归属感。

4.3 确立共同目标

印大中文项目以 ACTFL 的语言交际能力为导向（proficiency-oriented），以学生的实际能力为基础（performance-based）来进行课程设计和教学实践。下面的表格总结了在普通学期和今年暑期项目中制定的目标。需要注意的是，在普通学期，一到四年级领航和非领航的学生合班上课，只有五年级的课程是专为领航学生设置。在往年的暑期项目，我们只有一到三年级课程，学生以全美各领航项目为主。今年除了加开四年级以外，学生生源也比往年更加多元。在各年级的课程大纲中都列出了完成该学年后预期达到的语言水平的总目标，以及在各项技能上的次目标。下表为印大普通学期的教学目标及今年暑假以 ACTFL 电脑模拟口语测试的结果。

表 1: 印大普通学期及暑期项目教学目标

	普通学期（非领航/领航）	2020 年暑期项目（OPIc）
一年级	初级高 NH/中级低 IL	全部达到中级低 IL
二年级	中级低 IL/中级中 IM	全部达到中级中 IM
三年级	中级中 IM/中级高 IH	全部达到中级高 IH
四年级	中级高 IH/高级低 AL	全部达到高级低 AL，一半达到高级中 AM
五年级	高级低 AL~高级中 AM	不开课

我们采用反向设计或者标的设计（backward design），也就是先确立教学目标，再设计教学手段及相应的测评方式。为了达到教学目标，我们不断寻有效的教学手段和适合的测评方式。同样的，根据每年学生的情况和需求，教学目标也会进行调整，这也可能影响教学手段和测评方式。在社群关系的建立中，如何及时将这些目标传递给学生，并且搜集学生反馈，保证师生共同实现目标是至关重要的。

4.3.1 教学目标的评估和调整

以第一作者任教的二年级为例，春季学期原来预计学完《中文听说读写（第四版）》第四册的九篇课文。受到疫情影响，春假延期一周，也就意味着整个教学时长减少了一周。考虑到二年级的主要目标仍然是谈论日常生活相关的话题，并且在简单征求学生想学的话题的基础上，我们决定不教"理财与投资"这篇课文，同时增加与新冠肺炎有关的内容。笔者认为，在周围大环境发生巨大变化的情况下，与其勉强追赶教学进度，不如就地取材谈论我们所处的真实环境。

新冠话题共两个课时，第一个课时主要侧重新冠对学生生活的影响、新冠的常见症状，以及做什么来保护自己。第二个课时主要讨论新冠对社会不同行业的人的影响、疫情下的美国大城市，以及不同地区的处理方式。在设计教学内容时，我们有意识复现之前课文学到的生词和句型，并利用视频、歌曲、漫画等多媒体材料，帮助学生实现用中文描述个人生活的变化、说明患病的症状、介绍自我保护手段、比较疫情前后的大城市等功能。学生对这些内容表现出极大的兴趣。

在改成网课后，汉字教学也成为老师们重新审视的一个重点。同样以二年级为例，老师讨论之后将听写从原来的手写变成了电脑打字。形式包括听句子写汉字、选词填空和课文理解问题，目的是为了检验学生课前预习的情况。老师事先在 Canvas 上设置好听写问题及小测验开放和关闭的时间。这样一来，学生在课前就可以在家中完成听写，既减轻了学生做听写的压力，也节省了课堂时间。对于要求会认会写会用的核心词汇，尽管听写不要求手写，但在期末考试的时候，仍然保留了手写回答问题和写作的题型。因此，学生还是需要自己练习手写汉字。总的来说，这样的做法是在不牺牲教学目标的前提下，为学生提供了灵活性和宽容度。

其实，无论是在网上还是面对面，教师都需要制定明确的教学目标，让学生清楚学完一学期可以用语言做什么事情。转到网上后，尽管教学媒介的改变让师生都有些措手不及，但这也给老师们一个机会重新思考现在的目标是否切实可行？如何才能保证学术要求不被轻易牺牲？如果需要保持原有目标，还需要哪些方面的支持？如果需要调整目标，会产生什么影响？更重要的是，要让学生意识到他们才是学习的主人，教师只是在他们追求这些目标的过程中提供支持和指导。

4.3.2 利用榜样力量强化共同目标

在学生朝着共同目标努力的过程中，及时给予学生嘉奖也是强化共同目标的有效手段。这样做既是对表现出色的学生的认可，又是给其他学生树立榜样力量，让他们知道自己还需要在哪方面继续努力。暑期项目中，我们就分别在期中和期末设置了优秀学生奖和最大进步奖。期中的奖项是中文项目内部的，项目为得奖学生颁发电子奖状，并制作海报广而告之。期末奖项是印大暑校颁发的，名单在毕业典礼上宣布，得奖学生会获得纸质奖状，得奖信息也公布在印大暑校官方网页上。

此外，我们也举办了印大校友分享会，请已经毕业若干年的校友分享自己的学习心得，留学经历，及中文学习给他们的人生带来的影响。这些学生有的在中国读研或工作，有的从事的工作需要用到中文，无论目前是否还用到中文，他们都表示中文学习的经历对他们的职业生涯、性格塑造和眼界见识都有积极影响。这些校友的分享让暑期项目的学生看到了未来的种种可能性，也使他们感受到属于更大的中文学习者的社群中。

4.3.3 身心健康作为目标

除了上述提到的教学上的目标以外，学生的身心健康也是我们共同追求的目标。突如其来的疫情给个人的生活带来了巨大的影响，有学生身处不同时区甚至不同国家，不得不凌晨或深夜上课。也有大四的毕业生面临就业的压力，难以兼顾学业。还有学生家庭条件有限，没有良好的学习环境。为了让学生感受到他们不是孤立无援的，老师们密切关注学生的状态。如果发现有学生连续缺勤、精神不振、或者作业迟交等现象，我们都会邮件询问，约办公时间谈话，并且讨论弥补方案。同样的，在暑期项目中，不少学生会因为上课节奏快而倍感压力，为了及时了解学生的情况，第一作者作为项目主任也开放办公时间跟学生约谈，让学生有机会反应一些不方便跟任课老师反应的问题，在师生之间做一个桥梁，给双方建议。在需要时，还可以在项目层面上给予支持。

此外，根据学校的规定，春季学期学生可以在字母成绩外选择申请"通过/没通过"（Pass/Fail）作为课程成绩。也就是说，只要达到及格分数线就可以获得学分，无论成绩如何都不会影响总学分绩点（GPA）。老师们反复向学生强调保持身心健康的重要性，鼓励学生跟老师积极沟通。同时也帮助学生认识到学习不只是为了成绩，别轻易放弃自己做出的努力。最终，绝大部分学生坚持完成课程并取得不错的成绩，只有极少数学生选择"通过/没通过"。

5. 学生反馈

在暑期项目结束前，印大暑校所有的学生填写了调查问卷，主要分为学生自我评价，对教师及课程的评价，对于网上学习模式的反馈，以及对于项目活动和沟通的评价等。为了更好了解学生在暑期项目中是否形成了社群意识，我们中文项目也设计了一些关于社群建设的多选题，主要包括老师如何建立临场感，如何保持课堂活动有参与感，哪些项目活动有利于社群建设，师生及生生之间的互动形式及关系。约有三分之一的学生完成了问卷。

大部分的学生都有稳定的网络，独立的学习空间，充足的学习时间，也对 Canvas 和 Zoom 非常熟悉。这是网课得以顺利进行以及积极的网上学习体验的有力保障。令我们感到欣喜的是在这些学生中，超过 95%的学生表示对暑期项目非常满意（48%）或满意（48%）。所有都表示师生关系非常密切（65.3%）或积极（34.7%），生生关系也非常密切（53.1%）或积极（38.8%）。这在一定程度上说明暑期项目在社群的建立上做得很成功。下面作者将从上文提到的参与度和互动性，创造临场感和建立共同目标三个方面具体分析问卷调查结果。

5.1 参与度和互动性

从调查结果来看，学生认为有效的联系方式包括提供办公时间（98%），老师定期发送邮件和通知（78%），以及在微信或者脸书群分享信息（54%）。教师建立的多渠道沟通方式也便于生生之间的联系。从调查结果看，班级的微信群、GroupMe 以及邮件是学生最常使用的方式，总共约占 55%。此外，短信和学生私下建立的群组也比较常用。还有一点值得注意，我们很高兴地发现超过 40%的学生会跟同学分享心情或者寻求安慰，这种并非出于课业要求，自发形成的情感上的支持对于网上社群的建设尤为珍贵。由此可见，老师在传统的邮件方式之外，利用社交软件建立班级群组，不仅便于师生联系，也便于生生联系、互相帮忙，能够为建立班级社群提供渠道。

学生对老师在互动时表现出的态度都持非常肯定的态度。所有的学生都表示老师以一种平等和尊敬的方式对待大家，高达 95.6%的学生表示老师确保每个人有平等的机会参与课堂活动，同时 93.3%的学生表示老师很好得维持网课的礼仪。由此可见，在班级互动中，老师对待学生的态度尤为重要，也会影响学生互相之间的态度。平等包容和互相尊重的环境对于创造班级社群感起到了重要作用。

在多种互动方式中，学生认为最能帮助他们投入课堂的互动方式分别是老师在聊天框中打出的解释和反馈（76%），Kahoot 游戏（64%），Zoom 分组讨论室（64%），辩论（52%），以及在聊天框中回答（46%）。有意思的是，位于第一的聊天框是在网上课堂特有的方式。在传统课堂中，老师多依赖口头反馈，对于学生的听力理解要求较高。如果是板书，有可能花费时间过长。而网课的好处是老师可以边讲边打，相当于从口头和书面提供了两种途径的反馈。并且，老师在叫个别学生回答问题时，也可以请大家在聊天框中回答，以此来确定学生的掌握程度。

在考核中加入互动这方面，高达 80%的学生表示跟同学一起完成期末小组任务最能将他们与同学联结起来。其次是在班级做报告，约占 70%。目前同学之间的联系绝大多数与学业有关（比如完成小组任务，询问课程有关信息），而这些联系能有效地帮助学生感到自己不是"孤军奋战"。目前的考核方式主要是单向演讲论述方式的沟通（presentational mode）。有一个学生提到希望能增加互动交流模式的小组活动（interpersonal mode)。 这也启示老师们在课程活动和考核任务时应该注意三种沟通模式的平衡，可以增加小组对话、两两辩论等双向交际模式的考核。

最后，在前文提到的各类项目活动中，74.5%的学生表示兴趣小组是最能让他们产生班级社群感的，其次是开学典礼和结业典礼，约占 57%。其余的活动（如网上休息室，虚拟接待家庭，文艺汇演）也分别有约半数的学生表示能建立社群感。相较而言，项目的两个社交平台在这方面的作用最弱。这跟我们的观察也是相似的，老师们可以多提供机会让学生找到志同道合的人一起做事，可以是一起学习备考，也可以是一起追剧唱歌，学生自己牵头组团，定期分享心得收获。

5.2 创造临场感

在教师创造在场机会方面，88%的学生表示老师在上课前提前进入 Zoom 房间与学生互动，94%的学生表示教师在开始时上课后与学生问候，询问大家情况。86%课后会继续留下回答学生问题。这样的做法可以将在真实教室的体验延续到虚拟空间，使老师的存在感更强。

还有一点值得注意的是，高达 86%的学生表示老师提供及时的功课考试反馈和邮件回复也有利于建立临场感。这一点在传统课堂已经比较明显，在网上课堂更是如此。除了课上的口头反馈，课后功课和考试的反馈能帮助学生检测自己的学习成果，了解如何进一步改进。当这样的反馈滞后时，学生会感到自己的学习成果不受重视，对下一步发展不知所措。要更好地创造临场感，教师除了反馈及时以外，也可以采用多种方式反馈，即包括书面，口头（录音或录像），甚至是定期跟学生约谈近期表现。

另外，学生也希望能更加了解同学和老师个人的一面。 比如有学生建议在自我介绍时，不只是介绍姓名、学校、专业，而是分享更多能体现个人特点的经历和故事。 而且学生能感受到老师是"走形式"还是真正在乎学生，有学生提到老师记得自己分享过的事，这样的细节会让学生感受到很强的师生联结。

5.3 建立共同目标

大部分学生表示课程中比较清楚地传达了教学目标。除一年级没有前测以外，所有学生在入学和离开时都参加了 OPI 前测和后测两次考试。从后测成绩来看，一年级有 81.25%的学生达到了中级低水平，二年级有 77.5%的学生达到了中级中水平，三年级有 89%的学生达到了中级高水平，四年级有 58%的学生达到了高级低水平。尽管并没有完全实现暑期项目设立的目标，但值得一提的是今年暑校调高了暑期项目所有语言的目标，如果按照往年标准（即表 1 中普通学期非领航一栏），一年级和三年级所有学生分别达到了初级高和中级中， 二年级达到中级低的学生占 97.5%，四年级达到高级低的学生占 91.7%。这一表现与往年暑期项目持平。这也说明总体而言网上项目能维持与传统密集项目类似的成果。

在保障学生的身心健康方面，88%的学生表示老师注意到学生的情绪，能显示出理解和支持。大部分学生表示老师在交流时使用鼓励的语气（90%），提供积极肯定的反馈（96%）。这些做法都向学生释放善意，帮助他们减轻心理压力。

5.4 其他建议

最后，我们请学生对网上项目和传统项目给出总体评价。在完成调查的学生中，约有一半参加过传统暑期密集项目，其中超过 45%的学生表示网上项目在灵活性方面与传统项目持平或者更好。20%的学生认为网课在教学效率和参与度这两方面与面对面授课持平或更好。大部分学生认为在学习动力和社群意识上，传统项目仍然具有优势。

不少学生建议老师留出更多课堂时间做一些非当天课程相关的闲聊，其中一个学生提到自己最能感到跟他人相连的一次是在办公时间问完课业问题后，几个同学和老师用中文开始聊中国文化。可见，除了老师设置好的有明确目标的教学任务外，学生也很需要可以自发使用中文的机会。在传统密集项目中，这样的机会随处可得。 然而网上项目中，学生缺少在走廊偶遇同学，或在校园与同学闲聊的机会，这就需要老师在课堂内为他们创造机会。这些看似"无用"的聊天实际对减少学生的疏离感有很大作用。

另外，老师们也可以借鉴中小学的做法，每个星期安排一段课堂时间做分享，可以是聊聊彼此的近况，也可以是对同学感谢、抱怨，或是道歉 （比如 rose & thorn）。同时在课外请学生写反思，定期跟学生个别谈话。这样有利于老师及时了解学生的情况，对学生的情况更有同理心，也有利于老师在学生动力不足或者班级氛围不够活跃时有的放矢做出调整。

6. 结语

疫情给我们的教学带来了巨大的挑战，但也提供了宝贵的学习和反思的机会。因为是上网课，也是非常时期，除了内容及语言能力的提升之外，也要兼顾学生的身心健康。语言课上课次数多，互动更频繁，讨论的话题也常跟学生生活相关，在社群的建立上比其他科目更容易，或许在非常时期的学习中也扮演更重要的角色。

班级社群的建设不是一朝一夕的事，而是长时间培养起来的，老师在其中需要承担重要的责任。从学期开始前，老师就可以通过问卷调查搜集学生的背景情况，也可以做视频让学生了解自己，加强自己与学生的同在感。在课程设计上，增加学习过程中师生和生生的互动是关键。学生合作学习完成任务可以成为传统考核方式的替代或补充。此外，通过课外活动为学生搭建平台，让学生在参与活动中建立起友谊。最后，定期搜集学生反馈，及时调整教学目标，发挥学生的主动性，促使他们为目标共同努力。

本文作为一篇教学经验探讨型的文章，分享了建立、保持、促进网上学习社群的课堂管理和教学实例，希望对语言项目的线上教学及今后新形式的结合线上线下的混合型教学有所启发。同时，本文仍有诸多不足。比如目前的研究主要基于经验反思，缺少实证支持。希望今后有更多的研究者和语言教学界的同行设计更为严谨的问卷，更准确地分析出不同因素对于班级社群感所起到的作用。此外，可以就文中提到的一个因素进行深度考察，通过设立参照组来判断其对教学结果产生的影响。

通过今年夏天的教学，我们发现在网上课堂，大家很容易困在老师和学生的角色里，只谈课业，避谈其他。不少老师会觉得，上课进度都没法完成，哪还有时间和精力去做一些与学业无关的事。但很多学者、老师也意识到疫情当下，我们更应该"加强对学生的关照与交流"（储诚志，2020b）。也正如唐力行（2020）、赵冉（2020）指出，我们不仅是老师，也是教育工作者。除了教书以外，也担负着育人的重任。除了思考怎么教语法生词、怎么设计活动以外，我们还要思考的是怎么让学生互相帮助共同进步，怎么让学生发挥主动性这样的问题。我们是什么样的老师在很大程度上决定了班级氛围的形成，许多看似不经意的做法都可能对学生的成长有长远的影响。社群建设和整全教育不仅是在非常时期需要做的，而且是等疫情过去后，我们仍需要不断努力的方向。

参考文献

Chu, C. (2020a). Reflections upon and future prospects of virtual teaching from a global perspective. I. Forum organized by Office of Chinese International Education, Peking University and Beijing Language and Culture University Press. 7/18/2020. [储承志(2020a). 新形势下的全球中文线上教学反思与展望(第一场). 北京大学汉语国际教育学部、北京语言大学出版社主办. 7/18/2020.]

Chu, C. (2020b). The second virtual and in-person CFL teaching in the new circumstances. CLTA Virtual Forum organized by CLTA. 8/29/2020. [储承志 (2020b). 新形势下的线上与线下中文教学. 全美中文教师学会网上论坛第二讲.全美中文教师学会主办. 8/29/2020.]

Fox, K., Bryant, G., Lin, N., Srinivasan, N. (2020, July 8). *Time for Class – COVID-19 Edition Part 1: A National Survey of Faculty during COVID-19*. Tyton Partners and Every Learner Everywhere. https://www.everylearnereverywhere.org/wp-content/uploads/TimeforClass-COVID19-Part-1-NationalFacultySurvey-Final.pdf

Gacs A., Goertler, S., Spasvoa, S. (2020). Planned online language education versus crisis-prompted online language teaching: Lessons for the future. *Foreign Language Annals, 53,* 380-392. https://doi.org/10.1111/flan.12460

Garrison, D. R., Anderson, T., & Archer, W. (2010). The first decade of the community of inquiry framework: A retrospective. *The Internet and Higher Education, 13*(1-2), 5-9.

Hare, A. P., & Davies, M. F. (1994). Social interaction. In A. P. Hare, H. H. Blumberg, M. F. Davies, and M. V. Kent (Eds.) *Small Group Research: A handbook* (p. 169-193) Norwood, NJ.: Ablex.

Lave, J., & Wenger, E. (1991). *Situated learning: Legitimate peripheral participation*. Cambridge, Cambridge University Press.

Lichtenstein, M. (2005). The importance of classroom learning environments in the assessment of learning community. *Journal of College Student Development, 46*(4), 341-356.

Lomicka, L. (2020) Creating and sustaining virtual language communities. *Foreign Language Annal, 53,* 306-313. https://doi.org/10.1111/flan.12456

Maslow, A.H. (1943). A theory of human motivation. *Psychological Review. 50* (4), 370–96.

McKinney, J.P., McKinney, K.G., Franiuk, R., & Schweitzer, J. (2006). The college classroom as a community. *College Teaching, 54*(3), 281-284.

Means, B., and Neisler, J., with Langer Research Associates. (2020). *Suddenly online: A National Survey of Undergraduates During the COVID-19 Pandemic.* San Mateo, CA: Digital Promise. https://digitalpromise.org/wp-content/uploads/2020/07/ELE_CoBrand_DP_FINAL_3.pdf

Moore, M.G. (1989) Three Types of Interaction. *The American Journal of Distance Education 3*(2), 1-6.

Parker, A. (1999). Interaction in distance learning: The critical conversation. *Educational Technology Review, 1*(12), 13-17.

Ramage, T.R. (2002). The "No significant difference" phenomenon: A literature review. *Dr. Thomas R. Ramage Scholarship.* Paper 1. http://spark.parkland.edu/ramage_pubs/1

Reinhardt, J. (2020) Metaphors for social media-enhanced foreign language teaching and learning. *Foreign Language Annals*, 53, 234-242. https://doi.org/10.1111/flan.12462

Rovai, A. P. (2002a). A preliminary look at structural differences in sense of classroom community between higher education traditional and ALN course. *Journal of Asynchronous Learning Networks, 5*(3), 41-56

Rovai, A. P. (2002b). Building sense of community at a distance. *The International Review of Research in Open and Distance Learning, 3*(1), 1-16. https://doi.org/10.19173/irrodl.v3i1.79

Tang, L. (2020). Chinese language instruction with a humanistic approach during COVID-19. Online professional development series organized by Spicy Hanyu, Lizhiweike. 8/23/2020. [唐力行. (2020). 疫情当下，如何进行以人为本的中文教学. 对外汉语教师职业发展系列线上教学讲座/培训课。荔枝微课：麻辣汉语主办. 8/23/2020.]

Wang, D., & East, M. (2020). Constructing an emergency Chinese curriculum during the pandemic: A New Zealand experience. *International Journal of Chinese Language Teaching, 1*(1). https://doi.org/10.46451/ijclt.2020.06.01

Wang, R. (2020). An analysis of online teaching models for Chinese language skill courses during a period of epidemic prevention and control. *Chinese Teaching in the World, 34*(3), 300-310. [王瑞烽 (2020). 疫情防控期间汉语技能课线上教学模式分析. *世界汉语教学, 34*(3), 300-310.]

Zhao, R. (2020). How to build a strong community and foster holistic learning in online teaching. Webinar organized by CLTA-SIG Content-based Chinese language courses at advanced levels. 07/31/2020. [赵冉 (2020). 网络教学中的整全教育与班级社群建设. CLTA跨学科高年级汉语教学SIG群。7/31/2020.]

5

2020 年网络教学模式下的中文教学：来自布朗大学的反思
(Online Chinese Teaching in 2020: A Reflection from Brown University)

陈文慧
(Chen, Wenhui)
布朗大学
(Brown University)
Wenhui_Chen@Brown.edu

提要： 本文介绍了自 2020 年初采用网络教学模式以来，布朗大学采取的因应措施及笔者对布朗大学初中高级中文课程进行的调查及反思，并进一步讨论了网络教学模式给中文教学带来的影响，包括教学手段、教学法、教学目的等。文章最后提出络教学模式给中文教学提供了新视角，并且提出了新的教学任务。

Abstract: This article provides the background information about Brown University's course of action after the COVID-19 pandemic hit, and information about the Chinese Program's language courses. Then it reports the findings and feedback from class surveys and students' evaluations on online Chinese teaching. The article focuses on the reflection and changes that have been made with online teaching mode, which include technology, pedagogy, teaching goals, etc. This article ends with new perspectives and new teaching tasks with online teaching mode.

关键词： 网络中文教学、教学模式、打字技能、读写能力
Keywords: Online Chinese teaching, Teaching mode, Typing skills, Literacy

1. 背景介绍

由于新冠疫情的影响，2020 年初人多数美国高等院校在春季学期中决定转为采用网络远程授课或线上线下混合授课的模式。虽然在美国对网络远程教学的研究和实践早已开展，但还未大规模应用于高等院校，面对面的课堂教学仍是高等院校的主要教学模式。因此有学者认为这一时期采用的网络教学只是一时的权宜之计，不能与真正意义上的网络教学相提并论，而是应急网络远程教学（Emergency Remote Learning）。

笔者所在的布朗大学也在 2020 年三月中旬决定让全体师生离校，用两个星期的时间完成从面对面授课到网络教学模式的转变。学生利用这个时间离校；老师们则利用这个时间对自己的课程进行必要的调整以及学习使用网络课堂软件。在此期间，学校的技术部门主要针对如何使用 Zoom 或者 Webinar 等网络课堂软件给老师们提供了培训和一对一咨询。

从 2020 年暑期开始，学校的技术部门和教学培训中心为老师们安排了更全面的网络教学培训，培训形式包括各种短期项目和讲习班，培训内容包括网络课程的整体设计、网络教学软件的使用等等。布朗的语言中心也定期举办针对语言课的网络课程教学设计和教学软件的讲习班。学校还设立了资助课程改进的专项基金 SPRINT，鼓励老师们重新设计自己的课程，使之更适合网络教学模式。

另外，布朗大学决定 2020-2021 学年部分学生可以进校学习。为了控制回校学生的数量，这一学年改为秋春夏三个学期，以前一直实行两学期制。非新生需要在秋季学期和春季学期上课；新生在秋季学期可以自愿选一门课，但是 2021 年春季学期才正式入学，因此 2021 年夏季学期以

新生为主。不过，每位老师这一学年的工作量不变，还是教两个学期，可以自己选择教哪两个学期，由每个系进行内部协调。这一学年的授课模式也由老师自己选择，多数老师选择网络远程授课或者线上线下混合授课两种教学模式。笔者选择了 2021 年春季学期和夏季学期授课，并选择了网络远程授课模式。

布朗大学在疫情期间对网课的硬性要求有：

1）所有选择网络远程授课的课程都要录像，并让所有选课的学生都能看到这些录像；

2）考试都必须是异步进行的，不能同步考试，且至少要给学生一天的时间自己安排考试。

2. 布朗大学中文组课程介绍

布朗大学中文组与韩文组、日文组都隶属于东亚系，东亚系有自己的本科生项目，提供这三个语言的初中高级语言课，也提供专业课，本文主要讨论中文语言课。

东亚系主要的中文课程分四个年级：

	一年级	二年级	三年级	四年级
秋季学期	CHIN100	CHIN300	CHIN500	CHIN700
春季学期	CHIN200	CHIN400	CHIN600	CHIN800

另外，还有 CHIN350 和 CHIN450，这两门中文课是针对听说能力强读写能力弱的学生设置的初中级中文课程。一年级中文课是一学年的语言课程，学生需要学完 CHIN100 和 CHIN200 才能拿到学分。除此之外，每个学期还会开设最少一门最多两门 CHIN900 的中文课程。目前 CHIN900 的中文课程包括商业中文课、媒体中文课、中文电影课、高级中文会话课、古文课、中文语言与文化课。

布朗大学对学生没有外语要求。某些专业对本专业的学生有外语要求，一般要求学生至少完成对一门外语三年的学习。之前因本专业的外语要求而选中文课的学生主要是主修国际关系专业的，国际关系学院于 2018 年取消了外语要求。因此目前选中文课的学生大部分都是出于个人兴趣，还有少数是东亚专业的学生或者出于个人长期规划的需要。目前大部分学生是电脑专业和工程专业的。每年秋季学期学生人数多一些，春季学期人数少一些。总体上学生人数呈每年小幅递减的趋势，但秋季基本保持在 160 人以上；春季保持在 140 人左右。每个学年学生数量保持在 300 人次以上，2020-2021 学年三个学期的学生数量也基本与此持平，没有因为疫情和中美关系受到明显的影响。

针对 2020-2021 学年三个学期的安排，中文组的排课情况如下：

2020-2021	一年级	二年级	三年级	四年级	CHIN350/450
秋季学期	CHIN100	CHIN300	CHIN500	CHIN700	CHIN350
春季学期	CHIN200	CHIN400	CHIN600	CHIN800	CHIN450
	CHIN100	CHIN300			
夏季学期	CHIN200	CHIN400			

春季和夏季学期新开的一、二年级中文课以新生为主。

3. 对网络教学可行性和教学效果的调查和反馈

笔者 2020 年春季学期教授了 CHIN400 和 CHIN600（年级负责老师）；2021 年春季和夏季学期教授了一年级（年级负责老师）和二年级中文课。因此以下的介绍以这几门课程为主：

3.1. 对学生情况的调查

2020 年春学校决定采用网络远程教学模式后，学生需要马上离校，或回家或找新的住处，少数学生可以申请学校宿舍。笔者在 2020 年春季学期是 CHIN600 的负责老师，为了了解 CHIN600 的 25 名学生的情况，笔者对学生所在时区和上网课需要的资源进行了调查。17 名学生在美国东部时区（无时差），五名学生在美国西部时区（3 小时时差），一名学生在夏威夷（6 小时时差），一名学生在亚洲（12 小时时差）。

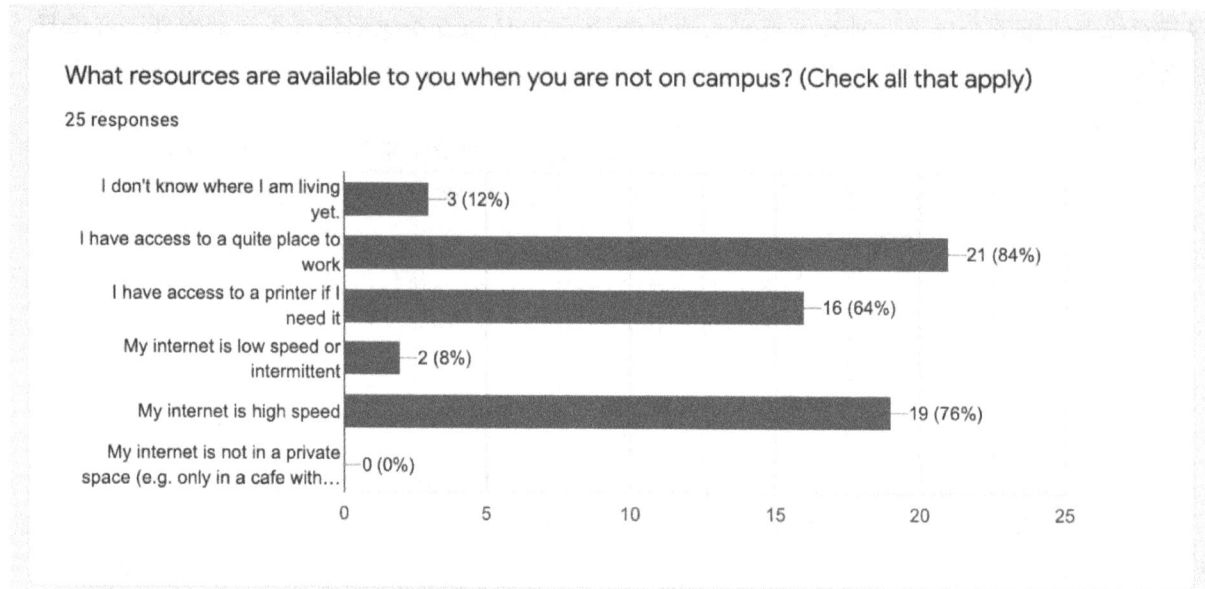

图 1：学生是否具备网课所需资源的调查结果

2021 年春季学期少数非新生选择回校，而 96%的新生选择到校上课。CHIN100/200 有两名学生在不同的时区，但是不影响参加同步网课。CHIN300 和 CHIN400 有一名学生在不同的时区，也能参加同步网课。

3.2. 学生对网络教学效果的反馈

根据以上对 2020 年春季学期 CHIN600 的调查结果，转到网络远程教学以后，笔者所做的改变主要有：

1）仍然每天用 Zoom 进行同步授课。不能参加同步网课的个别学生看课程录像，回答老师为他们准备的问题，并且每个星期跟老师有 30 分钟的一对一时间。

2）期末的口头报告不再在课堂上进行，而是要求学生录像。学生把自己做报告的录像和底稿上传到课程网站上，另外，每个人要看至少一位同学的录像，并对其进行提问或者评论。

3）随堂小考采用"听+打"的方法，不再手写。

布朗大学每个学期末都会让学生填写课程评鉴，让学生对课本、课程的各项安排，老师的教学等进行打分和评价。2020 年春季学期结束后，为了帮助老师们了解从面对面课堂教学到网络远程教学的过渡情况，课程评鉴中加入了两道新问题：

1）这门课针对网络远程教学所做改变中你觉得哪些可以保留？（Based on your experience, which changes to this course introduced during the transition to remote learning would you recommend the instructor(s) continue to use in future semesters？）

2）这门课针对网络远程教学所做改变中你觉得哪些不够理想？（Based on your experience, what aspects of this course did not transition well to the remote learning context？）

学生对网络教学肯定的评价中提到最多的有两点：同步授课和小组讨论。有学生写到转到网络教学以后，他的课程中只有中文课仍然让他感觉是一门"真正"的课。（"After going online, Chinese class was the only class that still felt like a "real" class to me."）我想主要原因是那时很多课为了配合不同时区的学生的需要，而采用了异步网络教学。很多学生也认为网课中的学生分组讨论很有效。（"I found the breakout room discussions interesting and helpful to understanding course content."）

除了这两点以外，不少学生也提到了测评形式的改变，比方说用文章写作来进行语言测评，而不是完成考卷的方式。（"I appreciated the change in project structure to favor more turn-in essays instead of tests and prepped material vs. impromptu testing."）也有不少学生认为网课时点名让学生回答问题能有效利用时间（"I found the instructor's decision to call on students, as people tend to volunteer answers less frequently over zoom, to be particularly effective."）最后，有几个学生在评鉴中提到他们在这个学期中经历的困难，并感谢老师能理解且给予学习上的支持和帮助。

学生评鉴中反映的问题主要有如下两点：

1）对网络远程教学这一模式不习惯；

希望能回到以前的面对面课堂教学模式。面对面教学模式对学习语言，尤其是对声调练习来说很重要。（"I would say when remote learning is done, hopefully we can just revert to the way the class was taught in person. I think for a language class the in-person learning is very important especially in learning tones."）

在所有课程都用网络授课期间，每天上网课很难坚持。（"This goes for the class as a whole, but I think that during the zoom period, having class meetings everyday was hard to keep up with."）

2）对一些具体的教学方法不习惯，包括口语练习、发音练习、手写汉字的练习等；

网课中的滞后问题妨碍学生重复正确的句子，不利于发音练习和对正确句子的记忆。（"I think it was hard to repeat things on zoom. In class we often read out lines to help with pronunciation and memory, but on zoom the time delay made that very difficult."）

网课中的随堂小考采用打字的方式，这种方式不如手写。手写对记生词和阅读能力有帮助。（"I did not find the online style of quizzes to be as good as the written quizzes. Written quizzes obviously required more preparation time, but I had a better recall of vocabulary and found readings easier afterwards."）

根据学生反馈和笔者个人的反思，笔者认为在以后的网课中需要改进的有随堂小考的形式，上网课时教和练的比例和网课的灵活性。笔者在那个学期中的随堂小考完全采用了"听+打"的方式，一个很大的原因是在网课上采用手写的方法太花时间。但这对学生手写汉字的能力和认字能力确实有一定的影响。以后可以加入"念+打"（让学生把看到的生词或者句子打出来），或者要求手写，但是提供小考录音，让学生自己在上课以前完成。刚上网课时笔者对 Zoom 的分组讨论不习惯，担心分组时看不到班级整体的进行情况，因此更常让学生进行集体讨论，但是这样限制了学生的开口率。笔者后来上网课进行分组讨论时会配合使用 Google Doc，让学生在上面进行编辑。这样即使听不到每个组的活动进行情况，但是从 Google Doc 上能看到每组的情况。最后，网络远程教学要求教师在教学安排上更灵活，比方说同步网课和录像都提供，学生可以根据自己的情况选择合适的方式。

3.3. 对一年级中文课随堂小考的调查

2021 年春季学期 CHIN100 的随堂小考采用的是课上"听+打"的方式，就是老师读生词，学生打字。但随着学期的进行，笔者注意到学生的识字能力跟之前用手写汉字小考的学生比有所下降，而且在课堂上做小考花的时间比较多，挤压了听说练习的时间。因此在夏季学期的 CHIN200 改变了小考的方式，小考由学生在课前完成，包括两个部分：听+打（听生词录音然后打字）、念+打（把看到的句子打出来）。学生在"念+打"这个部分的出错率远高于第一部分。其原因有三：1）不识字；2）不知道正确的拼音；3）选错字。第三点原因是最常见的。

在这一小考方式实行了两个星期以后，笔者对学生进行了调查，24 名学生中有 18 名学生（75%）更喜欢这种小考方式；3 名学生（12.5%）喜欢在课堂上小考；3 名学生（12.5%）认为两种都可以。喜欢这种小考的学生认为这样做可以练习识字阅读能力；可以省下课堂时间练习听说；可以自己安排，时间更灵活；录音听得更清楚。喜欢在课堂上小考的学生提到的主要原因是自己不会忘了做小考。

4. 网络远程教学模式对中文课程的影响及由此产生的思考

4.1. 教学手段方面

网络教学模式对教师在技术方面的要求比较高，教师需要能熟练使用一些教学软件。首先，要能熟练使用网络课堂的应用软件，比如 Zoom 或者 Google Classroom 等，这是最基本的，也是教师在网络授课时的必备技能。否则很难把其他教学软件融入到教学中。其次，要为自己的中文课程选择几款合适的教学软件，比方说 Edpuzzle、 Panapto、Hypothes.is 等等。虽然很多教师之前都积极地利用各种教学软件，但是在面对面的课堂教学中教学软件不是必备的，使用与否完全是教师的个人选择。而在网络教学模式下，为了完成教学任务并达到期待的教学效果，在课上或者课下采用一些教学软件几乎是不可避免的。不过，当前各种教学软件可谓层出不穷，各有特色。如何在其中找出适合自己课程的，并能有效地利用不是可以一蹴而就的，教师必须要了解每种教学软件的特点是什么，适合练习哪种语言技能，适合什么水平的语言课，然后才能选出最合适的。因此需要教师投入一定的时间。

在选择教学软件时笔者有两个原则：1）师生都容易掌握；2）每门课使用的教学软件尽量控制在一到两种，切忌只为了某一次学习活动要求学生使用某一种软件。设计网络课程时一定要考虑到学生的具体情况，因为教学模式的转变也需要学生投入额外的时间和精力，教师要尽量避免给学生增加学习内容之外的负担。如果学生因为学习一种教学软件而不能很好地完成学习任务，那就本末倒置了。毕竟学习语言才是目的，技术只是教学手段。

4.2. 教学方法和教学活动

网络教学模式也要求教师的教学方法和教学活动更多样化。应该给学生提供多种参与学习的途径，从而增强学生兴趣和学习的持续性(CAST, 2018）。从前面的学生反馈可以知道，不少学生认为网络教学很容易让学生失去参与学习，特别是课堂学习的兴趣。笔者也认为网课的普遍问题——技术问题对学生有很大影响；另外，空间的距离也给师生在心理上造成了一定的疏离。这些问题都会让网课失去对学生的吸引力，降低学生参与的积极性。因此在网络授课环境中教师需要运用各种教学方法，设计不同的教学活动和班级活动。

首先，课上的教学活动更多样化。网课期间，笔者在一年级教学中加入了诗歌朗读来训练发音，所选的诗歌对一年级的学生来说都很容易理解，学生能建立语音和语义之间的联系，因此喜欢练习朗读。另外，也加入了一些游戏元素，比方说利用游戏进行语素教学、句子接力游戏等。而在三年级中文课中则更多利用网络视频来引起学生讨论，这些视频的内容也是多种多样，有热点新闻、广告、电影片段和音乐等等。另外，也设计了小组写作练习，以此加强学生之间的合作和联系。

其次，增加了学生课下的交流和互动。比方说让学生自己成立网上聊天群。这样的聊天群对帮助建立学生之间的友情是必不可少的，也有助于形成良好的网上"课堂"气氛，对初级中文课的学生来说尤其重要。笔者的两个初级中文班都有学生主动组织了聊天群，他们利用这个聊天群来找同学做小组活动，找同伴学习，或者一起去中国饭馆订餐。学生课下的联系多了，彼此熟悉了，课上的互动更容易展开。

最后，课程网站，比如 Canvas、Blackboard 等也更实用，界面更友好了，可以让学生很容易找到自己需要的材料。Steve Krug （2000）指出设计网站时一定要注重实用性，而他认为实用性的第一原则就是"Don't make me think!"。这一点同样适用于课程网站的设计。

综上所述，在网络教学模式下，教师要利用课上、课下的各种活动让自己的班级形成一个有机体，这样也可以推动学生把学习中文坚持下去。

4.3. 教学目的和教学内容

笔者认为目前网络教学模式对布朗各年级中文课的教学目的和教学内容还没有产生很大的影响。不过，Reinhardt 和 Thorne （2019）指出，在历史上，由科技发展带来的社会影响不断改变着人们对"什么是读写能力"的理解，数字时代也是如此。因此，笔者认为现在有必要对"什么是中文的读写能力"重新进行研究和思考，从而对中文课程的教学内容和教学目的进行改进。

笔者在初级中文课的教学任务上的一个重要转变是开始重视打字技能的训练。在上网课期间，手写汉字的技能相对来说没有之前那么重要。而且在这个几乎人人打字的时代，打字技能在实际生活中的应用已经远超过手写汉字，因此在教学中应该注重这一技能的培养，使"学"和"用"能更紧密地联系在一起。何文潮老师在他编写的中文教材《走向未来》中，提出了"电脑中文（Computer Chinese）"的概念，并把打字技能列为听说读写之后的第五种能力。

在汉字教学方面笔者之前的做法是：一、二年级的学生每课都需要完成手写汉字的作业，其他作业也都需要手写。但是从中文三年级开始，学生除了生词小考一定要手写以外，其他作业可以选择手写或打字。这时大多数学生都会选择打字，而在用打字完成的作业中有一个很普遍的问题就是错别字。其原因就是打字技能的训练在教学中是缺席的，而这一现象也证明中文的打字技能是需要训练的。因此笔者在 2021 年的初级中文教学中开始有意训练学生的打字技能，比方说前面提到的"听+打"和"念+打"的方式。

需要说明的是：虽然一年级教学中强调训练学生的打字能力，但是并没有完全取消手写汉字的要求。因为手写汉字有助于学生理解字的结构，能加强学生对字形的记忆，从而提高学生的识字能力，对提高打字技能也有帮助。从学生反馈中也能看到不少三年级学生希望能保持手写汉字的能力。

4.4. 对中文学习者的影响

在网络授课模式中，教师需要给予学生更多关注和支持（Redmond，2011）。根据笔者个人的教学和观察，网络教学模式对不同水平的中文学习者造成的影响是不同的。对高级水平的中文学习者来说，网络教学模式对他们的学习效果影响不大。因为这一水平的学习者已经完成了基本的语音和语法训练，具备了一定的自学能力，也有自己的中文学习方法。但是对初中级，尤其是初级中文学习者却有很大的影响。第一是因为这一水平的学习者对教师的依赖性比较大，需要更多来自教师的关注和指导。比方说在语音训练方面，师生面对面的指导纠正是其他教学方法不能取代的。但是由于网络信号、技术故障或者学习环境等原因时常造成沟通不畅，因此在网课中纠正语音的效果往往不尽如人意。这一点在学生反馈中也能看到。第二，网课给初级语言学习者造成的心理压力更大，更容易让他们产生挫败感。

5. 结语：

Petrea Redmond（2011）认为一位教师要进行有效的网络授课，需要具备多种知识和技能，尤其是课堂管理能力、教学法、专业知识、给予学生心理支持的能力和技术能力。因此设计一门成功的网络中文课程需要投入大量的精力，需要对自己的教学理念、教学方法、教学目的等各方面都进行重新审视。这在应急网络远程教学中几乎是不可能的。但是这一时期教学模式的转变给中文教学提供了新视角和新的发展方向，由此带来的改变可以应用到面对面教学中，使中文教学更适应时代的需求。

参考文献

CAST (2018). Universal Design for Learning Guidelines, Version 2.2. Retrieved from https://udlguidelines.cast.org

Fink, L. D. (2013). *Creating Significant Learning Experiences*. Somerset: John Wiley& Sons, Inc.

He, W., Jiao, D., Shao, Q., & Livaccari, C. M. (2008). *Chinese for Tomorrow 走向未来*, Cheng & Tsui Company.

Krug, S. (2006). *Don't make me think!: A Common Sense Approach to Web Usability. Berkeley, CA*: New Riders.

Redmond, P. (2011). From face-to-face teaching to online teaching: Pedagogical Transitions, *Proceedings Ascilite 2011 Hobart.* Retrieved from https://www.ascilite.org/conferences/hobart11/downloads/ProceedingsV3.pdf

Reinhardt, J., & Thorne, L. S. (2019). *Digital Literacies as Emergent Repertoires.* In N. Arnold & L. Ducate (Eds.), *Engaging Language Learners through CALL (*pp. 208-239). Sheffield, UK; Bristol, CT: Equinox Publishing Ltd.

6

网络中文课堂真实交际活动的规划与设计
(Planning and Designing Authentic and Interactive Activities in Online Chinese Classes)

Yang, Jun
（杨君）
The University of Chicago
（芝加哥大学）
yangj@uchicago.edu

摘要：2002 年春季由于新冠肺炎将现有的课程搬到网上，除了时间紧迫以外最大的挑战就是如何在网课条件下保证学生的课程参与。本文根据作者从常规课堂过渡到网络课堂的经验建议教师按照一个原则，即加强网络课堂教学活动的真实性来对现有的课程纲要进行调整，将教学活动设计得符合信息时代语言交际的特点，以利用网络教学的机会培养学生中文的数字网络能力。

Abstract: Upon the hasty transition to remote teaching in the spring of 2020, a major challenge emerged in language classes: how to keep students engaged? Based on the personal experience of the author in the spring quarter of 2020, the present article proposes to adapt a traditional language syllabus to the setting of remote teaching according to the principle of enhancing the authenticity of interactive activities in remote teaching. It calls for helping students to develop digital literacy in Chinese by engaging them in interactive activities that mirror communicative acts in the digital age.

关键词：交际活动真实性，课程大纲设计，数字网络能力
Keywords: Authentic task, Syllabus design, Digital literacy

1. 引言：在线课堂的课堂参与

人文教育以人为本。疫情以前，科技在外语教学主要起辅助作用（Technology-Assisted Language Teaching and Learning）。对科技依赖性强的远程教学（Technology-Mediated Language Teaching and Learning）主要运用于特别的学习者人群，如零散分布在交通不便的夏威夷诸岛的学习者。2020 年由于新冠病毒的传播，通过科技实现的语言教学成了唯一的选择。北美大多高校，甚至中小学的外语教学都变成了必须通过科技的媒介才能实现的以科技为中介的语言教学（Technology-Mediated Language Teaching and Learning）。虽然现在下结论为时尚早，但业内同行似乎都有这样的感觉：通过科技媒介进行的语言教学虽有其弊但也有其利，传染性疾病不会短时间内消失而新的疾病还会出现，因此通过科技媒介实现的语言教学很有可能成为一种新常态。如果说 2020 年春季大多高校的外语教学半途完全转靠科技得以实施是不得已的决定，那未雨绸缪，我们有必要探讨和总结今春网络外语教学的经验，以为新学年和将来做准备。

人文教育的一个主要目的是发现自我以及自我和他人的关系。科技手段介入学习过程对学习者带来便利也造成诸多挑战，其对外语教学效果造成巨大影响，特别是在学习者对教学活动的参与感和参与程度方面。对学生来说，他们用来上网课的工具很可能也是他们平时上网聊天、购物和社交的工具；病毒可能引起学生家庭经济条件恶化，社会的不安和不公可能让他们心里和情绪失衡。所有这些加在一起不难想象得出当前环境下学生在课堂上倾心专注是需要多大的自控。因此哈佛大学在给教师的培训时强调老师每天上课时都要要求学生自醒：请你提醒自己，你在课堂

上，你要参与！（见哈佛大学公开课网页 [1]）。提高学生的参与感，鼓励学生积极投入教学活动有很多办法和途径（O'Malley, 2017），如有的教师通过分配任务让学生参与课程管理从而提高自身学习的自觉性，也有老师通过设计更吸引人的网课界面甚至使教学活动游戏化（Miller, 2014）。本文着重探讨和总结的是如何通过实时网络课堂（synchronous teaching）交际活动的设计和规划增强网课教学活动的真实性以鼓励学生的课堂参与。

2. 交际活动的真实性

对大多数高校的中文项目来说，以 2020 年春季网课的经验来看，在短时间内按照网络课程的条件全新设计所有课程在人力和时间上都是不实际的，所以大多学校采用是根据远距离授课的特点把现有的课程进行改装运用到远程教育的平台。

外语教学常提到真实材料的选择和应用，其实教学活动的真实性同样重要。任务型外语教学(Task-Based Language Learning and Teaching)主张设计和采用真实的交际任务和教学活动（Ellis, 2009; Skehan, 1998; Willis, 1996），其理论框架和实践环节都非常适合技术支持的远程语言教学（González-Lloret, 2015）。这里引用任务型教学的概念不等于说教师需要百分之百地接受任务型教学的范式和约定，但是它的教学活动设计的主要准则是我们在设计网络交际活动时可以借鉴的。其实绝大多数交际法的外语教学都主张使用更真实、对学习者来说更有意义、更符合实际生活的语言交际的教学活动（Chapelle , 2001; Mishan, 2005; Nunan 2001）。真实的交际活动注重语言实际运用，交际的活动与生活相符，与实际结合，学生在实际执行任务的过程中解决问题同时得到锻炼和学习。新技术支持的网络教学虽然少了传统课堂教学的亲近感，但它是信息时代人与人交流的正常形态，在当前疫情情况下远程教育课堂的互动功能一定程度上正好凸显了网络时代人际交流的技能（即所谓 digital literacy，见 Hampel 2006）的重要性，采用网络时代真实的交际活动正好可以做到学习过程和评量的手段一致。更重要的是，以真实的交际活动为参照，学生可以在教师辅助下更自主地决定完成任务的途径和步骤。这样的学习过程更符合以学生为中心的做法，有助于加强学生学习动力，符合学习过程人性化的准则。在远程教育的环境下，学生因为空间距离和技术手段的介入已经在心理上有一种隔离感，如果再加上不自然的学习任务，只会加重这种疏离感。中文课的网络教学要实现人性化，真实的语言活动至关重要。设计和采用更真实的交际任务和活动有助于保持学生兴趣，鼓励学生参与课堂活动。

2.1 空间距离与信息沟类的交际活动

很多老师用过交际法的一种课堂活动，即所谓的"信息沟"（information gap）活动。在传统的面对面的课堂上，有些带信息沟的交际活动很有趣，对提高学生的参与度也很有效，但其设计有时候有点不自然，总是有点在做游戏的味道。比如经典的教学例子是学生两人一组，学生甲和学生乙各从老师那儿得到一张图片，他们俩要通过口头交流找出两幅图画的异同。为了保证学生锻炼语言能力，老师要通过教室安排、座椅调整甚至隔离板等手段监督学生不能通过非语言的手段得到信息。但是在远程教学中，学生分散在不同的时区，彼此远隔千里，没有必要再人为地制造距离。在实时网络课堂上，两个学生在 Zoom 的分组讨论房间(breakout room)，可以自然地"面对面"你问我答找出两个图片的异同，他们之间的交流就像他们在社交媒体上一样。春季学期上课时，的确有学生问可不可以两个人之间分享屏幕，笔者的回答是"与其花时间分享屏幕不如直接口头问问题。"在随后逐一对小组进行监督时没有看到学生共享屏幕。其实，如果学生对活动的目的和老师的要求很清楚的话，他们轮流分享屏幕也是允许的，只要他们是一边看着共享

---

[1] 哈佛大学公开课网页 https://canvas.harvard.edu/courses/72996/pages/build-community-in-your-online-course，其中第五节 Ask students to set intentions to be present and engaged, 网页访问时间为 06/17/2020 10:18am

屏幕上的图片一边在互相问答而图片只是一个视觉的辅助而已。为了确保学生完全依靠语言而非其它手段，教师可以让小组最后在全班的主教室（main room）里"面对全班"口头报告他们找出的异同，这样的话即使使用分享屏幕也只是准备阶段的辅助手段而已。

由上面的实例不难看出，从两张有异同的图片起，教师按照大纲的内容可以设计两个不同城市的天气预报、地图、路线图、行程、公寓图等等。为了加强学生参与感，学生可以自己去寻找跟话题相关的信息，比如学生可以两人一组分别去不同的网站（比如Expedia和携程网）制定一个旅行行程，来到实时课堂通过 Zoom 的分组功能(Breakout rooms)，远距离完成旅程信息的交换活动，然后在两个行程中选一个，最后向全班报告为什么这样选。

3. 按照真实性原则把传统课堂搬到网络课堂

从常规的面对面教学转到网络课堂的时间极为仓促，几乎不可能在一两周的时间内将为面对面授课设计的课堂活动逐一有效地搬到网络课堂，所以笔者决定首先按照课堂活动的真实性的原则就课程纲要进行梳理，在有限的时间内先努力使教纲的语言情境和功能贴近网络交际的生存实际，因为只有保证了远程教育的环境下语言情境和功能的真实才能进一步设计符合实际语言应用的在线课堂活动。

需要说明的是，教学材料的真实性容易界定，但外语教学活动的真实性往往是一个相对的概念。如果一个人认为学习环境是人为的环境，那教学活动就不可能百分之百地真实。大多教师在教学实际的操作中可能采用一种实用的态度，即只要教学活动或任务真实地反映了现实生活的语境和功能，能为学习者提供理解和运用语言的机会，进而有效地帮助他们做好从教学活动到实际生活的准备，那它的真实性就是可以接受的。笔者在本文采用的就是更适合教学实践的这种操作层面的定义。

在北美地区，新冠病毒影响到课堂教学是从 2019-2020 冬季学期的期末开始然后延申到整个春季学期。笔者在春假的一周时间内部分改写了初级汉语春季学期的教纲。考虑到冬季学期中途学生突然撤离学校因而影响了冬季学期的结尾甚至期末考试，笔者在春季学期的课堂活动设计时加入了春季学期后面部分的内容作为巩固和复习。本文着重讨论如何在教纲基本内容不变的情况下，针对网课的条件对语言情境和功能进行调整。中文 101-103（秋/冬/春季）教学纲要的内容基本不变，包括：

- 教学目标，特别是预期达到的听、说、读、写的目标水平；
- 教学内容，《听说读写》包括的语言情景和功能；
- 考量的标准；
- 学生课外跟助教的一对二的口语练习。

变化/调整的内容包括：

- 授课方式变为远程，通过 Zoom 实时授课；
- 学时减少一个星期，由 10 周变为 9 周；
- 作业可以继续手写，扫描上交，也可以在出版商免费提供的网络平台完成，不过单元考试和期末考试仍然为手写；
- 期末口试部分改为学生两人一组的口头故事。

3.1 语言情境和功能的调整

初级汉语教学选定的教材是 Cheng-Tsui 出版社出版的《中文听说读写》(Liu et al, 2008)第一级的上下两册。根据教材中大致二十个主题来看，该课本最适合用于情景-功能大纲（Krahnke, 1987）。现将第一级下册的十个主题的情境和功能列表，逐一检查以便了解哪些情境功能适用于网络教学，哪些需要做出相应的调整，又有哪些可能完全不适于网络教学。需要特别强调的是，语言的情境和功能是调整的出发点，至于如何处理和运用课本中原本的对话那是每位老师仁者见仁智者见智的决定了，本文例举的网络课堂的交际活动是根据笔者学校的具体情况设计的，仅供参考。现将整理的结果列表如下：

3.1.1 从面对面课堂转到网络课堂:平行位移(45%)

表1：《听说读写》第一级下册可以平行转移的情境功能

课程单元主题	情景	功能	交际角色	交际的媒介
L11 谈天气（2）	网上聊天	同上；比较两个地方的气候和天气	朋友：高文中和白英爱	网上
L13 问路（2）	给开车的人指路	指路	朋友：王朋和高文中	坐在旁边
L14 生日晚会（1）	给朋友准备开生日会	请人一起参加生日会；商量带什么礼物；越好怎么去，在哪儿见	朋友：王朋和李友	电话
L15 看病（2）	对朋友的健康表示关心	描述过敏症状；劝朋友不要乱吃药；催促朋友去看病	朋友：王朋和李友	面对面
L16 约会（1）	约朋友去看电影	约朋友去看电影；接受邀请	朋友：王朋和李友	面对面
L16 约会（2）	礼貌拒绝约会	礼貌拒绝陌生人的约会；礼貌挂断电话	和陌生人	电话
L17 租房子（1）	叙述	描述一个居住地方（包括大小、布局，和基本的设施）	叙述者	N/A
L18 运动（1）	谈减肥和运动	说出几种常见的运动和你喜欢不喜欢、为什么？	朋友：王朋和高文中	面对面
L18 运动（2）	跟外国人解释美国的足球	简单地比较美式足球和国际足球	几个朋友	一起边看边聊

表1中，第十一课对话二发生在两个朋友间，对话原本就是在网上进行，网络就是对话的平台，所以不需任何调整就可以很自然地应用在网络教学上。转到网课后教师可以挪用原对话，原来设计的教学任务不做任何调整，学习目标不变，其它的条件也不变。

与上面的相似，第十六课对话一发生在两个朋友之间，在面对面的情况下男生约女生去看电影。不过相同的对话完全也可以发生在电话上或社交平台上。所以只要替换对话的交际媒介原来的课堂活动就可以用在网络教学。

《听说读写》第一级下册的课程大纲共有二十个语言功能，像第十一课对话二和第十六课对话一这类内容不需要调整或仅仅就交际媒介做调整就可以运用到网课，这类的内容共有九个，差不多占到了一半。

3.1.2 从面对面课堂转到网络课堂：调整并加强(30%)

表2：《听说读写》第一级下册可以调整并加强的情境功能

课程单元主题	情景	功能	交际角色	交际的媒介

L11 谈天气（1）	在家里谈天气，然后谈起约朋友去滑冰	用简单的词语描述天气；用简单的词语做天气预报	姐弟：高小音和高文中	面对面
L13 问路（1）	在校园问路	问某个地方在哪儿；说明某个地方在哪儿	学生和老师	面对面
L15 看病（1）	医院看医生	描述症状；理解用药说明；	医生和病人	面对面
L17 租房子（2）	问房东房子的情况	询问并理解出租房子的各种信息（包括家具，房租，押金，宠物等）	房客和房东（或经纪人）	电话
L19 旅行（1）	谈暑期计划	谈暑期计划；介绍一个城市	朋友：王朋和李友	面对面
L19 旅行（2）	打电话订飞机票	订机票（包括航空公司，行程，价格，座位等）	顾客和旅行社人员	电话

教纲里有些内容（见表2），可以对应地从传统课堂移到网络课堂，不需要大的调整，保持目标不变，也可以达到原来的教学效果。不仅如此，因为网络教学的学生分散各地，为某些语言功能设计的活动网课上实施的效果可能更好。以第十一课的对话为例，其对话二的一个重要的语言功能是比较两个地方的天气，笔者将该课的两个对话稍加整合，在学习第一个对话时就引入两个甚至多个地方的天气的比较，并在此基础上设计真实的交际活动。在课上老师从自己所在地的天气开始，轮流随机让学生介绍家乡天气。在每个同学介绍自己家乡的同时，用问题或评论的方式向全班引入比较的句型和用法。为了起到复习的作用，笔者甚至把第十一课、十三课对话一的某些功能（如说明一个地方的位置）也加了进来。具体的做法可以是这样的：

1）老师先在 Zoom 的主教室(main room)跟全班分享一个空白的地图，让学生保存下来以备后用。

2）用 Annotate 的功能在上面标出学校的位置 A，一边说"今天学校在 A 处，那里的天气…"一边在屏幕上用关键词或图画标示天气情况。

3）接着老师做示范说"我家在 B，离 A 市不远，就在 A 市的南边，"边说边在共享屏幕上标出 B 的位置。

4）老师再做带领说："今天 B 的天气…，比 A …。"老师一边说一边在地图上标出 B 的位置和天气情况。目前为止是老师在示范。

5）选择 A 和 B 之外的地点 C，重复 2-5 的示范，老师描述位置和天气，随机抽学生在屏幕上标注位置和天气情况。这个步骤是老师说学生做。抽取几个学生视情况而定。

6）给学生几分钟的时间让学生在地图上找到自己的家乡以及当地的天气情况，接着请学生轮流做 think-aloud，重复 2-5，一边说一边在全班共享屏幕上标出她的家乡并说明那里(D处)当天的天气情况、跟 A，B，及/或 C 比怎样。这个步骤是学生自己单独做。

每当有两三个同学在全班共享屏幕上标出自己的家乡(D、E、F 等)的位置以及天气情况后，老师就做一个即时评估(formative assessment)，比如："这个地方在 A 市的…边，那里今天的天气比 A 热一点，这个地方是 C，D，还是 E？"

7）请一个学生以上面的任何一个地方为参照点，描述自己的家乡的位置及天气，让另一位学生在共享屏幕上根据第一个学生的描述标示出来。这个步骤是学生一起做。

最后说明一点：这种在老师示范下由同学共建的屏幕内容很宝贵，因为它是以学生为中心的语言运用，建议存屏，以备后用。

从上面的例子可以看出每个学生都有机会根据自己的地理条件及实时的天气情况有效地跟老师和其他同学互动，互动活动的真实性提高了，学生的参与也加强了。可以说这类的网上转移不是一对一的转移，是数量和质量上都有增加增强的转移。如第十一、十三课的情境和功能，搬到网上后由于话题本身的特点，语言功能的设定，再加上远程教育的技术优势（如 Zoom 提供的屏幕共享、屏幕标注及保存屏幕等功能），使得原来课程纲要的内容不但能移到网课上，而且还有可能加强学生在网课上有意义的互动从而提高学习的兴趣和效率，这样的大纲内容在总共二十个语言功能中大致占了三分之一。

3.1.3 从面对面课堂转到网络课堂：无法转移（25%）

表3：《听说读写》第一级下册无法转移的情境功能

课程单元主题	情景	功能	交际角色	交际的媒介
L12 吃饭（1）	在餐馆点菜	入座；点菜（包括喜欢吃什么和忌口）；	朋友；王朋和李友	面对面
L12 吃饭（2）	在学生餐厅买饭	请人推荐菜；简单地描述菜的味道；付钱	学生和餐厅师傅	面对面
L14 生日晚会（2）	参加朋友的生日会	接受礼物；属相；简单描写人的长相	多角色：有老朋友，有刚认识的朋友	在一起
L20 在机场（1）	在机场办登机牌	办理登机手续（包括托运，登机牌）；送行的祝福	航空公司柜台执勤人员和乘客；几个朋友	面对面
L20 在机场（2）	接机	在机场接机（初次见面，问询，夸奖，关心）	初次见面：朋友的家人	面对面

跟表 1 和表 2 的内容不同，第十二课的情景在网课环境下是很难完整地复制的，其部分语言功能，如说出菜的名字，甚至付款都可以通过别的交际活动如模拟电话订餐得以实现，但是同样重要的交际功能如入座、看菜单、饭卡付钱及找错钱等交际功能很难在保持原故事情节的条件下在线上完成。在这种情况下，网课的条件很有可能使交际活动的真实性打折扣，从而也可能会影响学生的热情和参与程度。

笔者设想的一个弥补的办法是用模拟的方式，而最接近的模仿可能是虚拟现实的办法，如通过 Second Life 提供的游戏化的学习方式。因为对游戏化教学没有任何经验，准备的时间又有限，笔者在春季没有尝试，期盼将来跟有虚拟教学教学经验的同行交流。在总共二十个情境中，这类目前在网课条件下无法转移的大纲内容差不多占了四分之一。在向网课转移时如何保持这类交际活动的真实性还有待进一步实验和探讨。

4. 讨论

总的来说，原有的课程大纲的主要内容是可以运用到网络课堂的。从上面的简单的分类和统计可以看出，在保持话题和功能不变的条件下，是可以根据网络语言交际的特点并依靠科技支持的长处把课堂交际活动设计得更真实的。也许是因为社交媒体的广泛应用，很多面对面的交际功能大多已经转移到了远程通讯交际，所以学生并不觉得有什么突兀。

要使课程大纲的内容在网络环境下得以实现，真实有效地把面对面的交际功能改编成远程交际，需要教师发挥创造性来设计课程及课堂活动才能既保持学习目标又同时增强学习和活动的真实性。比如说，第十五课对话一是病人就医时与医生面对面的谈话。这个情景的确可以搬到网课，但是需要老师先做铺垫，先给学生介绍相关的社会文化背景知识。在中国，"有病就医"是大多人认为理所当然的，除非专家或特别的门诊，医生和病人都没有预约的习惯，特别是长时间的预约。但是实际情况是大医院已经是病号多挂号难，所以一定程度上在中国催生了一种服务-即电话或视频预诊：病人或家属可以通过电话或视频跟医生问诊，医生根据问诊的情况做进一步的决定：可能直接建议非处方药，或帮助病人预约就诊（如"好大夫在线"的电话问诊[2]及移动软件"汇医在线"提供的视频问诊[3]）。如果是前一种处理方式即直接建议诊法或开非处方药，那正好基本符合对话一原来的情节，就可以很自然地用来替换原文的情境。《中文听说读写》的网络版正是根据目的语文化这样的现实设计了一个非常真实的互动活动（见图片1），在网课条件下使用很有效，学生既了解了中国人电话/视频预诊的习惯，也同时学习了如何用目的语描述病状以及跟医生进行交流。

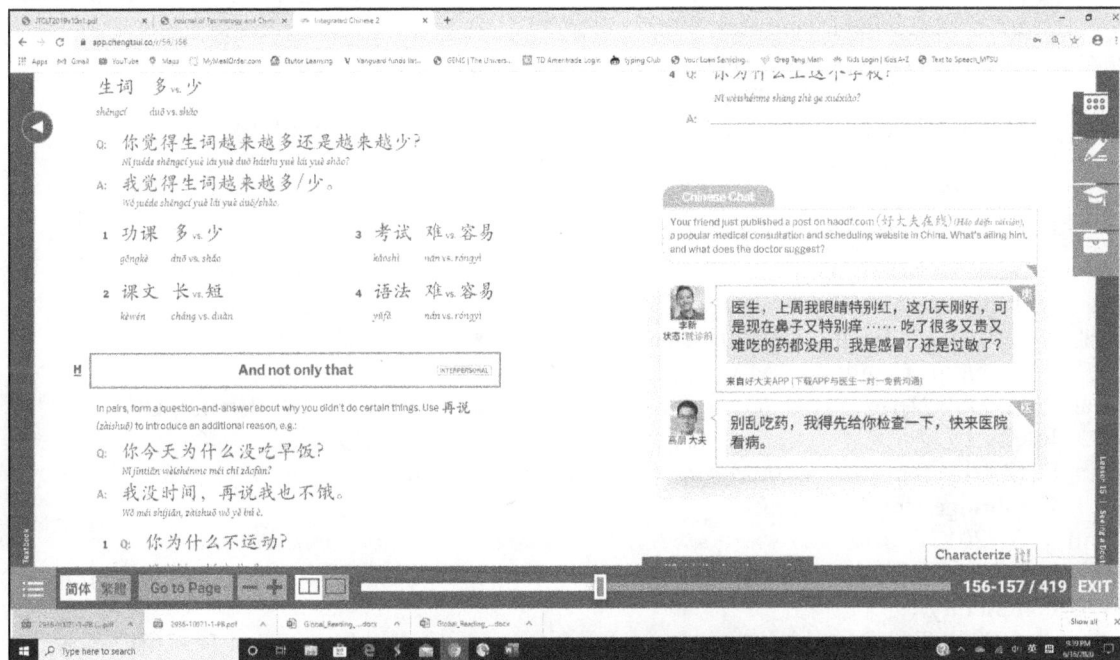

图1：《中文听说读写》网络版截图，第二册的课堂互动活动（出版社授权使用）

笔者注意到，考虑医患双方的安全，为了在疫情期间减少不必要的接触，至少从2020年暑期起，芝加哥及库克郡的主要医院都推出了类似的电话/视频问诊的服务[4]。也许这种通过技术手段的交流将来真有可能成为一种常态的医-患交流。

如果是后一种情况，即通过远程问诊后确定需要面见医生，那至于对身体进行检查、确诊、开处方这样的的面对面的交际功能怎样自然地在网课的条件下呈现出来，甚至要不要对原对话的情境做修改，可能就取决于每个老师的判断了。

5. 结语

[2] 见网页 https://www.haodf.com
[3] https://m.cyzone.cn/company/311938.html
[4] 见《芝加哥论坛报》报道：https://chicago.suntimes.com/2020/8/19/21359033/health-care-telehealth-video-doctor-visits-university-chicago-coronavirus-pandemic

2020 年春季学期的网课是特殊情况下不得已的选择。虽然网课的条件对传统的教学活动带来了挑战，但是网课的某些特点（比如远程带来的隔离感）也可能恰恰更适合某些课堂的交际活动，如带有信息沟的交际活动。所以在语言教学持续向远程平台转移的情况下，把原先的课程纲要按照网课的实际情况，特别是按照课堂交际活动与实际语言交流相一致的原则进行调整，可以增强网课课堂语言交际的真实性，也从而增强学生学习的兴趣。随着科技手段在人际交流的广泛运用，通过技术支持的交流方式逐渐变成常态，网课课堂活动真实反映新常态将更有利于培养学生中文的数字网络能力。

鸣谢： 在此感谢芝加哥大学语言中心的 Karin Maxey 提供的有关构建网络学习社群的信息。同时衷心感谢匿名评审专家及主编的评审和校正，不当之处当由作者本人负责。

参考文献

Chapelle, C. A. (2001). *Computer Applications in Second Language Acquisition*. Cambridge: Cambridge University Press.

Ellis, R. (2009). Task-based language teaching: Sorting out the misunderstandings. *International Journal of Applied Linguistics*, 19, 221-246.

González-Lloret, M. (2015). *A practical guide to integrating technology into task-based language teaching*. Washington, D.C.: Georgetown University Press.

Hampel, R. (2006). Rethinking task design for the digital age: A framework for language teaching and learning in a synchronous online environment. *ReCALL*, 18, 105-121.

Krahnke, K. (1987). *Approaches to Syllabus Design for Foreign Language Learning*. Englewood Cliff, NJ: Prentice Hall Regents.

Liu, Y.-H., et al. (2008). *Integrated Chinese* 《中文听说读写》 *Level 1 (Part 1 and Part 2)* (3rd. ed.). Boston, MA: Cheng-Tsui Co.

Miller, M. (2014). Motivating Students, chapter in *Minds Online: Teaching Effectively with Technology*. Cambridge, MA: Harvard University Press, P165-195.

Mishan, F. (2005). *Designing Authenticity into Language Learning Materials*. Bristol, UK: Intellect.

Nunan, D. (2001). *Designing Tasks for the Communicative Classroom*. Cambridge, UK: Cambridge University Press.

O'Malley, S. (2017). *Professors share ideas for building community in online courses*, https://www.insidehighered.com/digital-learning/article/2017/07/26/ideas-building-online-community

Skehan, P. (1998). Task-based instruction. *Annual Review of Applied Linguistics*, 18, 268-286.

Willis, J. (1996). *A Framework for Task-Based Learning*. Harlow, UK: Longman.

7

新冠疫情影响下中文课教学策略调整及其效果分析：以南犹他高中中文项目为例

（Impacts of COVID-19 on Chinese Language Teaching Strategies and Student Learning in a High School of Southern Utah: An Analysis）

黄梅

(Huang，Mei)

北京语言大学

(Beijing Language and Culture University)

huangmei@blcu.edu.cn

摘要： 2020 年新冠疫情突发导致很多学校封校，很多课堂从线下教学突然变成线上教学。由于这一转变发生在学期结束的前几周，教师不得不用线上课的方式在剩下几周内完成原先的教学目标。疫情突发事件对教学产生了巨大的影响。本文旨在以南犹他高中中文项目为例，介绍教师在这一背景下对突发事件的应对方法，收集关于学习效果的数据，并通过数据折射的信息探讨疫情对中文学习效果的影响。本研究发现，封校导致的教学方式转变使得南犹他高中中文项目原先制定的（线下教学）三成教学目标未能实现，由疫情导致的转变对至少四成学生产生负面影响。文章最后对疫情下的教学设计和教学效果进行了反思。

Abstract: The outbreak of Covid-19 epidemic in 2020 has caused many schools to be closed, and many classrooms have suddenly changed from onsite offline teaching to online teaching. Because this change occurred in the middle of the semester, teachers had to use online teaching methods to complete the teaching goals that are set for onsite classroom teaching in the remaining weeks. The outbreak of the pandemic has had a huge impact on teaching and at the same time it provides a rare opportunity for the comparative study of onsite teaching and online teaching. This article aims to take the Southern Utah High School Chinese Project as an example, introduce teachers' response methods to emergencies in this context, collect data on the students' learning effects, and explore the impact of the pandemic on the students' Chinese learning effects. This study found that due to the sudden closure of the school and the hurried change in teaching methods, the 30% teaching goal (offline teaching) originally set by the Program was not achieved, and the change caused by the pandemic had a negative impact on at least 40% of students.

关键词： 新冠疫情、教学模式、线上教学、汉语教学

Keywords: Covid-19 pandemic, Teaching model, Online education, Teaching Chinese Language

1. 引言

新冠疫情对全球教育产业产生冲击，引发了很多研究和探讨。多数研究讨论的是疫情对师生心理的冲击，如 Miller（2010），Cao et al.（2020），Pragholapati（2020）等。针对教师的应对策略和学生学习效果的研究较少。本文拟以此为中心，记录南犹他高中中文项目在新冠疫情冲击下的应对方法，尽力真实还原案例中教学调整策略，客观描述它对学生学习效果的影响，把所有成功和失败呈现在教师学者面前。

本文分四部分。一是研究背景，介绍南犹他中文项目在受疫情干扰前的教学方法。二是调整策略，即疫情来临后，该项目的应对措施和教学调整策略。三是对调整后的教学效果进行统计和分析。四是对整个调整策略进行总结和反思。

2. 南犹他铁县学区中文项目及疫情前的教学

为方便大家对比线下教学和线上教学两种模式，这里先介绍疫情前该中文项目的教学背景和教学设计。犹他州西南部的铁县（Iron County）是一个人口约 6 万的典型西部小县。没有中文语言环境。该地的中文项目包括两所高中：峡景高中（Canyon View High School）和锡达高中（Cedar High School）。项目历时四年，发展成两个级别的高中外语选修课（中文 1，中文 2），3 学分/课。教学对象是 9-12 年级的高中生。学校的学期（semester）共 36 周，分 4 个学季（quarter），每个学季平均 9 周。课程安排分 A 日和 B 日。中文课都在 A 日，隔一天上一节课，平均课长时间 80 分钟。

封校前，南犹他高中的中文课都是线下课。课中虽用使用诸如 quizlet 和 kahoot 等游戏和 youtube 小视频辅助教学，但仍是典型的线下课，不是混合或线上课。课本是《中文听说读写》（3 版）第一册（上），配备自制生词卡、生字卡、拼音卡、汉字拼音练习本等各种教学材料。中文 1 的学年计划是拼音汉字知识和 8 个会话；中文 2 的学年计划 12 个会话。课堂流程固定。交际练习分三类，包括三种交际模式（communication modes）：人际交际（interpersonal communication）、理解诠释（interpretive communication）和报告展示（presentational communication）。比如第一课的交际练习包括：让学生调查其他人的姓名、国籍（提前设定学生的假国籍）和身份（学生或教师）（人际交际和理解诠释）和让学生在课堂报告调查内容（报告展示）[1]。测评方式有两种：随堂测验和单元测验。随堂测验包括：拼音小测，汉字书写小测、中文打字测评，朗读测评。每课学完后有单元测验（包括认字（发音）测试、口语交际测试和书写卷面测试）。所有测评会在提前告之测验内容。所谓"测验"也就是用测试的方式督促学生复习所学内容。比如生字测验前会把要听写的生字提前告诉学生，单元测试前也会把要测试的题目跟学生练习一遍。几年来，面授课的教学设计固定，每学期的教学计划完成得很顺利，都能基本实现所有目标。教学设计总括如表 1 和表 2。

表 1：中文 1 面授课的教学计划概要

学季	教学内容	教学策略	测评方式
第 1 学季	拼音	朗读、看拼音唱歌	听写随堂小测，单元测试，交际测评
第 2 学季	40 个基本字	朗读，写字、看汉字唱歌	
第 3 学季	第 1 课，第 2 课	词句操练、打字、写字、交际练习	
第 4 学季	第 3 课，第 4 课		

表 2：中文 2 面授课的教学计划概要

学季	教学内容	教学策略	测评方式
第 1 学季	第 5 课，第 6 课	词句操练、打字、写字、交际练习	听写随堂小测，单元测试，交际测评
第 2 学季	第 7 课，电影		
第 3 学季	第 8 课，第 9 课		
第 4 学季	第 10 课、电影		

3.封校后的教学调整

2020 年 3 月 13 日（第 3 学季最后一天）南犹他铁县学区开始停课。3 月 20 号（第 4 学季的第二周）开始上网课。停课前，中文课已按计划完成了前三学季的教学内容。剩下最后一个学季的

---

[1] 感谢匿名评审人对文内三种交际模式的意见。

教学内容要在网上完成。封校后，因为要学习新的教学软件，制作网课，还要帮学生掌握软件的使用，而准备时间只有一周，所以教师根本无暇准备同步网课。最后的线上课就全部被定为异步网课。教学目标删去了与书写和人际交际相关的内容[2]，保留了可以用打字、认字、朗读和报告实现的教学目标。具体如下。

首先，是口语和语法教学的调整。虽然所有学生都学过了拼音，语法点也都有英文注解，但单凭着学生自己去纠正发音和学习语法，无法测评学习效果。所以我们把所有中文授课视频用 Edpuzzle 软件转为互动视频（interactive video）放到网上[3]，并把链接嵌入 Canvas 教育平台供学生学习。互动视频的特点是视频播放时会自动暂停并提问，然后再根据回答自动测评成绩。由此线下课的语法讲解和口语操练都由观看互动视频替代。学习效果测评则由各种随堂测评变成了以选择题为主的自动测评。

其次是交际教学策略的调整。原来的交际教学有三个目标：人际交际、理解诠释和报告展示。人际交际和理解诠释以往都是由学生们分小组在课上表演对话，但因为当时线上课的形式是异步网课，教师一时没有找到很好的方法让学生进行人际交际，由此原先线交际教学的三项目标就去掉了两项，只保留了中文报告这一项，即让学生通过 Canvas 平台、根据题目要求上传两三分钟的中文报告。

再次，原先面授课有随堂测评。改为线上课后，就没法随堂测评了。取而代之的是通过 Canvas 平台设置四级测评。一是生词测验，比如看拼音"打"字、英汉互译和填空。二是与课文相关的单选题。三是朗读课文，上传录音。[4]四是交际练习，根据要求上传中文报告的视频或录音。比如第 3 课的话题是时间和约会，四级测评的内容包括对时间等相关词汇进行测评、课文理解选择题，读课文和最后的让学生用电话留言对方式邀请朋友一起吃饭。所有这些测评都让学生自学后回答。它们只能检查学生中文认字、打字、朗读和说中文的学习效果，很难检查学生写汉字的情况。

最后，因为当时没有想到一个很好的办法通过网络组织大家看电影学习中文，所以与电影课相关的目标完全取消。

4. 调整后的教学效果分析

2019-2010 学年注册人数为 68 人。中文 1 共 47 人，中文 2 共 21 人。本文对中文 1 的学习效果进行了统计分析，下面介绍分析方法和结果。

4.1 分析方法

本文对教学效果的分析包括两方面：一是对比教学目标的完成情况，二是统计学生在教学调整后的学习效果。

本文希望通过对比教学目标的完成情况回答这一问题：在教学方式变化后，有多少教学目标能得以实现？中文 1 第 4 学季调整前的教学计划包含了 33 个教学目标（参表 3）。如上文所说，该中文项目的教学方法和教学目标在疫情来临前都很稳定，教学目标都能够按计划实现。疫情来临后，这些教学目标的实际实现情况分为三种。第一种是线上课[5]可以直接实现的教学目标。比

---

[2] 美国外语中心（National Foreign Language Center）强调外语课堂的教学策略需以三种交际模式为基础展开：学生与学生之间的人际交际，学生的理解诠释和面对全班进行的报告展示。原来线下课的交际练习以这三种交际模式为主。但封校后，异步网课的教学中，放弃了学生与学生之间的人际交际任务。

[3] 这些教学视频时教师在以前就已经录制好，并在面授课中经常使用的教学视频。网课地址：https://www.youtube.com/playlist?list=PL1rQhzBl2Mep4ENIjHVd3EAsimszDSf2A

[4] 虽然检查的是朗读，但不能保证学生自己在读的时候是看着汉字读的，还是看着拼音读的。

[5] 如前文所述，这里的线上课指的是异步网课。

如用中文进行报告可以通过异步网课实现。学生只要录下视频，上传到 Canvas 平台即可。对此本文用 Y 标记。第二种是线上课需以另一种方式实现的。比如要求用笔写汉字的教学目标在异步网课中一律改成了用电脑输入汉字。虽然是打字，而非写字，但也实现了汉字输出，算是以另一种方式实现了教学目标。用 O 标记。第三种是在线上课未能实现的教学目标。比如学生间的人际交流和在网上组织大家观看和讨论电影。对此本文记为 N。

本文希望通过统计学生出勤和成绩异常变动回答这一问题：教学方式的变化对学生学习产生了什么影响？有些学生在教学方式变成线上课后突然失联。无论教师怎么联系，也没有回应，最后"辍课"。这种情况在线下课时没有发生过。辍课的不止是一两个学生的个人行为，而是受教学方式改变、与疫情相关的现象。所以这一现象被单独列。除此之外，还有些学生的线上课成绩明显下降，或者异常变好。这些成绩的异常变动也都与教学方式改变有关，均列在统计之中。

4.2 分析结果

首先介绍线上课对教学目标的实现情况。当教学方式被迫变成线上教学后，教学目标的调整有三种情况：可以继续实现的（Y），以另一种方式实现的（O）和无法实现的（N）。通过对比中文 1 第 4 学季教学目标在调整前和调整后的实现情况后，33 项教学目标的实现情况如下：

表 3：中文 1 第 3 课和第 4 课的教学目标及完成情况

教学内容	教学目标/测评	线下课	线上课
第三课会话 1 第三课会话 2	1. 听到发音能够在 20 秒内正确书写汉字，随堂测评	Y	O
	2. 能够准确认读会话中涉及的所有汉字，随堂测评	Y	N
	3. 能够理解课文内容，随堂测评	Y	O
	4. 能够听懂老师问题，根据课文内容回答问题，随堂测评	Y	O
	5. 能够用完整的句子邀请他人在 X 月 X 日 X 点一起吃晚饭	Y	O
	6. 能够用完整的句子正确询问对方的生日，并祝对方生日快乐	Y	O
	7. 能够用完整的句子介绍自己的生日	Y	O
	8. 能够用完整的句子说明/询问他人喜欢的菜品	Y	O
	9. 能够用完整的句子介绍/询问他人的岁数	Y	O
	10. 能够用完整的句子正确询问几点做什么事情	Y	O
	11. 能够用完整的句子说明自己忙/不忙的状态	Y	O
	12. 能够用完整的句子询问对方做某事的原因	Y	O
	13. 能够用完整的句子解释自己邀请对方的原因	Y	O
交际课测评	1. 用汉语邀请 5 名同学，记录他们什么时间有空，喜欢吃什么，	Y	N
	2. 把最后的决定分享给同桌（interpretive）	Y	N
	3. 面对全班说出自己最后的决定(presentational)	Y	Y
笔试单元测评	15 分钟的题量，并会提前告知学生测试内容	Y	O
第四课会话 1 第四课会话 2	1. 听到发音能够在 20 秒内正确书写汉字，随堂测评	Y	O
	2. 能够准确认读会话中涉及的所有汉字，随堂测评	Y	N
	3. 能够理解课文内容，随堂测评	Y	O
	4. 能够听懂老师问题，根据课文内容回答问题，随堂测评	Y	O
	5. 能够用完整的句子询问他人周末的计划	Y	O
	6. 能够用完整的句子询问他人的爱好	Y	O
	7. 能够用完整的句子介绍自己的爱好	Y	O
	8. 能够用完整的句子邀请对方周末一起做某事	Y	O
	9. 能够用完整的句子拒绝对方的邀请	Y	O
	10. 能够用完整的句子说明自己想做某事	Y	O

	11. 能够用完整的句子说明自己不想做某事	Y	O
交际课测评	1. 用汉语调查班里 5 位同学他们的周末计划	Y	N
	2. 把最后的决定分享给同桌（interpretive）	Y	N
	3. 面对全班说出自己最后的决定(presentational)	Y	Y
笔试单元测评	15 分钟的题量，并会提前告知学生测试内容	Y	O
文化电影	观看电影《功夫熊猫》（中文版），学习一些中文词句	Y	N

如表所示，未能实现的教学目标占 21%，包括三类：随堂汉字认读测评，学生面对面进行的中文对话练习（人际交际练习）和看电影学中文。随堂汉字认读测评在线下课是课堂直接测评学生生词认读。因当时线上课是异步网课，没有同步教学，所以未能测评学生的汉字认读。人际对话和看电影也与之类似。在异步网课中未能有效组织学生完成这两个目标的教学。以另一种方式实现的教学目标占 73%，包括三类：汉字听写、课文理解和根据要求说出完整的句子。线下课的听写汉字是用笔写出来，课文理解和使用完整句子都是说出来。线上异步网课中这些都改成了打字，所以算是以另一种方式实现的教学目标。直接实现的教学目标只有一类，占 6%，即中文口头报告。这一教学在线下是在课堂用中文报告，在线上也是用中文报告，所以实现方式相同。总之，从上表可以看出，原来的教学目标很少可以直接通过异步线上教学实现，大部分都需要用另一种方式实现，还有小部分的目标最终因种种原因未能在线上课实现。[6]

其次介绍学生的学习效果。通过统计 47 名学生的成绩异常变动和出勤情况，我们发现，有 12 名学生辍课，占 25%；有 5 名学生的成绩明显下降，占 11%，有 2 名学生的成绩突然变好，占 4%，其余 60%的学生成绩仍然和前三个学季的学习成绩差不多。

总之，从针对南犹他中文项目的分析可以看出：在疫情影响下，教学变成线上课后，大部分教学目标都要换一种方式实现。就南犹他高中中文项目来讲，这一调整对大约四成的学生产生负面影响。很多学生会感觉上网课不够顺利，或是直接辍课。

4.3.扩大数据

以上数据仅限于南犹他中文项目，如果扩大学生群体，结果会怎么样？本文希望能够在更大范围内了解其它中文课堂的教学调整对学生学习效果的影响。为此我们通过网络，调查了 19 所高中中文课堂（涉及 615 人）的相关数据。这些中文课堂的情况与南犹他中文项目的相似：在疫情前一直是线下教学，疫情后被迫用异步网课实现原先的教学目标。调查问题和统计结果如下。

表 4：美国高中中文学生上课情况和成绩异常变动调查

问题	类别	数量	类别	数量
1. 所在国家的高中项目	美国	19		
2. 疫情前的教学模式？	线下课	19	线上课	0
3. 疫情后的教学模式？	线下课	0	线上课	19
4. 封校后学生无故缺课的人数	无故缺课	160	正常上课	455
5. 成绩有明显变化的学生人数	有明显变化	80	无明显变化	535

当调查范围扩大后，根据任课老师对自己课堂情况的估测，美国高中中文项目中因为疫情不上课的学生占 26%，成绩下降的学生占 13%，这与对南犹他高中调查时所得到的 25%的辍课率和 11%的成绩下降率相差不多。根据这样的结果，似乎可以得出这样的结论：疫情所引起的教学方式的转变对 40%左右的中文学习的学生有负面影响。

5. 结语和反思

---

[6]教学目标能否完全实现与教师本人的网络设计关系密切。有些教学目标或许可以用借助更好的方式实现。

　　根据 Statista 网站统计数据[7]，在 2020 年 3 月 17 日，489 个学区开始封校，22 个学校计划封校，只有 3 个学校还在继续学习。南犹他高中中文项目在封校后，教学方式发生变化，部分教学目标未能实现，多数教学目标要以另一种方式实现。近四成学生的学习受到明显影响，其中三成学生辍课。2020 年 4 月底，南犹他铁县学区通过对全县学生统计后，发现第四个学季学生的学习成绩整体下降。学区因此调整了第四学季的成绩判定标准（grade scale），将成绩为 70% 以上的设定为 A，60%-69% 设定为 B，50-59% 为 C，40-49% 为 D。这与原先的成绩评定标准[8]相比，整体下降 20%。这表明，不仅是中文课，学区所有课程都受到严重的负面影响。这一事实从另一侧面印证了本文结论，疫情导致的教学转变对学生学习产生了大规模的严重的负面影响。

　　正常的教学调整不会对学生学习产生如此大范围的负面影响。对这些受到影响的学校来讲，疫情导致的教学调整也许不是正常的调整。它是学校、教师和学生面对突发事件的应急调整。调整后的线上课也不能被当作如慕课（MOOC）之类的典型网络课程，而是在应急状态下的、被迫的线上教学。线上教学和线下教学是各自独立的体系（Liu 2018）。教师在封校后被迫用线上课完成原先为线下课设定的教学目标，就不可避免地造成多数教学目标要以另一种方式实现，而有些教学目标无法被实现。

　　至于学生辍课和学习情况大幅度下降的主要原因，本人认为主要是学校和教师的应对措施不利造成的。这表现在两个方面。

　　首先学区管理层对封校后的应对措施不足。一是学区管理层缺少线上教学指导，没有相关教学软件培训机制。南犹他学区在疫情发生前一直是传统的线下课教学。教师没有线上课教学的经验。封校时，学区统一为每个学生和教师配备了电脑和无线网络，也为老师提供了线上课教学软件。但管理层居然没有对师生进行任何软件培训，有些学生连查收邮件或收取线上信息等方法都不太清楚。这就导致这些学生在一开始就无法查收邮件，也不知道如何和教师联系，最终导致辍课情况发生。同时，管理层也没有充分告知教师可供使用的教学软件。很多教师在封校后完全不知道学校所提供教学软件。这些教师不得不自己花时间到处寻找软件，确认软件是否合规，再凭一己之力摸索软件的使用方法，最后还要把使用方法教给学生。其实所有这些时间和精力的花费完全可以避免。如果学区能够在封校前后的第一时间就请有经验的教师针对相关软件有计划地对学生和教师进行密集培训，那么教师就可以避免寻找和自学的过程，而是把精力放在线上课的设计和鼓励安抚学生的方面，这样就有助于减少学生辍课或学习成绩下降。二是管理层对线上课的要求过于宽松。就南犹他铁县学区而言，学区很多学校没有对线上课没有任何明确要求，有些学校会要求教师每周一次在线进行答疑，但也仅此而已。所以很多教师只在网上做了一些问答题（异步网课），让学生自己看书然后直接在网络答题。很多学生以前没有接触过电脑，也缺少自学经验，最终学生成绩大幅度下滑。总之，学区缺少线上课的教学经验，缺少有经验的教师对线上课教学进行统一管理的规划，这是导致疫情对学生学习产生负面影响的重要原因。

　　其次，教师本人对线上网课的认识不足。就南犹他中文项目而言，任课教师在疫情来临前一直用的是传统的线下课教学方法。比如在课堂上领读生词课文，当面指导汉字书写，课堂引导学习语法点，让学生在课堂上表演对话等等。但在异步课堂的线上课上，这些线下课的教学方法都要换一种方式进行。因为教师缺乏对线上课的认识导致教师最终选择了异步网课的形式进行线上教学，每个星期只有一次 30 分钟线上答疑。最终导致学生辍课和成绩下降等现象发生。现在看来，异步网课绝不是语言教学线上课的的最佳选择。在异步网课的教学模式下，很多教学目标都无法

---

[7] https://www.statista.com/statistics/1103064/covid-19-school-closures-status-us/
[8] 铁县学区原先的成绩评定标准是 90% 以上为 A，80-89% 为 B，70-79% 为 C 和 60-69% 为 D。

实现。感性上，同步网课或者混合式授课方式可能比异步网课能够实现更多的教学目标。比如同步网课可以增加听说互动的练习，增加学生的人际交流，同时在同步网课上也可以完成学生汉字书写的指导。而异步网课则缺少这样的交流。当然，这样的认识是否正确，在具体实践操作中是否能够得到验证，还需要更多的、有针对性的比较研究。

2020 年初爆发的新冠疫情迫使很多美国大学和中小学课堂迅速从线下转为线上。转变发生的时间是学期快要结束的前几周。当时大多数中文课堂的教学目标都是根据线下课模式设计的。但封校后，所有教学都改成线上，很多教师要用线上教学模式去完成原来为线下课设计的教学目标。南犹他中文项目在疫情发生后进行的调整及其结果是有代表性的。本文研究无意展示一个完美的、应对疫情的在线教学模式，而是着意通过数据统计对一个客观的实证案例进行分析，加深学界对疫情对教学影响的认识，加深线上线下教学差别的认识。但很多问题的讨论还很肤浅，需要更多的研究和讨论。

参考文献

Cao, W., Fang, Z., Hou, G., Han, M., Xu, X., Dong, J., & Zheng, J. (2020). The psychological impact of the COVID-19 epidemic on college students in China. Psychiatry research, 287, 112934. https://doi.org/10.1016/j.psychres.2020.112934

Liu, S. (2018). Teaching and learning Chinese language online: What and why? *International Chinese Language Education, 3*(2), 11-26.

Miller JC, Danon L, O'Hagan,J, Goldstein E, Lajous M, and Lipsitch M (2010) .Student Behavior during a school closure caused by pandemic influenza A/H1N1. *PLoS ONE 5*(5): e10425. https://doi.org/10.1371/journal.pone.0010425

Pragholapati, A. (2020, May 11). COVID-19 impact on students. https://doi.org/10.17605/OSF.IO/NUYJ9

8

疫情下的社区中文学校：课程设计原则、实践、应对和思考
(Curriculum Design in a Community Chinese School: Principles, Practice, Remote Instruction and Reflection During the Pandemic)

郝雪飞

(Xuefei Hao)

密西根州立大学

Michigan State University

haoxuefe@msu.edu

摘要： 本文从汉语作为继承语的特点出发，讨论了社区中文学校的课程设计原则与教学重点。然后，以美国中西部一所社区中文学校为例，介绍了疫情之下网络教学的挑战、效果和新学期网课的规划——在科技的帮助下实现教学原则"加强听说，以听促读，以说引写"在课程中的具体落实与跟进。最后，结合家长和教师的问卷反馈，本文对疫情中网上教学作了回顾与展望，并讨论了网络新契机下中文学校继承语教育的发展与前景。

Abstract: Based on the characteristics of Chinese as an inherited language, this article discusses the principles of curriculum design in community Chinese schools. Taking a school in the Midwest as an example, this article elaborates the challenges and practices of online teaching in the pandemic and proposes a guideline under the new normal. By incorporating the feedback from parents and teachers, this article reviews and provides a perspective of online teaching during the pandemic, and discusses the development of heritage language education in community Chinese schools.

关键词： 社区中文学校、汉语继承语、课程设计原则、网络教学

Keywords: Community Chinese school, Chinese as a heritage language, Curriculum design principle, Online teaching

1. 引言

  随着中国移民进入北美大陆的三次移民潮，美国华裔社区先后建立了旨在提供中国语言文化教育的中文学校（Xiao, 2016）。最早的社区中文学校建于十七世纪中叶第一次移民潮后的 1886 年 (Liu, 2010) ，粤语、文言文是当时中文学校的重点。上世纪中叶迎来第二次移民潮，移民多来自中国大陆以外的大中华圈，繁体字是当时中文学校的主流。及至 19 世纪八十年代（中美建交）第三次移民潮的到来，大量来自中国大陆的移民对中文学校的发展起到了进一步的推动作用，普通话、简体字渐成主流。目前美国社区中文学校的数量已超过了 1000 所（https://startalk.umd.edu/public/resources/ChineseHeritageLanguageLearningandTeaching_UToledo），每年所教授学生达 20 万之众（Xiao, 2016）。

2. 现实的挑战与机遇

  汉语是美国第二大继承语。然而，受到美国政府语言同化政策影响，加上汉语言本身特点所带来的挑战，华裔后代面临着汉语继承语保持与传承的困境。据统计，40%的华裔二代移民能熟练讲汉语，而第三代移民比例仅为 10%（Portes & Rumbaut, 2006）。

  社区中文学校在汉语保持与传承方面的贡献虽著，但仍然是游离于主流教育系统之外的"草根"力量。它们大多是由华裔家长志愿者组成的非营利组织，还不是成熟的教育机构。其主要财

务来源为学生学费及社区捐款，收费低廉，基本仅够支付教师工资。学生主流为华裔，大校华洋分轨，小校多为混班上课且仅能把重点放在华裔学生身上。

社区中文学校一般周末或周中上课二到四个小时，多使用临时教室和设施，教师大多是未经训练的志愿者，往往使用较为传统的教学方法，缺乏美国政府，主流学校系统，以及祖国的支持。社区中文学校在教材和师资招募及培训方面都存在困难。更有甚者，一些中文学校无力招募到合适的老师，学校仅为社区联谊平台、"托儿"中心，与保持并提高华裔汉语水平的初心相去甚远。

经过一百多年的发展，中文学校已超越大中小学等主流教育机构，成为最主要的中文教育教学力量（Liu, 2010）。中文学校已具如此规模，但其发展仍面临诸多困难与挑战。2020 年全球疫情把中文学校的核心症结密集呈现在我们面前，其中，教学实践与学校发展方面的挑战尤甚。然而，挑战也是机遇，疫情促使我们对现有汉语继承语教育的模式与发展进行多维思考，客观上促进了中文学校在师资培训、教学资源、课程发展等方面进行跃进式发展。当然，华裔学生的兴趣动机，身份认同，族群意识，文化意识等也是中文学校面对的重要课题。由于篇幅所限，本文重点讨论中文学校课程设计的原则和实践，及疫情下的应对与思考。

3. 华裔学生汉语继承语的特点

本文把"汉语作为继承语的学习者"界定为"在家以普通话为主要语言，在主流学校学习英文，同时在中文学校学习汉语的华裔学龄儿童"。后文简称华裔学生或华裔子弟。

华裔学生汉语的特点是**"听说领先，读写滞后"**。毋庸置疑，中文学校的重点之一在于发展华裔学生的汉语读写能力。发展什么样的读写能力？来自语言学、教育心理学、社会语言学和文化理论方面的学者质疑 "作为技能的读写能力"这个概念，认为读写能力是由社会、文化决定的，不仅限于能够"读"和"写"，还意味着有能力在适当的社交场合，适当的语境语体中使用这些技能（Chevalier, 2004），读写技能要与语用挂钩。而学界直到 2015 年才正式提出了继承语语用学（Heritage language pragmatics）的概念（Xiao-Desai, 2019）。现实是，华裔学生往往无法在其个人使用语言的社交场合中获得所有这些读写能力，所以造成其听说领先，读写滞后的特点。那么进入中文学校学习可以帮助学生全面发展这些能力吗？

托莱多大学(University of Toledo)在培训中文教师的星谈项目（STARTALK Program）中介绍了一项对美国西部一所中文学校八年级 68 名学生的调查[1]。这些学生的 STAMP（STAndards-based Measurement of Proficiency https://avantassessment.com/stamp）听说读写测试结果表明其听力和口语均集中在中级水平，写作集中在中级低（37 人）和中级中（22 人），而阅读却集中在初级中（31人）、初级高（12 人）和中级低（15 人）。虽然该星谈项目所给出的上述视频对这项研究的具体背景没有交代，但其研究结果与我们实践中观察到的情况相符：进入中文学校学习后，华裔学生听说读写能力的发展仍然是不均衡的，仍旧是听说领先，读写滞后，特别是阅读能力的滞后。问题出在了哪儿？笔者认为主要有以下两个原因。

一是华裔儿童在学校接受社会语言（英文）教育后的继承语转变与流失（language shift and loss）。最近有项对 4-10 岁华裔中英双语儿童"运动语言表达"的研究表明， 普通话的表达在开始学习英语后仅几年就显示出简化的迹象，年龄较大的双语儿童表现出更明显的简化迹象和跨语言影响（Lin & Nicoladis, 2018）。语言流失通常表现在语言处理而非语言知识上，语言转变伴随着语言的系统性损耗（Chevalier, 2004；Schmid&Köpke, 2017）。我们可以观察到华裔学生渐渐变得洋腔洋调，语速变慢（根据 Nagy & Brook 于 2020 年的一项研究，语速 speech rate 是可以作为代表继承语水平高低的一项指标的。）；开始更多地说出以英文语法构式的中文句子如"我看

---

[1] 见 https://www.utoledo.edu/grants/startalk/unit-3-lesson-plans/characteristics-chinese-heritage-learners.html

书在屋子里"，将"了"等同于过去式；很难说出复杂的中文长句、复句，说出的复句插入英文连接词；很少使用较难句式如"把"字句等；中文的使用越来越局限于家庭成员间简单的日常交流。英文的冲击与中文使用机会的限制导致华裔口语语感下降与口语词汇大量流失，直接影响其在家庭和中文学校学习中读写能力的发展。

二是中文学校课程设置。由于教学时数少，中文学校教学进度往往非常缓慢。以北美常用的一套教材暨大《中文》为例，小学第一至十二册课本是为海外华裔六年中文学习设计的，而大多数中文学校以一年一册的进度教学，课程多只开设到九、十年级。这就造成了学生低识字量与应有阅读水平的矛盾。因此不难理解，上文中文学校八年级学生在 STAMP 阅读测试表现中的不理想。至于写作，中文学校一般是到中年级（4-6 年级）才开始训练的，且往往不具备系统性。家庭语言的风格通常是非正式的、口语化的，继承语者通常只能学习到一定的非正式话语语用知识（Li et al., 2017）。华裔会倾向于用他们说话的方式来写作，可以简单地"我手写我口"。但中文学校缓慢积累的有限识字量与较少的写作训练难以支持华裔学生通过写作进行较为复杂的表达。这也应该是上文里，中文学校八年级学生 STAMP 写作水平滞后于听说水平的主要原因。

4. 汉语继承语教学

华裔学生是带着相当可观的语言技能来到中文学校的。他们已经建立了汉语语音体系，积累了汉语听力口语词汇，建立了隐性的、虽然不全面的语法体系，但足够支持他们进行日常生活层面上的听说交流。有些学生甚至有一定的读写基础。面对这样的学生，教师是无法完全用外语或二语的"自下而上"（bottom-up）方式来教学的：师生第一次见面，不需要先介绍每个字词的意思，动词"叫"的功能，疑问句的形式，疑问句"什么"的用法，等等；无需一番操练之后才开始相互问"你叫什么名字？"真实的课堂里，大家早已直接互问姓名、互相介绍认识了——这样的用学生先前的知识来分析和处理信息的方法就是"自上而下"（top-down）的过程。自上而下的方法可以让我们在学生可以理解并能执行的水平上进行教学；而使用自下而上的方法则可以帮助弥合学生现有继承语与目标语言之间的间隙，例如某些学生没有足够语言输入、甚至没有接触过的语法要点、语用语体差异等等(Carreira et al.,2018) 。笔者认为汉语继承语教学需要把这两种方法结合起来使用，而非遵循外语或二语学习者完全自下而上的学习程序。

4.1 课程设计原则

根据多年教学实践与观察，笔者认为华裔继承语教学的课程设计原则应为：**加强听说，以听促读，以说引写。**

听说能力的保持与提高是华裔继承语发展的基础，是通往读写的桥梁。华裔学习读写之初，即可从听说领先中受益。教师（或父母）一边说一边指读汉字，学生可以把已习得的"音、义"与后天学习到的"字形"的系联起来，从而识字、词，进而阅读——**"以听促读"**。利用已习得的口语词汇、语法，继承语学习者具备一定口头讲述的能力，在积累一定识（写）字量后可以"我手写我口"——**"以说引写"**。

在中文学校课程体系中如何体现与实施该教学原则？笔者认为在学生学习与认知发展的不同阶段，教学设计有不同的重点。

4.2 课程设计重点

中文学校课程设计与教学的**第一个重点**：在低年级（k-3 年级）以前达到一定的识字量并进行适当词汇扩展，以支持学生在中年级（4-6 年及）进入全面自主阅读；补充具有可听功能的分级阅读。择情进行口语复述、描述、叙述的练习。

我们先看一下北美流行教材，暨南大学《中文》教材第一至十二册的生字量统计：

表1：暨南大学《中文》教材生字量统计

	第一册	第二册	第三册	第四册	第五册	第六册	第七册	第八册	第九册	第十册	第十一册	第十二册
小计	133	146	159	160	171	178	192	184	196	202	190	200
累计	133	279	438	598	769	947	1139	1323	1519	1721	1911	2111

再看一下 2012 年中国语言生活状况报告（http://news.blcu.edu.cn/info/1011/6182.htm）："汉字、词语使用分布规律性强。历年调查显示，10 亿字次语料的用字量稳定在 1 万个左右，词种数量稳定在 230 万个左右。其中覆盖率达到 80%、90%、99%的字种数分别在 590、960、2400 个左右，覆盖率达到 80%、90%、95%的词种数是 4800、14000、30000 个左右。"

《中文》学完六册，识字量才达到 947 字，接近 90%的覆盖率。而这仅是生字量，并不是词汇量，要达到读懂书、报，能够进行课外自主阅读的真正意义上的覆盖率 90%，是需要 14000 词汇量的。因而目前的中年级常常无法达到自主阅读的目的。由于高中生课业繁重，中文学校大多只开课到九、十年级至学生考完中文 AP 就结束了，此时学生的生字量累积到 1700 字左右，跟 2400 字，99%的覆盖率还很有差距的，更不必说 30000 词汇量了。因而教学中我们不能满足于识字量达到了多少，还要在认字的基础上扩展词汇量，帮助学生发展出与之认知水平相符合的，中年级就应具备的自主阅读能力。一些学校认识到华裔学生阅读的瓶颈问题并已行动起来。有些学校尝试 6 年教完暨大《中文》12 册书。有些选择提倡低年级集中识字的《马立平中文》。有的甚至超前到三年内学完暨大《中文》12 册，并已开始学习《中文》初中版。有些基于现实考虑，开设多条学习轨道以满足不同教学理念及学生需求，其快班在低年级解决生字、词量问题。笔者所在城市的中文学校自去年秋开始进行教改，要达到低年级生字量切实增长与词汇量的拓展，中年级自主阅读的目的。

由于听说领先，在阅读方面继承语学习者的教学方式可以使用自上而下的方法。在教学设计上，从学生的生活、兴趣、语言水平出发，选择适当的阅读材料，进行大量阅读。可以尝试以下三种分级阅读资源（配有语音）。

- IChineseReader (https://ichinesereader.com) 有五类目标读者，其中之一是学前班到 8 年级的继承语学习者。
- 中文故事（https://chinese-stories.com/main.php）包括根据 HSK 测试系统分级的简化字故事书和根据 TOCFL 测试系统分级的繁体字故事书。适合从 K 到高级水平的继承语学习者。
- 《汉语风》中文分级系列读物：目标读者为大学和中学从初级(大致掌握 300 个常用词)到高级水平(包括美国 AP 课程)的中文学生。内容上适合初中及以上的继承语学习者。

中文学校课程设计与教学的**第二个重点**：以口语语体引入正式语体。在中年级（4-6 年级）课程中系统融入写作训练和演讲训练（以口语体为主）。在高年级（7-9 或 10 年级）课程中深化写作训练和演讲训练（以正式语体为主）。 补充具有可听功能的分级阅读。

汉语有口语与书面语的区别；而口语也有非正式口语与正式口语的区别，正式口语与书面语在很多方面是相似或重合的。由家庭习得而来的非正式口语常常是对话体的，随机的，分散的，短语化的，依赖于韵律，停顿，手势和面部表情等来传达信息的。而书面语要求更精炼的形式，更强调行文逻辑和上下文关系，更多的话语链接（连接词），复杂的句子和正式的词汇。冯胜利（2018）认为，汉语语体应三分：俗常，正式、庄典。虽然现代汉语正式语体中不免使用个别文言词语，但教学中对以古代词语为主的庄典体以欣赏的态度来看待更切合实际，华裔的书面语及正式口语目标能达到表达准确、行文通顺、再能语用恰当就已很好了。实际教学中不急于求成，当然，也不设上限，如果学生能达到文字优美典雅，当是人生乐事。

如前文所述，家长和学校要帮助学生借助口语一步步发展写作能力，从家庭语言的非正式口语出发扩展到正式的书面话语上来。笔者在中文学校教书时曾总结了一个听说读写整体写作法，对家庭中说普通话的华裔学生较有效果，需要家长的密切配合：有个题目或想法，先说出来，把说的话写下来，写好后读出来，根据口语语感修改，改后再读，如此几遍。感到比较满意或无可再改时，读给普通话为母语的家庭成员听。征求意见后，在不改变原意的前提下，再次修改，再读。发给老师收到反馈后学生再次修改调整，基本定稿。其中一个关键是语感，这对语感较差或尽失的学生、在家说方言的学生来说是非常困难的。他们一般要先用英文想，写作时是某种程度的"英译汉"。另一个关键是原创。家人不能代写代改。学生对家人给出建议后的修改也非照单全收，需要基于本意，否则会丢失个人语言特色，也得不到应有的语言表达训练。让学生难以理解和应用的难句及过度润色只会模糊学生的真实基础、妨碍其可能的进步。第三个关键是教师的反馈与教学引导。教师需要在教学上分阶段循环递进地与学生一起，在词汇手段、句法及篇章上帮助学生扩展其词汇库；梳理、把握复杂句子结构；以句法手段关联词副词将思想联系起来。从口语化的书面语逐渐过渡到书面语。正式口语如毕业演讲也可采取类似方式训练：在上述整体写作流程走完后，定稿并熟读熟背，然后家中演练，课堂上演讲，生活中去讲演。

那么可依据什么路径循序渐进地涉猎不同语体，帮助华裔学生发展写作能力呢？这也是中文学校教师们时常讨论但又难以统一的方面。笔者认为 Chevalier（2004）为继承语学习者提供的书面文体库教学模型值得借鉴（见附件一）。该模型展示了根据不同语体从易到难发展写作的过程和侧重点。教师可根据教学需求调整使用。

4.3 语境的重要性

吕婵（2017）对比了 3 到 5 年级社区中文学校华裔学生与公立学校中文沉浸沉项目非华裔学生在口语技能和中文阅读上的表现，发现华裔学生仅在声调意识上优于非华裔儿童。而非华裔儿童在短文和句子阅读理解任务上的表现显著优于华裔儿童。她指出对于汉语字词学习来说，学习者辨析声、韵、调的能力固然重要，但最终还是需要学习者掌握音节与字素之间的一一对应，而这种学习，需要大量的语言与阅读输入才能达到目的。华裔儿童虽有语言优势，但是缺乏阅读输入，因此其先天优势未能自动转化为阅读上的强势。与之相反，非华裔儿童在语言上没有任何优势，语言学习和阅读学习同时进行，但他们有大量的课堂语言和课堂内的文本输入，因此"先天不足，后天补足"，反而后来居上 (Lü, p.23)。

这项研究不但说明了阅读的重要性，更指出了大量语言输入的基础性与迫切性。中文学校的语言输入是非常有限的，而家庭是解决这个问题最直接最有效的手段。本质上，继承语是通过家庭传递的，家庭在继承语的维持与发展上起着至关重要的作用（Lao, 2004; Law, 2015; Wang, 2012）。家庭环境提供语境，潜移默化地培养了孩子的语感。 中文保持得好的华裔子弟，其家庭往往有以下特点：子女在家中必须使用中文；父母与子女用中文讨论家庭生活及其他多种话题；可接触到多种中文媒体（中文影视节目、分级阅读读物、中文网络媒体等——对说方言的家庭尤为重要）；常常使用各种通信设备与国内亲友保持交流，假期回国接触和体验中国文化等。这也被另一项在密西根两所规模较大的中文学校所做的研究证明（Wang, 2012）：华裔学生的语言保有率是与其环境中是否有中文语境及互动正相关的：其个人圈子及社会环境中越多人与之用中文交流互动，他的中文水平就会越好。所以，家长和中文学校还要尽力创造各种机会让华裔子弟不但在家庭学校中，还要在家庭学校以外"用"中文，以保持中文语境，保持中文语感，在大量互动中锤炼语言，提高汉语交际能力与信心。

总而言之，在**加强听说，以听促读，以说引写**原则下，华裔继承语教学的重点是发展读写能力，以听说带动读写。教学上偏重汉字训练、词汇扩展、言语交际和语篇能力的培养等方面，课堂教学主要采用功能法和任务法。强调学校（教师）与家庭互相配合，提供题材广泛的中文听力输入，帮助华裔学生增加听力词汇量；建立多种口语表达场景和渠道，辅助学生将被动的听力词汇转化成主动的口语词汇；促进识字（词）量的增加；辅以大量阅读，适当的写作训练。进而促进阅读和写作的进步。阅读写作进步则反哺听说，达到良性循环。

5. 疫情下中文社区的教学与学习调整

华人社区普遍关注重视疫情，因而各中文学校能够早于主流教育机构，于 2020 年 2 月左右开始陆续开启网课模式，ZOOM 成为网上教学的首选。大多数教师并无网上授课经验，各校进行紧急培训，教师心情忐忑仓促上阵，边教边学边调整。全美中文学校协会也自 2 月 1 日迅速推出三期网课培训并成立网课交流群辅助各校教师[1]。

在疫情中网课盛行的当下，遵循并实践**加强听说，以听促读，以说引写**的大原则尤为重要，是网课质量的保证。

5.1 网课效果

现学现卖的网课效果如何？下面以美国中西部一所中文学校为例，管窥一豹。该校 K-9 共 10 个年级，教师 11 人，学生 121 人，2020 年 1 月底开始上网课。

这所中文学校虽然规模不大，但师资条件较好，管理层和教师队伍中有中文教育教学方面的专业从业人员，因而可以定期不定期组织较有质量的内部教师培训，外请专家讲座，能够多方交流、较为及时地吸纳学界研究及其他中文学校和主流教育系统的一些实践成果。根据上文提到的教学设计三个重点，该校于 2019 秋季学期开始进行教学改革（2019 年春季及以前各年级使用暨大《中文》），低幼年级采用马立平教材集中识字，中高年级仍使用暨大《中文》。

学校对于重大问题的决策如教学改革，实体课转网课等都需要征求教师、家长（学生）意见，也会对后继发展进行跟踪以便根据实际情况调整跟进。2020 年 4 月学校通过邮件发送 Google form 电子问卷进行了春季期末调查：11 位教师全员参加；50 位家长参加。结果显示，对于 2020 年上半年网课，72.7%的教师以及 50%的家长表示非常满意，27.3%的教师和 42%的家长表示满意，而 8%的家长认为不太满意。由此可见，教师和家长的总体满意度还是很高的。有位教师评价说"学校给予了我们足够的教学支持和帮助，并且在面对不同因素可能会影响教学的情况下，也可以最迅速地做出对策，并且尽可能考虑到我们老师的需求。"也有教师认为线上教学多多少少影响了一些原有的教学计划与课堂活动的进行。一些低幼年级家长对网上课堂管理很关注，而中高年级家长则关心阅读，写作，特别是网课互动问题。由此可见，网课固然令大家"满意"，但还是在一定程度上影响了教学计划，对课堂活动的具体实施方式、语言技能的练习与发展方式提出了挑战。

根据问卷，家长期望在教学上加强的方面按重要程度排序依次是：课外阅读，书面表达训练，口语表达训练。这与我们上文提出的课程设计三个重点亦相符，网课并没有改变教学的本质和重点。家长还建议"建设一个让孩子有归属感的文化家园"，在调动孩子学习中文积极性上开阔思路，多些不同的渠道；学校可以探索怎么利用这个网课环境让孩子爱学，想学中文。

5.2 2020 年秋季学期网课规划

该校教师于 2020 年 5 月参加了 2020 秋季网课教学需求调查（调查表请见附件二），参加者共 9 人，3 人是当地公立中小学全职教师，5 人是中国留学生，1 人是访问学者。三年级教师已退休，故不在调查之列。调查结果如下：

---

[1] http://www.csaus.org/FHFRONT/csaus/newsdetail.jsp?id=8a80a60a66c24d389122b3bdf2594ff9

9位老师中，只有1位有确实的网络授课经验，她曾经在线上进行过一对一低龄语言教学，及一对多的绘本教学。1位称"在中文学校转成网络说课之前我并没有非常系统和专业的网络授课经验"。2位有作为学生上网课或参加网上讲座的经验。其他5位老师均无网络授课经验。

除了较为常用的PPT，老师们在2020年春季网课中尝试过的网络工具有（数字代表人数）：ZOOM (9)，Kahoot (4)，Google slides (3)，YouTube (2)，Gimkit (2)，Clip，Edpuzzle，Flipgrid，Google classroom，Google suite and extensions，Gimkit，Loom，Nearpod，Padlet，Peardeck，Quizlet，Quizmaker，Seesaw，汉字屋，象形字，使用其他老师设计好的PPT游戏等。

虽然很多家长学生较为喜欢实体课堂，但处于安全考虑，家长对网课是普遍支持并辅助的。出生在网络时代的各年级学生即使以前没上过网课，也对网络学习接受度比较高。中低年级学生网课初期很兴奋，试用ZOOM各种功能，间接对课堂教学有一定的打扰。有些学生很享受网课的自由感，有些则产生疏离距离感与失去伙伴陪伴的孤独感。

低幼年（K-3）级网课的主要挑战是如何吸引并维持学生的注意力。教师们分享了以下有效应对措施，例如：把网上学习时间切小，增加休息次数；增加课堂活动和更多提问环节来提高学生参与度；加强与家长的沟通与协作，提供足够资料让家长帮助学生居家学习。有的老师提到新学期要加强课堂管理，有的老师计划提供录音版的幻灯片帮助学生预习和复习，有的表示要尽量关注到每一个学生。教师们希望了解更多能吸引学生注意力的网上活动及管理课堂的好方法。

中年级（4-6）网课的主要挑战是注意力，互动，技术故障，朗读，作业批改等问题。新学期教师们考虑强调网课行为规范，进一步把教学与科技结合，设计多类型课堂活动让学生参与并互动。有的老师考虑使用翻转课堂（flipped class）以使学生发挥更多主动性。有的提议准备好预备方案以应对技术问题。教师们想了解如何激励不同年龄的学生学习继承语，希望系统地学习如何设计高参与度的活动，迫切希望学到一些功能强大的教学软件是如何支持这些教学活动的开展的。教师们特别提到需要了解更多可用于日常教学的根据高频字词和语法序列设计的分级读物。

高年级（7-9）网课的主要挑战是互动（师生，生生），课堂管理与氛围营造，作业批改。老师们希望了解更多网课互动模式和方法。有两位教师打算使用Google classroom作为课后作业及学习状况的主要交流平台；课上会用google form生成小测试让学生当场在网上做。有位资深教师暑期已参加过多场线上教学培训，认为老师只需要熟悉一些基本的操作即可，更需要加强的是自身讲课的感染力，要用丰富过硬的教学内容去吸引学生。

从以上调查中我们可以看到，教师的主要挑战和关注点与家长关心的方面大致相符。这其中有网课形式带来的挑战，如网上课堂管理，但设立好规范即可较快解决。也有教学方式活动设计的调整，如课堂互动向网络互动的转化，有些网络软件可以达到不错的效果。但要达到高参与度高互动，需要同仁们一起努力发掘，毕竟网络教学对大多数教师来说都是第一次。目前可用的网络教学资源众多，这里分享一个对社区中文学校来说较为合适的一项资源：全美中小学中文教师协会CLASS讲座系列（https://www.classk12.org/webinar）。至于口语，课堂教学演练在于提纲挈领地引领，真正巩固锤炼的阵地在家庭中。而加强阅读、写作这样的诉求，则指向课程与教学的设计及实施情况，如年级间的连贯性，教学内容是否充分等，需要学校根据教学原则与目标细化大纲并与家长合作达成。在疫情影响下的网课时期，学校与教师会努力在科技的帮助下实现教学原则"加强听说，以听促读，以口语带引写作"在学生各阶段学校各年级的具体落实与贯彻并及时跟进、调整。

5.3 疫情下对中文学校继承语教育的思考

网课对中文学校教师队伍的技术能力和教学形式等提出挑战，也在课程发展、教师培训、教学资源发展与整合、学术交流与衔接方面等给了我们很多启发。

第一，增加了课程覆盖面。网课可以不限于本校学生，可为外校及边远地区无校可上的学生提供机会。网课也为教学时数不够的问题打开了思路，可由同步异步课解决。以后回到实体课堂，网课的大发展与繁荣也将成为趋势。各校不必囿于有限的实体课堂，可以利用同步异步网课对既有课程丰富及拓展。优质网课变得尤为重要，而如何变得优质或更为优质，如何将实体课与网课结合好，正是当下我们面临的课题。

第二，对教材提出新的要求。疫情之下，各种科技教育技术、平台也随之迅速升级完善。今后的教材需要发展出更多的线上配套教学资源，教材与课程的界限模糊；可以集中优秀教师发展精品课程。网络无界限，以后的教材与课程可以为更多家庭提供服务。北美各校也可联合开发中文慕课，免费或收取较少费用向所有华裔学生老师开放。

第三，语境的加强与扩展。居家期间父母与子女每天在一起，客观上增加了说、用汉语的机会，也是进行大量汉语阅读和适当的汉语写作的好时机。网课还为华裔学习者带来"中文语境"的扩展，不必亲往，即可参加中文网上夏令营，听取专家讲座，与大中华圈内中小学建立联谊学校，建立语伴项目，虚拟访问，领略各地文化风貌，体会风土人情等。

第四，教师培训。这次疫情也为教师培训带来契机，大量网上教学工作坊在疫情爆发后，如雨后春笋，及时且免费。且众多专业学术会议也在网上进行，免费或费用低廉。中文学校教师"业余队伍"与大中小学"专业"队伍的接触与融合盛况空前。中文学校长期存在的师资培训资源紧缺，教师专业交流，教师职业发展等问题（Wu et al., 2011）也有了解决之道，为今后中文学校教师专业化提供了一个渠道。

第五，衔接与融合。中文学校与 K12 中文项目差异互补，为大学项目贮备了学员。有的学者呼吁主流学校应与华裔家长和社区中文学校合作(Li, 2005)，共同创建支持性的继承语学习环境，将汉语继承语学习纳入到其官方学校课程中去（Zhang & Slaughter-Defoe, 2009）。笔者期待教育界借此契机成立相关组织，使中文学校今后能够与大中小学对接，探讨共同发展，协同进步的途径，为今后中文学校的机构专业化铺垫道路，为汉语继承语的发展拓展更大的空间。

6. 结语

2020 全球疫情迫使美国教育领域实施了跃进式改革，包括编外的社区中文学校在内的大中小学，均从实体课堂或混合式教学完全转移到网上教学。今后，即使我们回归实体课堂，网络教学也无疑是一个重要的选择或辅助手段。疫情之下及之后的社区中文学校都要遵循"加强听说，以听说带动读写"的教学原则，并更多地利用科技手段将之贯彻到日常（网）课程中去。期待这场被动尝试带引教育界同仁主动出击，关注网络教学，整合科技资源，打造教育合作平台，发展出多元的课程、教材、培训、课外项目等。社区中文学校是其中重要一员，也必将从中受益。

参考文献

Carreira M.M., Díaz A., & Kagan O.E. (2018). The National Heritage Language Resource Center: A Locus of Activity in the Field of Heritage Languages in the USA. In: Trifonas P., Aravossitas T. (eds) Handbook of Research and Practice in Heritage Language Education. Springer International Handbooks of Education. Springer, Cham. https://doi.org/10.1007/978-3-319-44694-3_19

Chevalier, J. (2004). Heritage language literacy: Theory and practice. *Heritage Language Journal, 2*(1), 1–19.

Feng, S. (2018). An Introduction to Register Grammar in Chinese. *Beijing Language and Culture University Press.* [冯胜利 (2018).《汉语语体语法概论》北京语言大学出版社]

Lao, Christy. (2004). Parents' attitudes toward Chinese–English bilingual education and Chinese-language use. *Bilingual Research Journal, 28*(1), 99-121, DOI:10.1080/15235882.2004.10162614

Law, S. (2015). Children learning Chinese as a home language in an English-dominant society. *International Journal of Bilingual Education and Bilingualism, 18*(6), 735-748, DOI: 10.1080/13670050.2014.946399

Li, Q., Zhang, H., & Taguchi, N. (2017). The use of mitigation devices in heritage learners of Chinese. *Heritage Language Journal,* 14 (2), 150-170

Li, M. (2005). The role of parents in Chinese heritage-language schools. *Bilingual Research Journal,* 29(1), 197-207, DOI: 10.1080/15235882.2005.10162831

Lin, Y., & Nicoladis, E. (2018). Motion lexicalization in Chinese among heritage language Children in Canada. *Heritage Language Journal,* 15(3), 272-296

Liu, N. (2010a). *Chinese heritage language schools in the United States.* Center for Applied Linguistics. www.cal.org/heritage

Liu, N. (2010b). Chinese heritage language schools in the United States. Center for Applied Linguistics. https://www.cal.org/heritage/pdfs/briefs/chinese-heritage-language-schools-in-the-us.pdf.

Lü, C. (2017). Acquisition of Chinese word knowledge as heritage language learners of Chinese in the USA. *Journal of International Chinese Teaching,* Issue 2, pp. 21–26 [吕婵（2017）. 美国汉语作为继承语学习者汉语字词知识的习得. 《国际汉语教学研究》第 2 期第总 14 期.]

Nagy, M., & Brook, M. (2020). Constraints on speech rate: A heritage-language perspective. *International Journal of Billingualism,* Special issue: Effects of Limited input, pp. 1-20

Portes, A., & Rumbaut, R. (2006). Immigrant America: A Portrait.Berkeley, CA: University of California Press.

Schmid, M., & Köpke, B. (2017). The relevance of first language attrition to theories of bilingual development, *Linguistic Approaches to Bilingualism,* 7(6), pp. 637–667

Wang, J. (2012). Factors influence Chinese immigrant children's heritage language maintenance: An application of social network analysis and multilevel modeling. [Doctoral dissertation, Michigan State University]. https://doi.org/doi:10.25335/M5SH8D

Wu, H., Palmer, D., & Field, S. (2011). Understanding teachers' professional identity and beliefs in the Chinese heritage language school in the USA. *Language, Culture and Curriculum,* 24(1), 47-60, DOI: 10.1080/07908318.2010.545413

Xiao, Y. (2016). Chinese Education in the United States: Players and Challenges. *Global Chinese,* 2(1), 23-50, DOI 10.1515/glochi-2016-0002

Xiao-Desai, Y. (2019). Heritage learner pragmatics. In Taguchi, N. (Ed.) Handbook of SLA and Pragmatics (pp. 462-478). New York: Routledge

Zhang, D., & T. Slaughter-Defoe, D. (2009). Language attitudes and heritage language maintenance among Chinese immigrant families in the USA. *Language, Culture and Curriculum,* 22(2), 77-93, DOI: 10.1080/07908310902935940

附件一

Stages	Stage I	Stage II		Stage III		Stage IV
Writing Modes	Conversation	Description	Narrative	Evaluation	Explanation	Argument
Processes	composing written forms of conversational discourse	describe	sequencing in time and space; recount	expressing opinions	sequencing: causal relationships; explain	persuading readers to accept a point of view; interpretation
Discourse Types	dialogue, interior monologue	descriptions: object, landscape, people	narratives: personal family histories, stories, fairy tales	evaluations: reviews, critiques	explanations: news articles, summaries, reports	essays, academic papers

Target Topics	orthography, punctuation	adjectives, intersentential cohesion	verbal morphology, intersentential cohesion	intersentential cohesion: linking words, set phrases	passive voice, intersentential cohesion	subordination, intersentential cohesion

附件二 秋季教师网课教学调查问卷

> 2020 秋季网课教学需求调查：
>
> 某某老师，请帮忙回答下面几个问题。请尽量详尽，感谢！
>
> 1. 中文学校转成网上授课前您有网络教学的经验吗？
>
> 2. 中文学校转成网上授课后您使用了哪些工具，App？
>
> 3. 请列出您觉得最有效的 3-5 种工具。
>
> 4. 请列出网上教学给您带来的几个挑战。对这些挑战您是怎么应对的。
>
> 5. 您班里的学生和家长对网课的反应是？
>
> 6. 在新学期的网课上您有什么不同以往的规划与举措？
>
> 7. 如果举办教师培训，请您列出您最希望了解的方面。
>
> 8. 任何其他您想分享或想了解的，比如需要哪些支持与帮助。谢谢！

9

三种沟通模式下的课程设计理论与实践:以线上 K-12 教学为例
(Theories and Practice of Course Design based on Three Modes of Communication: Case of Teaching K-12 Students Online)

李岩
(Li, Yan)
国家开放大学
(Open University of China)
daliyan1004@163.com

李佳行
(Li, Jiahang)
密西根州立大学
(Michigan State University)
jiahang@msu.edu

摘要：交际法语言教学强调通过以学习者为中心的有意义的活动来培养学习者的交际能力。在此基础上，"三种沟通模式"的概念则进一步描述了一个语言学习者如何在现实世界中使用目标语。随着教育技术的不断发展，混合学习模式也给我们提供了教学的新思路。本文以密西根州立大学孔子学院网络中文课程为例，主要探讨交际法教学和三种沟通模式在网络课程中的设计与应用。

Abstract: The communicative language teaching emphasizes learners' communicative competence through meaningful and learner-centered activities using the target language. Based on this approach, the three modes of communication describe how a language learner uses and interacts with the target language in real-world contexts. With the rapid development of educational technology, blended learning also provides us with new ideas of teaching and learning. This paper, using the online Chinese courses developed by the Confucius Institute at Michigan State University as an example, discusses the design and implementation of communicative language teaching approach and three modes of communication in an online setting.

关键词：交际法、三种沟通模式、混合式教学、网络中文课设计

Keywords: Communicative approach, Three modes of communication, Blended learning, Online Chinese course design

1. 引言

受到新冠肺炎疫情的影响，自 2020 年 3 月开始，美国的中文教学陆续从面授转为网上进行。一时间，大家对网络教学的教学理论、教学方法及技巧、课程设计、活动设计、教育技术的应用以及教学评估机制等相关讨论铺天盖地。笔者所任教的密西根州立大学孔子学院自 2006 年起一直从事 K-12 网络中文教学，并得到了学习者的认可（Li & Jiang, 2017）。作为经验分享，我们在 2020 年 4 月份，进行了关于网络中文教学的系列讲座，对我们的网络中文教学模式结合实践案例进行了简要的介绍。这个契机，不仅给广大匆忙"转型"的面授教师提供了一些经验，也给我们从事网络教学的教师一个机会对我们的网络中文课的建设及教学工作进行梳理。

本文对密西根州立大学孔院网络中文课程建设及实践所依据的交际法理论、三种沟通模式以及混合式教学进行了概述，对我们采用的"2+1+2"的网络授课模式[1]、网络教学活动的设计、网络教

学工具的应用以及相应的教学策略做了较为系统的阐述，旨在分享一种切实可行的网络中文课程设计模式，供大家参考。

2. 密西根州立大学孔子学院网络中文课程理论依据

随着语言教学的不断发展，教学法也在更新迭代。每一种教学法都是顺应时代的产物。2006年，我们的网络中文课程建立之初，交际法正在美国语言教学领域盛行。它强调对交际能力的培养，十分符合我们中文教学的初衷。于是，由交际法衍生出的"三种沟通模式"，则成为我们构建课程运用的原则，给我们的课程设计提供了更为具体的操作模式。而混合式学习模式(Blended-learning Mode)则为我们的建课模式提供了依据。

2.1 交际法

普遍认为交际法产生于 20 世纪 70 年代，在众多教学法中算是出现比较晚的，但发展速度较快。其时，美国语言学家海姆斯（Hymes）针对乔姆斯基（Chomsky）对语言能力(language competition)和语言表现（language performance）之间的区分的不足，提出了"交际能力"（Communicative Competition）。Savignon (1997) 指出，"交际能力"这个概念重新定义了"了解"一门语言的含义：说话者除了掌握了语言的结构外，还必须能够在各种言语领域恰当地运用这些结构。Canale (1983)认为，这个概念是外语教学交际法理论的基础之一。

关于交际法，很多学者都提出过自己的理解。比如，Littlewood（1981）提到，交际法为语言开辟了更广阔的视野，使我们不仅重视语言结构，同时也重视交际功能。换句话说，我们不仅要研究语言形式，还要研究当人们需要交流的时候，用这些形式来做什么。中国学者贾德森（1989）认为，"'让游泳者到水中去'这是交际语言教学理论的思想核心、至理名言"。在过去的 20 年里，美国的语言课堂已经发生了变化，越来越重视学习者交际能力的培养[1]。比如，教学原则从"教师为中心"的课堂转为"学习者为中心"，教师的角色是协调者或协作者；教学内容上，学习者要学习如何使用语言而不仅是语法规则，文化教学更关注文化价值观、实践以及产出三者之间的关系，从注重听说读写各项单独语言技能到重视语言技能之间的关系和互动，形成"沟通交流、理解诠释、表达演示"三种沟通模式；在课程设计上，从依赖课本转为以主题为纲的逆向设计，教师根据最终目标给学习者提供真实语言材料，并寻找机会让学习者在教室外的环境下使用语言；在教学评估上，学习者是主动的参与者，他们了解评估标准，通过评估了解自己能做什么，因此学习者生成语言是为了跟沟通对象进行分享，而不是为了给老师交差。

当我们把注意力集中在"交际能力"这个关键词上，语言形式的训练很有可能被忽视。正如 Nunan（1989）提到，学习者对课堂任务的兴趣大部分是由于采用了交际法，但不能只顾交际而忽略语法，课堂任务的价值要求学习者注重形式，语法是使用语言的重要资源。Littlewood（1981）也曾经对他自己提出的交际法做过阐释，他认为，语言结构的练习仍然是一个有用的工具，学习活动本身是"交际前"而不是"交际"。也就是说，学习的目的是要求他掌握一些交际所需技能，而不是要求他进行交际。Richard(2006)认为，如今的交际法是借鉴了不同的教育范式而形成的一系列普遍认可的原则，这些原则可以用不同的方式来实践，取决于教学环境、学习者的年龄、他们的水平、他们的学习目标等等。语法要教但不是孤立进行，而是放在交际任务中。

---

[1] 21st Century Skills Map, Retrieved from
https://www.actfl.org/sites/default/files/resources/21st%20Century%20Skills%20Map-World%20Languages.pdf

虽然不同理论对交际法的描述不尽相同，但归结起来，我们可以看到交际法的一些特点：1）以培养学习者用目标语进行交际的能力为主；2）重视语言的意义及应用，但不忽视语言结构；3）强调语义协商在交流过程中的重要性。

当我们在借鉴交际法的理论来搭建我们的网络课程时，并不代表我们排斥了对其他教学法的认可。在教学实践中，没有任何一种教学法能够单独存在并贯穿始终。因此，在我们的课程设计中，并不忽视语言结构的讲练，而是尽可能设计真实的情境，让学习者对语言结构进行感知和记忆，再通过实时或非实时的互动交流使学习者内化语言结构，从而提高语言能力。

2.2 三种沟通模式

Savignon (1997)曾经对交际法做过阐述，他认为交际法包含三种层面的能力：表达(expressions)、理解诠释(interpretive)以及语义协商(negotiation of meaning)。这三种层面的能力，对现今的三种沟通模式有决定性的影响（曾妙芬，2007）。在美国外语教学学会制定的 Performance Descriptors for Language Learners[1] 里，对三种沟通模式进行了具体的说明。这三种沟通模式分别是沟通交流（interpersonal）、理解诠释（interpretive）和表达演示（presentational）。

(1) 沟通交流 (interpersonal)

沟通交流是双向通道的沟通。包括对话沟通（听和说）和书面沟通（读和写/打）这两种比较常见的沟通方式。前两种交流者之间要进行积极的语义协商，他们通过观察来判断他们的想法和意图是怎么被传达的，然后对自己的表达进行相应的调整和澄清。

(2) 理解诠释 (interpretive)

信息接受者需要通过阅读（网站、故事、文章）、听（演讲、留言、歌曲）或观看（视频剪辑）等真实材料来获取信息。它是一种单向通道的沟通，不与信息发出者进行语义协商。它需要对作者、发言者或信息发出者进行诠释，这种诠释不同于普通意义上的理解或者翻译，它是一种包含文化心态或角度的理解（或听或看）的能力。

(3) 表达演示 (presentational)

表达演示也是一个单向通道的交流过程，它要求表达者通过写作（留言、文章、报告）、演讲（讲述一个故事，演讲，描述海报）或视觉表现（视频或幻灯片）来发出信息。为了使听众/读者能够成功地理解其意图，表达者需要了解对方的语言和文化。需要表达者创造信息来通知、解释、说服或者叙述。

从这三种沟通模式的介绍中，我们可以看出：1）听、说、读、写（或打字）四种语言技能并不是独立进行的，他们之间有密切的互动关系；2）在沟通交流进行过程中，培养学习者的语义协商能力尤为重要，因此我们需尽量把上课的过程变为一个与学习者沟通或学习者之间互相沟通的过程；3）教师应为学习者提供尽可能真实的学习材料。关于语料的真实性这一点，Widdowson (1978)曾指出，材料的真实性和真实材料是不同的，真实的材料是就材料本身而言；而材料的真实性是指材料与学习者之间的相互关系，它是学习者对材料的合理使用，对材料做出的恰当反应；曾妙芬（2007）亦指出，真实语料是为以中文为母语的人写的，而非为学习者编写，所以词汇、语句、功能、使用频率等，皆未从第二外学习者的需要考虑，当然，我们会尽可能保证语料的真实性，但也

---

[1]ACTFL Performance Descriptors for Language Learners. (n.d.). Retrieved July 26, 2020, from https://www.actfl.org/sites/default/files/pdfs/PerformanceDescriptorsLanguageLearners.pdf

会兼顾学习者的中文水平。

在"培养学习者交际能力"这个目标的指导下，三种沟通模式成为我们课程设计以及评估模式的有力抓手，它让我们能够了解到：为了达到交际目标，应该培养学习者哪方面的能力、提供什么样的学习素材、要从哪些方面来评估学习者的语言等等。

2.3 混合式学习

混合式学习(Blended-learning)这种学习形式的出现可以追溯到 20 世纪 60 年代，直到 90 年代才作为术语被最终确定。Colis 和 Moonen（2001）将混合式学习定义为传统面对面学习和在线学习的混合体，因此，教学既发生在课堂上，也发生在线上，在线部分成为传统课堂学习的自然延伸。Hanefar，Shing 和 Tik （2001）提出，在当今的教学环境中，"混合式学习"是以学习者为中心的发展速度最快的学习方法。Singh 和 Reed（2001）指出，混合式学习应注重优化学习目标的实现，即通过应用"正确"的学习技术来匹配"正确"的个人学习风格，在"正确"的时间将"正确"的技能传授给"正确的"人。什么是"正确"？这个定义中隐含着"正确"的不同范畴，但包含着几个原则：1）混合式学习注重的是学习目标而不是教学方法；2）个人学习风格需要得到技术支持才能有广泛的受众；3）每个学习者都要把不同的知识融入到学习中去；4）在很多情况下，学习者最需要的、最及时的，才是最有效的学习策略。(p.2)。各种实践证明，跟传统授课模式相比，混合式学习促进了学习效果（Bersin & Associates, 2003; Dean et al., 2001; Fisher, 2012; Hu & Wu, 2014; Singh & Reed, 2001; Zhang, 2010）。

Driscoll（2002）针对混合式学习给出了四个维度：（1）将各种基于网络技术的模式（例如，实时虚拟教室、自主学习、协作学习、视频、音频和文本）混合；（2）将各种教学方法混合；（3）将各种形式的教学技术（如录像带、光盘、基于网络的培训、电影）与面对面的教师指导的培训混合；（4）将教学技术与实际工作任务相结合，以创造学习与工作的和谐效果。

中国学者何克抗（2004）提出，混合式学习结合了传统学习和电子化学习（e-learning）的优点。也就是说，混合式学习要求教师在教学过程中起主导作用，引导、启发和监督学习者的主动性、积极性和创造性。Li 和 Zhao（2004）认为，混合式学习可以看作是面对面的课堂学习和在线学习（或电子化学习）的有机结合。混合式学习的核心是根据不同的需求解决问题，或者使用不同的媒体类型和信息传递进行教学。

综上所述，在"以学习者为中心"的大原则下，通过交际法的语言教学方法使学习者在混合式学习模式下不断加强三种沟通模式的输出和练习是网络语言教学切实可行的课程模型。在这些原则和理念的指导下，密西根州立大学孔子学院形成了"2+1+2"的网络中文课程学习模式。

3. 网络中文课程的实践

密西根州立大学孔子学院（Confucius Institute at Michigan State University）成立于 2006 年，主要为美国中学生提供网络中文选修课，其宗旨是利用先进教育技术促进汉语和中国文化教学。完成该院课程的学习者根据其成绩会得到所在学校的相应外语课选修学分。该院为美国中学生提供的网络课程，主要分为五个级别：从零起点到 AP 中文。分别为：一级 A(零起点)、一级 B（初级）、二级 A（初级）、二级 B（初级）、三级 A（中级）、三级 B（中级）、四级 A（高级）、四级 B（高级）以及 AP 中文课。

3.1 基于"三种沟通模式"的网络中文课程框架设计

以"三种沟通模式"为基本课程建设框架，我们设计了"2+1+2"的网络中文课程学习模式，即，每周在网络平台上进行约 4 个课时的自主中文学习和 1 个课时的网络实时互动课。每周共 5 小时的学习时间是参照美国中学面授课堂中文课的一周教学时间而定的。前面的"2"为两个小时容量的预习作业，以主题为中心，让学习者进行有意义的可懂输入，这一部分以"三种沟通模式"中的"理解诠释"为基础，希望学习者在进入"沟通交流"模式前，能够有足够的汉语知识的储备和技能的提升。中间的"1"为 1 节 50 分钟的网络实时互动课，通过 Zoom 进行。在这 50 分钟内，教师主要解决学习者在前 2 个小时作业中存在的问题，组织师生、生生之间的互动，以将学习者头脑中的知识储备在课堂中进行巩固、实践和拓展。这一部分的主要模式是"沟通交流"，为学习者进行"表达演示"做准备。为保证实时课堂里学习者能够最大限度地进行语言输出，我们制定了每个实时课限制在 4-8 人的政策。由于实时课的时间安排存在很大的挑战，既要控制每堂课的人数，又要让所有学习者都参加，所以实时课采用了每周一次的设计。后面的"2"为 2 个小时容量的复习作业，依然围绕主题，将预习作业、互动沟通中的语言知识进行创造性的产出，这是"表达演示"能力提升的主要环节。以书写和演讲为主要形式（见图 1）。

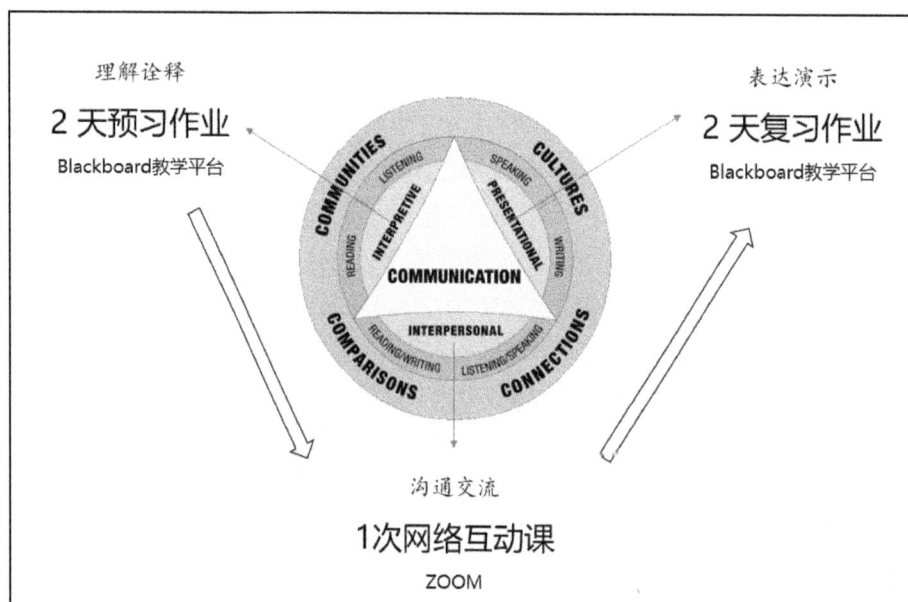

图 1：密西根州立大学孔子学院 "2+1+2" 网络中文课程模式图

在这个模式下，学习者有相对自由的学习节奏，只要在平台设置的时间截点前完成作业即可。预习作业、实时互动课、复习作业分别有 20 分的分值。在预习环节和复习环节，教师将根据学习者在平台提交的作业质量优劣给出分数；而在实时互动课中，则以鼓励为主，教师则根据学习者的出勤和课程参与积极性给分，此时，我们可以充分利用 Zoom 中的"举手"功能，这是学习者积极性的一种体现，也可以避免远程教学的管理方面的混乱，保证相对的公平。在这种模式下，既保证了学习者在非实时的时间内完成相应的学习任务，又提高了学习者的自主学习能力。

3.2 网络中文课程实践

虽然我们的网络中文课程框架的设计是基于"三种沟通模式"，但并不是某一模块（作业或者实时互动课）与"三种沟通模式"的某一种一一对应，而是"你中有我，我中有你"。事实上，我们很少设计单向通道的作业，而是尽可能让每一份作业都能够让学习者完成沟通任务。下面将依据"2+1+2"网络授课模式，具体阐述每一个环节是如何设计和实施的。

"2"：两天的预习作业

在前两天的自学作业，我们以"理解诠释"模式为基础，对生词、语法、课文等进行预习，同时对相应文化所有了解。在这一部分，网络外语课程的普遍做法是设计生词卡片让学习者自学，当然，我们也会用 Quizlet 来让学习者来自学生词。然而，仅仅做生词卡片并不能够培养学习者的交际能力，原因有二：1）学习者不知道能够利用这些词语或者语法结构来做什么，也就是说他们只是完成了老师布置的作业，而没有成为语言使用的主动参与者；2）教师无法知道学习者是否理解或掌握了这些生词或语法结构。我们知道，了解学习者是否掌握了词语或语言结构的有效方式就是看其是否能利用这个词语或结构在恰当的语境下进行正确的输出，正如 Peter Stevens（1988）所述，语言先经历理解（comprehension）、接受性学习(receptive learning) 才发展为产出性学习（productive learning）。基于此，我们便利用 VoiceThread 来解决这些问题。VoiceThread 是一个支持多媒体互动的平台，教师会展示出多媒体学习资料（文本、语音、视频等），并对教学内容进行进一步解说，以达到"可理解性输入"的目的，与此同时，教师也能够针对学习者的回答进行文字、语音的反馈。

比如在 AP 中文课程中，有一个主题为家庭教育，我们利用"逆向设计"的理念，学习者在学习生词或结构时，就要知道将来可以用它们来表达什么。在教授"约束"这个词时（如图 2 所示），教师通过精炼的讲解让学习者了解这个词意思和用法，然后抛出与主题有关的问题，如"你觉得，家长应该约束孩子的行为吗？"学习者（左边栏）会根据自己的真实想法或情况回答，教师再根据学习者的回答进行语音和文字的反馈和评分。同时，学习者可以听到别人的观点，也可以对别人的观点进行评论。这样，"一来一往"或者"一来多往"，就会让学习者在非实时的使用目的语进行沟通的环境中，使"理解诠释"能力得到提升。

正如 Spada 和 Lightbrown(1993)提到的，在交际语境中提供的纠正性反馈无论从短期还是长期都能对第二语言的发展做出积极的贡献。当然，在利用 VoiceThread 设计作业的时候，不同级别的语言难度会有所不同，但我们认为，无论哪个级别，都可以而且应该进行这种从理解到产出的训练，这是进入语言实践前很重要的基础环节。对于课文的预习，做法有很多种。最普遍的是，老师根据课文提问，在平台上打出问题，学习者自学课文内容，然后在学习平台通过语音或者文字回答问题。

"1"：一次 50 分钟的远程互动课

每周一次的网络实时互动课，由于时间有限所以十分宝贵，需要高效利用，既让学习者对预习的知识进行内化，又要留出充足的时间，进行师生及生生之间的实时沟通。实时互动课通过 Zoom 来进行。依据交际法来进行的课堂活动不在少数，如：信息交换（Information exchange）、信息拼图（Jigsaw activities）、任务完成活动(Task-completion activities)、信息差（Information gap activities）、解决问题(Problem solving)、角色扮演（Role plays）、观点分享活动（Opinion-sharing activities）分组讨论（Discussion），辩论（Debate）等（Richard，2006；曾妙芬，2007）。我们从这些活动中可以看到，以交际法为核心的活动，十分看重成对活动和成组活动，这是因为：1）学习者可以通过聆听其他组员的表达来学习；2）与"以教师为中心"的课堂相比，学习者能够生成更多的语言；3）学习者的动机水平会增长；4）他们将有机会促进语言流利程度（Richard, 2006）。

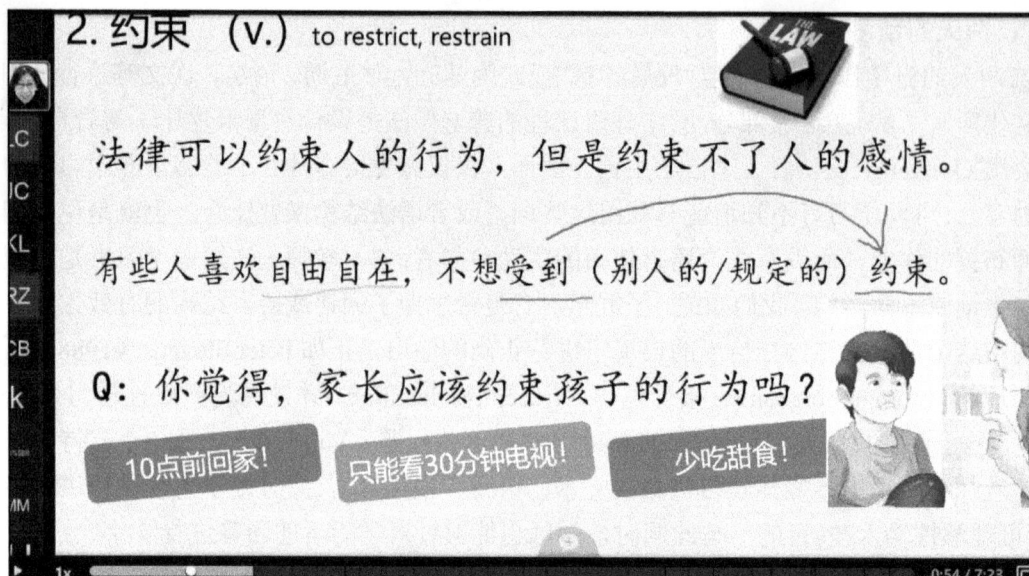

图 2：用 VoiceThread 对学习者进行可理解性输入和强制输出示例

　　这些活动在实体教室进行，当然效果最佳，但通过远程互动课进行也并非不可能，只是需要更多的教师监控和教学管理。从远程授课的角度讲，Zoom 的基本功能是视频对话、分享课件（PPT）或网页、画板以及分组（breakout room）。这些功能，辅以一些教学软件，就可以让课堂活动变得丰富且有条理，提高学习者学习的参与度和积极性。

　　例如，在互动课的前十分钟，我们可以用 Kahoot, Quizlet live, WordWall 进行语言的唤醒活动。图 3 为笔者使用 Kahoot 游戏的样例。教师提前做好题目，设定回答时间，上课时让学习者进行复习。这种操作的优势是：学习者可以同时进行回答，而不是教师一一询问，这样就很大程度上提高了课堂效率；另外，学习者的参与感及对预习作业的重视程度会更强，为了得到更高的分数，大家会更加努力去预习课前的内容。这一点，我们可以从每次游戏后的数据报告中得到佐证。尽管教师承诺每周第一名的学习者才会得到奖励分，但依然能够感受到学习者为了争夺第一名的热情和为之付出的努力。

图 3：网络互动课中利用 Kahoot 对巩固语言知识

再如，我们可以把一段文字材料切成几个部分，在课前通过邮件把这些材料发给不同的学习者，在课堂上，学习者需要将这段材料讲给其他同学听，最后，大家一起把整个文字内容按照逻辑顺序排列起来，这就是信息断层(Information Gap)。在初级汉语教学时，教师会以姓名、年龄、爱好、家庭等话题，利用 Zoom 的分组功能，把学习者分成小组互相提问、采访。教师可以进入 Zoom 的小组，监听并协助学习者的交流。等待学习者都从小组回到主要页面后，再请每组的某一位组员发言，介绍其小组成员的信息。这就是信息断层最普遍的做法。同样，利用 Zoom 的分组功能，也可以完成角色扮演（Role play）、分组讨论（Discussion）等交际活动。

解决问题（Problem solving）在中高级班级里较为适用，"它除了达到语言练习的目的外，也激发学习者思考、紧急应变和解决问题的能力，是现代外语教学赋予的新内涵及新任务"（曾妙芬，2007，p.179）。由于网络实时互动课时间宝贵，让学习者既唤醒预习的知识，又迅速表达解决问题的办法尤为不易。为此，笔者的做法是"合二为一"，即，将结构的操练与解决问题结合起来，从而提高课程的效率。还是以前面提到的教育话题为例，教师给学习者展示出要解决的问题（这些问题通常是很棘手的），学习者需要思考。例如，关于"教育"的话题，笔者设计了这样的题目：如果你是家长，孩子出现以下情况可能怎么办?（图 4）。在这里，需要让学习者反复操练的句子结构是"如果我是……"；表达的功能是"假设"，给出的四种情境是预习作业里出现过的。这张讲义上有笔者留下的一些笔迹，这是在跟学习者进行语言互动时笔者试图对学习者进行"可理解性输入"的一个环节。在这段交流中学习者 L 将"染头发"读成了"杂头发"，而且不理解"纹身"的意思，因此，L 一直在用中文问"什么（"染"怎么读）"、"什么意思"来向老师求助，笔者立即针对这两种情况进行拼音标注及圈图解释。这其实就是一种语义协商。在笔者所任教的孔院，为了保护隐私，学习者不开摄像头，这就导致语义协商的手段被大幅度缩减，只能用语言来进行，但同时这也迫使学习者用各种语言手段来进行语义协商，从而提高了学习者在语言方面的能力。与此同时，我们也可以看到配图在远程互动课中的重要性，这又借鉴了直接法(Direct Approach)的做法。

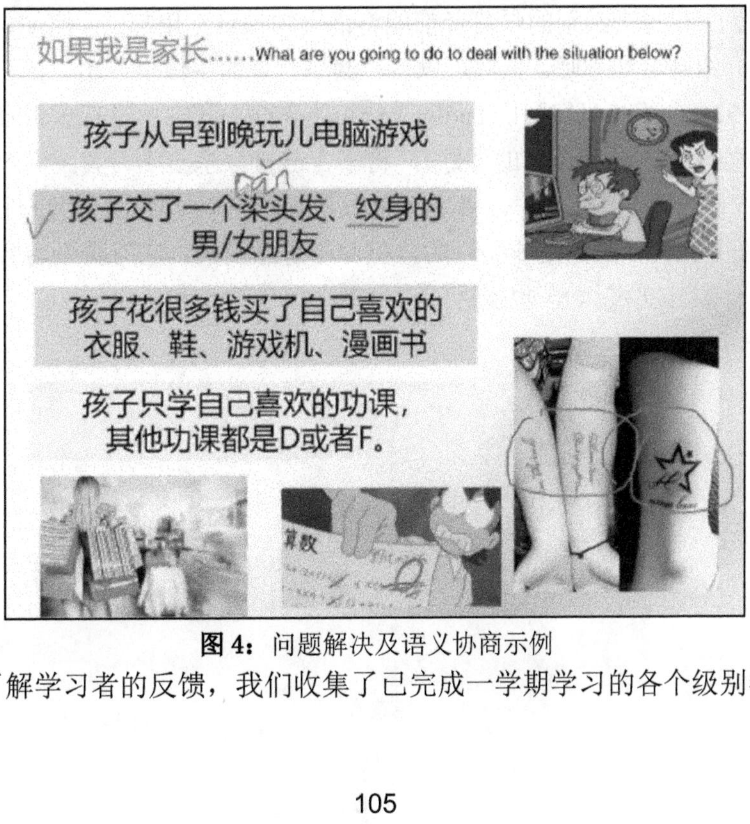

图 4：问题解决及语义协商示例

为了更好地了解学习者的反馈，我们收集了已完成一学期学习的各个级别学习者对互动课的意见。共收回 119 份有效问卷，其中，第一级别 47 人，第二级别 25 人，第三级别 16 人，第 4 级别 16 人，AP 中文 15 人。调查结果显示，在实时互动课中，28.5%的学习者希望巩固预习作业中的知识，26.09%的学习者希望教师能解决学习者在预习作业中产生的问题，28.5%的学习者希望学习新知识，只有 16.91%的学习者希望利用这个机会跟教师和同学交流。根据这些反馈我们发现，在理想模式中课程设计者希望给学习者增加成组或成对练习的机会，但在这种混合模式下的网络中文课中，学习者并不是最需要这样的帮助，而是希望验证自己自学过程中的学习成果。通过这一情况，我们建议教师们要认真思考并慎重考虑交际训练的教学设计，急于投入交际训练也许并不符合网络中文学习者的学习需求，在语言没有得到内化的情况下，强制输出并不能达到预期目标。这也从一个方面印证了关于混合式学习模式的原则，即，给学习者最及时的、最需要的帮助。

"2"：两个复习作业

这里称为"复习"其实并不能包括所有内容，因为这两个作业所要达到的交际目标远不止让学习者回顾预习作业里的知识，而是要在理解诠释、沟通交流的基础上，对语言知识进行整合、围绕主题进行有创造性的表达或演示。

我们常用的表达演示的形式有：1) 根据真实情境写句子或写故事（Sentence writing；Story narration）； 2)观点表达（Opinion expression）；3) 邮件回复(Email-response)；4)非实时自由对话(Asynchronous free-response)；5)非实时讨论(Asynchronous discussion)；6) 完成任务（Task completion）等。

与预习作业一样，这些作业的设计并没有完全依照三种沟通模式中的"表达演示"这种单通道的沟通模式来设计，而绝大部分采用了双向沟通的模式。笔者认为，在强化理解能力后的输出，才是有针对性地的输出，才更体现交际法的本质。例如，我们希望学习者写一封回复邮件，就会寻找素材模拟邮件发送人给学习者"发送"一封邮件，邮件内容大都反映了一个有待解决的问题，请学习者通过写作给出建议，这是 AP 中文考试中的一个题型。当然，我们也根据语言水平，将这种题型恰当应用在其他级别，让每个级别的学习者都能将语言知识真正用起来。比如，对于零起点的学习者来说，刚学习完介绍姓名和称呼，依然可以写一封信，信的主体可以用母语，但称呼和落款要用恰当的中文（见图 5）。亦或，我们利用 Padlet（一个协作学习平台）进行虚拟社区的创建，教师在平台上发布一个任务（例如，介绍你的爱好），将平台链接分享给学习者。学习者通过语音、文字甚至视频完成任务。在这个平台上，学习者之间可以相互看见、听见，并回复自己的想法或评论（见图 6）。这些沟通任务的设计虽然是非实时的，但却是有意义的，它符合学习者生活中大多数情况下的沟通方式（邮件或社交媒体），也促进了学习者之间的分享和协作。

Review 1.4.6 Project (3 points)

Write an E-mail to Miss 李 or Mr. 李, Your Email is supposed to include his or her Chinese family name, addressing, your greetings in Chinese and your own name (use Chinese name if you have one). You could create the Email body in English.

收件人

抄送

添加主题

图 5:零起点学习者"表达演示"作业设计

图 6:学生用 Padlet 分享观点

在这个环节，尤其是分享或协作等任务，我们不会过分地纠正学习者的错误，尤其是语言结构方面的错误，因为"过度的纠正会使学习者将他们的注意力从意义转移到形式"（Littlewood，1981，p.91）。但这不代表我们不给学习者任何反馈，只是反馈的重点是在告知学习者是否成功地表达了自己的想法或观点。例如图 6 中 JW 的帖子写道"我找的一个东西我想画的时候，我可以花一二小时画了"。她在使用错误的结构和语法表达自己对画画的喜爱,这些错误没有影响我们之间的沟通,但是笔者会回复她:"你是说你找到一个想画的东西的时候,会花一两个小时去画它? 看来你真是太喜欢画画儿了。"

根据逆向设计的理念,在确定打好所有基础工作后,我们会让学习者周期性地做一些任务。这个任务会依据本单元的主题,让学习者运用各种沟通技能来完成。例如,让学习者采访去中国饭店采访一位厨师或者采访一位中国人,介绍一道拿手菜。学习者需要通过视频把这道菜的制作过程记录下来,配以采访文本,制作成 PPT,将 PPT 提交平台,教师进行反馈。学习者根据教师的反馈进行修改,等到下一次网络实时互动课时跟大家分享,将口语化的语言形式通过演讲方式进行表达。

有一个现象值得注意,学习者在互动课上进行表达演示时,其他学习者很有可能注意力不集中。从学习动机的角度讲,他们会认为别人的演讲跟他们没有关系,从评估角度讲,是教师没有将演讲人以外的其他学习者的理解结果纳入到评估机制。此时,教师的指导作用就尤为重要,在互动课上,我们建议,除了要对演讲人进行评价,亦应设计对"听众"的评价机制,以及引导学习者互评。这是另外一个课题,我们暂不深入讨论。

4. 结语

本文回顾了交际法、三种沟通模式以及混合学习理论,同时,介绍了在此理论基础上构建起来的以"2+1+2"模式为基础的网络中文课程,并通过具体实例对其模式进行阐释,旨在分享本院课程建设过程和实施过程中的经验。

由于疫情突然,很多教师在被迫转型的过程中可能会经历一个从不知如何安排到什么方法、教学技术都想尝试的过程。这需要一个适应过程,最终找到最适合教学对象的一种模式。我们就此提出一些不成熟的建议:1)结合自己班级的教学目标和教学内容,合理安排学习者自学作业及互动教学之间的比例。我院的"2+1+2"模式是根据自身情况,在平衡实时和非实时比例的情况下而制定的,其有限的实时课部分也是我们一直希望改进提高的;2)互动教学的部分应紧扣学习者的自学内容,以使学习者获得足够的成就感;3)根据教学目标,理性选择教学软件,教学软件并非越多越花哨就越好,而应有针对性,且操作简单。因为除了教师,每一位学习者也都是它们的使用者。我们不应让学习者花费过多的精力研究如何使用一款软件,而占用了他们提高语言能力的时间。

我们认为,教学有法、教无定法、贵在得法,对于已有的模式和资源,我们也在不断改进,以求符合学习者的学习需求、提高学习者的学习兴趣及交际能力。

参考文献

Banu, S. (n.d.). *The effectiveness of reciprocal peer tutoring in supporting blended learning in both online and offline modes*. Retrieved from https://www.academia.edu/1965301/THE_EFFECTIVENESS_OF_RECIPROCAL_PEER_TUTORING_IN_SUPPORTING_BLENDED_LEARNING_IN_BOTH_ONLINE_AND_OFFLINE_MODES

Bersin & Associates. (2003). *Blended learning: what works?* Retrieved from http://ep.yimg.com/ty/cdn/bersinassociates/bloverview191.pdf.

Canale, M., & Swain, M. (1980). Theoretical Bases of Communicative Approaches to Second Language Teaching and Testing. *Applied Linguistics, 1*(1), 1-47. doi:10.1093/applin/i.1.1

Colis, B. & Moonen, J. (2001). *Flexible learning in a digital world: Experiences and expectation*. London: Kogan-Page.

Dean, P. J., Stahl, M. J., Sylwester, D. L., & Peat, J. A. (2001). Effectiveness of combined delivery modalities for distance learning and resident learning. *Biochemistry, 36*(21), 6401-6407.

Driscoll. M. (2002). *Blended learning: let's get beyond the hype. eLearning.* Retrieved from http://www-07.ibm.com/services/pdf/blended_learning.pdf

Fisher, D. (2012). *Warming Up to MOOC's. Chronicle of Higher Education.* Retrieved from http://chronicle.com/blogs/profhacker/warming-up-to-MOOCs/44022.

He, K.K. (2004). New development of educational technology theory from blending learning [何克抗 (2004), 从 Blending Learning 看教育技术理论的新发展 (上),《电化教育研究》(3): 1-6]

He, K.K. (2004), New development of educational technology theory from blending learning,[何克抗. (2004).从 Blending Learning 看教育技术理论的新发展 (下),《电化教育研究》(4) :22-26]

Hu, J.H. & Wu, Z.J. (2014). Research on the flipped classroom teaching mode of College English based on MOOC [胡杰辉,&伍忠杰,2014, 基于 MOOC 的大学英语翻转课堂教学模式研究.《外语电化教学》(6): 40-45]

Jia, D.S. (1989). The application of communicative approach in English Teaching in China [贾德森 (1989), 交际法在我国英语教学中的实施, 现代外语] 43(1):27-31

Li, J. & Jiang Z. (2017). Students' Perceptions about a Flipped Online Chinese Language Course, *Journal of Technology and Chinese Language Teaching, 8*(2), 25-38.

Li, K.D. & Zhao, J. H. (2004). Principles and Application Modes of Blended Learning. [李克东&赵建华. (2004). 混合学习的原理与应用模式,《电化教育研究》(7): 1-6]

Lightbrown, P. M., & Spada, N. (1993). *How languages are learned.* Oxford: Oxford University Press.

Littlewood, W. (1981). *Communicative language teaching: An introduction.* Cambridge: Cambridge University Press.

Nunan, D. (1989). Design Tasks for the Communicative Classroom. Cambridge: Cambridge University Press.

Richard, J.C. (2006). *Communicative Language Teaching Today.* Cambridge: Cambridge University Press.

Savignon, S. J. (1997). *Communicative competence: Theory and classroom practice: Texts and contexts in second language learning.* New York: McGraw-Hill.

Singh, H., & Reed, C. (2001). *A white paper: achieving success with blended learning.* Retrieved from http://www.leerbeleving.nl/wbts/1/blend-ce.pdf.

Strevens, P. (1988). *Learning English better through more effective teaching: Six postulates for a model of language learning/teaching.* Retrieved from https://onlinelibrary.wiley.com/doi/pdf/10.1111/j.1467-971X.1988.tb00214.x

Widdowson, H. G. (1978). *Teaching language as communication.* Oxford: Oxford University Press.

Zhang, Y. (2010). *The implementation of the blended learning approach in college English classroom.* Unpublished Ph.D. dissertation, Shanghai International Studies University.

Zeng, M. F. (2007). *Promoting professionalism in teaching AP Chinese: An introduction to a successful instructional model in teaching second year Chinese at the college level,* Beijing: Beijing Language University. [曾妙芬.(2007).《推动专业化的AP中文教学》. 北京语言大学出版社]

10

Google 辅助语言学习：一门中文高年级线上课程之设计与实践
(Google-assisted Language Learning: An Online Chinese Course for Advanced Learners in Germany)

林钦惠

(Lin, Chin-hui)

德国柏林洪堡大学

(Humboldt-Universität zu Berlin, Germany)

chin-hui.lin@hu-berlin.de

摘要： 本文介绍一门全线上的高年级汉语课程之设计与实践过程。课程以谷歌应用（如谷歌表单、文档、幻灯片）与谷歌课堂为辅助，并通过修课学生的期末问卷调查，讨论此一课程模式与谷歌工具作为课程辅助手段的可行性以及学生对此课程模式的接受度。

Abstract: This paper introduces the design and practice of a fully-online advanced Chinese language course. Digital support was based on Google Apps (such as Google Forms, Google Docs and Google Slides) and Google Classroom. On the basis of a student survey, the paper discusses the feasibility of this course mode and of Google tools as course aids. The paper is rounded off with a discussion of students' perception of this course mode.

关键词： 线上、电脑辅助语言学习、谷歌工具、课程设计

Keywords: online, CALL, Google tools, course design

1. 引言

2020 年春季爆发的新冠病毒疫情使得全球大学相继采取线上授课的因应措施，此一安排对语言课程与教师的冲击尤其巨大——自初级至中高级课程皆需采取紧急的应变手段，将原有的课室教学模式改为全线上教学模式。以德国的情况为例，各大学的中文项目在疫情前一般仍为传统的课堂教学，尽管教师在课上经常使用网络或者多媒体作为教学辅助工具，教学方式仍以在教室内直接授课为主（Lin 2021）。转为线上教学模式后，语言教师们除在短时间内需要录制视频、准备课外课内的自学练习、将原本的教学程序与活动转换成线上可使用的模式，尚需应付随之而来的其他困难——如适应新的教学平台、学生的电脑或设备无法符合线上课程所需、线上考试的公平性等问题，可以说方方面面都是极大的挑战。

然而从另一个角度来看，这或许正是一个尝试不同教学形式的机会。笔者在过去教授高年级课程时，所采取的方式经常为结合 Google Forms 与课室教学的"部分翻转课堂"模式（Lin 2018）。在此次疫情带来的全线上教学挑战下，除了原有的 Google Forms，笔者尝试使用 Google Classroom 结合其他 Google Apps 包括 Google Docs、Google Slides 等作为教学辅助工具，以期利用 Google Apps 易于协作的特性，为学生创造出一个更具互动性的线上交流环境。除此之外，笔者也希望趁此机会探索全线上教学模式的可行性，并检视 Google 工具作为教学辅助手段的优缺点。在本文中，笔者将首先介绍本学期的课程设计以及各课程环节的进行模式与使用工具，接着根据课后问卷调查的结果，讨论学生对此一教学模式的看法与接受度，最后根据调查结果提出对未来此类课程的规划建议。

2. 课程介绍

我系在本科阶段目前提供六个学期的汉语课程，前四个学期为必修课程，每周 5 堂课（一堂课为 90 分钟），上下学期共 29 周。第五学期以及第六学期则提供不同类型的汉语选修课，每周仅有一堂课。随学期与学生水平不同，所开设过的课程类型包括：成语阅读、汉德翻译、综合课以及视听说课等。本文所介绍的课程为 2020 夏季学期（自四月至七月）开设给第六学期学生的课程。

2.1 学生背景与课程设计理念

本校的中文项目在本科阶段前四学期教学目标以巩固基本语音、语法能力、扩大词汇量以及正式语体训练为主，教学内容一般以书面形式为重，每周仅提供一堂专门的听力口语课，整体听说训练较为不足。到了第五与第六学期，往往有一些自中国或台湾留学返国的学生，这些学生对口语表达有强烈的需求，也希望学习如何在口语表达中使用较为正式的口语语体，因此笔者在第六学期开设了此一以视听说为主的课程，以期提高学生听力以及正式口语表达能力。笔者认为，相较于初级班学生，高年级的学生通常语言已经达到了一定水平，不希望自己的中文退步，在课堂上的表现一般更为积极；此外，由于他们学习中文的时间较长，理解学习中文需要较强的自律能力与时间投入，并已有能力在课外自行探索相关知识，对教师的依赖感不如初级班学生那么强（Lin, 2018）。过去研究结果早已显示，在课堂上安排以学生为中心的合作或协作活动有助于促进学习者的反思能力、认知发展、同侪交流互动与自主学习能力（Hafner & Miller, 2011; Little, 1995, 2007; Macaro, 1997, Scharle & Szabó, 2000; Wass et al., 2011, etc.）。由于笔者希望能在这门课中尽量实践"支持自主学习"的理念，因此除了过去曾经设计过的"部分翻转课堂"的课前练习外，笔者还尝试在这门课程中加入不同形式的协作活动，包括课程词汇表协作、分组报告与主持讨论等——具一定语言水平与自主学习潜力的高年级学生正适宜作为新教学模式的实践对象。

然而需要一提的是，由于本校对于海外留学并不强制，在今年修读本课程的 12 位学生中，有四位没有留学经验，而其他学生留学时间则为半年至一年不等，语言水平差异颇大，如何尽量弭平差异对教师而言是一项不小的挑战。

除了实际上课时使用本校所提供的 Zoom 作为教学平台外，这门课主要采用的辅助工具均来自 Google，包括 Google Classroom、Google Forms、Google Docs 以及 Google Slides。过去 Google 工具用于语言教学领域的情况并不少见（Chinnery, 2008; Conroy, 2010），而在中文教学界，也已有不少使用个别工具进行翻转课堂或者协作的尝试，例如使用 Google Forms 进行课前预习（Chen, 2014; Lin, 2018; Tseng et al., 2016）、使用 Google Drive 分享文件（Chen, 2014）、使用 Google Docs 进行协同写作、编辑（Cai & Chen, 2020; Valdebenito & Chen, 2019）、使用 Google Sheets 进行词汇表协作（Cai & Chen, 2020）等。

Google Apps 的使用门槛不高，同时在文件整理、创建文档以及协作方面已整合得相当好（如学生在 Google Classroom 所上传的作业能够自动保存至 Google drive，在 Google Forms 中完成的课前作业也能够自动生成 Google Sheets 档案并加以统计）。此外，学生基本上都有 Google 账号，对基本使用界面也大致熟悉。考虑到 Google Classroom 或许能够更好地整合各种 Google 工具（Lin & Zhang, 2014），同时减少学生在不同平台间切换的困扰，在取得全数学生同意后，笔者决定在这门课中不使用学校原本提供的 Moodle，而使用 Google Classroom 作为课程交流平台，以测试其支持教学的可行性。

2.2 课程规划与课程要求

本课程的性质以视听说为主，同时每周课时只有短短的 90 分钟，加上考量学生课前作业负担以及教师批改负担，笔者将（原订 14 周，第一周因疫情取消的）13 周课程分为两个部分。除第一周课程介绍之外，将其中 10 周分为 5 个单元，每两周（共四课时）根据视频讨论一个话题。此外，另于期中与期末各规划一堂写作讨论课程（学期安排示例请参见表 1；写作课程规划理念请见 2.3）。

表1：学期课程安排示例

周		课程主题	课程内容	作业与缴交期限
1	21.04.20	课程与教学平台介绍、课程规定、分组		第一单元课前作业 27.04.20 09:00
2	28.04.20	第一单元： 新冠病毒与口罩 ——防疫或歧视？	第一课时： 课前作业讨论 （写作、词汇表） 视频内容讨论	主持讨论 PPT/词汇表 01.05.20 17:00
3	05.05.20		第二课时：主持与讨论	第二单元课前作业 11.05.20 09:00
	（中略）			
8	09.06.20	写作讨论 A		第四单元课前作业 15.06.20 09:00

本学期各单元讨论话题包括："新冠病毒与口罩——防疫或歧视"、"海底捞——东西方的服务文化"、"你好陌生人——选择与人生"、"奢侈品租赁——一种新潮流"、"移动支付——科技与隐私"。单元视频根据内容难度长度不等，均带有中文或中英文字幕，学生必须在课前自行观看视频并完成课前作业。每个单元的第一课时由教师主导，以讨论学生的课前作业及视频中的语言问题为主。这个环节的教学目标是为学生扫除之后课堂讨论时的语言障碍，并确保学生的语言产出达到一定水平；第二课时则以学生为中心，由两至三位学生共同进行报告并主持讨论，教师仅扮演协助者角色（facilitator）。

根据我校规定，第五与第六学期所开设的语言课程评量形式弹性较大，教师可自行决定学生获得学分的条件，但成绩不计。笔者认为，这样的规定虽然难以针对学习成就进行量化评估，然而从提高学生课程参与动机以及教师课程设计的弹性度来看，却颇有正面的助益。如前所述，修读这门课程的学生由于留学经验不同，在口语与词汇量方面原就已经有较人的差异，在这样弹性的评量形式之下，学生只要按时完成课程任务就能够取得学分，而不需计较期末分数的高低或是比较个人表现的优劣，因此更能够专注于个人的学习上；此外，由于没有分数的压力，学生们在分享与协作时也更积极，不担心自己犯错误。另一方面，教师也有机会在这样的课程形式中放手进行各种促进自主学习以及同侪学习的尝试。

在课程要求方面，笔者制定了比较严格的缴交时限。Rabin et al.（2011）曾指出，大学生的"拖延症"（academic procrastination）是一种相当普遍的现象，约 30 %到 60 %的大学生缺乏良好的时间管理习惯。然而时间管理能力是自主学习的先决条件之一，因此笔者认为准时缴交作业至关重要，特别是在作业不计分的情况下。迟交或未完成的作业均不计入缴交记录。

为了取得学分，每位学生在学期中需完成三项任务：五次网上课前作业至少必须缴交三次（通过 Google Forms 提交）、与同学共同完成一个单元的口头报告（个人发言时间 5-7 分钟）并共同主持该单元约 40-50 分钟的讨论活动，以及缴交作文一篇。在报告的准备方面，由于课程每周二进行，笔者要求负责报告的学生必须在周五 17:00 之前将使用 Google Slides 做好的报告内容（包括三个打算与同学讨论的话题）、词汇表（使用 Google Docs 创建，至多 15 个，包括生词、拼音、翻译）上传至 Google Classroom。而在主持讨论方面，笔者要求学生在主持时必须尽量使用正式用语，包括开头与结尾语，同时必须以较为正式而得体的语言形式鼓励同学发言，也必须给予每位同学均等的发言机会。笔者也在开学之初于 Google Classroom 上提供学生一份正式用语材料，供学生准备报告与主持时参考。

2.3 写作环节的设置

尽管本课程以视听说为主，笔者在课程规划时仍然设置了两种写作任务。第一种是在课前作业中的段落写作——学生必须表达对该单元视频内容的看法。这项练习的主要目的是为之后的课堂讨论进行铺陈——让学生在课前先整理出自己的个人看法与主张，在课堂讨论时自然就能有较具体的谈话内容与立场。由于学生所撰写的内容与视频相关，一般也能自然地用上视频中的生词或说法。这个部分的写作内容教师会在第一课时中当堂批改。考量教师在课堂中批改的时间有限，同时也不希望增加学生过多负担，这个部分的写作练习并非强制，也有一定的字数限制（100字）。不过，据笔者观察，一个学期下来，除了偶有一两位学生某次未完成之外，几乎每位学生都完成了这项练习，在4.2中，我们也将看到学生对这项练习的反馈。在这个部分，笔者批改时主要修正词汇语法的合适度，同时在与学生课堂互动的过程中，协助学生将较口语的表达形式转换为正式语体。

第二种任务则为篇章写作——学生在学期中必须缴交一篇与曾讨论话题相关的文章，字数800-1000字，话题可自行选择。这项练习的目的主要是希望让学生使用学习过的语言形式以较正式的语体总结自己对感兴趣的话题的看法。由于内容较长，笔者会在课前批改，批改后节选每位学生的优秀段落或佳句，在课上与其他学生分享并进行讲评。这个部分笔者批改的重点除了语法与词汇的使用之外，也包括篇章的连贯性与语体的正式性。

笔者之所以在这门以视听说为主的课程中仍然设置了写作环节，主要原因在于中高年级的学生尽管口语流利，然而在缺乏准备或者紧张的情况下，发言往往过短，或者言之无物，无法好好表达自己的想法。Luo（2002）曾指出："从交际过程来看，由于空间的限制，书面表达不像'说'那样直接面对交流对象，[...] 另一方面，由于书面表达不受时间的限制，传送信息的时间允许有充分的间隔，所以作者在表达过程中有更多修正的余地"。笔者也同意其看法，与即时的口语表达相比，写作练习能让学生有较充裕的时间思考、修正所使用的语言形式。此外，不少研究结果也显示，写作练习有助于口语表达或者减少口语表达的焦虑（Fathali & Sotoudehnama, 2015; Lu et al., 2018; Luo, 2002, Namaziandost et al., 2018; Weissberg, 2006）。在笔者看来，在中高级阶段必须重视正式语体的训练，在课程中加入一定的写作环节，一方面能够让学生对所讨论话题有较具体的准备，另一方面也让学生有时间思考并且有机会深化自己的表达形式，说起话来能更得体，更言之有物，同时减少实际口语表达时的可能焦虑感。

3. 具体实践过程与教学辅助工具

如前文所述，因应此次疫情，本校为教师与学生提供了 Zoom 平台作为线上教学之用。此一平台功能颇为完备，语言教学所需要的基本功能如屏幕分享（screen sharing）、共同注记（annotation）、分组讨论室（breakout room）、投票（polling）等都已具备。在课程信息交流方面，我校原已为师生提供 Moodle 作为课程信息交流平台，然而考量本课程主要使用 Google Apps 进行，使用 Google Classroom 或许能够较好地整合 Google Apps 并减少学生切换平台的麻烦。此外，与 Moodle 相似，Google Classroom 除了公告信息、师生交流、供学生缴交作业，并记录学生作业缴交情况外，教师也能在 Google Classroom 中直接批改学生作业并发还。因此笔者决定在本学期的课程中改用 Google Classroom，以进一步比较其与 Moodle 之差异。囿于篇幅所限，关于 Zoom 以及 Google Classroom 的使用方式与功能在此不多赘述。仅需要一提的是，由于我校并未使用 G Suite 教育版，笔者仅通过个人账号使用 Google Classroom。在学期开始之初，笔者首先将课程大纲以及本学期在报告与主持讨论中所需的正式句式参考档案放置于 Google Classroom 平台上，设置好各项作业内容与缴交期限，同时也为每个单元设置一份空白的 Google Docs 档案作为白板使用，并设定为所有使用者都能编辑该文档。使用 Google Classroom 的前提是师生都必须有 Google 账号，几乎所有的学生都已经拥有账号，因此在转换至此一平台时并未出现太大的问题。

在 2.2 中已经提过，本学期的课程因疫情关系缩短为 13 周，除第一堂课为课程介绍之外，共分为五个单元（十堂课）以及两堂写作讨论课。第一次上课由于部分学生还不认识彼此，同时大多数的学生对 Google Classroom 以及 Zoom 的界面以及功能还不熟悉，因此笔者除了让学生进行自我介绍、同时说明课程大纲、各单元主题、课程要求与本学期的规划外，同时也向学生仔细介绍了 Google Classroom 以及 Zoom 的各项功能以及完成作业所需的辅助工具操作方法。此外，考量本学期有不少需要学生分组合作完成的任务，笔者也趁此机会协调学生进行分组——由于本学期共有五个单元，因此笔者请学生根据感兴趣的话题自行分为 5 组，每组 2-3 位学生，各负责一个单元的口头报告与主持。报告时每位学生均需发言 5 至 7 分钟，并共同针对当周话题主持讨论。

各单元具体进行的流程主要分为四个阶段：（一）课前预习与教师反馈；（二）第一课时；（三）报告准备与教师反馈；（四）第二课时。具体内容以及各环节使用之 Google Apps 如图 1 所示。

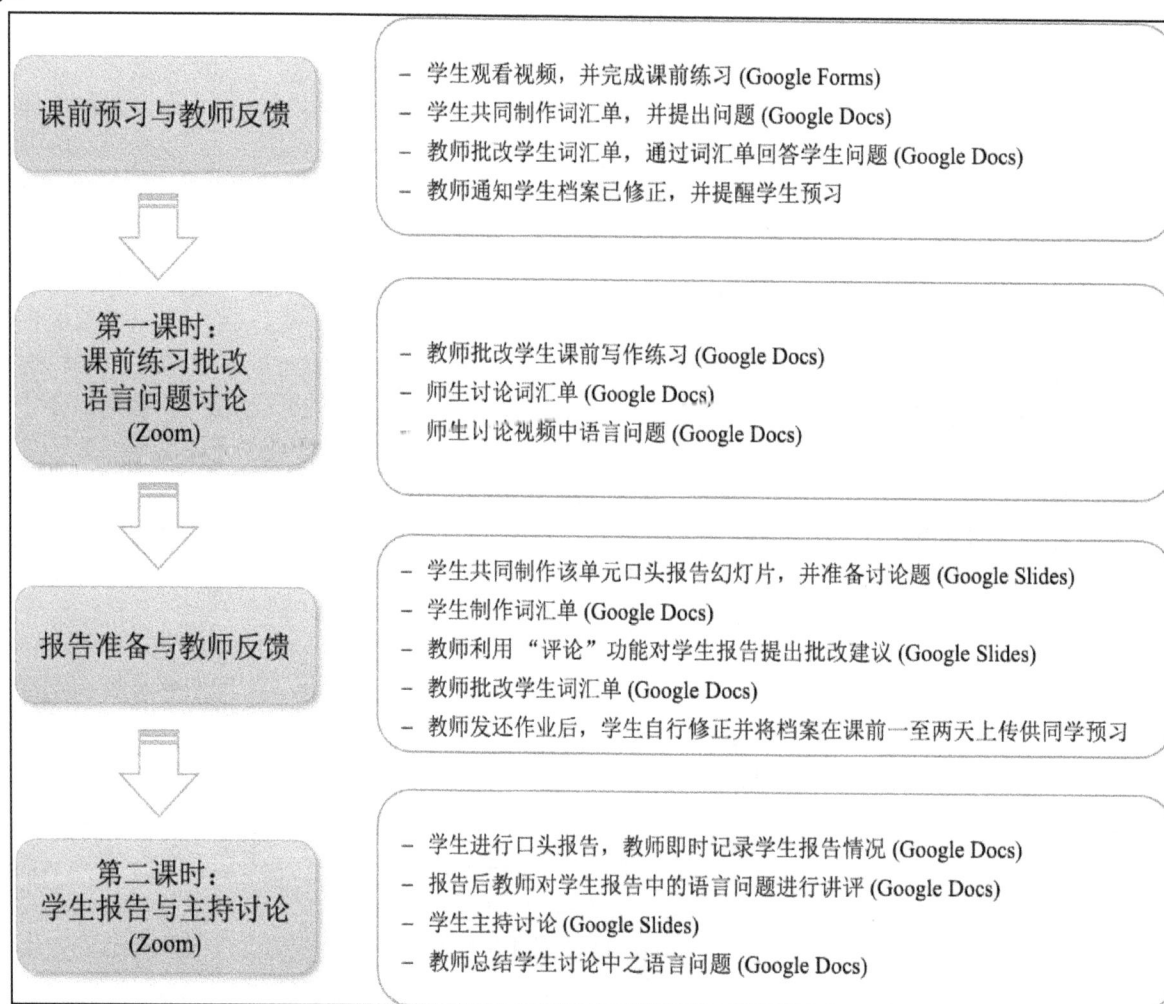

图 1：各单元进行流程

接下来，笔者将介绍这四个教学环节的具体实践过程。

3.1 课前预习与教师反馈：Google Forms + Google Docs

笔者主要以 Google Forms 设置课前作业，作业内容包括词语配对、视频理解、段落写作、以及共同制作词汇表。笔者在课前作业中放上视频链接，首先要求学生在做作业时先不使用辅助材料，根据自身的词汇知识以及视频的上下文猜测词汇的含义，此一部分使用的是"单选网格"功能（见图2）。

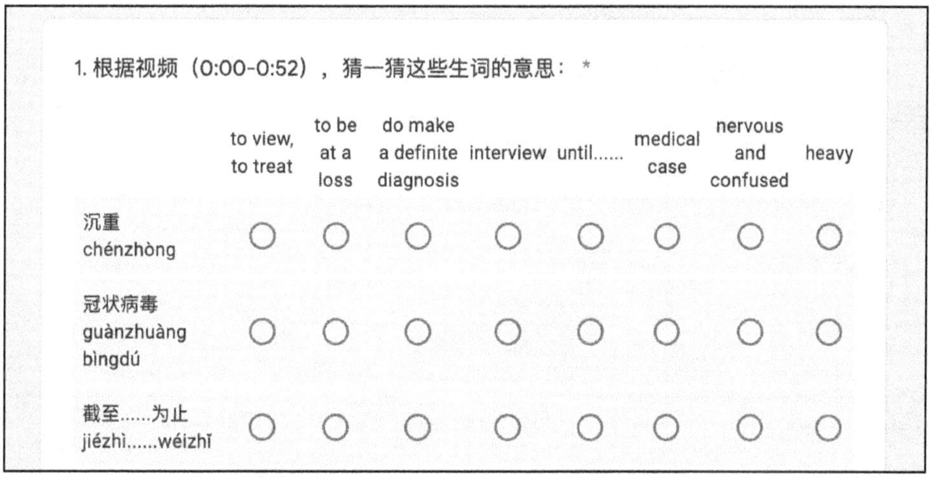

图2：课前作业：词语配对练习

接着，学生必须回答根据视频内容所设计的内容理解问题，此一部分使用的是"单选题"或"多选题"功能（见图3）。

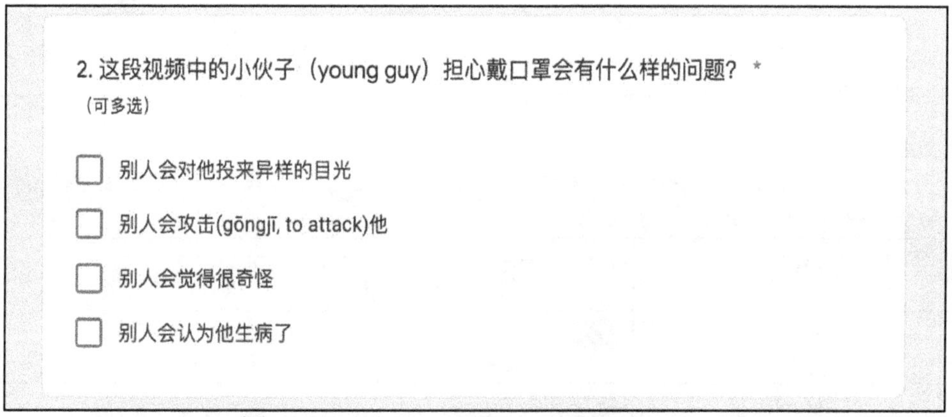

图3：课前作业：视频内容理解问题

接着笔者利用 Google Forms 的"段落"功能，请学生写出自己对于当周视频内容的看法，并在表单中设定字数上限为 100 字。如前所述，设定字数上限的主要原因是笔者希望在上课时直接批改学生的写作内容，再加上此一练习的目的只是希望学生在上课前能够简单总结自己对视频的看法，如果写得太多，作业批改的环节将容易压缩其他环节的时间。

在 Google Forms 上，教师能够预先针对不同的题型设定答案以及分数，当学生提交作业时，就能即时得到反馈。不仅如此，Google Forms 还能够将学生的回复自动生成 Google Sheets 档案，甚至进行统计，对教师而言极为方便。笔者过去曾经使用过 Google 插件 Flubaroo 作为课前反馈工具，此一插件可以选择手动批改评分，也非常适合与 Google Forms 搭配使用（Lin, 2018）。不过由于本学期的开放性问题不需要给分，因此笔者未选用 Flubaroo。

课前作业的最后一个部分则是请学生利用 Google Docs 共同制作词汇表。Cai & Chen （2020）曾经在高年级的电影课上让学生合作完成词汇表的创建。他们提出："到了高年级，学生的语言能力参差不齐，而传统的词汇表有统一的标准和限制，很难满足学生多元的需求"。笔者极为同

115

意这样的观点——一方面由教师决定词汇的传统方式在学生水平差异极大的情况下未必理想；另一方面，无论是电影或视频，所有的词汇不可能也没有必要尽学，让学生根据自己的能力与兴趣，选择自己希望学习的词汇，就学习者的角度而言是更有意义的。Cai & Chen（2020）所使用的方式是让学生分组在 Google Sheets 上合作共享生词，每位学生负责 3 个生词，教师再从中选出 20 个生词并在课前改正学生词汇表中的错误。笔者所采取的方式则不太相同（见图 4）。

第一单元：新冠病毒与口罩————防疫或歧视？

关键词汇

	生词	拼音	词类	翻译（德语或英语）	例句（一至两个）
1.	疫情	yi4qing2	名	epidemic situation	这一阵子欧洲的疫情日益严重。 由于政府隐瞒疫情，导致人民太晚发现疫情的严重性。
2.	隔离	ge2li2	动	to quarantine	从疫区回来的人，都必须居家隔离两周。
3.	歧视	qi2shi4	动/名	to discriminate; discrimination	"女人不会开车"这句话是对女性的歧视。 许多人不理解自己的行为是一种歧视。
4.	防疫	fang2yi4	名	disease prevention	政府应该做好防疫工作。 在许多人看来，戴口罩可能是一种有效的防疫手段。
5.	传染	chuan2ran3	动	to infect/anstecken	你别把感冒传染给别人。 我上个星期被弟弟传染了感冒，到现在还没好。
6.	感染	gan3ran3	动/名	to infect/infizieren, to influence; infection	他不知道自己是什么时候受到感染的。 他的痛苦感染了每个人，使大家都非常难过。

视频词汇单

每位同学必须至少加上2个生词。如果你想添加的生词你的同学已经加上去了，就请你"再"加上一个例句，并标注你的名字。

	生词	拼音	词类	翻译（德语或英语）	例句（一至两个）	作者
	创立	chuang4li4	动	to establish; gründen	那位年轻人去年创立了一家公司。 这家公司是九十年代创立的。	林老师
7.	看待	kan4dai4	动	to regard	你们是怎么看待这种趋势的？ 我把他当朋友看待。	
8.	到头来	dao4tou2lai2		in the end, finally	到头来，每个国家都有自己的文化。	
9.	截至...为止	jie2zhi4...wei2zhi3		bis, bis zum	截至1月27日为止，在德国一个和冠状病毒有关系的病例都没有。	
10.	纠结	jiu13jie24	动	miteinander verknotet sein, ineinander verstrickt sein ratlos sein	威尼斯的水渠非常纠结。 心情/毛线/几件事情+纠结在一起 我很纠结去看家人是不是安全这件事让我很纠结。 我好一直纠结于文化差异的问题	

图 4：课前作业：词汇表（学生作业与教师反馈）

　　笔者使用于词汇表协作的工具是 Google Docs。在学期开始之前，笔者已经预先创建了每个单元的文档，并提供 5 至 6 个较关键或难度较高的词汇，每位学生的任务是在视频中至少另挑选两个自己认为重要的词汇，并加上拼音、词类、英语或德语翻译以及一两个例句。如果学生想挑选的词汇其他人已经选了，则不一定要再选一个生词，也可以再补充一个例句。这个做法的用意是避免学生"为选而选"。在笔者看来，词汇表的作用不在"量多"，而在于学生能否确切掌握所选生词的用法。换句话说，添加例句的部分是笔者认为这项作业最关键的部分，对这个水平的学生而言，词汇的辨析、搭配一般比较困难，往往也是学生最感兴趣的部分之一。通过在课前让学生添加自己的例句，教师可以看到学生是否能够真正具有使用该词汇的能力。另外，在词汇表中学生必须标注自己的名字。这样一来，每位学生必须对自己所撰写的部分负责，教师也能够在课前掌握学生的作业完成情况。学生都完成作业后，教师会检视词汇表并加以修正，同时视情况补充词汇的搭配或者其他的例句，以供学生在课前预习（图 4 中的楷体文字为教师说明以及范例，绿色文字则为课前批改或补充之处）。在笔者看来，通过这样的"协作"形式，不仅能够让学生挑选自己真正想学习的词汇，还能让学生从他人所挑选的词汇中获益。即使只是在别人所选择的词汇上加上一个例句，也是练习使用该词汇的机会。在这学期的上课过程中，有时几位学生都想选同一个词，上课时谈起颇有"英雄所见略同"的喜悦；还有些学生坚持告诉同学他们之所以选择某一词汇的理由，也为上课增添了不少乐趣。

　　另外，在这份词汇表下方，笔者鼓励学生在课前预先提出希望教师在课上讲解的问题并邀请其他学生参与回应。下图中，1-4 的文字是一位学生提出的问题，楷体文字则是笔者在课前的回应。从学生所提出的问题中我们可以看到，这个水平的学生对于近义词以及词汇的扩展确实有着比较浓厚的兴趣。鼓励学生先行提出问题不仅可以促进同侪交流，也有助于教师在课前进行更深入的准备。有时候学生提出的问题比较多，教师也可以视情况是否在课堂中处理，或者书面回应即可。如此也能够更有效率地运用有限的课堂时间。

你觉得比较困难，希望老师上课再说明的词汇、语法或内容（请具体说明）
如果你觉得你能帮忙回答同学的问题，也可以把你的看法写下来，我们上课的时候可以讨论

例：
我不太清楚"病毒"跟"疾病"有什么差别。（你的名字）
"投来异样的目光"是什么意思？这个说法应该怎么用？（你的名字）

1. 讨论一些和"隐瞒"的用法。
2. 有效的效，别的词的例子。
我在这里先举一些例子：
效果：
政府的规定虽然严格，可是没有什么效果。
这种药的效果不错＝这种药的药效很强

效率：
张先生做事很有效率，可以用最短的时间做最多的事。

3. 传染和感染
4. 创立　建立　成立　设立　树立　确立

图 5：课前作业：词汇表（学生问题与教师反馈）

课前的最后一个部分则是自我评价，请学生评价视频的难度以及说明自己所花的时间、在看视频时所遇到的问题，作为教师将来选择视频的参考（囿于篇幅，关于这个部分的做法请参考 Lin, 2018）。课前作业缴交的期限为周一上午 9:00，笔者于周一下午将学生所制作的词汇表批改完毕后，就放上 Google Classroom 让学生在周二上课前预习，此外也将学生课前的写作练习内容放置于 Google Docs 中，准备上课时讲解。

3.2 第一课时（写作练习批改、词汇表与语言问题讨论）：Zoom + Google Docs

在第一课时的教学中，笔者使用 Zoom 的视频会议功能与学生交流。教学内容以批改学生的课前作业、讨论词汇表内容以及讨论视频中的语言问题为主。笔者在教学时打开预先准备好的文档，使用 Google Docs 的"建议"功能逐段批改，如此所有学生都能够看到原文以及教师修改之处。这个环节一般约占 35-40 分钟（图 6 中绿色文字为教师上课时修改以及与学生讨论之记录）。

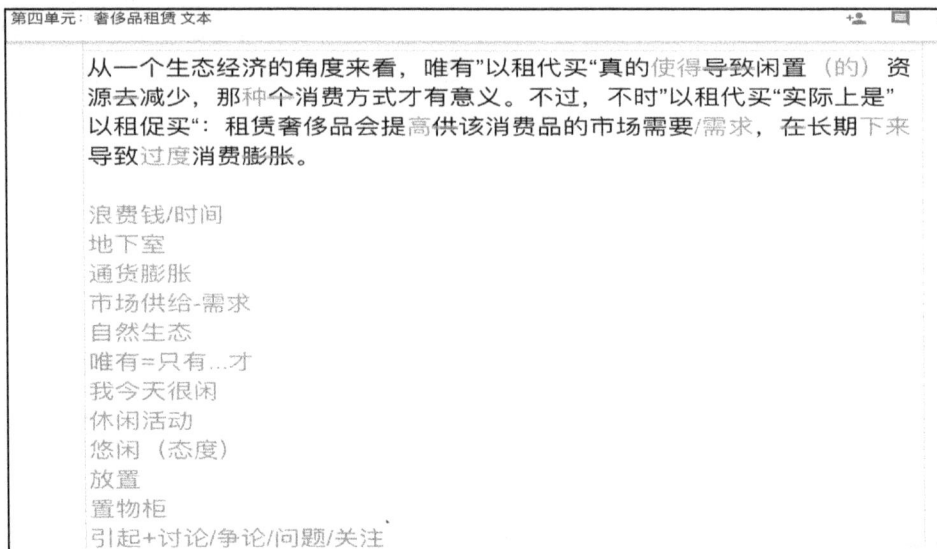

图 6：课前写作练习批改记录

事实上，这虽非笔者第一次设计课前写作练习，却是首次采取在课堂上直接批改的方式。过去在传统的课堂教学模式中，笔者与学生讨论课前写作练习的内容时一般先在课前批改好发还给学生，再将个别学生作业中值得讨论的句子整理出来，做成讲义与其他学生分享。这样的方式尽管能够节省一些课堂时间，但缺点是其他学生往往只能看到缺乏充分上下文的语句，同时教师在批改时有疑义的地方也无法即时解决，再加上教师的反馈仅限于作者一人，很难让所有学生都加入互动的过程。改成在课上直接批改课前写作练习后，笔者发现好处不少：第一，所有同学的写作成果都能在屏幕上呈现，因此学生有机会看到其他学生撰写的完整内容，进而理解其他学生对此议题的想法；第二，教师在批改时如果有不清楚的地方也能立刻询问作者，或者让所有学生一同思考该如何改正一项语言错误，大大提高了师生与生生之间的互动性。有时某学生提出一种可能的解决之道而获得教师与同学认可时，可以看出其语言自信大大提升；第三，在讨论他人写作内容的过程中，每个人不仅可以随时就自己不清楚的部分或联想到的词语提问，还可以对他人的观点表达自己的看法。换句话说，课堂上的讨论并不限于写作的内容，每个人的作品都只是一个讨论的出发点，最终的目的是在讨论的过程中深化学生过去所学，并促进互动与交流。

在写作练习的讨论结束之后，笔者接着就师生共同创建的词汇表与学生进行讨论。由于学生大多都已在课前预习过笔者修改后的版本，因此讨论的重点主要是学生所撰写的例句以及词汇的用法。在这个阶段，学生对于近义词辨析以及词语的搭配非常感兴趣，也常能举一反三，因此讨论与提问一般非常热烈，这个环节一般约占 40-45 分钟，笔者会将讨论时提到或补充的词汇直接加在词汇表的文档中。最后如果还有一些时间，笔者则针对视频文本中一些较为特殊的用法例如成语或俗语进行说明。在第一课时结束后，笔者会将修改后的写作练习以及视频文本放在 Google Classroom 上供学生课后自行复习。

3.3 报告准备与教师反馈：Google Slides + Google Docs

由于第二课时主要是由各组学生负责报告以及主持讨论，在报告的前一个周五，学生必须以 Google Slides 以及 Google Docs 将报告内容以及词汇表准备好上传至 Google Classroom 以利教师批改。笔者在学生上传后，则使用 Google Doc 中的"建议"以及 Google Slides 中的"评论"功能给予修正建议（见图 7）。使用"建议"或"评论"功能而非直接编辑的原因是，笔者希望让学生阅读教师评论后自行修改报告，而非由教师帮他们完成。通过 Google Slides，教师还能够看到学生是否接受了教师所给的建议。

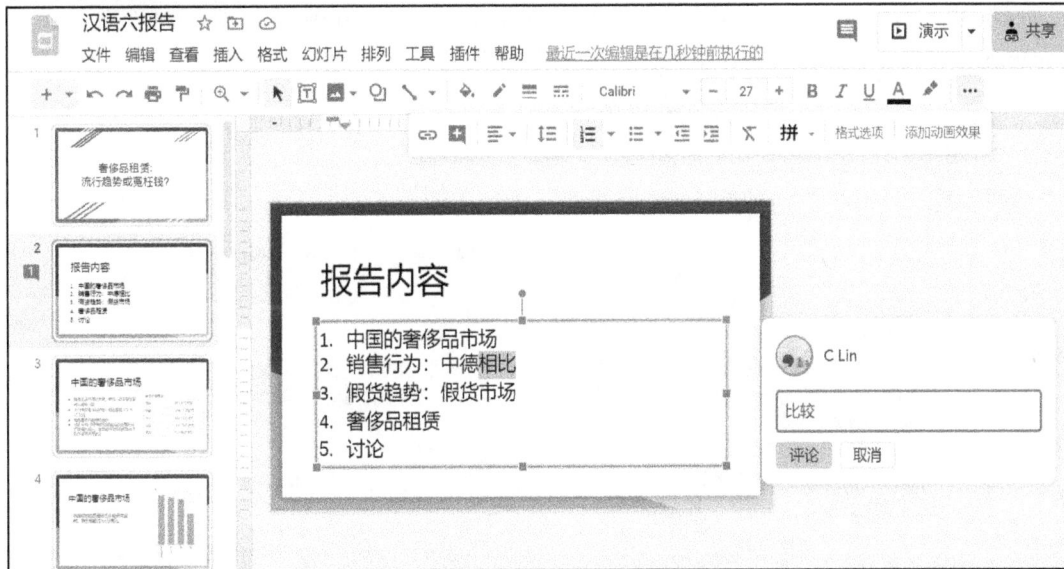

图 7：学生报告与教师反馈

在完成最后的修正之后，学生就在课前将报告与词汇表的档案上传至 Google Classroom 供其他同学预习。

3.4 第二课时（学生报告与主持讨论）：Zoom + Google Slides + Google Docs

第二课时主要是以学生为中心的活动，然而过去研究指出，虽然协作学习的模式有许多好处，比方说学生发言更为积极主动，发言量也提高了，然而学生所产出的语言形式内容层次却往往比较低，容易忽略复杂的语言形式（Jacob et al., 1996; Liang et al., 1998）。笔者在过去的教学过程中确实也观察到了此一现象。

为了在一定程度上解决这个问题，笔者认为，在学生主导的活动进行时，作为协助者的教师仍有责任为学生的语言产出质量把关。然而，如何在不妨碍学生交流互动的情况下提醒学生注意自己与他人所使用的语言形式？笔者所采用的方法是在学生报告之前预先打开以 Google Docs 创建的白板，并要求所有学生登入。接着当学生使用 Google Slides 进行口头报告时，教师便同步在白板上进行记录，如此所有学生就都能够在自己的电脑上立即看到教师在白板上记录的内容，并作为听讲时的参考，要是在同学报告时有任何问题，也能够在不打断同学的情况下利用白板询问教师。在这个阶段，笔者主要快速记录下的是学生在报告时词汇或者语法运用不合宜之处，有时候也即时补充一些更合适的说法，如此其他学生在接下来发言时就可以立即加以利用。所有学生报告完后，笔者首先根据白板上的记录对个别学生所使用的语言形式进行反馈，其他学生可以随时提问。这个阶段一般约占 35-40 分钟左右。

接下来的主持讨论环节大抵也是相同的形式——由学生开场、组织讨论、邀请发言、打断发言、控制时间、进行总结等，教师仅担任记录者与协助者的角色，尽量不干涉学生的讨论与发言。除非主持人没有留意每位同学的发言时间，教师才会提醒主持人维持发言的公平性。在课程结束前，笔者一般会预留约 10 分钟时间，根据白板上的记录对每位学生的发言进行个别反馈并总结。白板上所记录的内容都能够成为学生课后自学的材料。

3.5 写作讨论：Zoom + Google Docs

以上笔者说明了本课程各单元进行的具体流程，最后笔者还想介绍本学期两堂写作讨论课的进行方式。不同于 3.2 中所谈到的当堂批改形式，由于正式写作的篇幅较长，因此笔者所采取的方式是在课前批改，再从每位学生的作品中选择约 150-200 字与其他学生分享。考虑到上课时必须一次讨论 6 位学生的作品，内容较多，在课前笔者会将整理好的课程材料先上传至 Google Classroom 供学生预习。在课堂教学中则以这份材料为基础，进行语言与内容方面的讨论（图 8 中黑色文字为学生作品，粗体为笔者所选取的关键词汇，绿色文字则为上课时师生讨论的记录）。

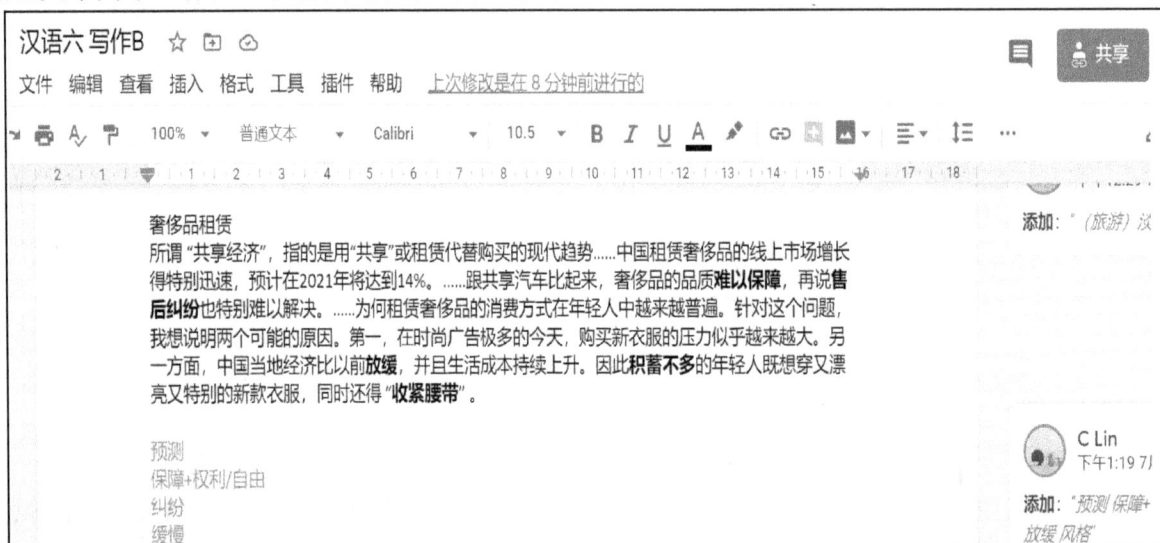

图 8： 写作讨论（学生作业与教师反馈）

4. 教师实践心得与学生反馈讨论

整体而言，这一整个学期下来，除因学生网速所导致的技术性问题之外，在笔者看来课程进行尚称顺利——学生均能准时缴交作业并尽力完成任务，上课时气氛也颇为热烈。然而正如 Kauffman（2015）所指出的"线上课程未必适合所有的学生（Online learning may not be appropriate for every student）"，Lee（2016）的研究结果也显示"学生的期待并不总是符合教师的期待与学校的教学理念（students' expectations do not always match with teachers' expectations as well as the pedagogical beliefs of the institution）"。为了深入了解学生在本学期中对笔者所设计的教学模式以及课程内容的接受度，笔者于学期结束时使用了 Google Forms 进行了课程反馈调查，修课学生 12 名，共回收了 11 份问卷。表 2 呈现了学生对使用 Google Classroom 作为课程平台以及 Google Apps 作为辅助工具的看法统计。

表 2： 学生对在课堂中使用之平台与教学辅助工具的看法

	strongly agree/agree	strongly disagree/ disagree	I don't know
I find it convenient to use Zoom as a platform for regular class teaching.	10	1	0
I find it convenient to use Google Classroom for receiving announcements and course documents.	8	3	0
The way of using the "Google Docs" as a whiteboard is helpful.	11	0	0

I think the way of using the "Google Docs" for discussing WRITING assignments is helpful.	10	0	1
I think the way of using the "Google Docs" to construct a vocabulary list together with other students before class before reading the teacher's corrections is helpful.	8	3	0
I think the way of using the "Google Forms" to do the before-class assignments enables me to do better preparation before joining the class.	9	1	1
I think using "Google Slides" to make an oral presentation is convenient.	8	3	0
Everyone can leave comments on the webpage of Google Classroom. I find this useful because we can share information or interact with other classmates and the teacher outside the classroom.	9	1	1
Generally speaking, I am satisfied with the learning platforms (Google Classroom + Zoom) we used during this term.	10	1	0

从上表中我们可以看到的是，大多数学生对本课程所选用的课程平台以及辅助工具持正面态度——在 11 位学生中有 10 位对使用 Google Classroom 加上 Zoom 的教学模式表示满意。然而值得注意的是，在使用 Google Classroom 作为信息交流平台、使用 Google Slides 进行口头报告以及使用 Google Docs 进行词汇表协作三方面，各有 3 位学生表示不满意，比例较高。以下我们将通过学生的文字反馈，首先针对这三点进行讨论。

4.1 学生对信息交流、口头报告以及词汇表协作的反馈

在使用 Google Classroom 作为课程信息交流平台方面，学生的反馈指出其作为课程公告平台的缺点是"对使用者并不友善"（not user-friendly）、"缺乏条理"（unorganized）——有四位学生表示 Google Classroom 的界面在搜寻旧信息、同学的帖子或者先前单元的文档时相当不便；一位学生表示更喜欢 Moodle，他指出 Moodle 的优点是除了界面分类较为清楚之外，还能够一键下载所有的课程文件。笔者也同意学生的观点。经过一个学期的使用，笔者发现在 Google Classroom 的首页"信息流"（stream）中，虽然所有使用者都能够在每个帖子下留言与其他人互动，然而信息仅自新至旧排列，没有进一步的分类可能，一旦需要查找过去的信息，就只能滑动页面或者使用浏览器的"搜寻"功能。即使教师能够将较重要的公告移至页面顶部，整体看起来仍然不如 Moodle 的页面直观、有条理。

在使用 Google Slides 进行口头报告方面，抱持正面态度的学生表示使用 Google Slides 与同学同步合作编辑文件相当方便。一位学生认为特别是在疫情影响无法面对面互动的情况下，这样的活动给了他更多机会与同学合作、讨论（this was great because we had to interact more with our fellow students and thus it felt a bit more like "socializing" in a social distancing time），另一位学生则表示在同学报告时使用白板即时记录的方式非常有用（having the whiteboard was very helpful so we could do miniviews of the vocabulary that we had just used）。也有两位学生在反馈中提到自己对 PowerPoint 的功能比较熟悉，需要花较多时间适应 Google Slides 的功能，但大抵而言还能够接受。

而在词汇表协作部分，学生们的意见则较为分歧。以下笔者简单总结学生们的观点（原文请见附录）。总的来说，对此一设计抱持正面态度的学生占多数，共有 8 位，他们的反馈包括：这样的学习方式较有创造性、有助于学习者自己思考如何使用自己所选择的词汇，而非仅学习由教师选择的词汇、能够让学生更关注视频内容等；而持较负面态度的学生则有三位，他们的意见包括：与传统教师提供词汇表的方式相比，词汇表协作的方式必须花费较多的时间、比较困难等。事实上，这样的调查结果并不令人意外，Chen（2016）与 McNally et al.（2016）的研究结果均显示，并非每位学生都能够适应自主性较强的学习模式，学习量增加容易导致学生对新学习模式的抗拒心理。Roehling（2018）也指出，学生必须具备如独立学习、时间管理、自我管理等元认知策略才能够适应这样的模式。值得注意的是，有两位学生提到他们认为协作模式没有帮助的原因是他们大多时候只是试着寻找还没有被选择的生词。从这两位学生的反馈看来，他们似乎并未正确理解这项作业的要求——事实上完成作业不见得需要选择新的词汇，在他人所选词汇的基础上添加例句也是可行的。然而他们的反馈也提醒了笔者，在未来规划类似作业时，必须更留意学生是否已确实理解作业要求。

　　此外，从学生的回应中笔者还观察到了一个有趣的现象——在倾向于协作方式的学生中，有两位除了表达对词汇表协作的看法外，还进一步提出了如何改进这种协作方法的建议。这一点我们将在 4.4 中续谈。

4.2 学生对课前写作练习与批改方式的反馈

　　从表 2 中我们已经看到几乎所有的学生均同意使用 Google Docs 讨论课前写作练习的方式是有帮助的，然而由于在课上直接批改课前写作练习是笔者的首次尝试，因此也希望多收集学生们对于这个部分的意见。为了具体了解学生对课前写作练习以及批改方式的看法，在问卷中笔者设计了其他的相关问题，结果如表 3 所示。

表 3：学生对课前写作练习与批改方式的看法

Which statement(s) about the before-class writing assignment do you agree with?	
The writing exercises help me to organize my thoughts of the discussed issues better.	10
I think it is helpful to see the other students' writing exercises because I can learn from others.	9
I prefer that the teacher corrects the writing exercise directly in class because I can ask my questions directly.	8
The writing exercises are helpful for my speaking, too.	5

　　从表 3 中我们可以看到，大多数的学生都认为课前的写作练习有助于组织自己对话题的思路（10 位），也对教师直接在课堂上批改写作作业的尝试持正面态度（9 位同意能够从他人的写作中学习，8 位认为可以在课上直接提问是较好的方式）。值得注意的是，在"写作练习有助于口说"这一个部分，仅有五位学生同意，没有笔者原来预期的多。尽管如此，有一位学生在这个部分的反馈中表示，他注意到当自己在课堂上口头重复先前已经准备好的内容时，效果是最好的（I noticed that I had best results when I verbally repeated something from my preparation in the Zoom class）。由此可见，写作准备或许仍然对某些学生的口语能力有助益，只是实际的成效还有待进一步验证。

4.3 学生整体预习与复习情况调查

　　接着，为了解在疫情中全线上的教学模式下学生实际的复习及预习情况，笔者也在问卷中设计了相关问题，包括"在课后复习白板内容"、"复习教师对写作练习批改的内容"、"预习教师改正后的词汇表"以及"预习教师改正后的学生报告"四项，选项则包括"总是"、"通常/大多数时候"、"常常"、"不常"、"很少"以及"从不"。从表 4 显示的结果可以看到，大多数的学生预习与复习情况大致良好，选择后三项的学生占少数。

表 4：学生复习与预习情况

Which of the following statements matches your experience?	always	most of the time	often	not that often	seldom	never
Reviewing the information provided by the teacher on the "Whiteboard" after class.		4	2	2	3	
Reviewing the teacher's corrections on writing assignments after class.	2	4	4			1
Previewing the corrected vocabulary list before class.	5	5				1

Previewing the corrected version of my classmates' presentation before class.	5	3	1	1	1

在这个部分有两点需要说明：首先，在复习白板内容方面，没有学生选择"总是"选项，同时选择"不常"与"很少"的学生有 5 位，比例偏高。几位学生表示，因为白板内容是课程的即时记录，内容一般比较多也比较杂乱，如果下课后不马上整理，就必须花很多时间搜寻自己需要的信息，因此影响了自己复习的意愿。此外，在表 4 选择"从不"选项的是同一位学生。这位学生在问卷中特别补充他个人这个学期因为疫情而感到极大的压力与挫折，特别是因为图书馆关闭，让一向在图书馆学习的他找不到地方专心学习，因此这个学期的学习情况不佳与课程本身没有关联，而与个人情况有关。笔者认为，这位学生的反馈深刻地反映出本学期教师所面临的挑战的复杂性——除了将传统课堂教学转为线上教学的困难外，每位学习者个体在疫情中所面对的压力与挫折都可能影响其学习状况。

4.4 学生对于教学模式提出的建议

在 4.1 中已经提到，有两位倾向于词汇表协作模式的学生在反馈时进一步对该环节的操作方式提出了建议。事实上，在整份问卷调查中，有不少学生针对课程不同环节的操作提出了具有建设性的意见，笔者整理如下：

（1）　在观看视频之前，教师可预先提供视频中的关键词汇，以及视频中不同段落的简单提要

（2）　在词汇表任务方面，除了让学生选择两个词与提供例句之外，还可以要求学生补充之前学过的含有相同汉字的词语

（3）　可以在学生报告之前，另设计两三个针对报告内容的小问题让其他学生作答，以确认学生的预习情况

（4）　可以在每个单元结束后进行一个简单的词汇小考，或者让学生选一个学过的词汇考其他的学生，如此可以增加学生学习新词汇的动力，也可以使用 Kahoot.it（学生指出他的俄语老师用过这个方式）

（5）　连续上 90 分钟的网课学生不容易专心，建议中间可休息几分钟再继续上课

这些建议对笔者而言非常有启发。我们可以看到，这些学生所提出的建议，并非仅满足其个人的学习需求，而能站在教学整体的角度考虑如何达到更好的学习效果，甚至乐意将在其他课堂中获得的经验与教师分享。可以说，他们从学生的角度补充了笔者在课程设计时思考的不足之处。笔者认为，上述的建议正反映了这些学生在学习过程中的批判性反思（critical reflection）以及积极（proactive）、带有责任感（responsible）的态度，而这些特点恰也与过去学者对自主学习者特征的描述相符（Dickinson, 1993; Little, 1991; Wang, 2016）——自主学习能力较高的学习者除了乐于尝试新的教学模式外，还能评估这样的学习模式是否对自己有益，甚至进一步提出有助于学习的策略。

4.5 学生对线上/线下语言教学模式的倾向以及对本课程未来教学模式的期待

最后，笔者也调查了学生对线上/传统课堂语言学习模式的立场以及对本课程未来实践模式的期待。关于对语言学习模式的看法，11 位学生中有 7 位学生倾向于支持传统的课堂教学模式，理由包括"线上课程不易专心"、"网速以及音质效果差会影响学习"、"在教室中面对面交流更容易"、"线上互动感觉有隔阂"、"线上学习态度容易变得被动"等。一位学生提到，在教室里的互动比较自然，而在线上课程中由于网络的限制，常常必须等到一个人说完才能够发言或提问，感觉特别拘束。另一位学生则表示，虽然自己的网络没有问题，但因为同学的网络问题多，也在一定程度上影响了自己的理解与学习情况——可以说，线上教学的技术性问题对口语交流互动有极大的影响。有 3 位同学则认为线上线下模式各有利弊，他们表示，线上课程主要的优点是

省去通勤时间，上课时也可以随时在线上查找资料，非常方便。支持线上教学模式的同学仅有一位，但他也承认，线上课程在进行讨论时较不容易让所有的学生都参与，同时学生也容易分心。

有趣的是，尽管倾向于支持传统课堂语言学习模式的学生较多，当被问到对本课程将来实践模式的期望时，除了一位学生仍希望完全在课室进行教学之外，有 10 位学生希望将来采取部分线上部分线下的混合教学模式——多数学生表示希望第一次的课程介绍在教室中进行，如此有助于学生认识熟悉彼此。他们建议第一课时的作业讨论在线上进行，而第二课时的学生报告以及主持讨论方面则可以在教室中进行，以免因为技术性问题而无法顺利交流。笔者认为，这或许能够兼顾线上教学以及传统课室教学的优势，是将来规划这一类课程时可行的做法。

5. 结语

本文主要介绍在 2020 年疫情期间笔者所设计的一门使用 Google 工具作为辅助的全线上高年级汉语课。除了介绍课程规划理念以及具体实践过程之外，笔者还通过了期末的问卷调查结果讨论学生对此一教学模式的看法。

首先，在使用 Google Apps 作为课程辅助工具方面，学生多数表示满意。美中不足的是，课程选用的教学平台 Google Classroom 虽能较好地整合 Google Apps，然而在信息的搜寻上对使用者而言并不方便。其次，笔者就学生反馈中满意度较低的各项目进行了探究与讨论。在词汇表协作方面，学生的意见较为分歧，然而从不支持词汇表协作的学生反馈中发现，他们似乎并未正确理解此项作业的要求。此外，笔者还调查了学生对课程中的写作练习与批改模式的看法。结果显示，大多数学生对教师在课堂上批改课前写作练习持有正面的看法。不过，虽然笔者预期课前写作对学生的口语能力提高有帮助，但学生自评的结果与笔者的假设并不完全相符，这方面还有待进一步研究。

在本学期的预习与复习方面，整体情况大致良好，然而从学生的反馈中可以看到，疫情对某些学生的个人心理以及学习情况确实造成了负面影响。最后，笔者调查了学生对线上/线下语言教学模式的倾向以及对本课程未来教学模式的期待。令人惊讶的是，尽管多数学生倾向于支持在课堂中学习语言的传统模式，然而当被问到对本课程未来的实践模式期待时，几乎所有的学生均希望将来采取结合线上与线下的混合式教学。此外，从本文的调查结果还能观察到，倾向于支持协作模式的学生对于课程较具有批判性反思能力，这也符合过去对自主学习者特征的研究。

通过此次疫情所带来的契机，笔者发现，由于在课程环节中导入了更多的网络协作工具，线上教学模式在师生与生生互动方面，特别是在书面形式如批改作业、即时记录的互动上体现了过去传统教学模式无法比拟的优势。尽管由于技术问题，在口语交流互动方面不如传统课堂教学模式顺畅，但若能取两者之长，在未来的教学规划中采取线上线下混合式教学或许是一种值得尝试的做法。

参考文献

Cai, J., & Chen, S. (2020). The Application of Films in Advanced Chinese Language Courses: A Cooperative-Collaborative Learning Model. *Journal of Technology and Chinese Language Teaching, 11*(1), 84-113. [蔡晶晶, 陈素宜 (2020), 华语电影在高年级中文教学上的应用：以共享互动式教学模式的设计为例,《科技与中文教学》, 2020 年第 11 期第 1 卷, 84-113 页]

Chen, H. (2014). Blend your lessons through flipped and seamless learning. *Journal of Technology and Chinese Language Teaching, 5*(1), 75-82. [陳姮良 (2014), 應用無縫與翻轉學習模式在中文教學的融合與統整應用,《科技与中文教学》, 2014 年第 5 卷第 1 期, 75-82 页]

Chen, L. (2016). Impacts of flipped classroom in high school health education. *Journal of Educational Technology Systems, 44*(4), 411-420.

Chinnery, G. M. (2008). You've Got Some GALL: Google-Assisted Language Learning. *Language Learning & Technology, 12*(1), 3-11.

Conroy, M. A. (2010). Internet tools for language learning: University students taking control of their writing. *Australasian Journal of Educational Technology, 26*(6), 861-882.

Dickinson, L. (1993). Talking shop: Aspects of autonomous learning, *ELT Journal, 47*(4), 330-336.

Fathali, S., & Sotoudehnama, E. (2015). The impact of guided writing practice on the speaking proficiency and attitude of EFL elementary learners. *The Journal of Teaching Language Skills (JTLS), 7*(1), 1-25.

Hafner, C. A., & Miller, L. (2011). Fostering learner autonomy in English for science: A collaborative digital video project in a technological learning environment. *Language Learning & Technology, 15*(3), 68-86.

Jacob, E., Rottenberg, L., Patrick, S., & Wheeler, E. (1996). Cooperative learning: Context and opportunities for acquiring academic English. *TESOL Quarterly, 30*, 253-280.

Kauffman, H. (2015). A review of predictive factors of student success in and satisfaction with online learning. *Research in Learning Technology, 23*.

Lee, S. (2016). E-Learning Readiness in Language Learning: Students' Readiness Survey and Normalization Process. *Journal of Technology and Chinese Language Teaching, 7*(2), 23-37.

Liang, X., Mohan, B. A., & Early, M. (1998). Issues of Cooperative Learning in ESL Classes: A Literature Review. *TESL Canada Journal, 15(2)*, 13-23.

Lin, C., & Zhang, Y. (2014). MOOCs and Chinese Language Education. *Journal of Technology and Chinese Language Teaching, 5*(2), 49-65.

Lin, C. (2018). Motivating autonomous learning through course design: a "partially-flipped" classroom. *Chinesischunterricht (CHUN), 33*, 7-28. [林钦惠 (2018), 通过教学设计促进自主学习———一种 "翻转" 课堂的尝试与思考, 《春》 *Chinesischunterricht (CHUN)*, 2018年第33期, 7-28页]

Lin, C. (2021). Emergency online Chinese language teaching at the tertiary level: Results of a survey of teachers in Austria, Germany, and Switzerland. *Chinesischunterricht (CHUN), 36*, 40-63. [林钦惠 (2021), 疫情中的高校汉语线上教学——德语区高校汉语教师教学调查报告结果, 《春》 *Chinesischunterricht (CHUN)*, 2021 年第 36 期, 40-63 页]

Little, D. (1991). *Learner Autonomy 1: Definitions, Issues and Problems*. Dublin: Authentik.

Little, D. (1995). Learning as dialogue: The dependence of learner autonomy on teacher autonomy. *System, 23*(2), 175-181.

Little, D. (2007). Language Learner Autonomy: Some Fundamental Considerations Revisited. *International Journal of Innovation in Language Learning and Teaching, 1*(1), 14-29.

Lu, Z., Zheng, C. & Li, Z. (2018). Effects of embedded summary writing on EFL learners' anxiety and oral production in a computer-based testing environment. *Journal of Computers in Education, 5*, 221-241.

Luo, Q. (2002). *Research on TCFL writing*. Beijing: China Social Sciences Press. [罗青松 (2002), 《对外汉语写作教学研究》, 北京：中国社会科学出版社]

Macaro, E. (1997). *Target language, collaborative learning and autonomy*. Multilingual matters.

McNally, B., Chipperfield, J., et al. (2016). Flipped classroom experiences: student preferences and flip strategy in a higher education context. *High Educ.*

Namaziandost, E., Saray, A. A., & Esfahani, F. R. (2018). The effect of writing practice on improving speaking skill among pre-intermediate EFL learners. *Theory and Practice in Language Studies, 8*(12), 1690-1697.

Rabin, A., Fogel, J., & Nutter-Upham, K. E. (2011), Academic procrastination in college students: The role of self-reported executive function. *Journal of Clinical and Experimental Neuropsychology, 33*(3), 344-357.

Roehling, Patricia V. (2018), *Flipping the College Classroom: An Evidence-Based*. Springer International Publishing.

Scharle, Á., & Szabó, A. (2000). *Learner autonomy: A guide to developing learner responsibility.* Cambridge: Cambridge University Press.

Tseng, M., Broadstock, M., & Chen, H. (2016). An Investigation of the Design of a Four-stage Flipped Classroom in Mandarin Chinese. *Journal of Technology and Chinese Language Teaching*, 7(1), 15-42. [曾妙芬, 姜满, 陈姁良 (2016), 中文翻转教室四个阶段的设计与研究，《科技与中文教学》, 2016 年第 7 卷第 1 期, 15-42 页]

Valdebenito, M., & Chen, Y. (2019). Technology as Enabler of Learner Autonomy and Authentic Learning in Chinese Language Acquisition: A Case Study in Higher Education. *Journal of Technology and Chinese Language Teaching*, 10(2), 61-81. [福迈睿, 陈雅琳 (2019)， 利用科技推动中文习得的自主性和真实性 ——高等教育个案研究.《科技与中文教学》, 2019 年第 10 卷第 2 期, 61-81 页]

Wang, D. (2016). A narrative research on the characteristics of autonomous learners of Chinese as a foreign language. *Overseas Chinese Education*, 4, 489-497. [王丹萍 (2016), 汉语学习自主学习者特征初探,《海外华文教育》, 2016 年第 4 期, 489-497 页]

Wass, D., Harland, T., & Mercer, A. (2011). Scaffolding critical thinking in the zone of proximal development, *Higher Education Research & Development*, 30(3), 317-328.

Weissberg, R. (2006). *Connecting speaking and writing in second language writing instruction.* Ann Arbor, US: The University of Michigan Press.

附录：学生对使用 Google Docs 进行词汇表协作的看法

（内容为学生回复原文，笔者未更动）

strongly agree/agree (8 respondents)

- I liked the traditional way for semester 1-4, because we would have weekly tests, so I was "forced" to learn the vocabulary (in a good way;-)). but I think it is not so suitable for semester 5-6 and I think the way it is now is more of a creative task for us students.

- The peer-constructed vocab list was great because it brought out the lesser known words for everyone, even students who had a higher or lower level than the average. I think it should continue to be used in combination with a (small) list given by the teacher before watching the video, with words that are also relatively spread out in the material. That way you have a sort of "linguistic preview" of the video, giving hints about what the different sections will be about and what you should listen out for.

- The shared vocab list was a great idea, the best one of the new online concept. It was great to pick the vocab from the video and to think of sentences. For improvements I suggest room in the list for words with shared characters. That's always useful. So the task should be: find two vocab, form sentences and find one or two words (previously learned preferably) which share one of the characters

- For me, making the vocabulary list ourselves is better, because you pay more attention to the video and can review the vocabulary again. The example sentences helps to remember the vocabulary better, because you have to think how to use it. Furthermore, it is a vocabulary made by ourselves that we think is useful for us, rather than having to learn the vocabulary chosen by the teacher.

- Learning how to apply the vocabulary learnt is may the most important function of the vocabulary list, which I appreciate a lot.

strongly disagree/disagree (3 respondents)

- Although I think that the way of students building a vocabulary list together is a good opportunity to learn new words, in my opinion it's easier to prepare for classes if the teacher simply provides a list of words before the class

- For me our self-made vocabulary list was not helpful. Most of the time I only tried to find words not yet provided.

– Sometimes I found it difficult to find unknown words in the video, that were not included in your list of unknown words already. The vocabulary list with other students was therefore probably the least useful part of the homework to me. Although I found it interesting to see all the words and sentences of the other students, sometimes it cost me quite some time to watch the video again until I found a word, and it felt like it was a bit too much time for the actual use for me.

11

来自法国汉语网络教学的再思考
(Rethinking Online Chinese Teaching: A Reflection from France)

郭晶
(Guo, Jing)
法国国立东方语言文化学院
(Institut National des Langues et Civilisations Orientales)
jing.guo@inalco.fr

摘要：本文介绍了法国国立东方语言文化学院中文系本科学生新冠病毒疫情隔离期间的在线学习情况及其对网络课程的评估结果。文章把调查结果和中文学习的特点相结合，提出汉语网络教学常态化和普及化的大趋势要求我们必须在教学模式、教师角色、课程设置及评估等方面进行重大调整。文章特别强调了自主学习能力将作为核心概念走入网络教学系统并应被融入评估体系之中。

Abstract: This article presents how the undergraduates of the Chinese department of the French National Institute for Oriental Languages and Civilizations (Inalco) followed the online courses during the COVID-19 pandemic lockdown. By combining the survey results with the characteristics of Chinese learning, the article highlights the general trend of standardization and popularization of online Chinese teaching, which requires to make major adjustments to teaching models, teacher's roles, program settings and assessment. The author stresses that the learning autonomy ability will be used as a central concept in online teaching environment and should be integrated into the assessment system.

关键词：汉语、网络教学、教学模式、自主学习能力

Keywords: Chinese language, online teaching and learning，learning modality，learning autonomy

1. 引言

　　法国国立东方语言文化学院 (Institut National des Langues et Civilisations Orientales) 的中文系拥有 700-1000 名学生，是欧洲汉语学习最大的高等院校之一。从 1843 年建系以来，所有课程都是以课堂面授为主，虽然很多教师使用学校提供的 Moodle 教学平台作为教学资源补充，但是大多数教师不使用也不熟悉真正的网络教学。2020 年初的新冠病毒造成的世界公共卫生危机使包括外语教育在内的各个领域不得不接受使用网络，也使每一个人有机会尝试使用网络工作和学习。疫情隔离期间，法国国立东方语言文化学院如何安排网络教学以保证师生们能够顺利完成预定的教学计划，实现"停课不停学"？学生们如何参与网络学习？遇到了什么困难？他们对所提供课程的效率态度如何？

　　本文通过介绍中文系本科学生隔离期间的学习的情况及其对课程的评估结果，结合中文学习的特点，对汉语网络教学环境下的自主学习能力、教师角色、课程设置和评估等方面进行了讨论。

2. 疫情隔离期间的汉语网络教学和调查研究

　　为了保证疫情隔离期间"停课不停学"，中文系教师在学院的支持和帮助下，迅速开通了以 Zoom 和 Moodle 为主的在线课程。很多教师同时还通过 Google 提供的各种应用工具建立网站，或自录视频上传到 Youtube 供学生浏览。还有一些口语课教师应用 Skype，WhatsApp 和微信等聊天工具，建立班级组群，通过这些工具进行口语操练，并保证与学生随时联系。中文系保持了原来面授课程的课时表，基本上做到了隔离期间每一门课都有教师上，每一个班级学生都有人负责联

系跟踪。

为了了解学生网课参与情况以及他们对所提供课程的满意程度，我们于 2020 年 6 月学期末对中文系本科二年级和三年级学生各发放了一份匿名调查问卷。每份问卷由封闭和开放式问题组成。我们收回了二年级本科学生有效问卷 18 份，三年级本科学生有效问卷 54 份。

3. 调查结果

3.1 学生疫情隔离期间在线学习情况

整体来说，大多数受访者表示自己参与了线上的语言课程学习。68.5% 的本科三年级学生表示参与了所有或几乎所有的网上课程学习。 16.7% 的受访者参与了一半课程的学习，只有 11.1% 的人表示上了很少的网课。3.7% 的受访者没有参与任何网课学习。本科二年级学生的调查结果类似，他们更详细地描述了自己每门科目的在线参与情况。结果表明，允许学生自愿参加的科目在线参与率比强制参加的科目参与率相对较低。

为什么有些学生没有参与线上学习？根据调查问卷结果，我们发现技术原因占首位：22.2% 的本科三年级学生指出自己电脑网络设备不足，尤其是因为无线网络 WI-FI 信号不够强从而无法正常参加在线学习 (71.4%)。另有 14.3% 的学习者电脑没有摄像镜头，9.5% 的人家里没有电脑，4.8% 的人表示自己电脑型号太旧。除技术问题外，有学生表明放弃网课是因为个人原因，他们选择把时间和精力放在自己认为更重要的方面。 另外，因为疫情隔离期间法国各大学决定取消考试，用作业及随堂测验分数作为学生们的学期分数。有些学生表示因此而产生了懈怠心理，学习动机大大减弱，所以没有参与全部网课。调查结果还显示某些学生在遇到困难时也选择了放弃。如有学生说"我没有上在线的写作课，因为我当时遇到了一个问题，联系不到老师，所以就干脆放弃了"。

3.2 网络工具评估

大多数网课是通过交流软件 Zoom 和教育平台 Moodle 进行的，有些教师还应用了社交应用软件来作为补充，学生们在调查问卷中分别对这些工具进行了简单的评估。他们认为 Zoom 十分方便，使用者可以在家里就能听课，所以节省了大量的交通时间。不过，很多学生提到上课人数比较多的时候，用该工具进行即兴小组活动不太方便。本科二年级学生肯定了语法词汇课老师在 Moodle 平台上设计的自检练习。他们认为，这些练习督促自己动脑筋思考问题，从而能更好地学习。关于微信和 WhatsApp 等社交软件，学生们认为这些工具传递信息快捷方便，但是因为它们不是为学习而设计的，上面所储存的信息没有结构层次，所以课后寻找交流过的信息并不容易。而且，这些工具中的一些功能（如通知等）干扰性比较大，很容易让人分散注意力。所以有人认为，"用这些工具学习，只有学习动机特别强特别认真的学生才能真正学到东西"。

3.3 在线汉语学习效果评估

整体来看，学生对疫情期间的线上教学满意度较高。下图是本科二年级学生对中文系五个在线语言课程评估结果柱形图。结果显示，同意"在线学习和面授学习的学习效果一样好"这个观点的学生（黄色柱 3 和绿色柱 4）多于持否定观点的学生（蓝色柱 1 和红色柱 2）。

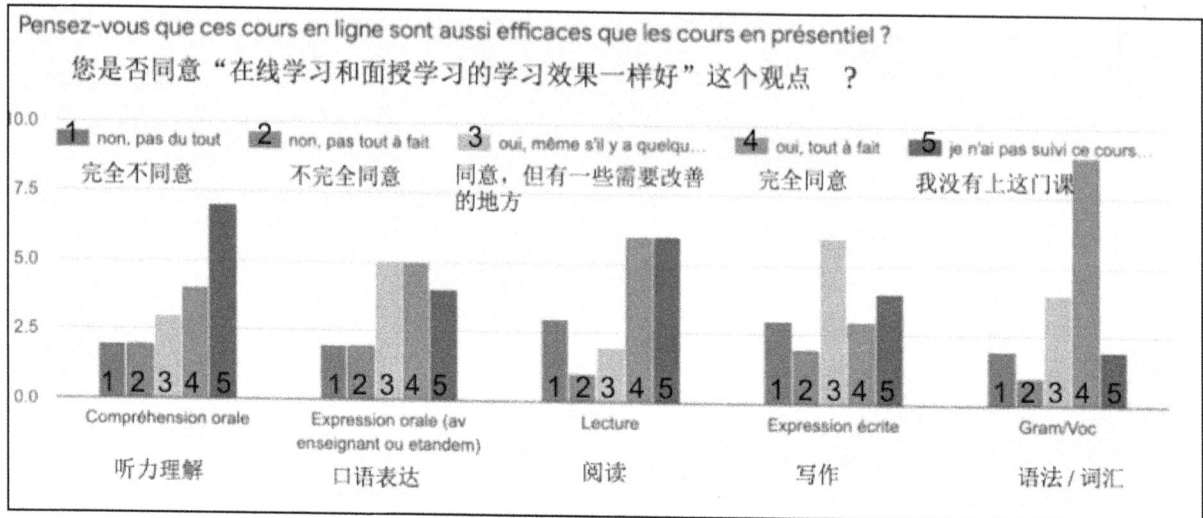

图1: 在线学习效果评估结果图(本科二年级学生)N=18

本科三年级学生中， 20.4%的人认为所提供的网课"与在教室上课几乎一样"； 31.5% 的学生指出"开始的时候需要适应一段时间，之后就没有任何问题了"；13% 的人认为网络授课有很多优势。

本科二年级学生对所参与的语言技能课进行了分科目评估，并且将之与面授课堂进行了对比。很多学生认为"听力理解课很适合线上学习，因为二年级的听力学习内容本来就已经在学校的Moodle 上了"。相比之下，他们认为口语表达课还是应该以面授学习为佳。因为 "课堂学习才更有交流氛围"，"线上交流时一遇到生词我们就查网络字典，而面对面交流才会强迫自己认真思考，这样学更有意思"；"电脑上交流没有真实感，人与人真实接触的感觉是无法取代的"。对于书面表达课，学生们认为线上学习能够节省时间，因为"修改学生练习时教师不用像在课堂学习时那样需要在桌椅之间走动"，"屏幕上修改一目了然，更高效 "。 但是，学生们也指出网课不适合学习汉字。"在电脑上打字不能帮助自己写汉字，很快就忘了"。 我们将在下文再讨论这一点。对于语法词汇课，学生们又一次强调了教师提供线上自检练习的重要性，他们也希望教师能够同时通过 Zoom 等工具为学生提供在线即时答疑辅导。

3.4 在线学习与面授学习的对比评估

前面的结果表明学生在评估在线学习的效果时，是与面授课程相比较而得出的结论。结果表明他们承认在线学习效果整体不错，而且很多人也不反对疫情过后继续参与线上学习，但同时强调学校在设置课程时，必须给他们提供同一课型在线和面授两种学习模式的选择机会，即他们不能接受所有科目所有组别完全上线。如下图所示，绝大多数受访学生认为只有语法/词汇课可以开通全面的在线学习，而对于其他语言技能类科目，他们或者完全反对开设网课（蓝色柱 1），或者同意每种课型只开通一或两组网课（红色柱 2），支持这些科目全部上线的学生（黄色柱 3）并不占多数。

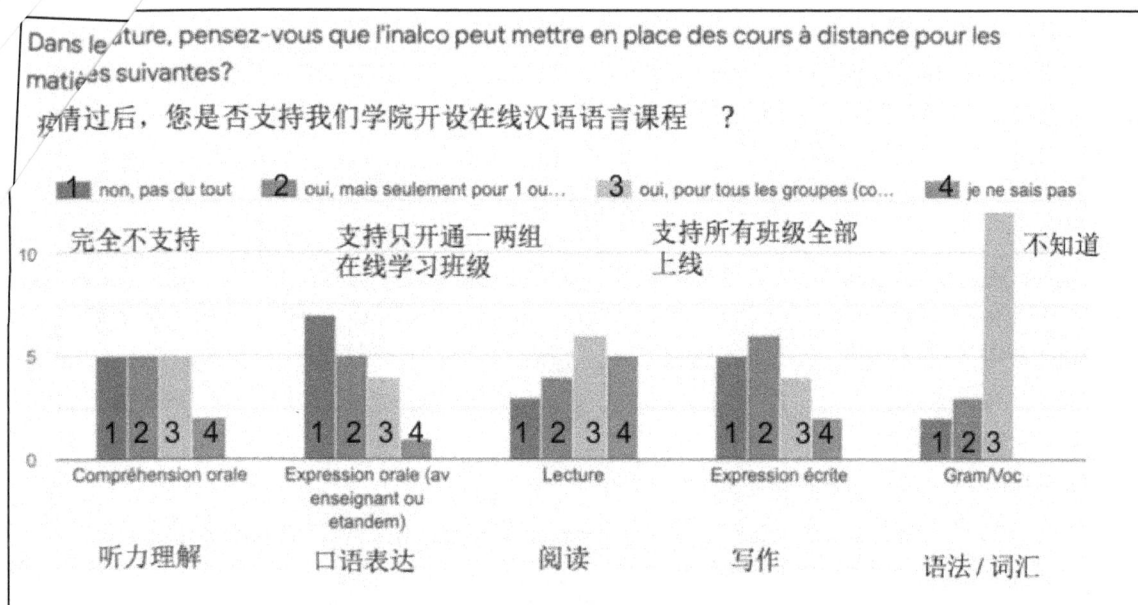

Dans le future, pensez-vous que l'inalco peut mettre en place des cours à distance pour les matières suivantes?

疫情过后，您是否支持我们学院开设在线汉语语言课程　？

1 non, pas du tout　2 oui, mais seulement pour 1 ou...　3 oui, pour tous les groupes (co...　4 je ne sais pas

完全不支持　支持只开通一两组在线学习班级　支持所有班级全部上线　不知道

Compréhension orale　Expression orale (av enseignant ou etandem)　Lecture　Expression écrite　Gram/Voc

听力理解　口语表达　阅读　写作　语法 / 词汇

图 2: 学生对开设在线语言课程的态度 (本科二年级) N=18

学生们为什么不能接受完全的线上学习？从他们的问卷答案中我们可总结出以下三点：

a. 他们强调教师面授辅导的重要性，因为他们认为"有老师在身边，解释和答疑更清晰"，"问问题更方便"，"有老师在自己感觉更安心，学习注意力更集中，自己会更投入"。

b. 他们强调在线学习时人数不能太多，他们认为这样"交流才更方便，练习效率更高"。

c. 他们认为在线考试方式和内容需要改革，"屏幕上试卷字迹太小"，"时间太紧张"。

4.讨论

网络学习并不是新鲜事物，但是全球疫情下如此大规模的外语网络学习史无前例。可以说，汉语网络教学开始了一次真正的革命。法国国立东方语言文化学院中文系的所有师生，无论以前是支持还是排斥网络教学，都毫无例外地体验了将近三个月的线上学习，并且承认网课能打破时间、空间的差距，让人随时随地学习，从而实现了"停课不停学"的巨大挑战。有更多的人对网络教学有了更清楚客观的认识，也有更多师生开始接受并且愿意继续使用网络，开始真真切切地关心如何更好地利用网上资源提高教学质量和学习效率。2020 年 6 月巴黎召开了以"新冠病毒居家隔离期间的语言教学"为主题的国际学术研讨会。会上，来自二十多个国家和地区，四十多位外语教学界研究学者和一线教师就自己所在国家隔离期间外语教学的状况进行了介绍和分析，并和在线收听的近 300 位世界各国观众就外语网络教学问题进行了交流和切磋。结合我们在法国国立东方语言文化学院中文系进行的调查研究结果，并综合各国学者的反馈情况，我们总结出以下几个关系到汉语网络教学成败的特殊要点。

4.1 汉语网络教学的特殊性

与其他语言相比，汉语网络教学目前难以攻克的问题是书写表达课的操作。与拼音字母语言不同，汉字字词的读音和其正字法没有直接的联系，学习者口头上能说出来的词不一定会认读或书写其汉字。加上汉字字形结构复杂，初学者还需要识记笔顺，这些都需要通过长期手写训练来巩固。法国国立东方语言文化学院中文系低年级（入门级和本科一年级）书写表达课上，教学的重点是强化学习者汉字书写能力，使他们每年掌握约 500 个汉字，1000 个词汇，并且能够使用这些词汇做简单的书写表达。在这门课上教师要及时掌握每一个学生的学习情况，对其书写表达输出进行同步的监督、纠错、建议、修改和再修改。

在网络教学环境下，据笔者了解，目前网络技术为汉语书写表达教学提供两种可能：第一种是通过在线电子白板使用者可互相展示同步手写信息，但是是通过在电脑键盘或屏幕上用手指滑动笔画写汉字而获取可选择汉字，所得到的输出内容不是使用者真实字迹。而且，课堂上要求每个学生都使用在线白板并不方便，教师无法监督每一个学生的手写能力，更不能保证学生真的使用了手写输入功能，而不是使用了拼音输入等其他功能而获得汉字。第二种是使用者将手写练习拍照或扫描，然后传输到屏幕上以方便教师在线修改。这种方法可督促学生坚持做手写汉字训练，教师也能够看到学生的真实字迹从而对其做准确有效的反馈和指导。但是，这种方法要求有大量的技术和时间投入。因为每一次上传都需要花一定时间，而且教师根本无法要求学生把课上的每一个练习都上传，尤其是在 20 到 30 人一组的课堂，否则会造成管理混乱。所以，拍照或扫描手写作业无法实现师生间即时互动和修改反馈。

4.2 自主学习能力必须成为汉语网络教学的目标之一

调查结果中有学生反映网上学习时自己很容易受各种外来因素影响分散注意力，并认为网络教学环境下，只有自律性高、学习动机强的学生才能真正学到东西。也有学生因为遇到困难时没有联系到老师，所以干脆选择放弃网课，或者面对突如其来的在线学习一下子很不适应，需要很长时间调整才能接受参与网课。其实以上这些问题都与"自主学习能力"这个概念有关。自主学习能力是网络学习的核心概念。法国七十年代初期，利用新兴技术来辅助外语教学的研究日益发展起来。这些研究主要是因为教师们对当时外语学习的成功率太低而不满所引起的。他们发现，尽管教师和学生都付出了很大的努力，可是学习的结果大多都很令人失望。所以，学者们开始寻求导致这种局面的根源。他们对传统教学的方式方法提出了质疑，认为是传统的教——学模式束缚了学生的主动性，致使学习活动变得非常被动。很多学者因此开始探索新的学习方法。其中，一种称为自主学习法的教育教学法在法国成为学者们讨论的主流。这种教学法是建立在语言习得理论研究基础之上而形成的。它不是强调教师怎样如何教好学生，而是从学习者的角度，研究如何提高学习的质量。

自主学习法要求学生具有一定的自主学习能力(Learning Autonomy)，同时这种学习方法又能够促进学生自主学习能力的提高。诸多教育学家曾对自主学习能力的概念提出过自己的观点。Portine (1998) 认为，具有自主能力，就是个体建立一个行为目标，并且管理为实施此目标而需要的一切活动。在学习上具有自主能力，就是个体能够根据实际情况确定学习目标，并根据此目标来监控和管理自己的学习时间和学习步骤 。Albero (2003) 从更为广泛的角度出发，把自主学习能力在 7 个领域加以定义：

1. 技术领域：掌握基本技术知识；能够在技术困难面前找到必要的帮助办法来解决问题。
2. 信息领域：能够采寻、贮存、管理、处理和重组相关信息。
3. 方法领域：能够自我组织，自我监控和自我评估。
4. 社会领域：能够与他人交流、合作、交换和共享信息；能够获得他人帮助。
5. 认知领域：能够分析所观察对象，并在新的学习对象和自己已有知识之间建立联系。
6. 元认知领域：善于对学习过程中的各种行为进行思辩，如自己所选择的学习方式、自我评估的方式等等。
7. 心理情感领域：能够调节自己的情绪和自己的学习节奏；具有责任感；能够通过对错误的分析实现新的学习。

随着互联网工具及应用技术的发展和普及，今天绝大多数高校学生都已经在"技术领域"和"信息领域"具有比较强的自主能力。使用新的软件或应用工具学习和管理信息对他们来说并不再是难题。但是，通过这次疫情隔离期间的在线学习调查，我们必须承认，学生们在"社会领域"、"心理情感领域"等方面的自主学习能力是十分薄弱的，在"方法领域"、"认知领域"和"元认知领域"也需要得到引导和强化。前面我们提到，网络教学环境下要求学生具有一定的自主学习能力，同时，网络学习也帮助学生不断提高各方面的自主学习能力。但是某些领域的自主学习能力必须经过特殊训练才能有明显提高。长期以来，我们的传统课堂外语教学是学生被教师规划、管理，缺乏自主能力锻炼，这些问题在疫情隔离期间的在线学习中直接暴露出来。所以，我们必须转变教育理念，重视培养学生的自主学习意识。应该把自主学习能力归入网络学习的教学目标之一。我们曾在早期研究中观察过如何利用远程课程设置来提高自主学习能力（郭晶，2009），也尝试过把自主学习能力的培养应用到汉语听力理解教学之中（郭晶，2008），都取得了非常好的效果。

4.3 汉语网络教学要求教师角色发生重大转变

教师们反映上网课准备工作更多，修改作业时间更长，时间精力投入量更大，但教学效果不一定比面授课程更理想。这是因为，面授课堂中，教师的角色大多只是限于"传道授业解惑"，而在线教学中，教师首先要编制能用于网络教学的课件，设计可以在远程进行的活动和练习，并使用各种工具保证和学生有效及时地交流沟通，进行解疑答疑。为此，教师需要熟悉掌握多种网络工具的使用方法和技巧，不断调试修改所创建的每一个网络学习活动和环节。新冠病毒疫情隔离期间，很多教师第一次触网教学，完全是零起点，在短时间内掌握这么多技能很不适应。但是，不是熟悉网络教学技能就能上好网课，教学效果就一定好。网络教学领域的学者们早已经指出，在远程教学的新环境下，教师角色远比面授课堂教学复杂得多。除了具备基本的教学技能外，教师必须能够处理远程学习中学习者和学习系统的层层关系，并且为优化教学而创建好的条件 (Guo, 2019)。没有教师人身陪伴，学习者更需要有"安全感"，他们对遇到的困难和问题更敏感，对教师的引领作用期待更高。所以，教师要比在面授课堂教学中更关心学生，给他们更多心理情感方面的支持 (Chaplier & Crosnier, 2014)。这样需要教师投入大量的课堂外时间保持与学生经常互动交流，及时掌握学生的困难和进步情况，避免他们产生失落情绪，鼓励他们进步，尽量做到不让每一个人"掉网"。

所以，网络教学环境下教师角色多重，既要会教课，还要掌握网络资源技能，更要成为学生的自主学习能力培训师及心理导师，且后两个角色的份量和上课一样重要，对整个网络课程的成败具有举足轻重的作用。

4.4 汉语网络教学的普及化要求宏观层面对课程设置进行重大改革

我们对中文系本科学生进行的问卷调查结果表明，把所有课型的语言技能课搬到网上还不能被普遍接受。上面提到中文网络教学还有很多需要改善的地方，除了需要解决书写表达课的技术操作问题，很多教师还指出在线组织管理小组即时互动非常不方便；另外，所有地区学校还做不到人人有网，这些问题不可能在短期内得到解决。这表明网络教学与面授相结合的混合式教学将成为未来外语教学的主流模式。

可是，混合式教学模式下的课程设置比隔离期间的完全网上教学更复杂。现有的比较完善的外语教学课程设置都是以传统课堂教学为基础建立起来的。很多学校没有混合教学经验，更不掌握大规模混合课程设置的科学方法。如何安排不同模式下的课程？哪些课可以搬到线上教，哪些应该留在教室里教？同一课型分几组网课？几组面授课？或者同一课型是否可以一部分教学内容上线，而另一部分面授？对于完全面授上课的小组是否一些学习内容也可以上线作为资源补充？如何协调网课和面授课的教学内容进度？如何处理和避免网课和面授课的时间空间冲突等带来的课时表问题？另外，我们的调查结果表明，以知识传授为主的课型（如语法词汇课）可以全部上线，教师可以通过 PPT 或视频录制等方式把学习内容放到教学平台上供学生们随时阅览自学。那么，原本作为传授知识内容的讲课时间是否应该改为答疑或练习互动？这些问题都没有答案，学术领域这方面的相关研究也甚少，所以需要我们自己去摸索，一个一个去解决。

4.5 汉语网络教学要求对评估系统作以调整

除了课程设置，网络教学评估也是一个重大难题。现有的大学高校汉语教学评估办法是考试打分制度。教师通过学生的作业、出勤、平时测验及期末考试成绩等为其打分，作为其相关科目的最后成绩。测验的内容基本上以语言知识和技能考核为主。但是，网络教学的种种问题说明，我们必须在培养学生语言知识技能的同时，还要培养其自主学习能力，这个能力的强弱可以在很大程度上决定学生是否能够顺利完成网络课程，是一个关键的能力。所以，我们必须把自主学习能力因素也考虑在汉语网络教学评估系统里，这样一方面能更好地指导学生们学习，帮助他们建立明确的自主学习能力目标；另一方面能更客观地评估他们在网络学习中所付出的努力和所取得的进步。

前面提到自主学习能力早已经在学界备受广泛关注，也被一些学者引入到了小规模的网络外语教学之中，但是，究竟如何评估这个能力似乎还没有定论。自主学习能力的哪些方面可以被引入到汉语网络教学的评估系统之中？分别占有多少比例？怎么获得和解释说明数据？这些我们都还不十分清楚。

另外，在线测试的方式也需要更科学化。比如，对于原本在教室进行的一个半小时的阅读理解考试，是否应该考虑到学生屏幕视疲劳等因素而缩短考试时长？同时，如何避免和解决在线考试时学生作弊的问题？

5.结语

我们对法国国立东方语言文化学院中文系本科学生疫情隔离期间网络学习的情况调查结果表明，学生们对所设置的网络课程持肯定态度，也同时提出了诸多学习过程中出现的问题和改善的建议。这次调查结果使我们更加肯定，汉语网络教学绝不是对课堂面授课程进行简单的上线复制，其常态化和普及化的大趋势要求我们必须在教学模式、教师角色、课程设置及评估等方面进行重大调整。自主学习能力应作为核心概念走入外语网络教学系统并被融入评估体系之中。同时，针对中文汉字学习的特殊性，我们还必须解决在线汉字书写不方便等技术问题，从而保证在线汉语书写表达课的顺畅进行。

参考文献

Albero, B. (2003). Self-training in open and distance learning systems: instrumenting the development of autonomy in learning. In L. Saleh, D. Lepage, & S. Bouyahi (Eds.), *ICT at the heart of higher education*, (pp. 139-159). University of Paris VIII-Vincennes-St Denis, coll. Actes Huit. https://edutice.archives-ouvertes.fr/edutice-00000270/document. [Albero, B. (2003). L'autoformation dans les dispositifs de formation ouverte et à distance: instrumenter le développement de l'autonomie dans les apprentissages. In L. Saleh, D. Lepage, & S. Bouyahi (Eds.), *Les TIC au cœur de l'enseignement supérieur*, (pp. 139-159). Université Paris VIII-Vincennes-St Denis, coll. Actes Huit. https://edutice.archives-ouvertes.fr/edutice-00000270/document]

Chaplier, C. & Crosnier E. (2014). Psycho-affective dimension and autonomization in two blended learning courses – Case Studies at Masters level. *Alsic, Language learning and systems of information and communication, 17.* https://journals.openedition.org/alsic/2739 doi:10.4000/alsic.2739. [Chaplier, C. & Crosnier E. (2014). Dimension et autonomisation psycho-affectives dans deux dispositifs hybrides – Études de cas en master 2. *Alsic. Apprentissage des Langues et Systèmes d'Information et de Communication, 17.* https://journals.openedition.org/alsic/2739 doi:10.4000/alsic.2739.]

Guo, J. (2008). Learning Autonomy and Chinese listening comprehension skill in blended learning courses, *International Chinese Language Teaching & Learning, 1*, 32-39 [郭晶 (2008). "自主学习法"与混合课程环境下对外汉语听力理解能力的提高，国际汉语教学动态与研究，2008，(1), 32-39.]

Guo, J. (2009). The Delivery of Distance Courses and the Development of Learning Autonomy. *Distance Education in China, 5, 34-42* [郭晶 (2009).远程课程的设置与学生自主学习能力的发展. 中国远程教育, (5), 34-42.]

Guo, J. (2019). Blended learning and teaching renovation: a case study of a Chinese programme. In E. Suzuki, A. Potolia, & S. Cambrone-Lasnes (Eds.), *Thinking about the teaching of plurilinguism and its mutation: policy, ideology and devices,* (pp. 213-225). Presses universitaires de Rennes [Guo, J. (2019). Formation hybride dans l'enseignement/apprentissage des langues et rénovation des pratiques pédagogiques : le cas d'une formation hybride de chinois. In E. Suzuki, A. Potolia, & S. Cambrone-Lasnes (Eds.), *Penser la didactique du plurilinguisme et ses mutations : politiques, idéologies, dispositifs,* (pp. 213-225). Presses universitaires de Rennes]

Portine, E. (1998). Learner autonomy issues, *Alsic. Apprentissage des Langues et Systèmes d'Information et de Communication, 1.(1), Juin. https://journals.openedition.org/alsic/1466* [Portine, E. (1998). L'autonomie de l'apprenant en questions, *Alsic. Apprentissage des Langues et Systèmes d'Information et de Communication, 1.(1)*, juin. https://journals.openedition.org/alsic/1466]

12

南非中文教育发展现状以及疫情下的线上教学
(Current Situation of Chinese Education and Online Teaching Under the Pandemic in South Africa)

任少泽
(Ren, Shaoze)
斯坦陵布什大学
(Stellenbosch University)
20584563@sun.ac.za

马跃
(Ma, Yue)
开普敦大学
(University of Cape Town)
y.ma@uct.ac.za

摘要： 中文教育在南非历史并不算太长。随着中文进入南非的国民教育体系，南非的中文教育也步入了发展的新阶段。然而，疫情的出现让原本正常运转的南非中文教育遭遇了急停。如何在南非发展适合南非国情的中文教育，再一次成为问题的焦点。本文回顾了南非过往中文教育的发展及其特色，结合疫情之下中文教育作出的调整，总结出目前线上中文教学不能满足南非的中文教育发展需求，在具体的执行中也出现了水土不服。结合当前中文教育改革的趋势，提出了针对南非中文教育发展的一些思考和建议。

Abstract: Mandarin education has not quite a long history in South Africa. With the introduction of Mandarin into South Africa's national education curriculum, Mandarin education in South Africa has entered a new stage of its development. However, the COVI-19 pandemic brought South Africa's functional Mandarin education system into a sudden halt. How to develop a Mandarin education system which suitable for South Africa has once again become THE problem. This paper reviews the development and characteristics of Chinese education in South Africa in the past and concludes that the current online Chinese education cannot meet the future needs of Mandarin education in South Africa, some misconducts also showed up during the implementation of certain Mandarin online teaching projects. Combined with the current trend of Mandarin education reform, this paper puts forward some thoughts and suggestions on the development of Mandarin education.

关键词： 南非、中文教育、线上教学

Keywords: South Africa, Mandarin Education, Online teaching

1. 南非中文教学的基本情况

跟欧美国家相比，中文教学在南非拥有历史并不算太长久， 1918 年，南非成立了第一所中文学校，为华裔青少年子女提供中文教育。直到 2000 年前后，南非大学、斯坦陵布什大学、罗德斯大学、开普敦大学等四所南非高校才陆续建立起中文专业。随着中文专业在南非高校陆续建立，学科建设开始起步，学制也开始从本科阶段拓展到研究生阶段。南非消除种族隔离政策之后，随着中南建交和双边关系的迅速发展，在教育交流合作领域也取得了突飞猛进的发展。目前南非已落成六家孔子学院和三家独立孔子课堂，分别分布在南非的各主要城市，成为非洲大陆拥有最多孔子学院的国家。除支持大学里的中文专业建设与发展之外，孔子学院和孔子课堂更多地承担了南非中小学的汉语教学工作。根据孔子学院研究年度报告(宁继鸣, 2019, pp. 205-206) ，每年都约有近万名中小学生，在南非的孔子学院和课堂注册登记学习中文。

中文教学在南非的发展有两条主线。一条是自下而上，服务于华人华侨，以中文作为母语或者族裔语的民间中文教学；另一条是自上而下，在国民教育体系中推广，以中文作为第二外语的

教学。2015 年以前，两种路径相对独立，华人华侨多通过参与华文学校的学习巩固和提升自己的母语或者族裔语能力；南非当地学生，在大学里接受作为现代外语的中文专业授课，在中小学里以课后兴趣班的形式学习中文。2015 年，南非基础教育部发布公告，宣布中文作为非官方语言之一，纳入基础教育阶段课程大纲，作为可选课程进入了南非国民教育体系，由于这一改变，华人华侨子弟在基础教育阶段的中文学习已不再纯属于"业余"性质了，可以正式地在学校选学中文作为考试科目。

南非是一个实行全纳教育体制的国家，具有较为宽松的语言政策，本身具有十一种官方语言，对外来的不同族裔语言秉持开放的态度，截至 2020 年在基础教育阶段已经有十六种非官方语言纳入基础教育阶段的第二附加语教学大纲。中文科目就是 2015 年南非新增的第十五种第二附加语，按照南非基础教育部大纲的解释 (Department of Basic Education, 2014a)，第二附加语面向但不限于没有中文语言背景的学生，旨在培养学生理解并使用基本目的语进行沟通交流的能力。南非目前共有 16 门作为第二附加语科目的非官方语言，中文科目是目前少数几个具有自己完整考试大纲的第二附加语科目。中文也已经正式从中小学的兴趣班变成了可以参加高考的学分科目[1]。截止 2020 年底，南非累计共有 110 名考生参与了高考（NSC）中文科目的考试，并取得了优异的成绩。2018 年 17 名考生平均成绩为 85.94，2019 年 31 名考生平均成绩为 90.09，2020 年 62 名考生平均成绩为 90.80 (Independent Examinations Board, 2021)。南非的孔子学院和孔子课堂的教师负责绝大部分考生的中文教学以及南非高考的命题、阅卷以及审核的工作。

根据南非基础教育部颁布的汉语考试大纲(Department of Basic Education, 2014b)，南非在校学生可以从 4 年级开始选择中文第二附加语作为自己的选修科目，在不同年级每周完成 2-4 小时不等的中文学习，并可以在 10 年级选择中文第二附加语作为高考的考试科目之一。除了在开设中文科目学校就读的南非当地学生，由于教育法案里针对移民的优惠语言政策，很多华人华侨学生也可以选择将中文作为自己的高考科目。随着考生的增多，中文在学校里也逐渐由兴趣班转化为学分课程。南非的主要城市都有可供学生选修中文科目学习的学校和社会机构。随着基础教育阶段中文科目的完善与发展，将来势必会为高等教育阶段不断输送具有一定中文基础的学生。中文在南非将会作为一门学科逐渐建立起一套完善的学科体系。

2. 疫情下南非的中文教学

2020 年初，新冠疫情波及南非，3 月 26 日，政府宣布全面封城，全南非的大学、中小学也全部关闭，直到 6 月才开始逐渐降级解封。大学阶段，除了第一学期（2 月-3 月）基本维持了正常授课之外，2020 学年后期的教学全部转为线上进行，各个大学利用各自的校园学习管理平台和网络会议平台组织在线教学。中小学阶段，除第一学期（1 月-3 月）正常教学外，5 月-12 月期间则采取线上线下同步的方式进行教学。国家广播电视网、各省教育厅以及各个考试局为学生提供主要学科的在线课堂，学校老师利用即时通讯软件、网络会议平台和家校通平台对学生进行线上辅导。不同年级的学生根据各省、各校的防疫规定轮转返校进行线下学习。西开普省教育厅为了方便师生快捷使用线上教学资源，还将相关资源链接整合，搭建起一个一站式学习接口(Western Cape Education Department, 2021)。随着疫情不断得到控制，2021 学年大学和中小学的的中文教学均在不同程度上恢复了线下教学，特别是中小学校。大部分大学仍以线上教学为主，部分大学在采用严格防疫措施的前提下，采用面向研究生层次少量的线下教学以及面向本科阶部分科目线上线下结合授课方式。中小学依旧采取轮转的方式，但已经全面恢复线下授课。

---

[1] 南非的"高考"为高中毕业统考，当地称之为"国家高级证书考试"(National Senior Certificate), 简称 NSC。

2.1 大学阶段的中文教学

南非开设中文专业的几所大学，是疫情期间最早开展中文在线授课的单位，并基本保证了学生的课时。罗德斯大学（Rhodes University）中文专业在疫情期间，使用 Zoom 平台组织线上授课，通过罗德斯大学学习管理系统（RU Connected）分享上课的录播视频、讲义以及发布和批改作业，为本科和荣誉学位（Honours degree）[1]的学生提供中文专业综合课的教学。四名教师以讲练结合的方式开展在线教学，每周"三讲三练"，在保证授课课时的同时，加强学生的语言操练。开普敦大学（University of Cape Town）中文部和罗德斯大学的情况类似，两名教师在本科 3 个年级每天按照平日正常上课的时间表使用 Zoom 开展 45 分钟的在线教学，并通过开普敦大学学习管理系统（Vula）结合网页展延线上教学的内容，实施精讲多练的专业综合课教学，同时由两位辅导教师对学生分组定期定时开展线上辅导和操练。南非大学（Unisa）一直专注远程教育，他们的中文专业也根据学校新颁布的在线教学纲要，调整了相关的线上教学安排。在原学习管理系统的基础之外，又开发了南非大学线上考试平台（My Exam）来取代因疫情而无法开放的线下考点。两名教师在疫情期间将中文专业本科阶段 3 个年级的 9 门课程（每门 120 课时）全部电子化，通过微软提供的教育套件，上传相关的教学计划和学习材料。在根据学习内容录课的同时，也使用 Microsoft Teams 开展线上辅导。斯坦陵布什大学（Stellenbosch University）中文部的三名教师也利用微软教育套件和斯坦陵布什大学学习管理系统（SUNLearn），为本科和荣誉学位的学生开展在线中文教学。前期，采用全面线上直播授课，并提供教学视频的回放；后期，随着校园开放，则开展线上线下同步授课，将面授内容在 Microsoft Teams 上进行直播。总体而言，南非大学阶段的中文在线教学基本是使用互联网在线教育套件，辅之以基于 Moodle 系统开发的学习管理系统，组合开展线上教学与评估。

尽管如此，大学阶段中文线上授课的开展也并非一帆风顺。大学老师们普遍反映出从应急远程教学过渡到线上教学过程中不适应的感受。尽管有学校网络技术部门提供的相关支持与指导，但线上教学对既定教学安排产生的诸多影响，迫使教师们仓促应对开展线上教学。虽然大学生的自主学习能力相对较强，但是中文在线教学对学生的自主性和自觉性都提出了更高层次的要求。线上授课本身也对课堂管理提出了很高的要求，线下面授时师生间的互动以及直观的学生考勤情况，在线上授课中都成为课堂管理的难题。而部分经济条件一般的学生，在线上授课初期，还经历了没有互联网络以及缺少用于网络学习的电脑、智能手机等硬件的问题，导致出现学生无法参与在线学习的窘境。针对这一情况，高教部设立了专项基金，由政府提供大学生的在线学习的软件和硬件，问题方得到缓解。

2.2 中小学阶段的中文教学

南非基础教育部部长在 2021 年 8 月 29 日的电视讲话中指出(Department of Basic Education, 2021)，2020 学年，学生损失了 50%—75%的在校学习时间，2021 学年，至少会损失 50%。而主要开设在普通公立学校的中文科目，作为基础学时之外的第二附加语科目，基本处于停摆状态。但是师资实力雄厚的私立中小学，如比托利亚的斐京华侨公学（Pretoria Chinese School），德班的科斯尼中学（Kearsney College）以及格拉罕镇的拔萃女子中学（Diocesan School for Girls），在疫情期间由于得到软件和硬件的保障，基本没有课时的损失。斐京华侨公学使用谷歌教育套件，利用 2020 年 4 月份的假期，集中组织老师进行电教培训以及电子备课，5 月份开学之后便面向幼儿园到高中的全体学生开展在线直播教学。随着基础教育部返校政策的逐渐放宽，网课也从单纯线

---

[1] 荣誉学位（Honours degree），学制为一年，在南非属于本科后教育，作为进入硕士研究生阶段学习的必经之路，但一般课程难度相当于中国的大学本科四年级的课程，在读人数比本科阶段更少。

上转为线上线下轮流进行，最后变成全面返校的小班教学。德班的科斯尼中学和斐京华侨公学一样也是利用假期组织培训和备课，开学后利用微软的教育套件开展 8-12 年级的中文线上教学，直到后期疫情缓解，学生便可选择线上或线下授课，中文线下课也通过 Microsoft Teams 实时分享给选择继续线上学习的同学们。格拉罕镇的拔萃女子中学以及与其合作的男校均设有中文课程，前期可以通过 Zoom 进行网络授课保证课时，然而后期随着线下课程的开放，原本两校每班一周两课时的课程安排，变成每校每班每周一课时。但是，和科斯尼中学一样，拔萃中学也采用线下课线上直播的模式，一定程度上弥补了课时的损失。尽管保证了学时，但是三所学校的老师都提出了中文授课备课量加倍、耗费在技术与操作上的工作时间较长，以及线上课程的课堂管理与互动不足等问题。

值得一提的是越来越多的教育资源逐渐涌入线上，进一步激发了南非线上教学的活力。比如开普敦大学借鉴斯坦福大学的在线中学模式，采用南非基础教育部认证的大纲，于 2021 年成立了自己的在线中学（5 年制）并已面向社会招收 2022 年入学的新生(UCT Online High School, 2021)。

3. 南非线上中文教学的困境

虽然全球疫情线状况造成了教育前所未有的困境，然而线上中文教学却有了飞速地发展。中外语言交流合作中心以及中文联盟开设的一系列在线示范课、以及国内合作院校提供的在线课堂亦为海外大中小学的中文教学提供了一针强心剂。中国华文教育基金会的《停课不停学》、《空中课堂》等中文教学资源也给很多海外华侨华人青少年提供了很好的中文学习环境。然而，本来可以解决教学停摆困厄的丰富的线上教学资源，在落地南非过程中，却在中文学校和当地中小学校都出现了不同程度的水土不服。

3.1 华校在线教学项目

2020 年 2 月面向华侨华人授课的开普敦中国国际学校便开展中文线上授课。全校 11 名教师，9 个年级通过不同的在线平台开展了线上授课。当时的线上授课多以录播课为主，定时发送至各个班级的家长群。在经过半年的操作之后，下半学年，随着老师们对线上教学的熟悉，开普敦中国国际学校的中文线上教学逐渐过渡到以直播课为主的形式，但仍有部分老师由于技术原因或者网络条件原因，继续采用录播课的形式开展授课。不同的线上教学形式不仅导致教学进度参差不齐，还由于缺乏了与学生的互动与交流，致使 2021 学年多个班级多次重组和整合。此时，中国华文教育基金会提供的《停课不停学》系列以及《空中课堂》系列华文教学资源像是一场及时雨，中文学校第一时间便将其作为教辅资源分享给了家长、老师和同学。然而，由于课程进度的原因仅有两个年级在第四学期选择使用《空中课堂》组织教学。遗憾的是，2021 新学年由于该项目不再开展，中文学校不得不又重新延续之前的教材体系进行教学。除线上师资缺乏对当地具体情况的了解之外，国内在线教学资源采用"一刀切"的方式提供而且不具可持续性的问题颇显突出。面向海外的线上中文教学资源，未预留针对不同国别进行适配和调整的空间，直接导致相关资源在连续性和易用性方面出现问题。

3.2 在线汉语教学示范点项目

2021 年 1 月，国内某师范大学与南非中文教师协会初步完成协商，计划在南非开展汉语示范教学点项目。该项目计划为南非 2020 年入学的 8 年级中学生，开设的零起点汉语课程。采用国内专职教师线上授课和南非当地教师线下授课相结合的方式进行。线上每周 2 课时，线下每周 1 课时。预计通过一学年帮助生达到《国际汉语能力标准》三级的水平。在联合授课、互相观摩以及工作坊研讨的过程中，提升南非中文教师的课堂教学能力。项目初期，南非中文教师协会邀请 7 所在南非重点开展中文科目的中学参与项目研讨，每个中学都针对项目的落地提出具体的意见。当时亟待解决的问题是学校基本完成了 2021 学年的教学规划，然而示范教学点项目却与原本的教学计划产生冲突，无法达成一致。例如，项目何时开始执行，线上教学是采用直播形式还是录播形式、学生学习是在校内还是校外完成，南非本土中文教师如何参与线上课堂教学，项目是否能在统一开展的情况下针对各校作出个性化调整。最终，因为南非当地学校的教务管理制度，仅有3所中学达成合作意向，约有300多名学生和8名教师计划参与到项目当中。然而，令人遗憾的是经过3个月的等待，最终被告知项目因未能通过中外语言交流合作中心的审批而终止。

诚然，虽然面临一些尴尬和困难，在线中文教育在南非也获得一定程度的成长。首先，就大学而言，政府和学校在网络和设备上为学生提供了支持，各个大学基本都建立了完善的在线学习软件和硬件支持体系，提供网络数据支持和笔记本电脑的租赁(South African Government,2020)，南非网络运营商也针对在线教育网站和服务提供了免流量业务(University of Cape Town, 2021)。另外，在家长和学校的多方配合和支持下，中小学的学生的在线学习参与度和硬件设备也有了显著的提升。其次，经过一年多线上教学之后，坚守在南非教学岗位的各类中文教师都积累了一定的线上教学经验，也对南非的线上教学资源有了更清楚的了解和认识，这使得老师们在教学平台和教学方法的选择上都能够做到多元、有效。最后，孔子学院的国内合作办学单位，如厦门大学、南京工业大学等，为大学在校生提供国内专职教师在线开展中文教学与辅导，以此突破时空限制，一定程度上弥补了中文师资匮乏的窘境。

4. 对南非中文教学的思考与建议

疫情发展至今，对南非社会无疑是一次洗礼，也对教育体系产生了巨大的冲击。全纳教育体系之下科目设置的时弊也体现了出来。南非的中文教育也因此付出不小的代价，特别是基础阶段的中文教育，最后仅有少数的中小学校在孔子学院和课堂的支持下艰难支撑、惨淡经营。我们需要思考中文教育在南非未来的发展方向，应该作出一些必要的战略和策略调整，以保证今后健康发展。为此，我们提出如下建议。

4.1 在线教学项目联合开发

在全球视野下，中文在线教育在过去的一年半时间里可以说是获得了突飞猛进地发展。无论是国内面向海外留学生开展的线上学历学位教育，还是海外本土的中文线上资源开发，都在不断地突破和创新。在欧美等中文教育项目发展比较成熟的国家里，完善的学科设置对中文教学项目提供了政策上的保障和支持，使得中文在线教育资源既能得到充分利用，又可以循序渐进地实现本土化发展。而长期以来仅依赖外来师资资源支持进行中文教育的南非，在线中文教育的发展进步则相对滞后。以孔子学院和孔子课堂教师为目标人群开展的中文教育普遍以短期面授为主，既没有开发在线中文教学教育的契机，也没有培养中文在线教育的大环境。遇到像疫情这样对教学产生重大影响的不可抗力，只能仓促上阵以应急的方式开展中文在线教育，因缺少系统性安排也导致外来中文教学资源在落地过程中出现水土不服的情况。再则，国内提供的用于海外中文在线教育资源的作用似乎也并非为了雪中送炭，而是锦上添花。尽管提供方的初衷是想要在疫情条件下减少师资不足给中文教学带来的影响，然而却忽视了在线教育亦需要站在本土师资的角度去考虑当地的教育环境和实际需求。

就南非的情况而言，在线教学项目开展应该解决的是如何立足南非，整合国内外中文在线教学资源并进行联合开发，做到扬长避短，从南非本土角度出发，服务于本地的实际需要。现在越来越多的线上教学平台开始提供不同学科的教育资源，但是中文教育是否会因此受益尚不得而知。以开普敦大学的在线中学为例，若开普敦大学孔子学院能与校方达成共识，可否在未来的学科拓展中整合资源，亦将中文纳入其中。另外，已经开始面授的学校，针对严重损失的学时，是否能够通过学校提供的教学平台加以弥补，以完善教学内容的提供，实现线上线下教学的良性互补。从国内的中文推广的大局来看，无论是中外语言交流合作中心、中国华文教育基金会，还是涉足国际中文教育领域的各大院校，都在积极开发和输出优质的中文在线教育资源。然而，从各国实际情况来看，具体落地尚需做出有针对性的调整，特别是对于当地已经采用了中文教学大纲作为教学规范的地方，因地制宜的调节是必要的。譬如，用中国通用的中文教学资源目前难以直接取代南非课堂教学，因为资源提供者不仅要面对不同学制、不同教育体系对接的问题，而且还需要通过本土教师的配合与支持方能解决课程的落地的问题。另外利用在线中文资源教学而产生的师生互动等方面的问题受制于当地的硬件设备和网络条件等，而且往往需要有本地师资的配合方可顺利进行。就南非目前的师资情况和一些学校的硬件条件而言，这些仍属于难题。从长远来看，要在南非开展中文在线教育，一方面要提升南非的中文教师活用教学资源的能力，另一方面又要在充分调研的基础上开发具有适度弹性和可持续性的在线教学资源，方有可能在中文在线教育欠发达的地区实现软着陆。因此，国内外共同合作、联合开发线上中文教学资源应成为一个必须要考虑的重要前提和战略发展方向。

4.2 建立良性的师资培养体系

南非基础教育阶段众多的非官方语言教师目前主要有三种培养模式，第一是依赖本土培养。可通过大学里开设的相关语种的学习和遵从符合当地教师资格培养规范的课程，获取相应的教师资格；第二是具备相应语言能力的人通过参与相关的语言水平考试，并根据在他国获得的相应的语言教师资质，向当地有关机构申请认证教师资格；第三是由目的语国家根据两国教育协议培养并派遣外语教师赴南非任教。在南非发展较为成熟的德语、法语已经能够充分利用这三种模式进行师资培养。但是中文仍属于少数主要依靠外国政府向南非提供外派师资的语种，也就是说，目前南非的中文师资暂时仅能依赖第三种途径来提供。南非汉语教学纳入国民教育体系已七年有余，依旧缺乏一批可以担任中文教学任务的本土教师。而在疫情冲击之下，通过孔子学院和孔子课堂外派南非的中文教师资源几乎只出不进，只见离任，不见新任，半年之间几乎流失殆尽。改变现有的中文师资单一来源问题迫在眉睫。

南非中文教育面临的本土师资短缺问题主要由于以下两个主要原因形成。一方面，南非尚不具备培养本土中文教师的条件。尽管南非中文教育从基础教育阶段延申到高等教育阶段，但是不同阶段的汉语学习均以没有汉语背景和基础的非本族语学生为教学对象，而且在三年制本科阶段仅仅是作为主修专业之一[1]，目前仅有两所大学设有中文荣誉学位课程。因缺乏语言运用的社会环境，中国语言文化知识学习的比重一般都大于语言运用应用能力的培养。因此南非的教育系统尚无法培养出具备过硬的中文能力可以从事中文教学的本土汉语学习者。另一方面，南非的师资培养路径跟中国的师范教育路径不同。无论何种学科，学生均需要通过本科后的专门师资培训课程方可获得教师资格认证。目前高校本科后的师资培训课程尚未正式纳入中文学科。目前通过这一机制成为具有南非本土教师资质的几个华人华侨个案均有在中国获得本科后相关培训或者是已经具备中文教师资质的教师。中文作为外语的教学最终还是要通过本土化才能实现可持续的发展，南非迫切需要建立本土中文教师的培养或者转化机制。南非拥有一定数量具备中文教学基础的当地人、华侨华人以及留学生，因此这个群体跳过语言能力培养的环节，仅仅通过师资认证转化就具有成为本土教师的潜力。然而，现实是由于南非采用英联邦体制的师资认证模式，这些教师仍需要通过南非高等教育部认可的本科后教师资格培训项目才可持证执教。由于中文并不在其科目当中，并非所有的高校愿意接纳此类以中文学科教学的学员。目前，南非仅接受中国教育部颁发的中小学教师资格证书获得者的教师资格转换，而对大多数仅持有教育部下属机构颁发的《国际汉语教师证书》的中文教师资格却不予认可。这一措施也限制了本土教师的发展。师资培养和认

---

[1] 南非三年制本科阶段获得学士学位需要至少两门主修专业，学生无法靠中文单一主修获得学士学位。

证上的瓶颈使得这些潜在的本土教师持续流失。目前单边的师资供给远远未达到满足当地对中文师资需求的程度，而这种模式一旦遇到外部环境因素突变的影响，极易造成师资供给的断流，甚至会导致一些学校的中文教学停摆，更严重地是长此以往将会动摇中文教育在南非发展的根基。

因此，南非中文教育发展的当务之急就是促成南非高等教育机构尽快融入中文师资培养机制，突破单一的依赖中国国家外派的模式。首先，建议中国教育主管部门，在两国政府教育合作协议的框架下，推动《国际汉语教师证书》在南非可以获得认证，让具备相应资质的潜在的本土教师能通过该渠道快速获得本地教师资格，为南非中文教育带来"活水"。其次，利用相关资源，推动与支持南非高校中文专业学科建设发展，增强中文专业的吸引力和培养质量，推进在高等教育阶段南非教师培训课程中增加中文科目，让具备相应汉语基础和能力的南非学生通过本土的培养体系成为政府认证的中文教师。最后，需要通过协调行动，对现行南非教育体系中各层次的教学大纲进行系统性的调整与完善，实现不同学段中文教学的层次的无缝衔接，统合南非中文教学的大方向，并纳入促进中文教育职业化发展的考虑，为更多南非学习者找到选择学习中文的理由。

4.3 开发拓展国别化教学资源

作为一个有11种官方语言的多民族国家，南非国民教育基础教育阶段的第二附加语课程设置是服务国内少数民族族群的语言科目设置，也是南非教育系统独具的特色之一。第二附加语一般是随着来自不同国家的移民群体逐渐增长而设置的。其设置体现了根植于本土，服务于全民的全纳教育的特点。中文作为第二附加语进入基础教育阶段并非是因为移民的关系，而更多是因为南非与中国经贸关系和政治关系逐渐密切。中国是南非的最大贸易伙伴，而南非又是中国在非洲最大的贸易伙伴。南非既是金砖五国成员又是中国一带一路倡议在非洲的节点国家之一，南非政府亦乐见中文教育在南非获得发展，以利于两国经贸关系发展和社会文化人文交流。因此，我们应当明确中文在南非国民教育体系设置的意义跟其他非官方语言并非完全一致。南非目前使用的中文教学资源基本上采用的是中英对照的教材，尚没有针对南非以班图语言作为母语的主要学生群体的教材，对于这些学生而言，英语已经是他们的第一外语或者第二外语。目前教材的课文选题也以介绍中国为主，辅以欧美和东南亚国家的跨文化文化交际案例，很少以非洲为话题的教材，更是缺乏对南非这类新兴发展中国家国情的反映，基本上不能引发本土中文学习者的共鸣。在考虑如何培养本土中文教师的同时，如何设计与开发适合南非本土族裔学习汉语的教学资源似乎也应该纳入计划范围。

南非既是南部非洲政治、经济和文化的风向标，但又与人们印象中普遍意义上的非洲大陆存在一些差异。注重开发南非本土中文教学资源不仅能更好地反映中南两国间深层次的人文交流，而且可以为面向非洲的国别化中文教学资源开发提供范例和样本。国别化是贯穿中文教学资源开发的核心问题，也是一个难题。的确，由于本土师资的不足等原因，相较于其他第二附加语而言目前中文学习者人数甚少，包括大学阶段亦是如此，因此国别化的教学资源开发也境遇尴尬。简单套用通识性的中文教学资源在南非显然已经难以促进中文学科全面、专业地发展。中文已经在南非实现了从小学到大学12年制的连续的学科设置，并且拥有来自中南两国人文交流机制的支撑，客观上已经拥有不可多得的发展前提条件，因此从长远来看，开发出具有南非国别特色的中文教学资源对于中文科目的未来的发展，无疑有着巨大社会和经济效益。

5.结语

虽然历史较短，中文教育在南非的发展整体呈现上升的态势。随着两国间政治经济合作的不断深入，以及华人社区在当地的不断成熟与成长，中文教育的发展也得到了来自不同方面的推动。2015年，通过两国教育主管部门的共同努力，中文作为非官方语言科目进入南非基础教育体系，形成了全学段多层次的中文教学体系，也开启了中文教育学科化、体系化的新进程。在疫情到来之前，南非的中文教育正在厚积薄发，但教学形式上偏向于线下面授，缺乏教育技术的多元应用。

受疫情影响，多样化的线上中文教学在南非的大学以及中小学广泛地开展，无论是教师还是学校，都努力且积极地应对应激线上教学带来的挑战，然而疫情造成的中国外派中文师资短缺问题使得中文教育的发展却出现了止步甚至退步。在教育技术，特别是在语言教育领域技术不断成熟的当下，这场疫情将南非中文教育缺乏自主性和创新力的困境展露无疑，也凸显了中文教育在南非攀升的脚步并不踏实。

追本溯源，在南非境内开展的中文教学还是传统的以外来者推广中文和中国文化为特点。中文教育并没有作为非官方语言得以发掘和研究，影响到其在南非的生命力以及社会接受性，因此教学与文化活动显得陈旧，并与当地的教学体系缺乏适配。其次，多样化的师资培养模式并没有在南非过去十几年中文教育发展过程中得以实现。单方面依靠中国外派的模式填补师资空缺，不仅未能利用现有的高等教育资源培养师资，也没有利用好国内的优势资源储备师资，更没有促成当地的教育体系转化已有潜在师资，结果使得国内的师资供给成为南非中文教育的重要生命线，这无疑是中文教育在南非长远发展的一个重大隐患。当教育技术和师资都不充沛的南非面临一场线上中文教育的大考时，不仅显得力不从心，更因为没有本土化的解决方案，导致优质的线上中文教学资源无法利用。

塞翁失马，焉知非福，疫情给教育带来的阴霾正不断被教育技术驱散。线上与线下相结合的中文教学正在南非大面积的开展。通过一线教师们的实践与探索，南非的中文教育自身正在积极完善，线上中文教学也逐步融入南非中文教育的发展。尽管目前中文教育在南非步履艰难，一旦我们克服目前呈现出来的问题和矛盾，南非的中文教育将乘着教育技术的快车，驶向更远的前方。

参考文献

Department of Basic Education. (2014a). Curriculum and Assessment Policy Statement Grades 4-6: Mandarin Second Additional Language. https://www.education.gov.za/Portals/0/Documents/Policies/Mandarin%20Second%20Additional%20Language%20CAPS%20Grades%204-6.pdf?ver=2015-04-16-100649-567

Department of Basic Education. (2014b). Curriculum and Assessment Policy Statement Grades 10-12: Mandarin Second Additional Language. https://www.education.gov.za/Portals/0/Documents/Policies/Mandarin%20Second%20Additional%20Language%20CAPS%20Grades%2010-12.pdf?ver=2015-04-16-100732-420

Department of Basic Education. (2021). Statement by the Minister of Basic Education: Mrs Angie Motshekga on the Learning Losses in the Basic Education Sector Since the Start of the Pandemic. https://www.education.gov.za/Portals/0/Media/Preess%20Releases/MINISTER%20STATEMENT%20FOR%20MEDIA%20BRIEFING%2029%2008%202021.pdf?ver=2021-08-29-103630-417

Independent Examinations Board. (2021). *Mandarin SAL Assessment Matters*. IEB. https://docs.ieb.co.za/pages/nonofficiallanguages

Ning, J. M. (2019). Annual report of Confucius Institute, Beijing: Commercial Press. [宁继鸣. (2019). 孔子学院研究年度报告 2019. 商务印书馆.]

South African Government. (2020). National Student Financial Aid Scheme on student allowance during COVID-19 Coronavirus lockdown. https://www.gov.za/speeches/nsfas-student-allowance-during-covid-19-coronavirus-lockdown-20-apr-2020-0000

UCT Online High School. (2021). *UCT Online High School - South African Learning Liberated*. Uctonlinehighschool.com. https://www.uctonlinehighschool.com/

University of Cape Town. (2021). Zero-rated mobile data access to specific UCT Online resources. Information and Communication Technology Services, UCT. http://www.icts.uct.ac.za/Zero-rated-access-some-UCT-websites

Western Cape Education Department. (2021). WCED EPortal. https://wcedeportal.co.za/

13

在线中文教学中的情感策略实践与反思：以中国政法大学汉语读写课程为例[1]

(Affective Strategies in Online Teaching and Learning: Practice and Reflection of Teaching Chinese Reading and Writing Courses in China University of Political Science and Law)

宋春香

(Song,Chunxiang)

中国政法大学

(China University of Political Science and Law)

chunxiangs@cupl.edu.cn

摘要： 本文以中国政法大学汉语言专业本科读写课程教学为例，通过教学平台的数据分析,研究汉语学习者的学习心理，综合运用教师行为中的情感策略，并结合实际做出教学反思和展望。

Abstract: This paper takes teaching the reading and writing courses online in China University of Political Science and Law as an example. It analyzes data on the teaching platform to study the learning situation of Chinese learners and discusses affective strategies in instructors' behavior, and shares reflection and prospect based on the actual situation.

关键词： 读写课程、线上教学、学习情况、情感策略

Keywords: Reading and Writing Course, Online Teaching, Learning Situation, Affective Strategies

1.前言

美国佛罗里达国际大学教授 Hauenstein(1998)曾提出新教育目标分类体系，其中，"情感领域"是一个重要指标。这为教学中着重研究学生学习情况与教师"共情"策略提供了一个重要的理论依据。实践教学中，教师日益关注自身的交流态度，并愿意去深入思考教学目标、教师和学习者的角色、情感、认知、即时的课堂决策和相关的研究领域等问题（Parkinson&Thomas, 2016）。教师行为研究始于十九世纪，最早见于 1986 年克瑞兹（Kratz）的相关研究成果。从二十世纪六十年代开始，教师行为与课堂教学、影响课堂教学行为的因素分析就在寻找并研究教学效能的相关变项，为改进教学效能提供参考（朱晓斌，2014）。在教学中，师生的情感关照是实现有效教学沟通的重要方式，而且"教师对学生情感投入越多，学生越积极"（刘元满，2016）。情感既是教育目标之一，也是教师与学生互动的策略之一。

从二语习得角度讲，"由于阅读和写作具有一些共同的内在认知过程，学生的母语以及第二语言的阅读能力也在他们的写作学习中起着重要的作用。阅读能力越强，学生的写作能力也会随之提高。不同的阅读活动对于总体语言能力和写作水平提高所起的作用也不相同"（Williams, 2007）。

---

[1] **基金项目：** 教育部产学合作协同育人项目"国际中文教育与留学生实习基地建设研究"（批准号：202101121047）阶段性成果；教育部中外语言交流合作中心 2021 年国际中文教育研究课题一般项目"《国际中文教育中文水平等级标准》通用性与罗马尼亚本土化研究"阶段性成果(批准号：21YH49C)；中国政法大学"课程思政示范课"《中国文学赏析》课程建设项目阶段性成果。

正是因为阅读和写作的密切联系，实践中的汉语读写教学课程自然会承载多元互动的共情点，比如文本阅读理解、作文选材、评语反馈、读写分享、拓展实践等。在线汉语读写教学中，教师既要关注学习者情况及影响因素，也要实施"共情"参与的显性情感策略和隐性情感策略。通过"共情"的师生教学实践，最终实现国际中文教学到国际中文教育的人文理想。

本文基于汉语言专业的阅读和写作教学实践，通过对具体的学习者学习情况数据的简要分析，梳理读写课程的线上拓展方式，探索师生互动的"共情"式教学模式。

2.《汉语阅读与写作》课程在线教学概况

2.1 基于在线教学对象的学生信息

截至 2020 年 6 月份，中国政法大学共有 54 名（女生 17 人，男生 37 人）汉语言专业本科留学生（含短期交流生）参与在线学习。他们来自韩国、缅甸、老挝、乌兹别克斯坦、吉尔吉斯斯坦、塔吉克斯坦、巴基斯坦、圣多美和普林西比、莱索托、厄瓜多尔、罗马尼亚、俄罗斯、比利时、爱尔兰等国家。

2.2 基于在线教学平台的学习情况数据

在 2020 年 2 月至 2020 年 6 月期间，中国政法大学的国际中文在线教学共开设专业必修课和专业选修课共 17 门，包括汉语综合、汉语听力、汉语口语、汉语阅读与写作、商务汉语、法律汉语、中国文学赏析等。其中，《汉语阅读与写作》系列课程是汉语言专业本科留学生的专业必修课，所使用的教材是北京语言大学出版的《发展汉语》，该系列教材针对不同汉语水平的学习者共分为初级读写、中级读写和高级读写三个等级共计十本书。针对汉语言专业大一学生使用的是《发展汉语·初级读写》，在人才培养方案中占 4 学分；针对汉语言专业大二学生使用的是《发展汉语·中级阅读》和《发展汉语·中级写作》，在人才培养方案中占 8 学分；针对汉语言专业大三学生使用的是《发展汉语·高级阅读》和《发展汉语·高级写作》，在人才培养方案中占 8 学分。

根据超星学习通在线教学平台的数据统计，各门课程统计内容均包括任务点、章节学习次数、教学预警、作业统计、成绩管理等版块，通过量化数据即时反映学习者的学习状况，为教师提供教学参考。教师可以根据信息了解所教学生的学习状态，比如：是否学习，学习多少，学习效果怎么样等等。

一般的教学流程是：教师提前将授课内容通过音频、视频、PPT 和其他文件形式上传至"章节学习"区，标注学习"任务点"。学习者根据个人帐号登录学习，教师端口会显示学习者的学习次数、学习时间和时长。同时，"课程积分"和"成绩管理"区可以全面反馈学习者情况。教师通过"章节测试"和"考试"区组织评测活动。学期末，系统自动生成学生的"课程报告"。为此，从问题意识出发，教师需要及时关注学习者的访问次数、学习进度、作文提交情况（注：因受网络影响，作文提交方式包括平台提交与微信提交两部分），以及课内外读写语言输出情况，基于不同年级学习者不同的学习情况量化数据（如表 1 所示），进行学习者在线学习情况比较分析，为后续学习者情感分析提供依据。

表 1：《汉语阅读与写作》课程在线学习情况信息表

课程名称	授课对象	授课人数	学分设置（分）	任务点（个）	访问次数（次）	学习进度（分/日）	作文总量（篇）	语言输出
初级读写	大一	23	4	53	976	18	197	课内文化用语
中级读写	大二	22	8	41	2235	28	264	课外分享阅读

| 高级读写 | 大三 | 9 | 8 | 38 | 1006 | 25 | 89 | 课外分享阅读 |

（注：本数据来源于超星学习通教学平台的统计结果。）

由表 1 可知：第一，汉语水平的高低直接影响留学生在线学习次数的多和少，且汉语水平与访问次数成正比例关系。比如：中、高级汉语水平的留学生在线访问次数比较频繁，明显高于初级汉语水平的留学生。第二，学习任务点的设置随汉语水平的提高而减少，即汉语水平越高，教师所布置的学习任务就越少。第三，读写拓展侧重语言输出，即侧重口头阅读分享和书面作文评阅。同时，根据语言水平的差异，初级读写教学拓展主要以课内文化用语为主，比如：根据具体的字词造句，阅读中文故事。中高级读写拓展主要以课外分享阅读为主，比如：积极开展个人报告分享活动，依托影视剧和文学作品资源，实现语料篇章的跨文化交流和对话。

2.3 基于在线作文的学习情感分析

根据情感分析理论，一般认为，情感的倾向可以是正面（褒义）、负面（贬义）。一些研究文献也把情感倾向称为极性、语义倾向或者情感的价等（刘兵，2018）。情感分析被广泛地运用于电子商务、客户调研、网络信息分析等领域，以此了解特定群体的情感评价和认知特点，从而对未来发展做出预测和调整，促进所研究领域的新发展。其研究的语料大多为语言输出信息和文本。比如："中文在线评论的用户情感分析及应用"（郑丽娟，王洪伟，2018）侧重用户情感分析，提升情感管理。由此，在线上读写课程的学习过程中，汉语学习者通过作文中的关键词语能够表达出自己的学习情绪。

表2：《汉语阅读与写作》课程在线作文情感关键词信息表

词语分类	情感名词	情感动词	情感形容词	情感副词
情感关键词	压力	希望	无聊的	很
	困难	见面	新鲜的	太
	期待	盼望	新奇的	更
	平安	担心	焦虑的	最
	幸福	分享	兴奋的	非常
	进步	怀念	方便的	总是
		喜欢	高兴的	早早儿
			轻松的	快点儿

由表 2 可知：在线上学习的过程中，汉语学习者都不同程度地存在压力大、焦虑的状况。在线上教学初期，82%的汉语学习者在自己的作文中表达出期待返回学校，返回教室上课的情感意愿。随着线上教学的逐渐展开，在师生互动交流中，除即将进入大四毕业年级的同学相对稳定做毕业论文准备外，大一和大二的汉语学习者更倾向于线下教学。表 2 汇总的这些情感关键词，从一个侧面反映出汉语学习者的心理状态。其中，如果积极情绪所占比例较多，自然会促进学习；相反，如果消极情绪所占比例居多，则会影响学习。学习动机直接影响学习情绪和效果。根据学者们的研究：仅侧重于认知机能的教学，虽能提高学习成绩，但未必能够产生持续的学习动机。而学习动机是学习过程的核心，是引发和维持学习活动的动因和力量，而动机不同，心理情绪也不同。积极的表现为渴望和热情，消极的表现为焦虑和担忧（程胜，2014）。

根据"情感过滤假说"（Krashen，1982）的研究成果，学习者的情感与语言习得有非常密切的联系，这主要源于学习者的个体差异。情感过滤假说指出学习者的情感因素，如动机、自信、焦虑等，是可以调节的过滤器；情感过滤是阻碍学习者完全吸收所获得输入材料的一种内在心理障碍，是二语习得的关键因素。语言习得过程中，情感过滤作用强，即当学习者学习动机匮乏、过分焦虑、自信心不足时，情感过滤器关闭，语言输入就会在大脑中受到阻碍，也就是被过滤掉，无法进入语言习得机制，从而阻碍语言习得；相反，如果情感过滤很弱，学习者动机强、自信心高、焦虑低，语言输入就会顺利通过过滤器，进入语言习得机制，从而更多地转变成语言吸入，语言习得相对成功（Gass, 2020）。在此，焦虑和压力的情感状态影响学习者参与线上学习的次数和学习成绩。这就需要教师在读写教学中需要实时互动，加大在线视频关注度，综合运用读写教学中的教学技巧，增加评语的感染力，掌握提问艺术，关注学习进度和在线行为表现，及时缓解汉语学习者的学习压力。

2.4 基于在线课程拓展的"共情"教学

在线上教学初期，在了解学习者学习心理状况的前提下，《汉语阅读与写作》教学在依托教材教学的基础上，又根据不同的汉语水平设置了符合学生情感交流需要的拓展课程，进一步提升汉语学习者的参与度，增强在线教学的互动性，为开展深度教学提供来自汉语教师方面的情感支持。

表3：《汉语阅读与写作》课程在线"共情"教学拓展信息表

初级读写（大一）			
课内阅读内容输入	课内学生语言输出	课后作文选题	交流形式
积极心态："既来之则安之" 求真求实："百闻不如一见" 珍惜时间："一年之计在于春" 努力坚持："愚公移山" 平衡得失："塞翁失马"	安心在家里学习； 自己的眼睛看到更重要； 春天是最美丽的； 坚持就会成功； 好事情会变成坏事情，坏事情也会变成好事情。	1. **跨文化比较**：从母语中找出类似的文化语句； 2. **个性化访谈**：用一个词语写出自己在线学习的心情； 3. **"一对一"对话**：给老师写一封信；	1. 直播分享报告 2. 在线提交作文
中级读写（大二）			
课内阅读内容输入	课后学生阅读交流语言输出	课后作文选题	交流形式
诗歌全文：《面朝大海 春暖花开》《乡愁》； **散文片段**：《十八岁出门去远行》《匆匆》《收藏昨天》《春》。	课后阅读中跨文化对比交流提及的中文书目：《明朝那些事儿》《傲慢与偏见》《哈利·波特》《变身怪医》《快乐猪学校》等。	1. **跨文化文化名人介绍**：老子、孔子、孟子、普希金、达芬奇、彼得大帝、伊丽莎白一世； 2. **影视观后感**：《阿甘正传》《冰雪奇缘2》《纳尼亚传奇》《公主日记》《冰糖炖雪梨》等。 3. **居家隔离心得**：《在家学习的日子》	1. 直播分享报告 2. 在线提交作文
高级读写（大三）			
影视阅读分享	主题辩论	论文辅导	交流形式

147

中外影视：《西游记》《炼金术士》《绿皮书》《寄生虫》《不能说的秘密》《死亡诗社》	主题内容：职业理想、师生关系、明星文化、城乡差别、广告利弊、朋友标准、英雄成败、在线学习利弊等 15 个论题。	语言类论文写作 文化类论文写作 调查类论文写作	1. 直播分享报告 2. 在线提交作文

（**注**：此处学生语言输出成果的时间段为 2020 年 2 月—2020 年 6 月，这些成果是 15 个教学周的成果汇总。在每一个教学周，我们进行一个主题的读写训练，每一名参与学习的同学在线提交一篇书面作文。该作文包含各个领域跨文化的课外阅读信息。）

　　由表 3 可知：针对大一学生，课程实践中以《发展汉语初级读写》教材的文化用语作为延伸资料，通过跨文化比较、个性化访谈、"一对一"对话等方式，结合现有的生活场景，适当延伸语言输出广度和深度，其中，教师侧重积极心态的引导，精选积极词汇作为拓展语料，强化有关"既来之则安之"的积极心态，"百闻不如一见"的求真务实精神，珍惜美好，珍惜时间的意识，"愚公移山"一样的努力与坚持，平衡得失的"塞翁失马"心态等。针对大二学生，通过文化名人介绍、影视观后感、居家隔离心得等话题作文，学生会自主延伸文学作品和影视作品《明朝那些事儿》《傲慢与偏见》《哈利·波特》《变身怪医》《快乐猪学校》等相关信息。教师由此可以近距离走进中级汉语学习者的精神世界；针对大三学生，通过影视分享和主题辩论，自主延伸跨文化的职业理想、师生关系、明星文化、城乡文化等话题，进一步提升高级读写学习者的论文写作能力，为毕业论文做好准备。

　　从量化的角度讲，汉语阅读教学的内容十分丰富，涵盖了"文化知识的传输、思维能力的锻炼、语言能力的提高、阅读技能的训练、阅读习惯的培养和品格性情的塑造"（李晓琪，2006）等。由此，在线上读写课程教学中，需要不断巩固课内知识，并丰富线上教学内容，多视角多层面来增加师生交流互动的读写话题，凸显读写独有的人文性特点，侧重讨论交流，针对无法见面互动的困难，增加学生阅读类活动，同时，综合运用直播和微信进行积极交流。比如：利用直播机会，增加师生互评互议与生生共享阅读资源的交流环节；利用微信的语音功能进行"一对一"问答，教师示范阅读，解决学生阅读中的读音、语调和节奏问题，适当进行精神奖励，以充分调动学生的参与热情。同时，在鼓励学生线下自主学习的基础上，汉语学习者可以继续拓展课内语言点，完成从具体语言知识点到抽象言语表达的外化读写过程，通过读写输出形式，不断转化已有的语言实践成果。在线下学习中，因为学生可以阅读收集资料，所以在每一周的读写任务中，学生的语言输出成果相对丰富，并且具有了跨文化的国别性特点，为师生后续进一步交流讨论提供了新的"共情"焦点。如果从"产出导向法"理论视角下来观照读后写作，那么完整的教学至少包括两次"个体输出"，这可以概括为课堂的"控制性语段写作"和课后的"完整篇章写作"（许希阳、吴勇毅，2016）。当学习者外化并表达自己正在形成的知识时，学习效果会更好（陈隆升，2020）。汉语的读和写都是语言外化的重要表现形式。这种"课堂语言"的输出形式包括"教师和学习者在写作和谈论课文及相关事宜时所使用的所有语言"（Parkinson&Thomas，2016），包括口头报告和书面作业、在线提交的演说音频和视频材料，从中教师可以继续深入研究阅读中的节奏、音调等二语习得的输出特点。

　　综上，结合在线教学的实际和学习者的实际情况，《汉语阅读与写作》课程在线教学"共情"模式如下，即：（1）平台+录播：综合运用教学平台的相关职能，做好录播课，侧重教材文本的再现、PPT 知识点讲解、在线"共情"评语的反馈；（2）视频+直播：侧重师生情感共通的交互式教学和学生读写成果的分享；（3）微信+邮箱：侧重读写辅导答疑、个案访谈、课前与课后的"共情"信息反馈（如图1所示）：

图1：《汉语阅读与写作》课程在线教学的"共情"模式图

3. 教师的"共情"教学实践

3.1 显性"共情"策略

显性"共情"策略是指教师基于汉语学习者的实际学习情况，通过可视可感的外在手段进行介入的一种教学方法。其目的在于发挥汉语学习者以外各种监督监控方式的督学作用，以及教师的引导作用。

实施教学预警。这方面的具体操作来自于信息技术的介入。这里指依托教学平台的预警功能来实施的教学方式。其实施方式既可以是在教学平台系统内群发预警通知，也可以通过条件选择集中设置"一对一"预警的对象范围，还可以由系统平台进行功能置换，转发微信群，突出在线教学预警的针对性、即时性、时效性。其教学目的就在于发挥外在环境的督促作用，激活学习者的外在动机，以此对学习效度低、进度慢、参与次数少的同学给予适时提醒，帮助学习者养成良好的学习习惯，尽快适应线上教学模式；也可以发布微信通知，或温馨提示，不定期公布近期作业提交、到课人数、网络分值等学习情况，以此起到督学促学的作用。

激发学习动机。首先是发挥教师作为引领者的责任。在后方法理论的讨论中，赵杨（2016）就曾强调"教师中心说"，认为"教师在教授语言技能之外，还要思考如何发挥引领者的责任"。这既要发挥人格魅力去引领人——学习者，建立良好的师生互动关系，又要发挥教学者的作用引领班级——学风，用务实的教风营造良好的学习氛围，积极发挥教师从课前、课中、课后的教学引领作用，设计富有趣味性的课前通知形式，增强仪式感；课中明确读写任务和要求，让学生知道内容需要细读，哪些略读，哪些需要查读等，师生合作讨论，共同完成写作话题的思维导图。课后，师生能够通过分享活动深入解读文本中的人文信息，激活阅读篇章的可读性，并结合生活实际拓展课外篇章阅读，在分享阅读和读写心得交流中来进一步外化所学的读写内容。汉语阅读作为语言交际的内容和形式，是汉语学习者获取信息的重要路径。如果"阅读满足了人们的需求并且使人产生一种掌握的感觉，这就是内在动机"，对于学习者来说，"为了学习必须去阅读则是一种典型的外加动机，阅读者会觉得是一种负担。但是假如学习的材料中有新的信息，而且读物又不太难，学生在读完以后也能产生满足与掌握的感觉，那么作为学习目的的外加动机与内在动机就结合起来了。也就是说，虽然事实上是一种学习目的，但也可以通过能够产生内在动机的方法来实现，这就是一种转化"（陈贤纯，2008）。最终，在不断的"内化"、"外化"和"转化"的读写活动中，教师引领学习者完成全部在线学习任务和考核评价。但是要注意的是，在整个线上学习过程中，虽然"教师可以成为大部分旅程的向导，但最后一步必须由学习者来完成"（Parkinson. &Thomas, 2016）。

指导学习方法。这是指从在线汉语学习者出发，倾向于一种在教师有序指导下的在线学习，让学生知道学什么（依托导学纲要），怎么学（依托技术支持）。这样，教师的方法指导就包括过程指导和技术指导两大部分。前者类似于传统课堂教学中的"监控学习过程"的引导活动，指导活动看得见，摸得着，即在读写教学中，教师应该时刻关注学生在学习中遇到的问题，帮助他们排忧解难。并且能够针对弱点强化补充，培养学生发现问题、解决问题的能力，尤其对学习成绩不太好的学生加强个别指导，帮助他们自己学会将学过的知识加工整合、消化吸收，形成一套完整的知识体系（戴雪梅、付玉萍、邹燕平，2013）。后者更加侧重教学平台的资源运用。在教师的指导下，汉语学习者能够依托信息技术的介入，熟练操作教学平台，近距离接触所学习的读写资源，并根据个性化需求开展自主学习。为了方便学习，汉语学习者需要依托教学平台，尽量减少外在环境的影响。在综合考虑技术因素的基础上，"在线"导学的学习任务和教案要清晰可查，并具有可操作性，能够客观记录教学问题与教学反馈。同时，针对不同信仰、不同能力水平，不同学习经验，不同学习时段的汉语学习者，通过"一对一"的对话交流，教师为学生开出针对性的教学"处方"，做出不同的个体需求方案，发挥每个学习者的潜能，力求共同进步。事实上，在线教学活动中，"课程知识的传授和指导可以更多地交由在线教育平台来完成"，汉语教师可以空出更多的时间来充当好导师这一角色"（Horn&Staker，2015）。指导的过程中增强了师生的交流，教师的这种情感支持有助于缓解学习者在线学习的技术压力，从而多方位弥补线上教学交互性的不足。

3.2 隐性"共情"策略

隐性共情策略主要是教师情感与学生情感的适时交流与沟通。因其非直接参与并体现在知识性教学中而具有了隐性特点。其主要沟通方式包括：借助微信、直播等平台进行的问候、祝福、言语鼓励、文字鼓励，等等。在读写教学中，这些隐性的"共情"因素就更加突出。

在线评语的艺术化。从交互性角度讲，评语对于读写教学具有积极的师生情感互动价值。从教学设计角度讲，写作教学中学习者的语言输出直接反映出学习进程与教学效果，用什么尺度衡量关系到教学设计整体的科学性（罗青松，2011）。日常写作教学中，减少类似优、良、中、差等的"独字式"评语，虽然这种评改方式也完成了教师的批改任务，但是对于学生而言，后续反馈的动力不足。而具有交互性的作文评语比较侧重在评语中留有进一步交流探讨的空间。心理学实验带来的启示在于:反馈对于学习非常重要，不要让学生成为"被忽略组"或"被隔离组"，即使是只字片语的点拨也会给学生带来益处。激励的效果明显优于批评的效果，因而，在反馈的时候教师要以鼓励的方式为主，先肯定其结构、中心思想等，再提出其不足之处并给予如何改进的建议，并鼓励学生只要改掉这些问题，作文会更上一个台阶（欧妮，2017）。可见，在读写教学中，具有对话性，交流性的评语是能够带给汉语学习者愉悦体验的评语，是能够让学习者有话可说的评语，由此，进一步激发师生多重反馈的热情，最终形成双方最满意的写作文本。在师生互动的教学中，来自教师的激励话语尤其重要。换言之，一句正向引导的话语，可激励学习者将学习快乐地"在线"进行下去，反之，则有可能会消解汉语学习者的学习动机。

在线直播的亲和化。在线直播中，教师从课前预热、课中提问讨论到课后拓展反馈等环节都需要充满亲和力，不仅具体问答交流的设计科学有序，而且能够兼顾到所有在线学生的情感与情绪。对于教师而言，其亲和力表现为：（1）在线问候贴切得体。综合运用跨文化知识，设计恰到好处的问候语、祝福语。（2）在线提问均衡公平。线上阅读提问做到频率均衡，顾及到所有人，在线视频学习中能够一一提问。（3）在线访谈科学高效。如果想了解学习者的心理状况，可以让学生用一个汉语词汇概括自己的性格或情绪，或者适当改变一下师生对话交流的方式，比如，让学生给老师写一封信，书面交流，深度沟通。（4）在线直播关注特殊个体。线上直播要关注学生的情绪变化，针对情绪不高、参与度低等学习者能够给予适时关注，第一时间积极引导，降低负面影响。

在线话题的生活化。结合话题作文,大多数情况下学生会做"模仿性写作"和"引发性写作"（王瑞烽,2015），所以话题的选择至关重要。一般来说,作文命题不能随意,需要针对学习者的生活与思想。早在20世纪末,学界就指出随意性命题方式"不适合汉语写作能力测试",表现为"不符合对外汉语教学的目的"、"很难切合考生的思想与生活"、"容易误入测验考生知识能力的歧途"、"很难保证写作能力测试的效度和信度"（于丛杨,1998）几个方面。作文是师生共情对话的一种潜在形式,只有贴近汉语学习者的作文话题,才让学生有话可说,从而为阅读分享和在线交流提供优质的书面文本,汉语阅读与写作因其文本话题的开放性而更易于生成积极的师生"共情"式教学氛围。

3.3 反思与展望

中国学者曾系统介绍并评价了控制法、自由写作法 、语段形式法 、过程法、任务法等第二语言写作教学的主要理念方法 ,讨论了各种教学理念对汉语写作教学的借鉴意义。其中,诸如控制法 、控制自由法 、过程法、交际法及任务法等 ,作为基本的教学法都已经被融入现有汉语写作教学实践中（罗青松,2002）。然而,线上教学不同于课堂教学。针对线上读写课程需要重新思考在线读写教学的新理念。读写课程教什么? 教知识还是教方法?还是二者兼而有之?是否真正知道学习者"知与不知"的内容?读写课程怎么教?直播还是录播?单声道还是双声道?静态还是动态?是否理解学习者"在与不在"的理由?这一系列来自信息技术的新挑战, 必将促使中文教学者进一步思考国际中文教育的内涵,走出语言的工具理性,提升语言教学的人文价值,以期带给国际中文教育人文理念的新变化。在侧重语言文本输出的读写教学实践中,读写融合,学情分析,共情分享,人文评价等都将有助于教学中继续完善读写课程内容,丰富读写教学产出的学习成果,进一步优化现有教学模式。

了解学习者的学习情况。在线学习者的学习情况是在线教学的基础。未来在线教学中,"以学习者为中心"的理念必将是教师的教学更加关注学习者的内在需求。"如果把教学看作是在学生与教学内容之间打造一座桥,那么以学习者为中心的教师就会时刻注视桥的两端,教师们试图了解每个学生都知道些什么、关心什么、能做什么、想要做什么"（陈隆升,2020）。由此, 为汉语学习者提供语言知识内化理解与外化表达的路径和平台,通过"学情预设"（了解学习者）→"学情分析"（研究学习者）→"学情反思"（理解学习者）→"共情教学"（反思教学者）→"共情教育"（学习共同体）这一教学实践路径,加大学习者的语言输出,提升读写课程的语言实践质量[2]。在线中文教学的未来也必将从世界各国汉语学习者的客观"学情"出发,深切关注在线跨文化"学情",有效地设计符合"学情"需要的国别化、个性化教学方案,由此不断提升国际中文教学的针对性和实效性。

探索教师的共情方式。在交互性教学中,在线教学中的教师需要学会"共情"。"共情"的前提在于理解。解决教学问题的路径在于:理解汉语学习者的学习情况,尤其是学习心理和情绪,并给予适时的调整和规划,引导学习者进行"他者"和"自身"的对比和解读,实现课程规划中的"语言目标"、"交际目标"、"跨文化交际目标"（Michael,2017）。由此,从教学中的学习者开始,学会共情,聚焦线上,延伸线下,"线上+线下"的混合模式是一种符合现有学情的常态教学模式。研究显示:超过3/4的高校教师乐于接受采用"线上+线下"混合式教学,而且这种教学经历还是影响教师在线教学态度的重要因素（郑宏、谢作栩、王婧,2020）。只有"知此知彼"的情感,才会有"互联互通"的教学。

---

[2] 宋春香（2020）,"学情"与"共情":以汉语言专业线上读写课程教学为例,在"新形势下的全球中文线上教学反思与展望系列研讨会（第三期）"上的报告。

线上教学实践对教师自身提出了更高的要求，如何进一步提高跨文化的认同与理解，这也是后续教师发展中需要给予关注的重要问题。

4. 结语

在线学习中，不同的汉语学习者学习情况不尽相同。因为学习情况受外在学习环境影响和内在心理要素的影响，其内容就自然涵盖了学习者的心理特征因素，在"以学习者为中心"的在线教学中，因为时间、空间和网络技术等多各方面的影响，在线中文学习者在学习中会有不同的"心理"和"情感"的变化，诸如焦虑、紧张、懈怠等负面情绪，由此不仅影响自身的学习兴趣和信心，还会影响在线教学的整体教学质量。这就需要一种教师行为引导下的"共情"策略，即尊重、理解汉语学习者的学习情绪，并给予提升学习动机的情感支持，将关心、鼓励与帮助贯穿于在线教学的始终。可以说，在线教学中，一方面，互联网技术为汉语教学提供了丰富的教学资源，线上和线下优势互补；另一方面，因汉语学习者的个体差异，也存在师生交互性相对缺失的问题。

线上读写课程的拓展教学突出了"读"和"写"的语言输入效果和输出成果的展示，强化了二者的融合与互动，更重要的是，基于学习者情况实施了不同于线下的"共情"策略，通过"线上"和"线下"混合式模式实现了学习者学习情况分析与教师"共情"教学的有机结合。因此，汉语不仅仅是一种语言，更是一种眼界和格局。只有了解学习者，关注学习者，反思教学者，立足中国，面向世界，辩证思考教学与教育的内涵，通过跨文化线上汉语教学实现线上汉语教育，真正能够实现从在线中文教学到在线中文教育的人文化理想，构建世界意义上的中文学习共同体。其间，关于国际汉语学习者的学习行为研究、国际中文教师的情感行为研究、后疫情时代汉语读写在线教学创新模式的探讨，还有待做更加深入的理论探讨和实证研究。

参考文献

Cheng, S. (2014). *How to analyze learning situation,* East China Normal University Press. [程胜(2014), *如何分析学情,*华东师范大学出版社]

Chen, L. (2019). *On the analysis of academic situation*, Shanghai Jiaotong University Press.[陈隆升 (2019), *学情分析论.* 上海交通大学出版社]

Chen, X.(2008).*16 lectures on teaching Chinese as a foreign language reading*, Beijing Language and Culture University Press.[陈贤纯(2008),*对外汉语阅读教学 16 讲,*北京语言大学出版社]

Campbell, C.(2004). *Teaching second language writing: Interacting with text.* Foreign Language Teaching and Research Press & Cengage Learning, Beijing. Cengage Learning.2004.[坎贝尔. *讲授第二语言写作：与文本互动*, 外语教学与研究出版社/圣智学习出版公司]

Dai, X., Fu,Y.,& Zou,Y.(2013). Metacognitive strategies and TCFL reading teaching, *Journal of Capital Normal University (Social Sciences Edition),* Supplementary issue,44-46. [戴雪梅, 付玉萍, 邹燕平(2013), 元认知策略与对外汉语阅读教学, *首都师范大学学报(社会科学版)*, 增刊, 44-46 页]

Ferris. D.R.(2013).*Writing in a second language.* Shanghai Foreign Language Education Press.[弗里斯. 第二语言写作, 上海外语教育出版社]

Gass,S.M. (2020).*Second language acquisition: An introductory course* (4th edition). Tsinghua University Press. [苏珊·盖 (2002).第二语言习得，清华大学出版社]

Hauenstein, A. D. (1998). *A conceptual framework for educational objectives: A holistic approach to traditional taxonomies* . Lanham, MD: University Press of America

Horn.M. B.& Staker.H.(2019). *Blended:Using disruptive innovation to improve schools.* Translated by Nie Fenghua and Xu Tieying.China Machine Press.[*混合式学习：用颠覆式创新推动教育革命.*聂风华（2019），徐铁英译,机械工业出版社]

Krashen.S.(1982). *Principles and practice in second language acquisition.* Pergamon Press.[克拉申（1982).第二语言习得的原则与实践，帕加蒙出版社]

Li, X.(2006). *Research on teaching Chinese as a foreign language reading and writing,* Commercial Press.[李晓琪（2006），*对外汉语阅读与写作教学研究,*商务印书馆]

Liu, Y.(2014). A comparative study of teacher-learner relationships in different language environments and the development of a hidden curriculum. *Journal of International Chinese Teaching,*（2），36-41. [刘元满(2016)，不同语言环境下师生关系比较及隐性课程设计. *国际汉语教学研究,* 第 2 期, 36-41 页]

Liu,B.(2014). *Sentiment analysis: Mining opinions, sentiments, and emotions.* China Machine Press.[刘兵（2018），*情感分析：挖掘观点、情感和情绪.* 机械工业出版社]

Luo,Q.(2011) .A review of reach on writing in TCFL, *Journal of Language Teaching and Linguistic Studies,*（3），29-36. [罗青松（2011），对外汉语写作教学研究述评. *语言教学与研究,* 第 3 期, 29-36 页]

Michael, B.(2017). *Intercultural communicative and TCSOL.* Translated by He, Jing & Zhao,Yuan. Foreign Language Teaching Research Press. [迈克尔·拜拉姆（2017），跨文化交际与国际汉语教学（英汉对照）.和静、赵媛译，外语教学与研究出版社]

Ou, N.(2017). A Discussion on writing teaching methodology in intermediate level Chinese class from the perspective of error analysis, *Journal of Overseas Chinese Education,*(8),1046-1054.[欧妮(2017),中级汉语写作教学初探——从三年级写作错误实例入手.*海外华文教育,*第 8 期,1046-1054 页]

Parkinson, B.& Thomas, H. R.(2016).*Teaching literature in a second language.* Shanghai Foreign Language Education Press.[帕金森，托马斯（2016），第二语言文学教学，上海外语教育出版社]

Wang, R. (2015). *On the combination of "reading" and "writing" in Chinese reading and writing class.*in Cui X. (ed),A research on classroom teaching of reading and writing in TCFL(proceedings). Beijing Language and Culture University Press.[王瑞烽(2015)，论汉语读写课中"读"和"写"的结合.见崔希亮主编.对外汉语读写课课堂教学研究（论文集）.北京语言大学出版社,79-86 页]

Williams, J.(2007). *Teaching writing in second and foreign language classrooms.* This authorized English-Chinese bilingual adapted edition is jointly published by McGraw-Hill Education(Asia)Co.and Beijing World Publishing Corporation. [威廉姆斯（2007）.二语课堂的写作教学，中英文双语，麦格劳·希尔教育（亚洲）有限公司和北京世界出版公司联合出版]

Xu, X.& Wu,Y.(2016). Exploring a new mode of Teaching Chinese Writing from the Perspective of Production-Oriented Approach, *Journal of TCSOL Studies,*（4），50-60. [许希阳、吴勇毅（2016）."产出导向法"理论视角下的对外汉语写作教学模式之探索, *华文教学与研究,* 第 4 期, 50-60 页]

Yu, C.(1998). Writing ability test and random proposition composition, *Journal of Chinese Teaching in the World,* (2),85-89.[于丛杨(1998)，写作能力测试与随意性命题作文, *世界汉语教学,* 第 2 期, 85-89 页]

Zhao,Y. (2016). The core of foreign languge teaching is teachers, *Journal of International Chinese Teaching,* (2),7-9. [赵杨(2016)，外语教学的核心是教师. *国际汉语教学研究,* 第 2 期, 7-9 页]

Zheng, H., Xie,Z.,& Wang, J. (2020). A survey of college teachers' attitudes towards online teaching in the post epidemic era, *Journal of East China Normal University (Education Science Edition)*, (7) , 54-56.[郑宏，谢作栩，王婧(2020)，后疫情时代高校教师在线教学态度的调查研究，*华东师范大学学报（教育科学版）*,第 7 期, 54-56 页]

Zheng, L.& Wang, J. (2018).*Users' sentiment analysis and application of Chinese online reviews.* Economic Science Press.[郑丽娟,王洪伟.(2018)，中文在线评论的用户情感分析及应用,经济科学出版社]

Zhu, X. (2014). *The development of teachers and students' emotional behavior.* Education Science Press.[朱晓斌.(2014). 教师与学生情感行为的发展，教育科学出版社]

14

全在线翻转课堂+CANVAS 平台教学模式的尝试与反思：以北京大学一门高级汉语课为例

（Fully Online Flipped Classroom +Canvas: Reflection on Teaching an Advance Chinese Language Course at Peking University）

刘晓南

（Liu, Xiaonan）

北京大学

（Peking University）

Liuxn@pku.edu.cn

摘要：本文介绍了在高级汉语课中利用 CANVAS 系统实施全在线条件下的翻转课堂的实践情况。通过对学生学习情况的观察与对学生的访谈，探讨了该教学模式的可行性与学生的接受度，并总结经验教训，为进一步改进教学提供参考。

Abstract: This paper introduces an online flipped classroom practices of the advanced Chinese course using canvas system. Through the observation of students' learning behaviors and interviews with students, this paper discusses the feasibility of the teaching model and students' acceptance, and summarizes the experience and lessons, so as to provide reference for further teaching improvements.

关键词：CANVAS、翻转课堂、教学模式、在线、国际汉语教学

Keywords: CANVAS, Flipped Classroom, Teaching model, TCSL, Online

1.引言

随着全球疫情的日益严重，为应对无法来华学习汉语的留学生教学，线上教学走向了常态化，2020 年也成为国际中文教学的转型之年（李泉，2020）。常见的网课形式主要是预先录制的录播课和以视频会议形式开展的互动课。2020 年春季学期，由于时间仓促，我们曾采取过一段录播课与互动课相结合的教学形式：学生在录播课上学习以往在教室里直接授课的这部分内容，在互动课时参与由教师主导的答疑和讲练。

这种教学方式其实接近于"翻转课堂"。传统的翻转课堂模式一般是指学生在家观看教学视频，然后在课堂上完成传统的家庭作业，如工作表、习题、章节练习等（Jonathan，2017）。即把以往需要教师重复讲授的知识内容以视频形式发给学生，学生可以在课前不拘地点地无限次观看，而把以往需要学生回家做的练习、作业等任务放到课堂上做，教师根据学生在练习中的问题和困难进行个性化的、针对性地解决。相较于传统的直接授课，在线授课受制于网络，互动时间更为有限，如果采用翻转课堂模式，学生在课前已经解决了以往需要在集中教学时间里解决的问题，就可以把时间节省下来，用于答疑、操练和反馈，从而做到对有限的集中授课时间的有效利用。

但是，翻转课堂要求学生较高的自我管理能力，Chen, L（2016）与 McNally et al.（2016）的研究结果显示，并非每位学生都能够适应自主性较强的学习模式，学习量增加容易导致学生对新模式的抗拒心理。当预先学习与课堂互动内容全部依赖于网络时，教师无法监控学生的学习，学生亦缺乏对自身学习的元认知手段，教学反馈的不及时与不足，使在线形式的翻转课堂效果无法与原先在教室里的直接授课相比。

如何将学生的翻转学习纳入有效的教学管理，使师生双方都能及时响应对方的教学需求，是保证全在线翻转课堂教学效果的前提。2020 年秋季学期，我们采用 CANVAS 平台作为翻转课堂的主要教学管理工具，试图摸索出全在线状态下更为理想的翻转课堂教学模式。

2. 北京大学的对外汉语课程设置

笔者所在院系为留学生开设的语言教学分为四类：学期项目、预科项目、暑期项目和特别项目。笔者所做的教学为学期项目，即以学期为单位为不同语言水平的学生提供相应的汉语教学。每学期 16 周，学生每期须修满 20 学分，对应每周 20 学时课程，其中，汉语课与口语课为必修课，除零起点外，学生还须选 2 门选修课。

必修课程全部使用"博雅汉语"系列教材，由低到高分为 9 个层级水平，各层级、课型所要求的学时亦有所不同。

表 1：北大学期项目必修课课程设置

	汉语课程/教材	学分/周课时	口语课程/教材	学分/周课时
1 （零起点）	起步 1	10	初级口语 1	10
2	起步 2	8	初级口语 2	8
3	加速 1	8	初级口语 3	8
4	加速 2	8	中级口语 1	8
5	冲刺 1	8	中级口语 2	6
6	冲刺 2	8	中级口语 3	6
7	飞翔 1	6	高级口语 1	6
8	飞翔 2	6	高级口语 2	6
9	飞翔 3	6	高级口语 3	6

2.1"高级飞翔 2"课程基本情况

2.1.1 课程介绍

"飞翔 2"为高级阶段汉语课，使用的教材是《博雅汉语高级飞翔篇 2》，学生修完课程后一般可达到新汉语水平考试（HSK）6 级水平。课文以文学性的记叙文和议论文为主，具有较强的书面色彩，风格多样。课文长度一般在 2000 字左右，每课生词数量 100 个左右。在正常情况下，按照课程计划，一学期 96 课时，一般会学习 6 课内容，约两周（12 课时）完成一篇课文。该课程每周三次，每次两课时，每课时 50 分钟。

学生成绩由期中和期末两次考试的平均分得出。每次考试成绩由试卷成绩（70%）、作文成绩（15%），平时作业成绩（15%）构成。疫情后，几乎所有考试内容均改为在线进行。

2.1.2 学生情况

修课的学生来自于世界各地，不拘身份、年龄。由于疫情原因，目前学习高级课程的学生一般来自与北大有校际交换项目的各国大学，多为获得孔子学院奖学金支持的学生，且大部分都是各大学"汉语"或相关专业的二、三年级学生。2020 秋季学期的参课学生大多来自于埃及艾因夏姆斯大学、日本早稻田大学等，年龄在 20 岁上下。

3. 2020 年翻转课堂+Canvas 的实践

3.1 春季学期的教学情况

疫情前，我院一直采用直接授课的教学方式，没有网络教学预案。由于疫情突发，各方面的教学准备都十分仓促和简陋。本课程 2020 年春季学期的翻转课堂实验，是以微信+ZOOM 视频会议来实现的。课程由两位教师负责：一位主讲教师负责制作、录制教学视频并上传至云端，在班级微信群中告知学生下载地址，要求学生自学。另一位教师则用 ZOOM 每周上四节互动课讲解练习和答疑。我们发现：录播课能完整地呈现知识教学，学生可以自己选择学习时间和学习次数，但缺乏师生互动，学习过程比较乏味。视频会议互动课接近于课堂教学，但互动效果受制于网络质量，课堂效率不易保证。此外，语言学习需要及时的学习反馈，线上教学虽然也能实现一定的学习反馈，但反馈的及时度和方便度上还是不如线下教学。这种方式坚持了一学期，学生也通过了最后的考试，但教师难免有盲目之感：在传统课堂中，教师时刻能感受到学生的学习情况；而学生自学时，教师不在场，学生似乎是脱缰的，尽管考试也能一定程度反映学习效果，但那毕竟已是无法干预的结果。教学归根结底是一个教学相长的过程，只有实时了解学生的学习情况，才能给予学生最需要的帮助。

　　春季学期的教学实践使我们更深刻地意识到：翻转课堂需要严密的教学管理和较强的学生自律。传统的翻转课堂模式并不依托于网络，学生主要的学习环境还是在真实的校园和课堂，通过真实课堂，教师能了解和监控学生的学习情况。而全在线的翻转课堂完全依赖于网络，整个教学阶段，师生之间除了线上见面以外，甚至不曾有机会真正面对面地交流。脱离了校园环境和真实课堂，对于学生的学习进展、遇到的学习困难、以及学习效果等情况，教师不易了解，学生也无所适从。要实现全在线条件下的"翻转"，还需要有力的教学管理工具。

3.2 秋季学期的教学情况

　　秋季学期即将到来时，ZOOM 公司退出了中国大陆地区市场，教师们无法在国内使用这个刚刚熟悉的视频会议软件。在试用了 MEETING、TEAMS 以及 CANVAS 自带的 BBB（Big Blue Button）进行直播教学后，我们发现它们都存在各种各样的不便，均无法达到 ZOOM 的效果。最终我们决定以腾讯会议为直播上课工具，首先，其与 ZOOM 功能最为接近，使用方法也相似，几乎不需学习成本；其次，腾讯会议的海外版 VOOV MEETING 可以让学生不必拥有中国电话号码便可注册使用，是一款全球化的软件。

　　2020 年秋季学期，为适应面向全球留学生教学的需要，北大选择了 CANVAS 作为对留学生授课的主要教学管理系统。通过 CANVAS 系统，我们可以把录播课件、互动课、互动课录像、测验、作业评改等整合在一起，将教学环节和学生的学习都纳入系统监控中，从而使师生双方对教学进度和学习效果更为了解。CANVAS 平台能够记录每个学生观看视频课件和教学录像的次数、作业提交和更正情况、参与测验及成绩等数据，通过将学生一点一滴的学习行为转化为成绩、在肯定测试成绩的同时肯定学生付出的努力，从而监控和引导学生的学习。

　　本学期的教学变化主要有两个：

　　其一是真正使翻转课堂模式彻底落实到教学实践中。首先，改由一位老师教学和监控，避免了原来两位老师教学配合及响应不够的问题。其次，将所有重复性教学内容都转移到课前，而把需要及时反馈的操练内容安排到课中。以下表中的教学安排为例，可以看出，传统课堂的学习是"后置"的，而翻转课堂的学习是"前置"的。

表 2：疫情前传统直接授课教学安排示例

第一课 《每天都冒一点险》	课前	课中	课后
第一次课		1、生词讲解 1-18 2、近义词讲练：狠毒/凶残 3、语言点讲练：反倒	1、复习生词，准备测验
第二次课		1、词汇热身、生词测验（听写1） 2、课文讲解（1）	2、完成课后练习（1）
第三次课		略	

表 3：疫情后翻转课堂教学安排示例

第一课 《每天都冒一点险》	课前	课中	课后
第一次课	1、学习第一部分 PPT a 生词：1-18 b 近义词：狠毒/凶残 c 语言点：反倒	1、词汇复习（1） 齐读第一部分词汇。 教师说句子，学生说词。 教师：我想退休以后环球旅行。这是我对未来的……？ 学生：憧憬。	
	2、完成生词测验（1）	2、检查练习、答疑 请每个学生回答一个练习问题，并让他们解释自己的答案。现场纠错及讲解。	
	3、完成课后练习（1）	3、讲解课文（1）。逐个语段测试学生是否理解；引导学生总结和复述。	
第二次课	1、学习第二部分 PPT a 生词：19-42 b 近义词：风险/危险、范畴/范围 c 语言点：不宜	1、词汇复习（2）	
	2、完成生词测验（2）	2、检查练习、答疑	
	3、完成课后练习（2）	3、讲解课文（2）	

　　通过教学重心的移动，将学生的主要学习任务转移到了课前的自学上，为课堂互动争取了更多时间。首先，学生的学习重心发生了变化：传统直接授课时，学生的学习时间集中于课堂和课后；而翻转课堂模式下，学生的学习时间更多集中于课前和课中。其次，课堂教学内容发生了变化。以往需要统一完成的生词听写测验由学生各自在 CANVAS 中课前完成，并作为课堂准入的条件。我们将原来需要教师在课堂上念出的听写测验，改为系统自动判卷的书面测验，学生需根据给出的拼音和句子的意思填写合适的词语。以往课堂听写约占用 15 分钟时间，现在移到了课前，且允许学生多次试错，以最终提交的成绩为准，使学生有更多时间反思正确的答案。

测验说明

请根据拼音和句意填空：

- Zàishìwéirén
- báilǐng
- xíng
- dǐxiàn
- nǎizhì
- jiéchéng

- chángshì
- zhōnggào
- qīngchún
- qīshì
- jìshēn
- dúpǐn

- pīncháng
- tóngzhēn
- Tōuliàng
- zhélǐ
- tǐyàn
- dàmá
- chāyì

问题 1　　　　　　　　　　　　　　　　　　1.25 分

Zàishìwéirén　1. 今天我决定　　　　　吃一种从未吃过的东西。可是，当我

chángshì　　　　　　　　过以后，我决定以后再也不吃这种东西了。

pīncháng

báilǐng　　　2. 课文中，作者　　　　那个　　　　　的女孩要珍惜

zhōnggào　　　　　　　。

图1：将听写改为系统自动评分的生词测验

改革后，课堂教学的互动性有所增强。以往学生在课堂中"学"，现在学生在课堂中"用"。课堂不再仅仅是学生受教的场所，而成为了检验学生所学与学生用语言所为的场所。以往教师在课后检查学生作业，翻转课堂则把检查作业环节移至课中，对学生的答案进行当堂评改、及时反馈。传统直接授课时，教师在讲授完须"等待"学生，学生完成课后练习的质量取决于课中的教学质量，且具有不可逆的特点。而在翻转课堂模式下的互动课中，教师在学生准备好的情况下，以密集提问的方式检验学生的理解，以练习和讨论来引导学生对知识的使用，课堂的互动性大为提高。

其二，将教与学置于 CANVAS 系统的监控中，引导学生逐步适应翻转课堂的节奏，使师生都能观察到学生的学习进度和情况。在 CANVAS 单元目录的引导下，学生按照逐步开放的学习内容有序进行翻转课堂学习。利用 CANVAS 强大的数据管理功能，我们也能全方位地监控整个学习链条中学生的学习情况。现在的一堂课，前有视频课件开道，后有互动课堂录像支持，学生可以反复观看学习，比传统的一次性课堂有了更多学习内容。

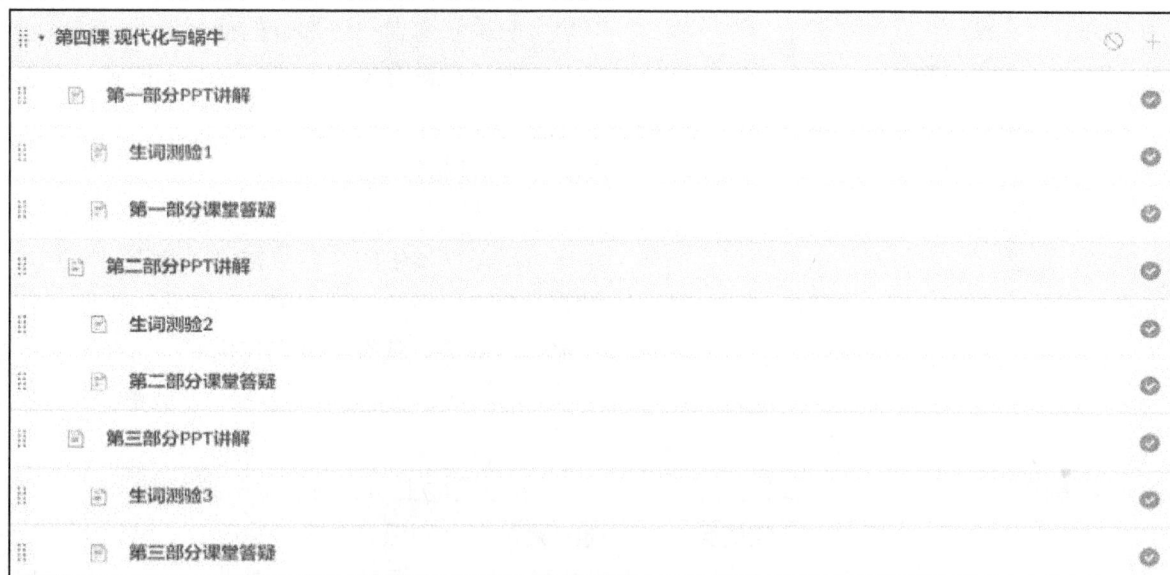

图2 CANVAS 学习引导示例

学生登陆 CANVAS 平台后，即可按照我们设置好的教学流程来学习：首先预习课件视频，通过生词测验后，方能参加直播互动课程。直播互动中，如个别学生遇到网络问题或有特殊情况不能参课，可以通过回看互动课视频的方式学习或复习。在此模式下，学生的学习形成了一个"学习-运用-复习"的闭环：

图3 在线翻转课堂学习模式

4. 教学观察和学生反馈

4.1 CANVAS 教学观察

经过一个学期的试用，我们发现，CANVAS 平台对全在线翻转课堂的教学管理非常友好，师生均可更深入更直观地了解学生的学习情况，便于改善自己的教学和学习策略。主要体现在：

（1） CANVAS 强大的功能为教师的教学提供了极大助力

首先，节省了教师重复性工作的时间和精力。以往需要讲授的重复性内容录制为课件放在 CANVAS 中，可供学生反复观看；教师可以轻易地实现将上学期的教学内容一键"搬家"到下学期，不必重复建课的麻烦；一些具有唯一答案的封闭性测验，可以让系统自动批改、评分。其次，CANVAS 平台的 STUDIO 中可以容纳各种类型的学习资源，在线互动课使用多媒体资源更为方便，为课堂提供了更多的教学灵感。再次，CANVAS 为更多维地评价学生、引导学生主动学习方面提供了支持。如教师可以根据需要调节测验的松紧度，如对于日常小测验，通过将测验属性设置为"允许多次尝试"，学生可以多次纠正自己的错误，直至回答完全正确。这促使学生在试错的过程中，反思自己的错误，同时也肯定了学生努力的过程。此外，CANVAS 在学习反馈方面非常方便。如对于学生的书面作文，教师可以设定清晰的评分标准，使学生明确知道自己各部分的得分情况；可以插入评语、删改、修订学生的句子，还可以把评语以视频的方式反馈给学生。这样既有亲切感，又能满足学生个性化学习的需要。

（2）CANVAS 的监控使学生及时得到学习反馈，从而提高自主学习能力

在 CANVAS 中，学生不仅可以通过测试成绩得知自己的学习效果，还能在数据中清楚地感知自己的学习行为，从而明确如何调整自己的学习策略。从每位学生的学习数据可以看出，学生的学习效果与观看视频的频率、测验的完成度、参与教学活动的积极性呈正相关。这使学生意识到自己是学习的主角，自己的学习态度、学习行为直接决定学习效果。秋季学期在使用 CANVAS+翻转课堂后，学生的学习明显比上学期认真得多，他们会联系老师对课件中出现的某些问题进行勘误，而在之前的春季学期，面对同样的问题，却没有一个同学反映。

（3）翻转课堂+CANVAS 模式使语言学习者能更大程度地主动利用教学资源

在教学设计之初，我们只对学生的预习、生词测验及上互动课有要求，并没有要求学生复习录制后的互动课视频。通过观察 CANVAS 中学生的学习数据，我们惊讶地发现所有学生在上完互动课后，都至少观看过一次互动课视频录像。可见，在翻转课堂+CANVAS 模式中，学生的学习对象不仅包括预习 PPT 课件和课堂互动，还包括互动课录像。而线下传统模式的真实教学中，只有课堂时间用于学习，没有可供学生反复学习的视频材料。难怪学生反映现在用于学习的时间比以往大幅增加。这提醒我们课堂录像的重要性，以往我们认为用于预习的视频课件是教师精心制作的，与课堂随机的互动有所不同，更标准更精炼，适合学生反复学习。由于课堂互动的随机性，以及课堂总是围绕着解决学生的问题进行，互动课的录像更适合补课或有针对性的回放观看，因而以为学生对课堂录像的需求不高，现在看来，在难度较高的语言课堂中，学生很难在课堂上一次听懂和掌握所有内容，互动课录像解决了这些问题，因而也成为他们喜用的学习资料。

4.2 学生访谈分析

2020 年秋季学期结束后，我们通过腾讯会议分别对参加学习的 9 位学生进行了访谈，访谈由研究生助教组织学生进行，并对访谈过程进行了录像和转写。之所以采用开放式访谈而不是较封闭的问卷形式，其一是想为学生制造面对面的语言输出和练习机会；其二也想引导学生反思自己的学习，建立有效的元认知策略；其三是想从学生的回答中获得更多超过笔者预想的内容。9 名学生中，

3 位来自埃及艾因夏姆斯大学，3 位来自日本早稻田大学，3 位分别来自孟加拉、韩国和澳大利亚。除后两位外，均为接受中国政府奖学金学生。访谈围绕以下 10 个问题开展：

表 4： 访谈问题

1、 你是第一次用翻转课堂的形式学习吗？
2、 你觉得自己可以适应翻转课堂的学习方式吗？
3、 你每天花多长时间学习汉语？
4、 与非翻转课堂时相比，你花的时间有变化吗？
5、 实行翻转课堂后，对你的学习有什么改变吗？
6、 你喜欢用翻转课堂这种学习方式吗？
7、 你认为翻转课堂这种学习方式有什么好处或坏处？
8、 你觉得我们的翻转课堂教学模式还有哪些需要改进的地方？
9、 你希望其他类型的汉语课也使用翻转课堂吗？
10、如果下学期还是只能通过网络学习,你会选择翻转课堂还是传统课堂的学习方式？如果下学期可以像以前一样在教室里上课，你希望哪一种教学形式？

从学生对教学模式的评价与反馈中，发现所有学生都能接受和适应在线翻转课堂的学习方式，90%的同学认为翻转课堂比传统学习方式花费更多的学习时间，但效果更好，效率更高，认为对自己的学习更有用。绝大多数学生感觉这种教学模式比以往传统的教学模式在知识和能力方面有更大提升，这门课虽然是汉语课，不少学生反映自己的听力和阅读理解能力有了很大提高，其中重要原因就是反复学习教师讲解视频的结果；也有学生反映口语得到了提高，主要是在课堂上有更多开口的时间和机会去表达自己。

学生们认为翻转课堂的好处主要有：①能提前知道自己不明白的点，上课有效发问；②提高了听力水平："如果没听清楚就会反复听。也因为先听视频,所以会预先学习和熟悉生词用法和搭配，也写了更多笔记。如果只在课堂上听一遍可能听不懂"；"通过老师的视频听汉语的机会变多，听力进步，也比较会讲，对课文理解更深。" ③比以前更有机会查课堂上听到的词语意思和用法，因此知识增加很多。④更能理解课文内容。⑤培养独立学习能力，内容听两次印象深刻。⑥课上有充足、公开的问问题时间，"让像我这种比较不好意思问问题的同学可以听到别的同学问和我一样的疑问，让我得到解答"。⑦可以用自己想学习的时间学习。⑧可以按照自己的学习步调学习。

关于翻转课堂的不足之处，所有学生都认为翻转课堂没有什么坏处，需要改进的地方主要是：①比较花时间，"视频比较长，一小时视频要花三小时才能看完"。②网上缺乏汉语环境，觉得比较单调，只有一直面对电脑。③需要时间适应："习惯了实体上课，一时换成网课不适应"。④学习更需要毅力："视频长的话比较无聊，因为是自己面对着荧幕"，"视频长就不会看完视频"。⑤需要学习更好地安排时间，要更自律。

关于翻转课堂是否能取代传统面对面的授课方式，学生们大多表示还是更喜欢面对面的授课方式，但翻转课堂+CANVAS 模式比单一形式的网课更受学生的欢迎和肯定。关于其他类型的汉语课是否适合翻转课堂，学生们大多认为较高难度、较大信息量的课程如概况课、综合课、精读课等更适用翻转课堂的形式，而不认为所有课程适用，如"口语课、报刊课以互动和讨论为主，可能不太合适。"也有将近三分之一的学生认为无论线上还是线下，对于学习难度较大的课程，都应该使用翻转课堂："因为生词、课文比较难，传统课堂也常常听不懂老师说什么也没机会问，但翻转课堂可以重复听、暂停视频，更有助于理解。"

5. 反思

通过学生对课程的反馈和对 CANVAS 平台中学生学习行为数据的分析，我们对翻转课堂+CANVAS

模式有如下反思：

5.1 课件视频长度不宜过长

由于授课视频是在 PPT 课件基础上分页录制的，安排教学内容时参照的是传统教学方式：以生词数为依据均匀划分课文、语言点及近义词辨析等相关学习内容，从而设置与授课时长相匹配的教学进度。在传统课堂中，教师在实际讲授时会根据学生的接受情况灵活调整用时，并会依学生注意力而调整教学环节的节奏，但制作视频时，由于缺乏经验，对学生自学时面临的问题欠考虑，导致视频长度不一，有些视频长度偏长。教师在制作视频时，以为每次视频长度在 1 小时左右，已少于平时 2 课时的授课长度，学生学习起来应该较为轻松，没想到学生预习视频时所花的实际时间远超过传统课堂的学习时间。看来我们忽视了学生看视频做笔记、反复回看、理解内化所需的时间。另一方面，我们以为学生会按自己的节奏学习，当感到疲倦时会自己暂停，但没有考虑到由于互动课前学习任务的完成度直接关系到课堂互动的效果，学生必须在课前熟悉知识，才能在互动课上使用，这使他们面临更大的压力。这些压力迫使他们只能一遍遍看课件，直到自己完全理解为止。大部分学生反映自己学习视频的时间是视频本身长度的 3 倍甚至更多，课前的学习时间如果超过 3 个小时，就会使学生感到单调和无聊。尽管学生承认在这种教学模式下掌握了更多内容，但较长时间的视频自主学习容易疲累，要坚持下来需有较强的学习毅力。如果控制在 30 分钟以内，意味着学生大约会花两个小时左右时间预习每次的课程内容，在学习强度上更易于使大多数学生接受。

翻转课堂现有大部分教学经验是基于中小学理科课程得出的（Berrett，2012），根据对学生注意力的研究，翻转课堂的创始人乔纳森·伯格曼认为：对于小学生来说，视频应该控制在 10 分钟之内。对于中学生来说，视频应该控制在 15 分钟之内（Bergmann，2018）。可汗学院创始人萨尔曼·可汗则认为 10 分钟的视频课程最为合适（Khan，2014）。从这个角度看，预习课件的时长即使是 30 分钟也超时了。但是，课件时长若少于 30 分钟，其内容恐怕不足以支撑其后两课时的课堂互动任务，影响教学计划的完成。因此，如何跳出传统课堂教学的步调，重新调整翻转课堂的教学内容、任务目标，使学生在合适的注意力水平和学习压力下学习，是下一阶段翻转课堂教学尝试的主要任务。

5.2 翻转课堂可培养学生更高的学习自主性

翻转课堂要求学生有更强的学习动机和自我管理能力，要求学生自己去承担更多的学习责任，有更强大的时间管理能力。Roehling（2018）指出，学生必须具备如独立学习、时间管理、自我管理等元认知策略才能够适应这样的模式。自控力好的学生适应期更短，当学生逐渐适应这种学习方式，掌握学习方法走出自己的节奏后，成就感往往会得到大幅度提升，反过来促进其自主学习的热情和自信心。二语成人学习者往往都有较强的学习目的和动机，也有较好的自我管理能力，易于接受和适应这种教学模式。

与传统的直接授课相比，翻转课堂把教学的内容从集体学习空间转移到个人学习空间，通过允许更大的差异化来实现课堂的个性化。它将学习的自主权最大程度地交给学生：学生可以按照自己的节奏学习，并对学习有更多的选择权，完全不受其他同学快慢的限制；也可以按照自己的需要学习，不被其他人影响自己的进度。在直接授课的传统教学中，教师要在直接授课的均质化与学生需求的个性化之间寻找折中点，往往无法照顾到不同学生的需求，只能做标准化的教学，课程结束后，即使学生没有听懂，也很难有机会重来。而翻转课堂的教学模式中，学生可以自己选择时间、地点来学习，甚至可以利用自己的碎片化时间；他们可以无限制地回放教学视频，根据自己的学力来安排自己的学习时长。学生不再被教师牵着走，他们有充足的时间把自己的疑难记下来，等待老师有针对性的解答。由于他们事先准备好了才进入课堂，在互动课中，得以更充分地将课堂时间用于有意义的语言输出和解决学习中遇到的问题。学生的提问更有针对性，讨论更有效，互动更为充分。

由于将需要重复练习的内容放到课下自学，互动课的互动效率更高，即使在可以回看课程录像的情况下，学生参加互动课程的到课率也远高于以往线下传统授课方式。

5.3 互动性教学活动亟待探索

既往研究表明，以学生为中心的合作或协作活动有助于促进学习者的反思能力、认知发展、同伴交流互动与自主能力（Hafner & Miller, 2011; Little, 1995, 2007; Macaro, 1997, Scharle & Szabó, 2000; Wass et al., 2011, etc.）。翻转课堂教学模式为在线互动课节省了课堂时间，也为师生互动提供了更多时间和机会。以往传统教学模式中，我们的教学时间非常紧张，仅够勉强完成教学任务，很少有机会进行课本教学以外的课堂互动活动。使用翻转课堂后学习进度比传统方式快，我们用节省下来的 6 课时在期中、期末各举行了两次互动。一次是文化比较与分享，由学生自选一个角度，比较中国文化与本国文化的异同，向全班讲解和分享自己的 PPT；一次是由课文话题引发的辩论赛：结婚的前提条件是"爱情"还是"合适"？学生们先按照自己的观点组队，选出主持人，分出一、二、三、四辩，并写出各自负责阐述的论点。每个学生除了发表自己的辩词外，还在自由辩论环节里进行了激烈而精彩的交锋。这些活动意外地受到了学生的热烈欢迎，认为"提高了学习趣味性"、"写作、口语表达等能力都有所提高"、"更像在一起学习"。看来对于全在线教学来说，有效的互动是促进学生之间彼此了解、营造学习气氛、提升班级凝聚力的重要因素。在线学习者缺乏传统课堂中朝夕相处的共同学习环境，发表和分享活动中的自我展示、辩论赛中的讨论与协作，有助于跨越现实中距离的限制，产生一起学习的信念感。

根据期末对学生的访谈，学生们渴望更多的课堂互动，他们偏爱课上的提问、讨论、辩论比赛等活动，不喜欢讲解练习答案之类的活动。对于互动性要求并不很高的汉语课，还可在提升阅读理解、书面表达能力的互动活动设计方面做更多尝试。与传统课堂相比，在线课堂的共享功能更为便利，可以考虑利用视频会议软件中提供的共享白板，将白板书写的权限开放给每个学生，实现大家一起做作业。如用规定的表达式进行造句练习，一个学生的正确句子在被创造出来的同时即刻被其他学生学习和借鉴，随着有趣的句子越来越多，学生们想表达的内容也越来越丰富，学习趣味性和学习效果都有所增加。本学期受到学生欢迎的辩论赛，也是将书面表达、口语和听力训练合为一体，学生们在自己捍卫的观点面前组队，投入到言说的热情中，全方位地锻炼了语言能力。

6. 结语

2020 年以来的新冠疫情，使我们只能尝试新的教学方式、使用新的教学工具来迎接现实带来的挑战。从某种意义上说，疫情为网络教学和翻转课堂的实践提供了时机。正如语言加工软件的发明和使用改变了很多教授和大学生撰写论文的方式，网络成为教学的主要工具和场所后，也会改变传统的教师教学和学生学习的方式。这种改变是深刻的，一旦我们习惯将这种工具大面积运用于教学，很可能意味着一场教育革命的到来。

CANVAS 的参与，解决了全在线的翻转课堂教学缺乏教学反馈的问题，不仅使教师更为了解学生的学习情况，也使学生更为了解自己的学习，从而更好地自主学习。翻转课堂使教学中心由"教"转向了"学"，学生通过在线多媒体资源获得了更多学习资料，学习主动性大大增加，也可取得不输于直接授课的学习效果。

全在线的翻转课堂教学模式不应只是一种疫情时代不得已的被动选择，而是可以常态化的适应未来的教育发展趋势的教学模式。这种全新的教学模式有待我们进一步探索和尝试。

参考文献

Berrett.D. (2012). How "flipping" the classroom can improve the traditional lecture. The Chronicle of

Higher Education, (58.25):16-18

Chen, L. (2016). Impacts of flipped classroom in high school health education. Journal of Educational Technology Systems, 44(4), 411-420.

Hafner, C. A., & Miller, L. (2011). Fostering learner autonomy in English for science: A collaborative digital video project in a technological learning environment. Language Learning & Technology, 15(3), 68-86.

Jonathan Bergmann,Solving the Homework Problem by Flipping the learning ,2017,ASCD.[乔纳森·伯格曼（2018）.翻转课堂与深度学习.*中国青年出版社*：67]

Little, D. (1995). Learning as dialogue: The dependence of learner autonomy on teacher autonomy. System, 23(2), 175–181.

Little, D. (2007). Language Learner Autonomy: Some Fundamental Considerations Revisited. International Journal of Innovation in Language Learning and Teaching, 1(1), 14-29.

李泉（2020）."新冠疫情对国际中文教育影响形势研判会"观点汇辑.*世界汉语教学*. (4),435-450

McNally, B., Chipperfield, J., et al. (2016). Flipped classroom experiences: student preferences and flip strategy in a higher education context. High Educ.

Macaro, E. (1997). Target language, collaborative learning and autonomy. Multilingual matters.

Salman,Khan. The One World Schoolhouse:Education Reimagined, 2012,InkWell Management,LLC[萨尔曼·可汗（2014）.翻转课堂的可汗学院:互联时代的教育革命.*浙江人民出版社*.2014:14]

Roehling, Patricia V. (2018), Flipping the College Classroom: An Evidence-Based. Springer International Publishing.

Scharle, Á., & Szabó, A. (2000). Learner autonomy: A guide to developing learner responsibility. Cambridge: Cambridge University Press.

Wass, D., Harland, T., & Mercer, A. (2011). Scaffolding critical thinking in the zone of proximal development, Higher Education Research & Development, 30(3), 317-328.

15

在线汉语综合课教学实践与反思
(Teaching a Comprehensive Chinese Course Online in China: Practice and Reflection)

刘波
(Liu, Bo)
浙江师范大学
(Zhejiang Normal University)
sqsxliubo@163.com

鲍蕊
(Bao, Rui)
浙江师范大学
(Zhejiang Normal University)
baorui19801023@126.com

摘要: 本文基于新冠疫情防控背景下的汉语综合课在线教学实践,总结了在线分组教学、在线自主与合作学习、在线互动等三种在线课堂组织有效策略;提出了简化音系促进语音教学、利用"场景-语义"识记促进词汇教学以及运用虚拟场景促进语法教学等三种有效教学策略,反思了教学实践障碍。着眼于汉语在线教学现实现状和未来发展,本文提出如下观点:(1)宏观层面,开发全功能支持汉语在线交互式教学平台、建立完善汉语在线教学评价体系、促进汉语在线教学资源库共建共享等尤为迫切;(2)微观层面,增强线上和线下教学经验优势互补、探索汉语在线教学策略和组织形式、开展汉语学习者在线学习行为研究等迫在眉睫。

Abstract: Based on our practice of teaching Chinese comprehensive course online during the COVID-19 pandemic, this paper summarizes three effective strategies in organizing the online course, namely, online grouping, online autonomous and cooperative learning, and online interaction. It also shares other strategies on teaching pronunciation, vocabulary, and grammar. Reflecting on the obstacles in teaching practice and focusing on the current situation and future development of Chinese online teaching, this paper provides the following recommendations: (1) at the macro level, it is particularly urgent to develop a fully functional platform to support Chinese online interactive teaching, to establish and improve the evaluation system of online teaching, and to promote the co-construction and sharing of online teaching resources; (2) At the micro level, it is imperative to combine the complementary advantages of online and onsite teaching, explore Chinese online teaching strategies, and to carry out research on Chinese learners' online learning behaviors.

关键词: 在线教学,汉语综合课,教学实践,教学反思

Key words: Online Chinese teaching, Comprehensive Chinese course, Teaching practice; Teaching reflection

1. 引言

新冠疫情来袭,学校教育尤其是来华留学生教育深受影响,"面对面"形式的汉语课堂教学面临重大挑战。挑战往往伴随机遇。过去十几年间,依托计算机、互联网技术成长起来的在线实时互动平台为教育事业的发展提供了多样形式和多种可能。疫情防控期间,以慕课(MOOC)和 Zoom 云会议(Zoom Cloud Meeting)等为代表的在线互动平台更是从传统课堂教学的辅助工具迅速晋升为当下在线教育行业的主要支撑平台。在国际中文教育领域,面对庞大的汉语学习者群体,全面开展汉语在线教学已经成为疫情之下实现"停课不停学"的优选方案。这次大规模在线教育实践,意

味着中国可能正在经历一个全球最大的信息化基础设施升级改造工程和一个师生信息素养提升培训工程，以及一次全球最大的信息化教学社会实验和一次开放教育资源运动；这次实践对运用信息化手段推进教育教学方式改革具有革命性意义，最重要的是极大地促进了教育观念的转变（刘利民，2020）。在国际教育信息化时代新形势、新环境下，深化汉语教学模式创新和发展为大势所趋，也必将大有可为。

本文结合汉语综合课在线教学实践，总结教学心得，探讨教学策略，反思教学问题，提出改进建议。

2. 课程简介

2.1 课程信息

本课程是面向非汉语专业来华留学生开设的初级汉语综合课。根据学校教学计划，本课程的授课时间是 2020 年春季学期的第 4-15 周，每周 2 次，每次 3 节课，共计 12 周 72 课时。课程基本信息如表 1 所示：

表1：课程基本信息

课程名称	综合汉语
课程性质	选修课
教师人数	1 人
总课时数	72 课时（共计 12 周）
周课时量	6 课时（每周一和三：14:00-16:20）
使用教材	《HSK 标准教程》（第 1-2 册）,姜丽萍主编，北京语言大学出版社 《HSK 标准教程 练习册》（第 1-2 册），姜丽萍主编，北京语言大学出版社
考核方式	平时成绩（50%）+期末考试（50%），其中： （1）平时成绩：随堂测试（20%）+课堂小组发言（20%）+课堂考勤（10%） （2）期末考试：50%
课程日标	通过开展在线汉语课堂教学，对学生进行听、说、读、写综合技能的训练，培养学生初步的听、说、读、写能力；同时，讲授并培养学生掌握一些基本的汉语语言知识，满足日常生活、学习及一般场合的交际需要。

2.2 学生信息

2020 年春季学期，共有 50 位留学生（研究生）选修了本课程。从生源地看，学生来自包括非洲、亚洲和北美洲等地区在内的 29 个国家，因此，学生母语背景较复杂；从所修专业看，学生所学专业主要是"比较教育"和"环境工程"。此外，该批次留学生来华修学期限为两学年，其中，汉语作为其选修课程，修学期限为一学年。前期调查发现，虽然本班学生已完成半个学期的汉语学习计划，已具备一定的汉语基础，但仍处于汉语学习的初级阶段。学生基本信息如表 2 所示：

表2：学生基本信息表

学生人数	50 人（男女性别比为 23:27）
学历层次	在读研究生
年龄段	24-35 岁
学生来源	非洲 33 人；亚洲 14 人；欧洲 2 人；北美洲 1 人
母语背景	斯瓦西里语（Kiswahili）、英语、法语、波斯语（Persian）、豪萨语（Hausa）等
二语背景	以英语为主（21 人），其次为法语、斯瓦西里语等等
时差问题	多数留学生寒假留在了中国国内，时差问题不大，分别是： 5 小时（4 人）；3-4 小时（2 人）；1-2 小时（1 人）

2.3 线上教学资源与平台

2.3.1 教材

据调查，本班学生在上学期的汉语课程中主要使用了《博雅汉语·初级起步篇 I》和《发展汉语》等教材，但是，各班的教学进度不一，学生的汉语水平差别较大。

经反复对比、认真筛选，我们最终决定选用由北京语言大学出版社（Beijing Language and Culture University Press）出版的《HSK 标准教程》（*HSK Standard Course*）。一方面，该教材的内容编排贴近生活，易学易用；另一方面，该教材可较好满足在线教学需求，且配套资源完备，易学易用。如（1）配备"学生用书""教师用书"以及同步练习册，可满足"讲、学、练、测"等的需要；（2）出版社免费提供了配套课件和教材课文的原版配图，减轻了教师备课时资源搜集整理的压力；（3）疫情期间，该教材以"梧桐汉语"（IOS 平台端为"梧桐中文"）APP 为载体，面向全球用户限时免费开放，用户只需简单注册，即可获取相应教材的电子资源，同时，APP 内嵌的全套配套听力音频材料也很好地满足了学生进行线下自主学习的便利化需求；（4）相关配套慕课（*HSK Standard Course-Level 1*）也已在"全球孔子学院慕课平台"上线（以下称"在线慕课"），疫情期间，全天免费开放，学生们可以随时开展线下自主预习和复习。

2.3.2 教学平台与辅助工具

现阶段，在线教学主要借助在线互动支撑平台的"录播"、"直播"和"视频会议"等三种功能，"录播"和"直播"的教学形式在适用范围和对象上各有优劣（王瑞烽，2020），但多数平台无法很好地兼顾课堂效率和课堂互动。由于不存在显著的时差问题，以"钉钉会议"为主要形式的"多平台混搭教学"方案成为本课程的最优选。其中，为本课程提供基础支撑的平台主要有：微信（WeChat）、钉钉（Dingtalk）、微助教（Teachermate）和腾讯文档（Tencent Document）。除了上述四种平台之外，我们还采用了其他在线教学辅助工具：（1）微软（Microsoft）基于 Windows 10（版本：1903）开发的 3D Builder、3D 画图等。（2）思维导图（the Mind Map）设计软件：MindManager 2020。

3. 教学有效策略

作为术语的"教学策略"有广、狭二义，"广义既包括教的策略又包括学的策略，而狭义则专指教的策略，属于教学设计的有机组成部分，即在特定教学情境中为完成教学目标和适应学生认知需要而制定的教学程序计划和采取的教学实施措施"（车文博，2001, p. 157）。本节所述则主要从教学策略的狭义视角展开，重点介绍三种有效的在线汉语课堂组织策略，以及语音、词汇和语法等汉语要素教学的有效实施策略。

3.1 三种在线课堂有效组织策略

科学合理的课堂教学组织策略是完成汉语课程教学任务和目标的必备要素。我们充分发挥钉钉、微助教和微信等平台的即时在线互动功能，摸索出"创建网络课堂以实施分组教学、引导自主学习以促进合作学习、借助在线提问以增强实时互动"等三种在线汉语课堂有效组织策略。

3.1.1 创建网络课堂，实行分组教学

"微助教"是一款基于微信公众平台开发并支持 web 端操作的、面向高校课堂的在线互动"轻应用"（教师端网址：https://portal.teachermate.com.cn），能够较好地促进大班课堂实现良好互动。基于"微助教"创建网络课堂是本课程的首要任务，为在线汉语课堂的实时互动、分组教学与管理等提供基础支撑。具体步骤略举如下：（1）教师创建课堂，要在"微助教"网页端注册并创建课堂，只需简要设置身份验证信息（如：学号、姓名、性别和年龄等）以便在学生加入课堂的同时实现对学生的同步管理，例如，为方便师生在线互动，教师可在"姓名"栏定义"中文姓名/中文姓名的汉语拼音"（如：王小乐/ Wáng Xiǎolè）的格式，设置完成后，即可获得专属"课堂编号"；（2）学生加入课堂，只需通过手机微信客户端关注公众号"微助教服务号"，即可在"学生"模块中检索获取课堂编号、填写入班信息并加入课堂；（3）课堂分组，①在综合考虑学生的性别、年龄、汉语水平等因素的基础上，由教师指定各小组组长人选，并明确其职责，如：日常考勤、组织讨论、提交问题，等等；②分组规模以"3-5人/组"为宜，教师完成班级分组操作，学生即可同步收到分组信息，由教师安排各小组组长分别组织建立"小组微信聊天室"，以便小组开展后续的合作学习；③教师在线公示课程考核办法与细则，明确将各小组的课堂表现纳入课程考核，落实在线课堂分组教学与管理的各项工作。

3.1.2 鼓励自主学习，引导合作学习

决定远程交互式教学的关键是教学法，而不是媒介或者技术支持（刘程 &安然，2011），而"有效的汉语学习活动并非单纯依赖知识讲解和技能训练，自主探索与合作交流才是学习汉语的重要方式"(姜丽萍，2013)。因此，本文认为，在缺乏传统课堂"面对面"实时互动的情况下，教师要有策略地引导学生开展在线自主学习与合作学习。本课程的实施策略主要包括"自主学习→合作探究→分组发言→随堂测试"四个模块，阐述如下：

（1）自主学习

本模块主要由"课前预习"和"预习测试"组成，共同促进并监督学生的预习效果。课前预习材料主要是在线慕课和电子教材（梧桐汉语 APP），"预习测试"则利用"腾讯文档"的"在线收集表"完成测试题的设计、发放、督促、汇总和效果分析。其中，学生的有效预习记录将被计入课程考核，"预习测试"中出现的薄弱点是在线教学内容设计的重点参考。以《HSK 标准教程》第 1 册第 5 课为例，该课在基础语言项目上共有 10 个生词和 4 个语言点，不同的语言项目被分别编入选择题、填空题和简答题等题型中，题目设计全部取材于教材；该课"预习测试"完成后，共收集有效文本 48 份；汇总分析显示，学生在词汇掌握方面情况良好，但在疑问代词"几"、疑问副词"多"和表示"变化"意义的"了"等 3 个语言点的使用方面错误率均较高，分别约为 41.7%、31.2%和42.9%。据此，本课程侧重细化了上述语言点在结构、功能和使用语境等方面的分析归纳教学，并制作语言点讲解短视频上传至班级"钉钉学习群"（Dingtalk Learing Group）以供学生随时学习参考、查漏补缺。

（2）合作探究

本模块主要是小组在线合作学习的开展，即以"任务导向式"教学法为指导，以课程问题设置、小组任务抢答为主要策略，实现学生之间的在线限时沟通协作。以《HSK 标准教程》第 1 册第 6 课为例，问题设计主要围绕 3 篇课文所展现的场景以及 3 个语言点进行，如可根据第 1 篇课文设置问题：谁会说汉语？妈妈会说汉语吗？也可布置语言任务，请学生分角色演绎对话，或将对话转述一遍。还可通过练习能愿动词"会"来设置问题：请学生把句子"My mother can write Chinese characters."用汉语说出来。要注意的是，必须确保所设题目数量不少于所分小组个数。

（3）分组发言

本模块的内容主要是鼓励学生提高在线学习开口率。各小组分别指定组内的一位同学，代表小组发言。为充分调动学生参与在线课程的积极性，本课程制定了以下激励策略：①主动发言并且圆满完成任务的小组，全组成员可获得 3 分奖励；②主动发言但未正确或未完成小组任务的，仅限发言人获得 1 分奖励；③单次未主动发言的小组无奖励，累计两次未主动发言的则扣除小组全员 1 分奖励。

（4）随堂测试

本模块是学习者在线学习效果的验证环节。随堂测试区别于课前预习测试，无论是广度和深度，前者均胜过后者。随堂测试有助于学生及时回顾所学内容，教师也可根据随堂测试的效果准确把握课程内容设计的科学性，不断优化教学过程和策略。考虑到网络环境下实施课堂测试的特殊性，本课程采用"限时随堂测试"策略，题型设置与预习测试基于相同，测试时间为 15-20 分钟。

3.1.3 借助在线提问，增强实时互动

　　远程交互的质量直接影响学习者的在线学习效果。本课程的"在线提问"是依托"钉钉会议"的"屏幕共享"功能实现的，但课堂互动性和趣味性体验不强。对此，本课程引入"微助教"作为辅助，以增强在线课堂互动效果。（1）启用"微助教"的"开始抢答"功能，学生在手机微信客户端完成"抢答"，再通过"钉钉"在线回答教师的提问，教师可就抢答结果进行现场评分，正确回答问题者可获 3 分奖励，回答错误者也可得 1 分（鼓励分）；（2）启用"随机点人"功能，在"全体学生视图"或"班级分组视图"页面中随机提问，教师适时点击"停！"按钮，系统随机选定提问对象，在该模式下，正确回答问题者可获 3 分奖励，回答错误者不得分。此外，所有的提问和评分操作均由系统自动记录，可协助教师完成课程考核。要知道，在语言课堂上，教师的提问可以"启发学生的思考，引导学生积极参与、发挥学习的主动性"（刘珣，2000, p. 351）。使用"'微助教'网络课堂"进行提问的课堂呈现效果分别如图 1 所示：

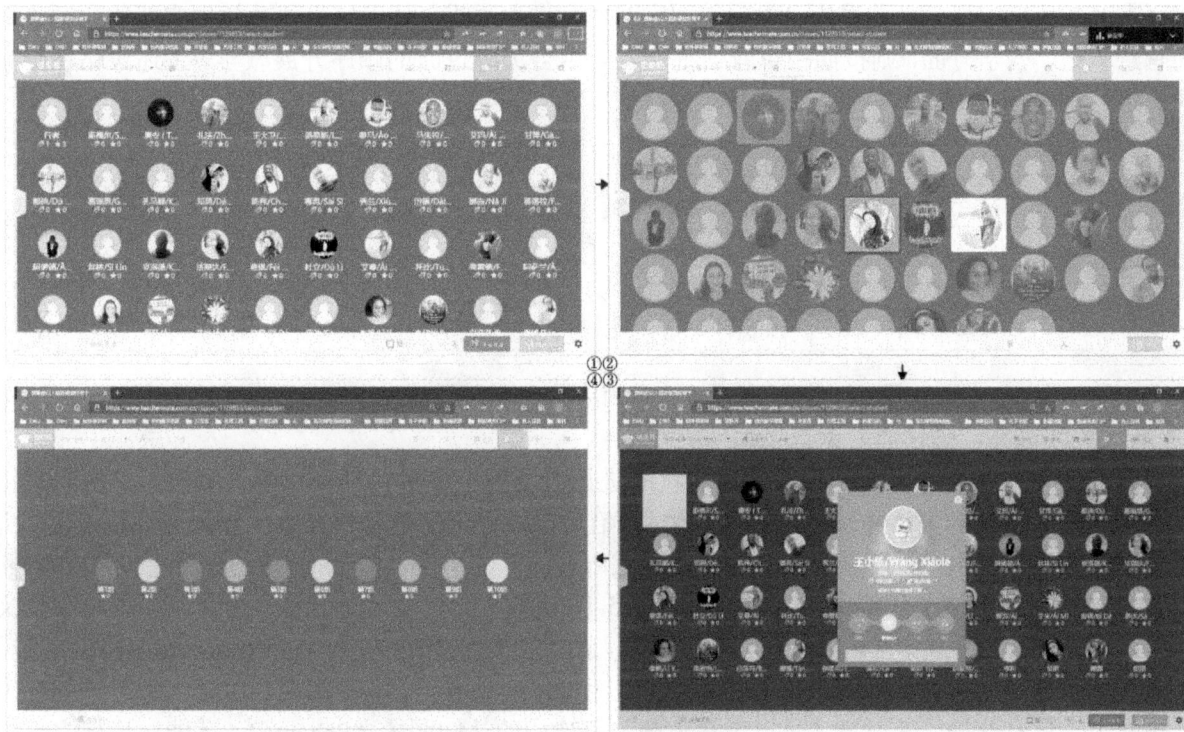

图 1："微助教"点答、随机点人、学生评分和分组随机提问（①至④）操作界面

3.2 简化音系教学，筑牢语音基础

　　汉语语音教学贯穿汉语教学和学生汉语学习的全过程，语音教学策略更是多种多样。本课程借鉴相关研究成果（赵金铭，1985; 石锋，2007），针对在线汉语语音教学整理出"简化音系"的语音教学方案。该方案易学易记，可有效减轻学习者对于现代汉语语音系统的识解和建构压力，课堂教学效果反馈良好。主要方法是：

　　（1）声母简化音系

　　首先，以发音部位为横轴，发音方法为纵轴，依次纵向整齐排列双唇音（b、p、m、f）、齿龈音（d、t、n、l）与舌根音（g、k、h），双唇音和齿龈音顺次依照舌根音取前三个音素，同理，舌面后音（zh、ch、sh、r）顺次参照舌尖前音（z、c、s）与舌面前音（j、q、x）取前三个音素，这样，最终得到两个"3×3"分布的声母阵列，余下的唇齿音（f）、边音（l）和舌尖后音（r）则分别单独进行教学。相应教学用表可借助 PowerPoint（以下称"PPT"）制作呈现。教法上，以本课程为例，声母方面，首先，横向按发音部位依次向学生讲解发音要领，辅以相应的"发音器官图示"和"普通话声母、韵母发音示范"小视频；当学生掌握了基本的发音要领，再纵向按发音方法深化学生对普通话声母的理解和识记。

（2）韵母简化音系

利用汉语"四呼"的特点，分别以单元音 i、u、ü 作为列标题，行标题则以"开口呼"为目标域，设计表格。选取以元音 a 为起始音的 a、ai、ao、an、ang 纵向排列为左侧第一列，对应选取以元音 e 为起始音，并且使其与第一列对应形成 e、ei、ou、en、eng 纵向排列为左侧第二列，而[ŋ]、[ʅ]、[er]则作为特殊元音并入"声韵拼合教学"。操作层面，分别以 i、u、ü 为起始音，分别同左侧两列拼合，对于允许拼合的，在对应位置标注红色"√"，反之则以"×"标注。

（3）声调简化音系

借助 PPT 动画，按普通话"四声"顺序依次编排声调呈现顺序，从上到下依次标明调类、调值、声调音值动态图示，并选用"中国美丽"四个字作为"四声代表字"帮助学生实现普通话声调的有意识记。教学方面，则按照由单音训练和双音组合训练过渡的顺序开展教学。上述策略在线呈现效果分别如图 2 所示：

图 2：声母、韵母和声调简化音系效果图（自左向右）

3.3 场景关联语义，强化词汇识记

词汇学习是学习者实现创造性地运用目的进行表达的重要材料基础，学习者对词汇的熟悉程度是影响记忆保持的关键变量之一，而"激活"恰恰在促进词汇熟悉程度方面扮演着重要角色（焉德才 & 胡晓清，2007）。在复现频次的有效性上，有更多的研究（Crothers & Suppes, 1967; Saragi, Nation & Meister, 1978）表明，学习者甚至需要 5-16 次的词语复现才能记住一个单词。受框架语义（Frame Semantics）理论（Fillmore, 1982）启发，本文认为，在语言学习过程中，词汇学习必须首先实现基于词语所关联认知场景的有意识记，进而转化为长时记忆，而实现长时记忆的关键则在于高频常用，只有这样，学习者才足以激活大脑中已建构的认知图式（Schema），才能逐步建立起与目的语知识运用相关的场景（Scene）认知表达系统，也即，特定场景驱动特定表达，甚至启发学习者基于目的语的创新性表达。据此，本课程采取"有意识记→强化记忆"的教学策略。

以《HSK 标准教程》第 2 册第 2 课为例，该课共有 14 个生词，课程主题紧贴日常生活交际。在教学的有意识记阶段，本课程按照"图片→词语拼音→词形"的顺序依次展示生词，实词教学以"图示法"为主，教授具有抽象含义的词语则使用"翻译法"，主要目的在于逐步启发学生准确猜出图片所关联目标词的大致词义。"强化记忆"训练阶段，（1）运用"闪现法"，制作"PPT 生词卡片"并快速展示刚学过的词语；（2）利用"思维导图"，建立词语语义映射现实生活的场景关联，同时，以图片形式为每个词语配置场景，符合"场景-语义"组合的词语之间用箭头标示组合方向，如"张老师（图）→张老师很忙（图）。"教学实践证明，引入"思维导图"，可有效巩固学生对于词语的有效识记，同时为句子表达生成奠定认知基础。呈现效果如图 3 所示：

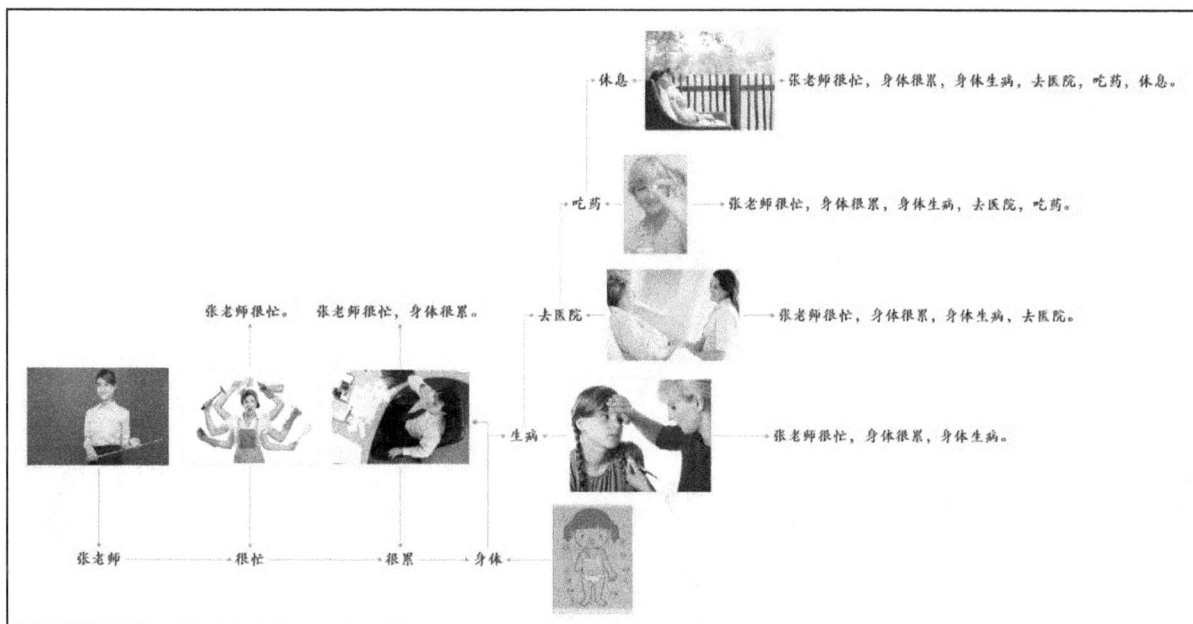

图 3：借助"思维导图"呈现的"场景-语义-表达"关联

3.4 借助虚拟现实，增强语用体验

　　语法结构是人类对客观世界的概念化表征。汉语语法教学方面，除了"演绎法"、"归纳法"、"汉外对比法"之外，在线汉语教学还可通过虚拟现实场景，加深学习者对用汉语描述现实现象的认识。该场景及相关图像的设计与呈现主要借助"3D Builder"及其配套"3D 资源库"实现，该软件内置于 Windows 10 系统（版本号：1803 及其以上）中，3D 资源库内置资源丰富，教师无需编辑即可随时调用。比如，汉语语法所表达的"空间"、"方位"和"位移"等抽象概念，可借助计算机内置的 3D 软件，把汉语语法表达同相关的现实场景关联起来，唤起（evoke）学习者在生活经历中积累的相似的百科语义知识、相关的现实场景和认知图式，加深学生对汉语语法结构使用的认知体验，培养其基本的汉语语法结构意识。以《HSK 标准教程》第 1 册第 9-10 课为例，汉语方位表达法、"有"字句和存在句均是教学重难点，本课程首先借助 "归纳法"讲解两种语法结构的基本特征。以事物名词"桌子、椅子、书、小狗、小猫、电脑"、方位词"上、下面、前面、后面"、并列连词"和"、动词"有"、介词"在"以及人物名词"男孩"为词语素材，在"3D 资源库"中完成相应的"词语-3D 图像"匹配。结合词语组合难易度，设计了各场景元素呈现的次序，整体按"场景元素→词→场景→目标句"的顺序进行语法训练。随着各场景元素陆续被添加至场景中，依次可引导学生说出诸如"书在桌子上。"、"桌子上有书。"、"电脑和书"、 "桌子上有电脑和书。"等目标句或目标短语。虚拟现实场景能够增强语法表达的应用"体验"，这是因为，一方面，客观现实经过体验和认知加工而逐步形成了语言（王寅，2007, p.6）；另一方面，一些实验研究（Gibbs, 2003; Littlemore, 2001; Richardson & Matlock, 2007）表明，人们在处理文字信息的同时，也在"体验"被描述的场景（文秋芳等, 2013, p.4）。

　　上述部分场景如图 4 所示：

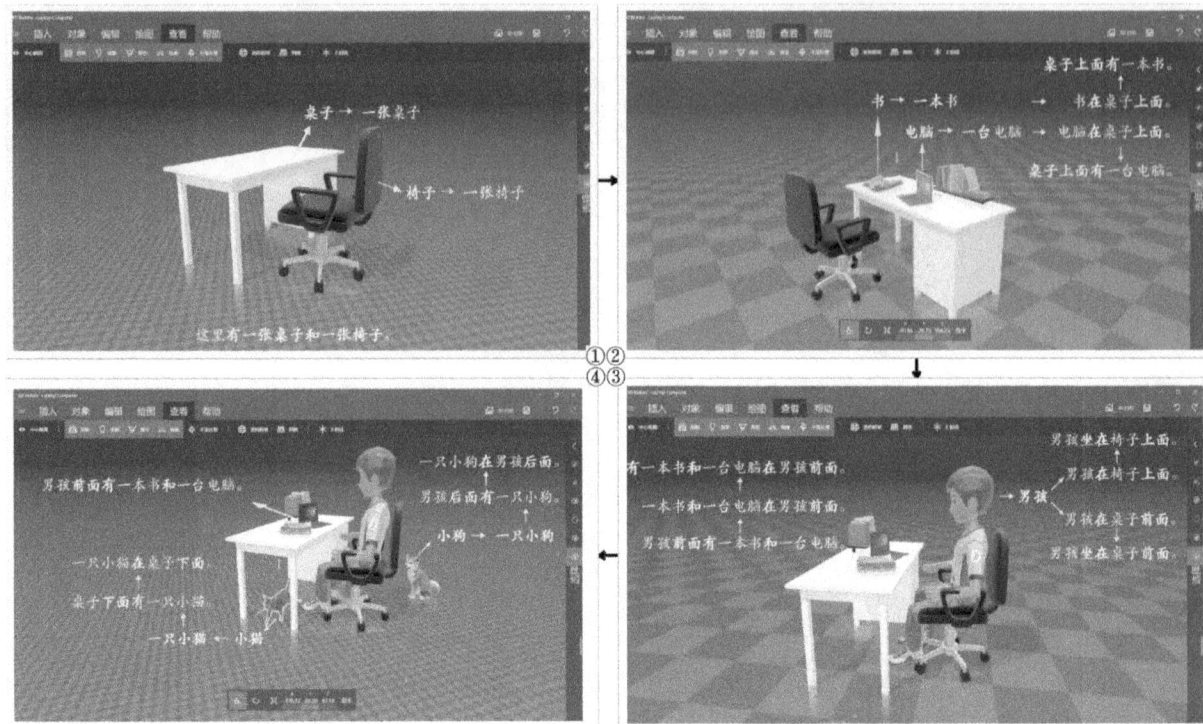

图 4：方位表达与"有"字句、存在句表达场景呈现

4. 教学反思与建议

4.1 构建汉语远程交互式教学体系

  教室、课桌椅、黑板以及多媒体设备等是传统课堂教学正常开展的必需硬件，同样，网络教学软件平台则是汉语在线教学的基础支撑。而在现阶段，能够全功能、全课型支持汉语远程交互式教学的一体化软件平台尚未面世，汉语在线教学只能借助多个软件平台协同发挥作用，但是，这种"多平台混搭教学"方案无疑增加了教师和学习者的负担，一方面，学习者必须掌握相关软件的基本功能和操作技巧；另一方面，教师也必须熟悉所选用教学软件的各项功能并将其与汉语教学有机结合。而上述基本要求却对广大师生而言却有着相当大的难度。此外，面向全球数以千万计的在线学习者，软件用户拥堵、网络状况差等突发状况也时常令汉语在线教学遭遇尴尬，极大拉低了教学效率，导致课堂效率低、师生俱疲。本文认为，就当下而言，从事汉语在线教学的汉语教师必须综合考虑所教课型的任务与特点及学习者的水平与需求，遵循"少而精"的原则，构建汉语远程交互式教学体系，该体系应至少应包括但不限于以下内容：教学所需基础软件平台和辅助软件、汉语教学电子资源库、面向当前课程的主要功能介绍以及详细的软件操作指南和演示视频，等等。而从长远看，该体系的构建也必然为完善远程交互式汉语教学平台一体化建设提供资源支持和思路参考。

4.2 建立完善汉语在线教学评价体系

  在线"教"与"学"的过程中，学习者学习行为的自我调节性差，课程评价反馈也很难有效实施，比如，教师难以在随堂测试和期末考试时实现对每个学生进行实时监考，所得测试、评价反馈结果的信度必然受影响，其所反映出来的参考价值亦会大打折扣。在这个层面，国内外关于相关专题研究为数甚少，中国国内仅见学者徐娟从"学习者、教师、网络课程、教学支撑平台、学习支持与服务"（徐娟，2007, p.3）等五大要素着手，构拟了"远程对外汉语教学"评价指标体系，但其调查样本规模与评价主体范围较小，局限性比较明显，有待深入。目前来看，技术因素或为主要瓶颈，更需要交叉学科如"信息技术与汉语教学"等的深入实践研究，但短期内难以有效解决；而从长远出发，在地理空间分隔状态下，努力打造汉语"教"与"学"的理想环境，进而创新出充分体现汉语学习者主体作用的全新学习方式，是国际中文教育事业实现科学长远发展的必然要求。而在这个过程中，广大一线汉语教师可结合一线教学经验开展汉语在线教学与评价的实证研究，相关成果将为汉语在线教学评价体系的探索和建立提供重要的数据支持和资源支撑。

4.3 促进汉语在线教学资源库共建共享

与线下汉语教学不同，汉语在线教学对包括教学课件、随堂测试题库等在内的电子教学资源有着普遍强烈依赖，而尽管中国国内多数高校的汉语课堂配备完善了电化教学设备，但教学资源的无纸化转化及其体系化建构则仍需要一定的时间过渡和技术支持。对汉语教师而言，现阶段，检索教学素材、设计教学课件和制作平面教具等都需要教师投入较大的时间成本和精力。本文认为，一方面，就现状而言，汉语教师在平时就要注意分类收集整理相关汉语教学电子和网络资源，自建"汉语教学个人常备资源库"。该资源库的内容应包括但不限于以下内容：（1）电子教材及其配套资源包（如：听力材料、课文配图、配套练习册、配套课件等），（2）基于汉语语言使用、涵盖汉语常用表达法的短视频情景教学资源包，（3）用于辅助在线课堂教学的软件资源包；另一方面，着眼长远，本文呼吁汉语教师群体通过即时群聊工具以及互联网"云存储"功能（如：百度云盘）分享个人常用汉语教学资源，实现汉语教学电子资源的互助互通，既能满足不同汉语教师的个性化需求，也可促进同行教学经验的取长补短，真正让汉语教师把更多的精力聚焦在探索汉语在线教学策略、提炼汉语在线教学技巧以及培养学生的汉语综合应用能力等更重要的工作上面。再从长远来看，在全球教育信息化时代背景下，汉语在线教学资源库的建设符合国际中文教育事业发展的未来趋势，而以"共建共享"的方式则符合汉语教师的群体利益诉求，具有较高可行性。

4.4 推动线下和线上教学经验优势互补

众所周知，线下即传统汉语课堂教学已经积累了相当可观、可行教学经验。与之相比，线上即汉语在线教学"只是学习者通过电脑对互联网上的课文和其它多媒体语料进行解码和建构，并在新的语言环境中得到运用"（张和生&洪芸，2001），换言之，二者作为语言教学活动的本质是相同的，二者在教学的性质、目标和任务等方面是一致的。因此，传统汉语课堂教学打磨出来的优秀经验完全可以通过"在线教学"新形式实现有效转化。以本课程为例，在线分组教学与合作讨论继承的正是传统课堂分组教学经验，在线实时提问互动则是对传统课堂提问策略的新发展。反过来，汉语在线教学也可以丰富传统汉语课堂教学经验，比如，利用微助教进行在线考勤、借助3D场景开展语法教学。本文认为，技术问题并不是制约汉语在线教学实现良性发展的主要因素，汉语在线教学效果在很大程度上有赖于汉语教师、汉语教材和教学法即"三教"问题（崔希亮，2010）的解决。而两种不同教学形式能够从不同方面促进教师、教材和教法良性互动，实现教学形式的取长补短。国际中文教育正可得益于此，实现长足发展。

4.5 进行在线教学策略和组织形式探索

教学策略方面，"在线教学使教师与学习者在地域和时间上呈半永久式分离状态"（Bernard，2004），学习者由于身处非真实课堂环境，课堂参与感较差，极易受外界环境影响而随时中断在线学习进程。更重要的是，学习者在学习中"缺乏直接的、即时的身体反馈，他们付出很多，而收获却很少"（Jay，2002）。换言之，提高远程交互的质量是汉语在线教学有效实施的基本保障。在线教学带来了汉语教学形式和环境的改变，同时也对教师的"教"和学生的"学"提出了新要求。本文认为，通过网络、电子教学资源以及相关教学技术丰富学习者的学习方式并注重调动学习者的在线学习的积极性、主动性等应是总的原则；教师还要充分利用多媒体手段使在线语言环境、目的语交际场景等更接近真实是基本要求；尽可能利用在线教学环境实现因材施教、提高学习者的学习效率并努力推动在线教学评估科学化则是长期目标。总而言之，在线汉语教学策略要始终坚持从学生的学习难点和需求出发，着力探索、优化。

教学组织形式方面，众所周知，包括师生互动、生生互动等在内的课堂互动形式是保障语言课堂教学有效性的重要机制。结合教学实践，本文认为，"小班化教学"更适用于汉语在线教学。本课程采用分组教学策略，每个小组大致相当于一个传统小班。其优势是，优化了教师与学习者之间的小"一对多"关系，一定程度上促进了小班内部学生之间的在线交流学习、合作学习。本课程教学实践证明，在线汉语"小班化教学"效率更高，班级整体的在线互动积极性和开口率明显提升。因此，本文认为，汉语在线教学应该统一实行小班制，考虑到在线合作学习的重要性，"小班"规模以 6-8 人为宜。

4.6 开展汉语学习者在线学习行为研究

如前所述，汉语教师和学习者处于空间分离状态，这将导致汉语在线教学实时反馈的延迟乃至缺失，开展针对汉语学习者的在线学习行为研究则有助于汉语教师及时、准确地获取学生学习需求，多路径促进师生远程交互，为汉语学习者定制清晰的在线学习方案、制定有针对性的教学内容和策略提供重要依据。一些学者已为"在线学习行为"研究提供了多种视角，例如：在线学习投入模型建构研究（胡敏等，2020；尹睿&徐欢云，2017；张思等，2017）、在线学习行为特征与行为模式的研究（Ferguson & Clow, 2015；王改花&傅钢善，2018；吴林静等，2018）以及在线学习行为与学习效果关系的研究（赵慧琼等，2017；傅钢善&王改花，2014；沈欣忆等，2019）等。但是，针对汉语学习者实时在线学习开展的相关研究还远远不够，因此，本文认为，亟待开展实证性的、针对汉语学习者利用在线课堂进行远程实时汉语学习的行为研究！鉴于在线远程教学环境的特殊性，在研究方式和方法方面，本文主张"课上+课下"相结合。具体来说，"课上"即利用在线课堂开辟专门的"答疑解惑"互动模块，尽可能增加与学生互动交流的频次；在"课下"，汉语教师应通过微信、QQ 等即时聊天工具，定期与学生谈心谈话，为学习者提供必要的情感支持、疏解居家在线学习的不良情绪。这样一来，一方面，学生的内心压力可以释放，实现身心愉悦，以便更加高效地投入到学习活动中；另一方面，心理沟通得以拉近师生距离，而且，教师可以从与学生的聊天中得到许多有益的课堂反馈，促进教学相长。总之，在网络学习环境中，汉语教师有必要关注学习者的心理动态，帮助他们更好地适应和融入在线学习。

5. 结语

中华人民共和国教育部已于 2018 年 4 月印发了《教育信息化 2.0 行动计划》，呼吁把教育技术嵌入到学习系统中去，全面提升教师和学生的信息技术素养。随着全球教育信息化的不断推进，国际中文教育也将迎来发展模式的变革与发展契机。疫情之下的汉语在线教学使教师和学生逐渐"对线上教学有了全方位的体验和认同"（王瑞烽，2020）。但是，从教学策略到教学模式，在线汉语教学可资借鉴的实践经验并不多，在很多方面仍有待更进一步的实践性探讨。本文是基于新冠疫情防控背景下的汉语综合课在线教学实践的阶段性总结和反思，是对汉语在线教学实施方案和具体策略所作的初步探索和探讨。人类对客观事物的认识的发展是无止境的，本文总结的一些经验可为后续的在线汉语教学实践提供有益参考，一些缺憾和不足则是我们今后努力改进和完善的方向，期待与国际中文教育界的广大同行携手促进汉语在线教学实践和研究实现新的发展。

参考文献

Bernard RM, Abrami PC, Lou Y, et al. (2004). How does distance education compare with classroom instruction? A meta-analysis of the empirical literature. *Review of Educational Research.* 74(3), 379-439. DOI:10.3102/00346543074003379

Che, W. B. (2001). *A New Dictionary of Contemporary Western Psychology.* Jilin People's Publishing

House. [车文博 (2001). 当代西方心理学新词典.吉林人民出版社.]

Crothers, E. & Suppes, P. (1967). *Experiments in Second-Language Learning*. Academic Press.

Cui, X. L. (2010). The core and foundation of three issues of "teachers, textbooks and teaching methods" in Chinese International Education. *Chinese Teaching in the World, 24*(1),73-81. [崔希亮 (2010). 汉语国际教育 "三教" 问题的核心与基础.世界汉语教学,2010,24(1),73-81.]

Ferguson, R. & Clow, D. (2015). Examining engagement: analysing learner subpopulations in massive open online courses (MOOCs). *Proceedings of the Fifth International Conference on Learning Analytics and Knowledge* (pp.51-58). Association for Computing Machinery. https://doi.org/10.1145/2723576.2723606

Fillmore, C. J. (1982). Frame semantics. *Linguistics in the Morning Calm: Selected Papers from SICOL-1981* (pp. 111-137). Hanshin Publishing Company.

Fu, G. S. & Wang, G. H. (2014). Research on network learning behavior and learning effect based on Data Mining. *e-Education Research*, *35*(9), 53-57. [傅钢善,王改花 (2014). 基于数据挖掘的网络学习行为与学习效果研究.电化教育研究,35(9),53-57.]

Hu, M. & Li, H. (2020). *Research on students' participation model and its application in online learning.* Central China Normal University Press. [胡敏,李浩 (2020). 在线学习中学生参与度模型及应用研究.华中师范大学出版社.]

Jiang, L. P. (2013). The construction of "task-activity" Chinese classroom teaching mode. *Language Teaching and Linguistic Studies,* (6), 1-8. [姜丽萍 (2013). "任务—活动" 型汉语课堂教学模式的构建.语言教学与研究,(6),1-8.]

Jay R. H. (2002). Do college students participate more in discussion in traditional delivery courses or in interactive telecourses? A preliminary comparison. *The Journal of Higher Education*, *73*(6), 764-780. DOI:10.1353/jhe.2002.0052

Littlemore, J. (2011). The sociocultural approach to second language acquisition: sociocultural theory, second language acquisition, and artificial L2 development. In Atkinson, D. (Ed.). *Alternative Approaches to Second Language Acquisition* (pp. 26-47). Routledge.

Liu, C. & An, R. (2011). A summary of foreign distance interactive teaching research and its application in teaching Chinese as a foreign language. *Distance Education in China,* (23), 35-40. [刘程,安然 (2011). 国外远程交互式教学研究及其在对外汉语教学中的应用综述.中国远程教育.(23),35-40.]

Liu, L. M. (2020). Liu Limin, Member of the national committee of the Chinese People's Political Consultative Conference, former Vice Minister of Education and President of the China Association for International Exchange of Education, said, *"This is the largest 'Educational Experiment' in the world".* http://cppcc.china.com.cn/2020-03/25/content_75856593.htm [刘利民 (2020). 全国政协委员、教育部原副部长、中国教育国际交流协会会长刘利民：这是一次世界上规模最大的 "教育实验". http://cppcc.china.com.cn/2020-03/25/content_75856593.htm]

Liu, S. J. (2018). Teaching and learning Chinese language online: what and why? *International Chinese Language Education, 3*(2), 11-25. [刘士娟 (2018). 在线中文教学：什么和为什么？ 国际汉语教育,3(2),11-25.]

Liu, X. (2000). *Introduction to Chinese as a Foreign Language Pedagogy.* Beijing Language and Culture University Press. [刘珣 (2000). 对外汉语教育学引论.北京语言文化大学出版社.]

Richardson, D. C. & Matlock, T. (2007). The integration of figurative language and static depictions: an eye movement study of fictive motion. *Cognition, 102*(1), 129-38. DOI:10.1016/j.cognition.2005.12.004

Saragi, T., Nation, L. S. P. & Meister, G. F. (1978). Vocabulary learning and reading. *System, 6*(2),72-78. DOI: 10.1016/0346-251X(78)90027-1

Shen, X. Y., Wu, J. W., Zhang, Y. X., Li, Y., & Ma, Y. C. (2019). Research on the model of online learning behavior and learning effect evaluation of MOOCAP Learners. *Distance Education in China*, (7),

38-46. [沈欣忆,吴健伟,张艳霞,李萱,马昱春 (2019). MOOCAP 学习者在线学习行为和学习效果评价模型研究.中国远程教育,(7),38-46.]

Shi, F. (2007). Notes on Chinese phonetics teaching. Nankai Linguistics, (1), 144-152. [石锋(2007). 汉语语音教学笔记.南开语言学刊,(1),144-152.]

Wang, G. H. & Fu, G. S. (2018). Clustering Analysis of Network Learners' Behavior Characteristics from the Perspective of Data Mining. *Modern Distance Education Research*, (4), 106-112. [王改花,傅钢善 (2018). 数据挖掘视角下网络学习者行为特征聚类分析.现代远程教育研究,(4),106-112.]

Wang, R. F. (2020). Analysis of online teaching mode of Chinese skills course during epidemic prevention and control. *Chinese Teaching in the World. 34*(3), 300-310. [王瑞烽 (2020). 疫情防控期间汉语技能课线上教学模式分析.世界汉语教学,*34*(3),300-310.]

Wang, Y. (2007). *Cognitive Linguistics*. Shanghai Foreign Language Education Press. [王寅 (2007). 认知语言学.上海外语教育出版社.]

Wen, Q. F., et al. (2013). *Cognitive linguistics and second language teaching*. Foreign Language Teaching and Reaching Press. [文秋芳等 (2013). 认知语言学与二语教学.外语教学与研究出版社.]

Wu, L. J., Lao, C. Y., Liu, Q. T., Cheng, Y. & Mao, G. (2018). Research on online learning behavior analysis model and its application in online learning space. *Modern Educational Technology*, *28*(6), 46-53. [吴林静,劳传媛,刘清堂,程云,毛刚 (2018). 网络学习空间中的在线学习行为分析模型及应用研究.现代教育技术,*28*(6),46-53.]

Xu, J. (2007). *Research on evaluation of distance teaching Chinese as a foreign language*. Language & Culture Press. [徐娟 (2007). 远程对外汉语教学评价研究.语文出版社.]

Yan, D. C. & Hu, X. Q. (2007). Research on Chinese vocabulary teaching strategies based on language internalization theory. *Journal of College of Chinese Language and Culture of Jinan University,* (4), 8-16. [焉德才,胡晓清 (2007). 基于语言内化理论的汉语词汇教学策略研究.暨南大学华文学院学报,(4),8-16.]

Yin, R. & Xu, H. Y. (2017). Construction of online learning input structure model: An empirical analysis based on structural equation model. *Open Education Research*, *23*(4), 101-111. [尹睿, 徐欢云 (2017). 在线学习投入结构模型构建——基于结构方程模型的实证分析.开放教育研究,23(4),101-111.]

Zhang, H. S. & Hong, Y. (2001). On teaching Chinese as a foreign language based on the internet. *Journal of Beijing Normal University (Humanities and Social Sciences Edition)*, (6),107-111. [张和生,洪芸 (2001). 简论基于互联网的对外汉语教学.北京师范大学学报(人文社会科学版),6,107-111.]

Zhang, S., Liu, Q. T., Lei, S. J. & Wang, Y. R. (2017). Research on Learners' Learning Involvement in E-learning Space--Big Data Analysis of E-learning Behavior. *China Educational Technology*, (04), 24-30. [张思,刘清堂,雷诗捷,王亚如 (2017). 网络学习空间中学习者学习投入的研究—网络学习行为的大数据分析.中国电化教育,(4),24-30.]

Zhao, H. Q., Jiang, Q., Zhao, W., Li, Y. F., & Zhao, Y. (2017). An empirical study on early warning factors and intervention countermeasures of online learning performance based on big data learning analysis. *e-Education Research*, *38*(1), 62-69. [赵慧琼,姜强,赵蔚,李勇帆,赵艳 (2017). 基于大数据学习分析的在线学习绩效预警因素及干预对策的实证研究.电化教育研究,*38*(1),62-69.]

Zhao, J. M. (1985). *Phonetic Research and Teaching Chinese as a Foreign Language*. Beijing Language and Culture University Press. [赵金铭 (1985). 语音研究与对外汉语教学.北京语言文化大学出版社.]

16

CET 中文学术项目高年级线上课程教学设计与反思
(Teaching an Advanced Chinese Online for CET: Practice and Reflection)

张恒煜

(Zhang, Hengyu)

CET 中文学术项目

(CET Academic Program)

hzhang886@163.com

摘要：CET 中文学术项目受新冠肺炎疫情影响于 2020 年 6 月推出了线上暑期班。本文以 CET 高年级暑期线上课程为例，比较了线上教学与面对面教学在教学安排上的不同点，分析并总结了高年级低班在线上课程教学设计方面的特点，同时结合学生反馈对暑期线上教学进行反思，希望通过总结暑期线上课程的经验与教训，进一步提升中文线上教学的质量。

Abstract: The CET Chinese Academic Program was affected by the COVID-19 and launched a summer online course in June 2020. This article takes the CET advanced Chinese summer online courses as an example, compares the differences in the overall teaching arrangement between online teaching and face to face teaching, and summarizes the key points of advanced Chinese teaching design, and reflects on the summer online teaching combined with students' feedback. We hope to further improve the quality of Chinese online teaching by summing up the experience and lessons of the summer online course.

关键词：高年级中文教学，线上课程，教学设计，教学反思

Keywords: Advanced Chinese leaning, Online courses, Teaching design, Reflection

1. CET 中文学术项目 2020 年线上暑期班介绍
1.1 CET 学术项目简介

CET 学术项目（CET Academic Programs，以下简称 CET）是美国 ATA（Academic Travel Abroad）与中国知名高校合作的留学项目。美国 ATA 的总部设在美国首都华盛顿，在中国大陆、台湾、日本、意大利、巴西等国家和地区都设有留学项目。CET 大中华区项目分设在北京、哈尔滨、杭州、上海、昆明、台北等地。

CET 中文学术项目是密集型中文教学项目，教学对象主要是来自美国不同高校的大学生、研究生。常设学期有 15 周的春季学期和秋季学期，8 周的夏季学期（暑期班）以及 4 周的冬季学期。根据学生的中文学习经历以及入学分班考试成绩，学生被分为初级（CH/Lang 101、Novice Chinese）、初级高（CH/Lang 151、Novice High Chinese）、中级（CH/Lang 201、Intermediate Chinese）、预备高级（CH/Lang 261、Pre-Advanced Chinese）、高级低（CH/Lang 301、Advanced Low Chinese）、高级中（CH/Lang 401、Advanced Mid Chinese）、高级高（CH/Lang 501、Advanced High Chinese）等七个语言等级。学生在经过一个学期的密集型中文学习后，语言水平可以提升一到两个等级，并获得学生所在高校认可的相应学分。

1.2 CET 中文学术项目 2020 年线上暑期班

受新冠肺炎疫情的影响，CET 于 2020 年 6 月中旬首次推出中文线上暑期班（Chinese Virtual Intensive Language and Culture Program）。线上暑期班共 8 周，与线下面对面教学的学期长度相同。顺利完成线上暑期班的课程后，学生所获得的学分也与线下面对面学习所得的学分相同。

　　线上暑期班使用 Canvas[1]作为教学管理平台，每个年级在该平台上都有自己的站点，教师和学生可以在自己年级的站点完成各类操作。教师可以通过该平台共享教学材料，布置与批改作业，收发学生邮件等。学生则可以在该平台查看与下载学习材料，完成作业，参加考试，查看成绩等。

　　线上暑期班主要采用的是同步直播课（Synchronous Class），学生需要在规定时间进入 Zoom[2]教室，参与课程的实时直播学习。授课教师在上课过程中会同步录制教学视频，课后将视频链接分享给学生，以便于学生课后复习。

　　课型设置上，线上暑期班主要提供小组课（Group Class）和一对一课（One on One Class）。小组课是指一位老师同时与数位学生一起上课，有的年级的小组课存在平行班，但每个平行班的学生人数一般不超过 5 人，小组课的授课内容以语法讲解和课文串讲为主。一对一课是指一位老师和一位学生一起上课，课上会操练重点语法，并讨论与课文相关的话题。小组课和一对一课都是同步直播课。另外，为了帮助学生预习，线上教学新增"翻转课堂（Flipped Classroom）"环节，翻转课堂以"课件（PowerPoint）"形式呈现，辅以配套音频讲解。学生需要在课前根据"翻转课堂"的内容完成必要的预习内容与自测环节。

　　成绩考核方面，各年级成绩考核标准相同，总成绩有以下各部分组成，具体见表 1：

表 1：CET 2020 线上暑期班成绩构成表

小组课出勤与课堂表现（Group Class Attendance and performance）	20%
一对一课出勤与课堂表现（One-on-one class participation 10%　）	10%
作业（Written homework）	5%
小组课每日小考（Daily quizzes）	5%
第 2 周/第 6 周笔试　（Bi-weekly written tests　）	5%
第 2 周/第 6 周口试（Bi-weekly oral tests）	5%
期中（第 4 周）笔试（Midterm written exam　）	10%
期中（第 4 周）口试（Midterm oral exam　）	10%
期末（第 8 周）笔试（Final written exam　）	15%
期末（第 8 周）口试（Final oral exam　）	15%
总计（Total）	100%

2020 年，CET 线上暑期班学生总数为 62 人，教师总数为 29 人，各年级学生与教师人数统计如表 2：

表 2：CET2020 年线上暑期班各年级学生与教师人数统计（单位：人）

年级	学生人数（人）	教师人数（人）
初级（CH/Lang 101、Novice Chinese）	3	2
初级高（CH/Lang 151、Novice High Chinese）	1	1
中级（CH/Lang 201、Intermediate Chinese）	7	4
预备高级（CH/Lang 261、Pre-Advanced Chinese）	9	4
高级低（CH/Lang 301、Advanced Low Chinese）	10	5

---

[1] Canvas 是美国公司 Instructure Holdings Inc.开发的学习管理系统，于 2011 年上线。

[2] Zoom 是由美国公司 Zoom Video Communication. Inc.开发的音视频云会议平台，该平台支持 Windows, Mac, IOS, Android 和 H.323/SIP 设备，并具备视频、音频、桌面共享和小组讨论等功能。

高级中（CH/Lang 401、Advanced Mid Chinese）	19	8
高级高（CH/Lang 501、Advanced High Chinese）	13	5

如图 2 所示，暑期线上课程的师生比最多不超过 3:1，相对充足的师资不仅可以保证小班化教学，也可以灵活调整上课时间。2020 年线上暑期班的学生绝大部分都在美国，只有极个别学生在南美洲和东南亚地区。兼顾到老师和学生所处地区的时间，各年级小组课上课时间都是北京时间早上 8 点到 10 点，而一对一课的上课时间相对广泛，学生可以根据自己的需要选择合适的上课时间。总的来看，一对一课的上课时间段是北京时间 10 点到 13 点和北京时间 19 点到 23 点。

1.3 2020 年线上暑期班在教学课时方面的调整

与线下面对面教学相比，线上暑期班在教学课时方面做了一定的调整，每课时时长是 50 分钟。具体对比如表 3：

表 3：CET 高年级低班暑期线上与线下课程课时安排对比

	暑期线下面对面课程		暑期线上课程	
每日课程安排	小组课	3 课时	小组课	2 课时
	一对一课	0.25 课时	一对一课	1 课时
			翻转课堂	0.25 课时

据表 3，暑期线上课程的"小组课"由线下的每天 3 课时调整为 2 课时，"一对一课"由线下每天 0.5 课时调整为每天 1 课时，并且新增了 0.25 课时的翻转课堂（Flipped Class）。同时，线上暑期班每两周有一次 2 小时的"答疑时间（Office Hour）"，学生可在这些时间段请老师答疑。

除此之外，线上暑期班减少了复习课和考试次数。在线下面对面教学中，每周都有 2 课时的复习课，每周五都有周考，周考包括笔试和口试，共计 3 课时。而在线上暑期班，复习课和考试都由线下每周一次改为每两周一次，节约出的课时数则都用于线上"小组课"与"一对一课"的教学。

经过暑期实践，线上课程在课时方面的调整为教师课堂教学争取了更多时间，因而在教学内容的安排上也更容易做到松弛有度，可以在不影响完成教学任务的前提下，根据学生状态灵活调整课程进度。同时一对一课程也可以更好地根据学生的学习特点与语言水平，有针对性地操练语法，讨论话题，学生在一对一课上注意力也更为集中，学习效率也会大大提升。

1.4 线上暑期班高年级低班介绍

笔者在 CET 2020 年线上暑期班负责教授高年级低班（CH/Lang 301、Advanced Low Chinese）的小组课和一对一课。高年级低班共有 10 名学生，5 位老师。小组课分为两个平行班，每个班有 5 名学生，由两位老师负责教小组课。小组课每周更换一次小组成员，这样学生有机会接触不同的老师和同学。两位小组课老师同时也教一对一课，另有 3 位老师专职教一对一课。

高年级低班的学生都是 非汉语母语者，一般具有至少两年的汉语学习经历，口语水平至少需要达到 OPI[3] 的中级水平（intermediate level）。使用的教材是普林斯顿大学出版社出版的《我看中国》（*Eyes on China*, Chou, 2015）。

线上暑期班的教学中，多媒体的应用大大增加，小组课和一对一课都制作了相应的教学课件，上课时通过 Zoom 的共享屏幕功能与学生共同观看教学课件，并在课后将教学课件上传到教学管理平台 Canvas。翻转课堂的预习材料主要包括词语搭配与辨析、语法释义与例句以及课文分段与思考题这三个部分。

后文将重点介绍 CET 线上暑期班高年级低班在教学设计上的特点，并根据学生反馈进行教学反思，以供同侪参考指正。

2. CET 高年级低班暑期线上课程教学设计特点

2.1 以"主题式教学"贯穿教学始终

一般来说，高年级低班暑期线上课程使用的是"主题式教学（Thematic teaching）"的方式。

---

[3] OPI，即 Oral Proficiency Interview，是美国外语教学学会 ACTFL 制定的一种外语口语能力考试。

所谓"主题式教学",是指"以内容为载体,以文本的内涵为主题所进行的一种语言教学活动,其强调语言在实际生活中的应用,主张语言教学情境化、生活化。以主题式教学模式所设计的课程单元一般包括主题、教学环境、学习目标、学习内容与教学活动、形成性及总结性评量等等"(Bai,2010)。

我们以教材《我看中国》(Chou,2015)的第 23 课《深圳、城镇化与中国的海上发展》为例,具体介绍高年级低班暑期线上课程"主题式教学"的设计:

第 23 课教学目标:

1. 熟练掌握课后所列生词的书写、发音及含义。
2. 能够灵活运用本课 17 个重点语法及词语搭配。
3. 介绍深圳在中国近代移民史和城市发展史上的地位。
4. 能够就"城镇化"、"户籍制度"、"一带一路"等话题进行成段表达。

第 23 课教学环境:

1. 中高级汉语课程
2. 每天两课时小组课和一课时一对一课,每课时 50 分钟,预计两天完成本课学习

第 23 课不同课型课时及教学内容安排(如表 4):

表 4:第 23 课《深圳、城镇化与中国的海上发展》教学计划

第一天	
小组课	
课时数	教学内容
课时 1	主题讨论:深圳在中国近代移民史和城市发展史上的地位及作用 语言点讲练: 1) 经过……的发展/努力/奋斗,subj….(成了/变得/越来越) … 2) 通行的+语言/货币 3) 显得+adj. 4) 很浓的+商业/政治/地方+色彩 5) 适宜+生活/居住/创业
课时 2	主题讨论:中国城镇化发展进程 语言点: 6) ……向 place 集中/聚 7) 就……来说,…… 8) 城乡差距+扩大/缩小 9) ……只局限在…… / ……不能 / 不应该只局限在……
一对一课	
课时数	教学内容
课时 1	语言点操练 拓展讨论: 1. 纽约在美国移民史和城市发展史上的地位及作用 2. 中国城镇化的影响 3. 介绍一个国家城乡差距问题及解决方法
第二天	
小组课	
课时 3	主题讨论:中国的户籍制度 语言点: 10) 建立+(经济/政治/教育/户籍/……)制度 11) A 和 B 有密切的关系 12) 造成+人为的+障碍 13) 保障+福利/权利/安全/生活/稳定

课时 4	主题讨论：中国的海上发展 语言点： 　　14）……让计划+中止 / 中止……计划 　　15）扩建+军队/海军 　　16）Sub.把object（从 A）转型成为 B 　　17）扮演……角色

	一对一课
课时数	教学内容
课时 2	语言点操练 拓展讨论： 1）中国户籍制度的影响 2）你认为中国户籍制度是否适用其他国家？ 3）有人认为中国的户籍制度给中国的城乡发展造成了认为的障碍，你是否同意这个观点？ 4）"一带一路"政策对中国及其他国家分别带来哪些影响？

第 23 课课后作业（形成性、总结性评量）：

　　1. 选择与本课相关的一个话题（"深圳"、"城镇化"、"户籍制度"、"一带一路"）写一篇作文，作文字数不少于 600 字，需使用至少 8 个新学的语言点。

　　2. 小组作业[4]（Group Assignment）：每组两到三名同学，选择与本课相关的一个话题，利用 Zoom 像功能，完成一组对话。对话形式不限，可以是聊天、访谈、新闻报道等。每名组员发言时间不少于 2 分钟。

　　以上展示的是第 23 课《深圳、城镇化与中国的海上发展》教学一览。需要说明的是，我们以主题式教学理念对 CET 高年级低班暑期线上课程进行教学安排和设计，在进度上则每篇课文用两天共四个课时来完成，而每个课时都围绕一个主题展开。具体来说，先根据课文内容将文章划分为四个大的主题，再围绕该主题找出重点语法与词汇。在小组课上，每一个课时都是先梳理该主题下的课文内容，然后讲解与该主题相关的词汇与语法，最后对一些重点语法进行简单的操练。如果还有时间，学生可以根据这些语法与词汇进行平行话题的讨论。在一对一课上，教师则先深入操练前两节小组课讲解的语言点，之后请学生用所学的语言点复述小组课所学的主题，最后跟学生进行拓展讨论，即展开小组课的主题，更全面更深入地讨论与小组课相关的话题。新课内容学习结束之后，学生需要完成相应的课后作业，以检测学习成果，完成形成性、总结性评量。

　　这样的主题式教学在线上暑期班发挥了积极的作用。首先，主题式教学为学生的线上学习创造出相对真实的，能够覆盖不同领域的语言交流环境，这更有利于学生内化、吸收相关知识，进而对话题的横向比较、纵向理解也会更加透彻，在语言交流中打破不同学科、不同文化的界限。其次，学生可以在理解话题的同时牢记生词，掌握语法，将相关语言内容整合在一起学习，这在一定程度上减轻了学生的记忆负担。与此同时，"主题式教学"的话题学习大多以讨论为主，观点性的输出可以激发学生表达与交流的兴趣，增加学生之间的互动，课堂气氛也会更加活跃，教学进展也会更为顺利。最后，主题式教学让语言学习变得更有意义，不再是机械地复述课文内容或是操练语法，学生的主观能动性也会有所增强。

2.2 明确学生语言输出的目标

　　暑期线上课程与线下面对面教学都是为了最大程度地提升学生的语言水平，因此在教学设计时

---

[4] 小组作业（Group Assignment）：这里需要说明的是高年级低班的"小组作业"是将高年级低班的所有学生打乱分组，每组两到三名同学，并不是按照小组课（Group Class）进行的分组。

明确学生语言输出的目标至关重要。

在话题设置上，线上课程参照 OPI 的标准，围绕同一主题设置不同难度的话题，帮助学生尽可能全面而深入地掌握所学主题。学生也能够通过完成不同的语言任务，循序渐进地在自然的交流中完成不同的语言功能。

例如表 2 中列出的话题都是围绕"深圳的发展"这一主题展开的，不同的话题考察不同的语言功能。如话题"深圳及纽约在移民史和城市发展史上的地位及作用"则是为了训练 OPI 高级语言任务"描述"和"比较"。而话题"中国户籍制度的影响以及该制度是否适用其他国家"则是为了进一步提升学生的语言水平，帮助学生完成优级语言任务里的"抽象讨论"。话题"有人认为中国的户籍制度给中国的城乡发展造成了人为的障碍，你是否同意这个观点？"则是为了训练"支持论点"这一优级语言任务。

为了帮助学生做到做到"言之有物"，我们可以充分利用线上课程的优势，多方面借助多媒体资源。在实际教学中，教师可以从这两个方面入手：一是可以找到相关的音频、视频资源，这些资源在形式上更为丰富，视觉效果也更有冲击力，能够很好地为学生的语言输出提供背景知识，刺激学生的表达欲望；二是线上课程中课件（PowerPoint）的使用可以帮助学生搭建更为清晰的语言输出框架。教师可以就一个话题，使用不同颜色、不同大小的字体标注出话题的不同角度，以及可以使用的词汇和语法。上课时教师也可以用鼠标立即指出学生可以补充的某个方面或可以使用的语言点。相较于面对面教学时使用的板书，利用课件搭建的语言框架操作性更强，使用也更灵活。

综上，无论是线上课程还是线下的课堂教学，我们最为注重的还是学生语言输出的质量。我们希望通过暑期线上课程的学习，高年级低班学生的语言水平可以普遍达到 OPI 的高级中（Advanced Mid Sublevel）、高级高（Advanced High Sublevel），程度好的学生甚至可以完成 OPI 优级(Superior)的一些语言任务。

2.3 丰富小组作业的形式

传统线下的暑期课程也设置了小组作业，如多人一组就一个话题进行小品表演，小品表演时间一般是十五分钟。这样的活动通常两周一次。而在暑期线上课程，小组作业的形式更加多样化，需要学生共同完成的作业次数也有所增加。

类似第 23 课的课后作业 2"小组作业"：每组两到三名同学，选择与本课相关的一个话题，利用 Zoom 录像功能，完成一组对话。"这样的作业一般是两周一次，教师每一周选择一个主题，学生根据该主题自选话题展开语言活动。依据对话形式，学生需要首先完成采访稿或新闻报道的稿件等，之后学生根据教师修改后的稿件录制视频。录制好的视频会在课上播放，其他学生观看视频后需要就视频内容向拍摄者提问。

设置这样的小组作业，一是可以同时训练学生听、说、读、写四个方面的能力；二是加强了生生之间的互动，学生之间需要相互配合，及时沟通，才能共同完成一个作品；三是借用网络技术录制的视频可以永久保存，也可与其他师生及家人朋友共享，这对增加教学趣味性和学生表达积极性起到一定作用；四是如果学生求学求职时有语言方面的要求，这些视频也是一个加分项。

除了上述所说的小组作业，暑期线上课程也设置了两项便于日常操作的小组作业，其一，多人一组在线上制作词卡并与同学们共享；其二，在每天正式进入新课学习以前，两人一组解释他们选择的四个生词，需要介绍词汇含义，词语搭配等。

共同完成这样的小组作业既可以增加学生之间的交流，增进学生之间的友谊，也可以创造更多机会来弥补线上课程不能同处同一空间的遗憾。同时，网络交互的便利性也让学生完成小组作业没有太大的负担，不会额外增加学生的学习压力。

3. CET 线上暑期班高年级低班学生反馈

3.1 CET 线上课程第二周学生评教

自 20 世纪 90 年代起，美国大部分高校都将教学评价的重点由期末学生评教转向中早期教学反馈（McKeachie，2005）。有些学者则将这类在学期中早期进行的教学反馈称为"形成性教学反馈（formative evaluation）"。Shute, V. J.（2008）认为形成性教学反馈是指教师与学生之间以信息交流的方式来改变思想或行为的过程。这个过程有益于教师在教学早期及时调整教学模式，提高教学水平。同时对学生的学习态度与学习方式也会产生积极影响。 McGowan（2009）也通过研究证明经过形成性教学反馈后，课程的教学效果有所改善，学生的满意度也跟着有所提高。

多年来，CET 一直沿用形成性教学反馈的办法，在学期早期让学生评教，评教结束后，CET 办公室的行政老师负责收集学生的评教结果，按照学生的年级整理好相关信息，并在第一时间将评教结果反馈给各自年级的教学老师。一般来说，各年级只能看到自己年级的评教反馈。

2020 年线上暑期班，我们在第二周的周三以电子链接的方式给学生发放了评教的调查问卷，学生需要在当周周日以前点击链接完成评教。为了保证学生可以充分理解问卷的题目，评教的调查问卷使用的语言是英文。

调查问卷共计 17 道题，其中客观题 13 道，主观题 4 道。客观题是必答题，主观题是选答题。客观题的题型主要有两种：一是五级量表题，共 11 道，即给出一个陈述，该陈述有"非常同意"、"同意"、"不一定"、"不同意"、"非常不同意"五种回答，分别记为 5、4、3、2、1 分。学生作答后，CET 的行政老师来收集每个陈述的分数，并将收集的分数相加后除以实际回答该陈述的学生总人数，最终得出该陈述的平均分。二是多选题，共 2 道，即给出一个问题和多个选项，学生可以根据问题选择一个或多个选项。教师在后期反馈中会看到该问题不同选项的百分比。主观题是开放问答题，即给出一个问题，学生自由作答。教师会在反馈中看到本年级所有学生对这一问题的回答。

表 5 中列出调查问卷的部分题目，中文题目由笔者翻译，以供参考：

表 5：CET2020 线上暑期班 学生第二周评教的部分题目

客观题
五级量表题： ● This program challenged me academiclly. 　这个项目在学术上对我提出了挑战。 ● The instructor prompted me to make connections between the language and the culture. 　老师促使我在语言和文化之间建立联系。 ● The instructor offered clear and timely feedback on graded assignments. 　老师在批改作业时提供了清晰且及时的反馈。 ● I found the Canvas is easy to navigate. 　我发现 Canvas 很容易使用。
多选题： ● I would have benefitted from more (check all that apply): 　我会从中受益更多（勾选所有适用项）： 　　Interactions with teachers and classmates 　　与老师和同学的互动 　　Content related to Chinese culture 　　与中国文化相关的内容 　　The time between sessions to study 　　课间学习时间 　　Opportunities to speak Chinese 　　讲中文的机会 　　Opportunities to read Chinese 　　阅读中文的机会 　　Opportunities to write Chinese

写中文的机会
主观题
● What you wished the program provided more online resources？ 您希望该项目提供更多的在线资源是什么？ ● What is your most significant outcome and what do you most struggle with？ 你最重要的学习成果是什么？你最大的挑战是什么？

3.2 CET 线上暑期班第二周教学反馈

我们在这里列出与线上教学关联最为紧密的几项数据统计，表中数据均来源于高年级低班 9 名学生的评教：

表 6： 学生评教数据整理：学生受益更多的方面

题目（多选题）	
● I would have benefitted from more (check all that apply): 我会从中受益更多（勾选所有适用项）： 　　Interactions with teachers and classmates 　　与老师和同学的互动 　　Content related to Chinese culture 　　与中国文化相关的内容 　　The time between sessions to study 　　课间学习时间 　　Opportunities to speak Chinese 　　讲中文的机会 　　Opportunities to read Chinese 　　阅读中文的机会 　　Opportunities to write Chinese 　　写中文的机会	
数据整理结果	
Interactions with teachers and classmates	100%
Content related to Chinese culture	77%
Opportunities to speak Chinese	67%
The time between sessions to study	56%
Opportunities to read Chinese	44%
Opportunities to write Chinese	33%

如表 6 所示，高年级低班所有学生都认为"与老师和同学的交流"让他们受益最大，其次是和中国文化相关的内容。在中文说、读和写这三个方面，过半数的学生认为"说中文"对他们的帮助更大，而只有三分之一的学生认为"写中文"对他们来说很有帮助。

表 7： 学生评教数据整理：学生受益更多的方面

题目（五度量表题）
● The following course elements contribute significantly to my progress: 以下课程要素对我的进步有重大贡献： 　1) Course content contributes significantly to my progress 　　课程内容对我的进步有很大的帮助 　2) Course structure contributes significantly to my progress 　　课程结构对我的进步有很大的帮助 　3) Group classes contribute significantly to my progress 　　小组课对我的进步贡献很大 　4) One-on-one classes contribute significantly to my progress

一对一课对我的进步有很大的帮助 5) Pedagogy/Teaching style contribute significantly to my progress 教学法/教学风格对我的进步有重大贡献	
数据整理结果	
Course content	4.78
Course structure	4.67
Group class	4.78
One on One class	4.88
Pedagogy/Teaching style	4.67

如表 7 所示，总体来说，高年级低班的学生在前两周对线上教学的满意度较高，并且各项满意度较为平均。其中，学生对高年级低班的"一对一课"最为满意，如一位学生在问卷留言里里写道："The 1v1 classes are excellent for targeting my weaknesses and improving them.（一对一课在针对我的弱点并改进方面做得非常好。）"

一些同学也在问卷中提到他们现在遇到的挑战，如"I just think it is challenging to get to know our classmates.（我只是觉得了解我们的同学很有挑战性）""If we were interacting with our group more, but this sometimes turns into a problem if not everyone is on the same level.（如果我们更多地与团队互动，但如果不是每个人都处于同一水平，这有时会变成一个问题。）""I miss writing characters. I'd like to have more emphasis on writing.（我想念写字。我想更加强调写字。）""Maybe we could have some kind of study group with peers.（也许我们可以和同龄人组成一个学习小组。）"从这些留言中，我们大概可以发现学生线上学习遇到的挑战主要是学生之间的互动与了解较少。

我们也在学生的反馈中看到这样的留言："I think this course is at the right level; not too easy, but also challenging enough for me to feel like I am making significant progress.（我认为这门课的难度是合适的，不太容易，但也有足够的挑战性。这让我觉得自己一直都有明显的进步。）"，"This has definitely been a challenging course. The pace and content have all pushed me to work hard everyday, but it hasn't been overwhelming.（这门课无疑是一门富有挑战性的课程。节奏和内容都促使我每天努力学习，但压力并不是无法承受的。）"我们从这样的留言中看出大部分学生第一次真实地经历线上学习以后仍能乐观向上的心态，积极迎接线上学习带来的一系列挑战，这也大大增强了教师线上教学的信心。

4. CET 高年级低班暑期线上课程教学反思

首次尝试线上教学，我们对学生每一条宝贵的反馈都珍而重之。学生的反馈既是我们砥砺前行，不断探索线上教学的动力，也是我们完善线上教学的方向。基于学生的反馈，笔者反思了自己的教学过程，通过总结暑期线上教学的经验教训得出以下几点教学心得：

4.1 增强学生的归属感

Gardner (1985)、Horwitz et al (1986)等学者都认为外语学习者的焦虑应该被视为外语学习特有的一种情境焦虑，独立于其他类型的焦虑。Horwitz (2001) 通过大量研究证明，语言焦虑与语言成绩之间存在着一定的负相关关系，即外语学习者在目的语学习过程中越焦虑，学习策略的有效性越低。因而，在学生反馈中，我们格外关注学生线上学习的焦虑感。

部分学习者在反馈中表示相较于传统的课堂学习，他们在线上学习中文的过程中焦虑感有所增加。这种焦虑感除了来自学习成绩的压力以外，还来自很多别的方面，如首次接触网络课程的不安，网络不稳定造成的不良情绪，时差造成的休息不足与思维不清，居家学习的环境不够理想，疫情加

185

剧造成的心理压力等等。

在这些原因之中，尤为引起重视的有两点：一是学生居家学习，缺乏教师监督与学校管理，学习的主观能动性减弱，学习效率较低，内心以为自己的进步不足，落后于传统课堂学习可以达到的语言水平。二是线上学习让学生无法与同班同学时刻保持交流与互动，信息的匮乏也在无形中影响学生的学习心态。

经过教学实践，线上教学减少学生焦虑感的前提就是让学生对线上中文学习产生归属感，这样学生才可以积极主动地融入线上的学习环境，信任老师和同学，从而增加课堂活动的参与度，引起课下交流互动的兴趣。

为了培养学生对线上课程的归属感，除了课堂互动环节需要精心设计，课下的互动形式也可丰富多彩。

第一，设置破冰活动，鼓励学生课下多多交流。在线上教学伊始不妨牺牲一些教学时间，设置"破冰活动"帮助学生打破初识的尴尬，增进彼此的了解。如果一个年级分为不同的平行班，也可以考虑整合平行班的学生，让学生有集中、统一的时间了解同年级所有的同学。同时，可以在"Facebook"或者微信上建立聊天群，鼓励学生课下在群内多多交流，教师也可在群内积极发言，活跃群内气氛。

第二，增加课堂互动环节。高年级低班的话题大多是与政治、经济与社会文化有关的比较抽象的话题，并且常常具有一定的争议性。在今后的线上教学中，也可多尝试"辩论型"讨论，即学生可以分成正反两方，分别支持不同的观点，进行一场无需提前准备的小型辩论。融入小小的竞争机制大概可以刺激学生表达的欲望，在讨论过程中也会更加了解同学的语言水平。同时线上教学也可多多利用网络资源，如让学生合作介绍、讲解与课文内容有关的新闻、视频、书籍等等。这不仅让学生有更多机会接触不同形式的中文，也让学生的中文学习多了一些趣味性。

第三，适当增加课下协作活动。如前文介绍的"小组作业（Group Assignment）"，通过设置不同形式的协作活动既可以调动学生学习中文的积极性，也可以在无形中增加学生之间的接触。但考虑到学生的学习压力以及学生所处时地方不同等等因素，课下协作活动不宜频繁，适度为好。

4.2 提高课堂教学效率

相较于面对面教学，网络教学的课堂节奏似乎更难把握，稍有干扰可能就影响了整堂课的教学节奏，让课堂教学的进展显得略有拖沓。因此，把握好课堂节奏，提高课堂教学的效率至关重要。我们可从课前、课上、课后三个方面来提高课堂教学效率：

课前，教师和学生都需要为课堂教学做好充分准备。作为教师，我们要做好备课工作，理清教学思路，熟练掌握教学要点，提前规划好课堂教学环节所需的时间。而学生们则应保质保量地完成"翻转课堂"要求的预习任务，提前扫清部分学习障碍，熟悉课文文本与语言点。在教师与学生共同努力下，才能确保课堂教学环节顺利展开。

课上，一方面，课前问候、小考等热身环节（warm up）需尽量节约时间，争取留出更多课堂教学的时间。另一方面，老师在课上可以采用"点名提问"的方式进行问答。之所以没有让学生自主举手回答问题，是因为教师"点名提问"可以提高学生注意力，避免学生上课走神，同时也可以节约课堂时间，避免没有学生举手，或者同时有多名学生举手带来的冷场或尴尬。

课后，教师可以通过邮件、微信等多种途径提醒、督促学生按时保质地完成课后作业，并鼓励学生积极参加课后答疑时间（Office Hour），进一步帮助学生巩固当日所学，这些不但可以为学生学习新课增强信心，也可以为新课学习打下坚实的基础，从而提高课堂的教学效率。

4.3 创造真实的语言环境

疫情爆发之前，CET 作为来华留学项目，很大的一个优势是利用得天独厚的目的语环境营造出真实自然的中文学习环境。那么即使在线上进行中文教学，我们也需要重视如何利用网络创造出真实的语言环境。

首先，生词与语法结构的学习不能囿于课文，教师要尽可能多地创造不同场景的真实语境，帮助学生运用所学的语言知识进行地道的中文交流。其次，利用网络提供不同形式的学习资源，让学生课下多听、多看、多用中文，尽可能帮助学生自主营造"纯中文"的学习环境。除此以外，增加学生与非对外汉语教师的接触也至关重要。对外汉语教师因为职业训练而对学生的语言水平有一定的了解，与学生沟通时可能有些"刻意"，没有那么真实自然。利用网络开展一些线上交流活动，帮助学生认识更多的中国人，了解中国人对某些问题的看法，这样更能激发学生的学习热情，也能增强学生利用中文沟通的自信。最后，教师帮助学生培养出自主学习与运用中文的积极性与自觉性最为关键。学生能够主动与老师一起创造真实的语言环境，会让教学效果与学习效果大大提升。

随着网络科技的发展，线上教学作为中文教学的新模式或许是大势所趋。笔者希望通过总结本次高年级低班暑期线上课程的经验与教训，可以为日后线上教学的设计与改进提供一些思路，以期进一步提升中文线上教学的质量。

References

Chou, C., Liu, J. and Xin Zou. (2019). *Eyes on China: An intermediate-advanced reader of modern Chinese*. Princeton, NJ: Princeton University Press. [周质平, 刘锦城, 邹昕.(2019) 我看中国: 现代汉语高级读本. 普林斯顿: 普林斯顿大学出版社.]

Gardner, R.C. (1985). *Social Psychology and Second Language Learning: The Role of Attitude and Motivation*. London: Edward Arnold Publishers.

Horwitz, E.K., Horwitz, M.B. and Cope, J.A. (1986) . Foreign Language Classroom Anxiety. *The Modern Language Journal*, 70, 125-132.

Horwitz, K. (2001). Language Anxiety and Achievement. *Annual Review of Applied Linguistics*, 21, 112-126.

Jianhua Bai.(2010).The development and application of thematic teaching in the 21st century. *Proceedings of the 10th International Symposium on Chinese Language Teaching*. Shenyang: Wanjuan Publishing Company. [白建华. (2012) 主题式教学在 21 世纪的发展及应用: 第十届国际汉语教学研讨会论文选. 沈阳: 万卷出版公司，2012]

Shute, V. J. (2008). Focus on Formative Feedback. *Review of Educational Research,78,* 153-189.

Whitney Ransom McGowan. (2009). *Faculty and student perceptions of the effects of mid-course evaluations on learning and teaching*. Provo: Brigham Young University.

Wilbert. J. McKeachie. (2005). *Mckeachie's teaching tips: Strategies, research, and theory for college and university teachers*, Hangzhou: Zhejiang University Press. [威尔伯特·J·麦肯齐, 等著, 徐辉译 (2005). 麦肯齐大学教学精要: 高等院校教师的策略、研究和理论. 杭州：浙江大学出版社.]

17

2020 年疫情下台湾的远距教学
(Remote Teaching and Learning in Taiwan During the Pandemic in 2020)

洪嘉馡
(Hong, Jia-Fei)
国立台湾师范大学
(National Taiwan Normal University, Taiwan)
jiafeihong@ntnu.edu.tw

陈昭珍
(Chen, Chao-Chen)
国立台湾师范大学
(National Taiwan Normal University, Taiwan)
cc4073@ntnu.edu.tw

刘美慧
(Liu, Mei-Hui)
国立台湾师范大学
(National Taiwan Normal University, Taiwan)
lium@ntnu.edu.tw

宋曜廷
(Sung, Yao-Ting)
国立台湾师范大学
(National Taiwan Normal University, Taiwan)
sungtc@ntnu.edu.tw

摘要：2020 年春季，面对逐渐波及全球的新冠疫情，国立台湾师范大学凭借十四年的准备，率先带领全校师生执行约两个月的全面远距授课，为台湾高等教育证实远距授课的可行性与前瞻性。此外，为了进一步提高远距教学质量和效果，该大学以 2020 年 4 月 6 日至 4 月 26 日三周为施测基准，对校内教师与大学部学生进行了问卷调查。本文根据调查资料提出两个建议：其一，培训专业的远距教学助理以协助教师授课；其二，订定适合专业课程的远距教学模式。

Abstract: In response to the COVID-19 pandemic in Spring 2020, National Taiwan Normal University took the lead in implementing distance teaching in the whole university for about two months based on its previous preparation over 14 years. Their experience proved the feasibility of distance teaching and demonstrated the forward-looking for higher education in Taiwan. Additionally, this paper reports findings from questionnaires that the university conducted in surveying its faculty and students from April 6th to April 26th, 2020. Two suggestions were identified for future improvement. One was to train professional remote teaching assistants to fully support online courses. The other was that when transferring courses from onsite to online, appropriate methods must be adopted based on the personnel needs of each department.

关键词： COVID-19、在线教学、教与学、教学资源、问卷调查

Keywords: COVID-19, Online teaching, Teaching and learning, Teaching resources, Questionnaire Survey

1. 引言

　　新媒体与科技发展日新月异，浪潮所至，传统教学已经无法满足来自世界各地及各界学生的学习需求。因应新时代的来临，国立台湾师范大学（以下简称台师大）于 2016 年成立了网络大学筹备处，经过一年的预备，于 2017 年开始正式营运，积极推动数字教学的多元转型。网络大学筹备处负责统筹全校所有数字课程的推动，并有专业远距、数字课程设计团队的技术支持，全力发展相应的远距数字课程。

　　在台师大全体师生的努力下，远距数字教学至今成果有目共睹，已经成为台湾各大专院校推动远距数字课程的典范。台师大的新兴在线教学模式，除了校内各系所的专业课程，连在职专班

也参与转型，并将硕士学位推广至海外。换言之，远距数字教学的课程设计、规划与执行，对于台师大全体的教师或其学生而言，已经是非常熟稔的教学模式。

2019 年年底，新型冠状肺炎（COVID-19）爆发，其后疫情扩大，空前绝有，超乎想象，对于全世界各领域、各地区的各种工作交流几乎停摆，而在教学、学习场域，各级学校、不同类型教育单位因皆属面对面的互动模式，其所带来的影响甚为严重。COVID-19 疫情期间，台师大因两起确诊案例，成为台湾唯一一所全面执行校级远距数字教学方式授课的大专院校，从 2020 年 4 月初开始，执行近两个月的远距数字教学，由于全校行政单位、教学单位、教学现场教师及修课学生的配合，才能让台师大在非常时期共同为全台湾高等教育瞩目的远距数字教学树立典范，其成果也能做为日后各大专院校推动远距数字课程的指针。

2020 年，因新型冠状肺炎的原因，打乱了原本大家熟悉的面对面实体教学课程，但却促使各级学校面对实施远距数字课程的挑战，加快执行的速度并重视期间的在线教学成果，也使各界有机会一窥课程全面数字化的可行性，并一同检视实施后所面临的挑战。尽管台师大已于 2016 年成立网络大学筹备处以全力发展相应的远距数字课程，然从 2020 年 4 月初至 6 月底学期末这段时间的远距数字教学，台师大在实际执行时，发现仍有再精进之处，例如：如何协助教学现场教师掌握应用媒体、共同课程及专业课程的不同安置措施等等。本文除了说明台师大积极推动远距数字课程、顺利度过 COVID-19 疫情期间所需的全校全面远距数字教学，并且配合师生的意见回馈提出改善策略，期望在成为全台湾大专院校的远距数字教学作出典范之外，亦可于日后全台湾各级院校推动跨时间、跨空间的远距数字授课，这些建议与改进方向能成为有力的支持。

2. 台师大远距教学推行历程

2.1 远距教学的发展

据 World Internet Stats 统计，至 2020 年 6 月，世界网络的普及率已达 62%[1]，全球网络用户约有 48 亿[2]。随着因特网兴起，学习的方式变得更加多元，传统面授的教学方式也逐渐受到影响。当「教与学」不再受限于时间、空间的限制，只要有因特网和适当的软件及硬件（通讯平台、计算机及麦克风设备），任何地方都能成为教室，跨国、不同时区的学习也逐渐展开。远距教学俨然成为一个潜在的广大新兴市场，促使许多相关产业蓬勃发展，越来越多人开始投入和研究远距教学。

关于远距教学，White（2003）将学习方式根据教学时间和地点分为四种情况，分别为(1)同时同地, (2)同时不同地, (3) 同地不同时, （4）不同时不同地。"同时同地"指的就是传统课室教学，教师与学生在固定时间点至固定实体空间，由教师进行面授课程。"同时不同地"以及"不同时不同地"则是本文将仔细探究的学习方式，这种两种方式属于远距在线教学，其中又分为"同步"与"不同步"学习，"同时不同地"称为同步学习（synchronous），"不同时不同地"则称为异步学习（asynchronous）。

近几年台湾各大专院校纷纷试行远距教学（distance education），为台湾内外的学生提供更多学习机会。不论是扩大各系所专业课程的授课方式，改为面授与在线授课并进，还是开设各种以远距、数字方式授课的课程，都是教育界因应网络科技普及所做的尝试。台师大一直以来都是培养教育人才及专业人员的主要推手，对于世界教育样貌的改变不敢掉以轻心，因此在 2017 年成立

---

[1]根据 World Internet Stats 的调查，统计范围自 1995 年 12 月起，2020 年 6 月截止，最早的网络覆盖率只有 0.4%。2017 年 6 月时全球网络普及率正式过半。

[2]根据 World Internet Stats 的数据统计，截至执笔期间，全球人口为七十七亿九千六百九十四万九千七百一十人，网络使用人口为四十八亿三千三百五十二万一千八百〇六人，比例为62%。当中，以亚洲使用网络的人口成长最多。

"网络大学筹备处"前，早已开始筹划远距教学相关的措施及事宜。一直以来，台师大坚信远距、数字方式的授课是未来教学的趋势，所以致力于远距数字教学的推动，不遗余力，也因为多年的努力，才能在新型冠状肺炎疫情期间，以最快的速度与快佳的模式来因应全校的远距数字教学。

2.2 台师大远距教学筹备历程

2006 年台师大根据教育部门当年 9 月 8 日发布实施的《专科以上学校远距教学实施办法》，制定通过了《国立台湾师范大学远距教学实施办法》。据此整合台师大内外教学资源，以提供学生更多元学习的管道，使师生能透过网络进行交互式的教学。2008 年台师大进一步办理开放式课程（Open Course Ware，OCW）。OCW 以达到学习与学术交流为目的，为开放学习且免费观看的数字平台。该平台首度结合系所专业科目、通识、演讲活动等多面向课程，不限年龄、国籍全面开放所有有意进修学习者登记。根据统计，每一年 OCW 开设了 665 门课，总浏览量约为两百多万人次。在此成功基础上，2013 年台师大又加入 MOOCs 自学平台，教师可以预录像片上传，任何想听课的人都能以电子邮件快速地创立账号。目前以图书信息为主要服务项目，协助发展阅读课程推广、读者权益维护、图书馆馆藏征集与空间规划等方向。

2016 年，台师大成立了由华语文教学系领跑的"海外华语师资数位硕士在职专班"，同年"网络大学筹备处"成形。筹备处统领数字硕士专班、Moodle 学习平台、远距教学课程、MOOCs、OCW 等原有在线教学平台，并管理数字课程制作之相关软件与设备。其主要工作项目是为台师大做远距教学长期发展的专业教育训练、协助课程发展设计以及支持数字技术。

2019 年，台湾教学资源中心（Taiwan Teaching Resource Center，以下简称 TTRC）在国立台湾大学系统合作学校（包括国立台湾大学、国立台湾师范大学以及国立台湾科技大学三所大学）里运作。TTRC 下共有四个子计划，分别为：台湾教学信息网、数字开放平台、教学资源平台和教学与学习平台。台师大因其丰厚及悠久的师资培育条件，负责计划里的"教学与学习平台"，发挥所长培育相关师资，在新的领域里设法解决各类教学问题。

从 2006 年教务会议通过远距教学实施办法至 2020 年，台师大远距教学的筹备历程已历经十四年。因此面对疫情突如其来所带来的影响，在校园封锁时期进行全校范围的远距教学之际，台师大之前积累的远距教学相关教学经验和网络大学筹备处已经开展的相关业务，可为校内从未进行远距教学的教师提供一些经验，减缓教师们面对在远距教学时所遇到的紧张情绪以及帮助解决在课程设计、教学活动、师生互动等方面遇到的各种难点。

3. 疫情下的台师大远距课程

3.1 远距课程说明

在新型冠状肺炎疫情期间，学校场域的所有活动，不论是室内、室外的教学活动或是参与人数的限制，甚至包括上课方式的规范，都需要根据台湾流行疫情指挥中心（Centers for Disease Control 简称 CDC）的规定而行。在 2020 年 4 月初因台师大校内发生了两起新型冠状肺炎确诊的病例，因此，根据 CDC 的规定，全校必须停课，采全面远距数字教学方式。

台师大全面实施远距授课期间，配合 CDC 公告之政策，根据当时宣布内容（人数限制、检查措施等），远距授课各阶段实施方式略有调整，共可分为四个阶段。第一阶段自 4 月 6 日起至 4 月 19 日执行两周校级远距；第二阶段自 4 月 20 日起至 4 月 26 日再延长一周校级远距；第三阶段时所有 60 人以上课堂维持远距教学；第四阶段自 5 月 26 日起开放 60 人以下课堂回归实体授课。本文所探讨之远距课程，以 2020 年 4 月 6 日至 4 月 26 日这三周为限，下文将逐段说明。

第一阶段与第二阶段远距教学期间，校内各系所专业课程、全校性通识课程以及共同科目（大一英文、大一国文、共同英文三）等不论修课学生数及各项限制，一律配合学校措施进行远距教学。据台师大校内统计，大学部共有 3074 门课程参与，当中采取同步远距授课者，共计

1194 门，占总课程数的 39%；采取异步远距授课者，共 724 门，占 23%；两者混成授课者则有 881 门，占 29%，其详细分布，如下图一所示。

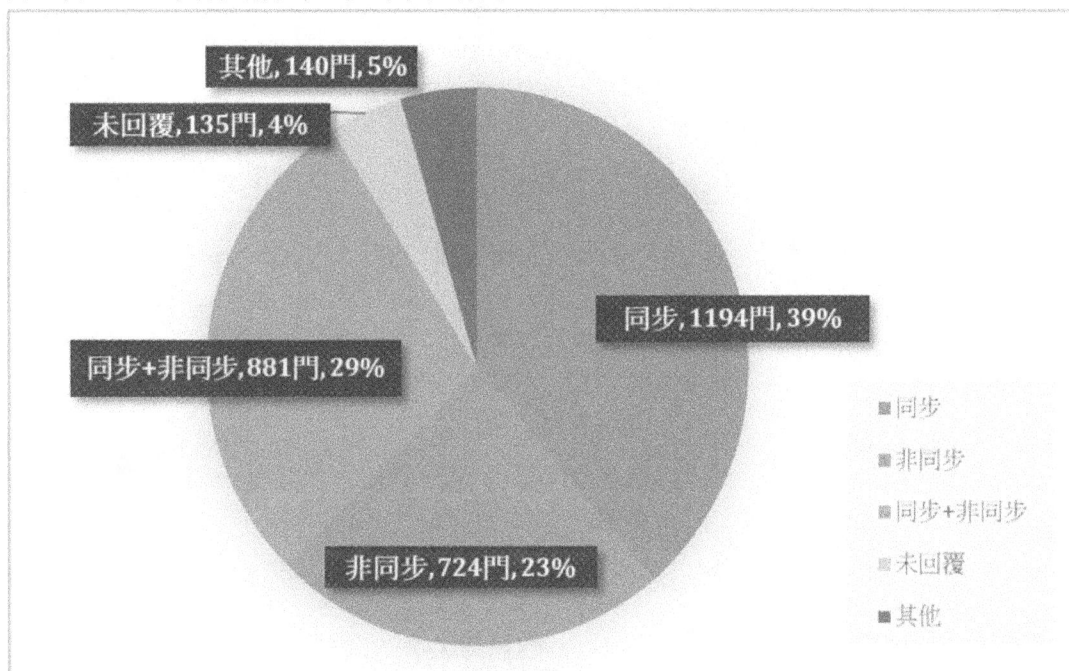

图 1：远距课程中同步与异步授课比例

3.2 远距教学媒介分析

尽管台师大对于远距教学的推动行之有年，面对突如其来的状况，加上新型冠状肺炎疫情的突发性与不确定性，台师大在最短的时间内，根据 CDC 政策制定了全校全面进行远距数字教学方针，教学现场的临时状况仍不免使全校教师稍觉手足无措，因此，除了实时、快速布达因应措施，事后台师大为了解教师们远距数字教学的情况，首先调查了教师所使用的教学平台，分别统计了同步远距数字教学与异步远距数字教学的教学媒介种类。根据调查结果显示，在全校全面进行远距数字课程期间，以同步远距数字方式进行的课程中，有 794 门课程的教师使用了 Google Meet，占总额的 27%，其次则是使用率为 22% 的 ZOOM；而异步远距教学中，则有过半数的课程仍选择使用以学校的教学平台 Moodle2.8 系统为主。教师进行同步远距数字教学所使用的媒介及异步教学所使用的媒介，其详细分布，如下图二及图三所示。

需要说明的是，不只异步远距教学课程使用 Moodle 系统，台师大每一位授课教师与学生均配有 Moodle 账号，因此许多课程得以采取混成教学，不仅同步远距，课程结束后教师还能在 Moodle 系统上安排作业、设计课程活动等等，保障教学成效与学生学习权益。

台师大使用 Moodle 教学系统作为辅助教师进行教学活动已久，平台功能齐全且操作方便，不仅可上传文本文件，图档、影音文件等多媒体素材也在其列。此外，Moodle 教学系统也具异步的互动功能，教师可以定时设置作业缴交区、补充数据区或问题讨论区，让同学在家自学时，也有提问和讨论的空间。实施远距课程时，教师预录的影片都能够上传至系统，这些教学内容的上传与下载，与课室面对面教学时，上传教学简报的作业流程相同，并不会造成教师额外的适应负担。

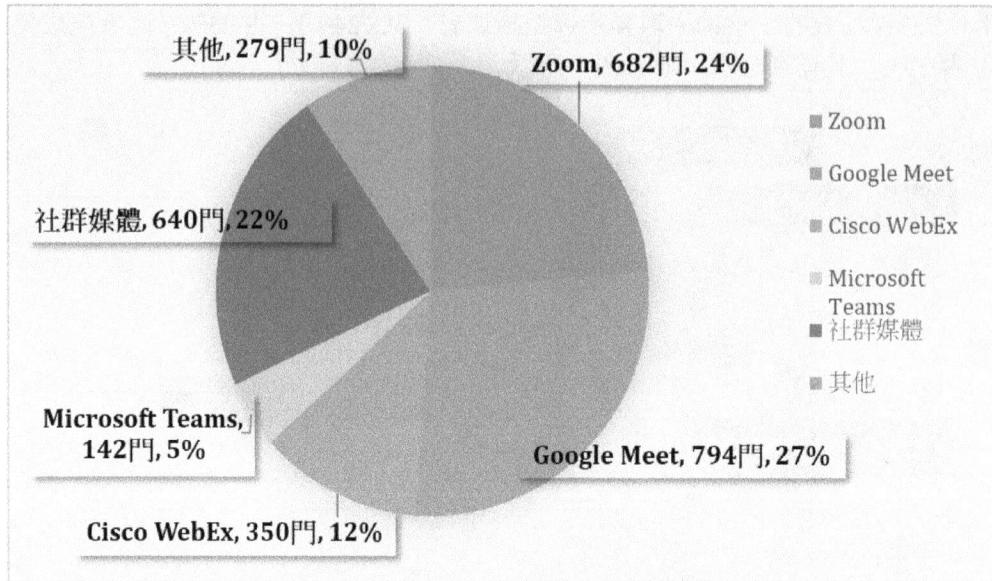

图 2：同步远距教学使用媒介

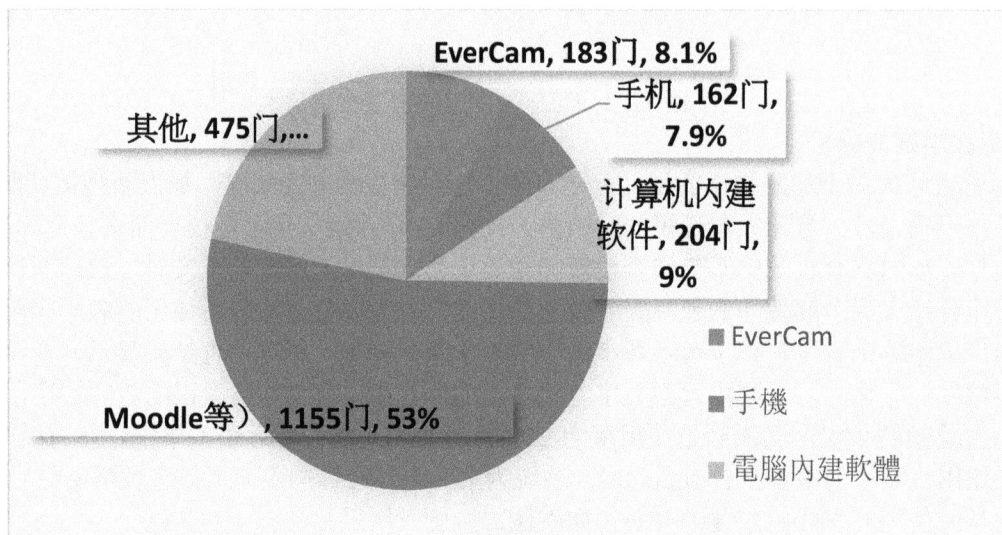

图 3：异步远距教学使用媒介

3.3 台师大师生远距教学意见调查结果

　　不同于以往熟悉的课堂实体教学设计与课堂活动，在执行远距数字教学期间，对于教师和学生，双方肯定都面临教学与学习模式的冲击与巨大改变。台师大为了解在新型冠状肺炎疫情期间，全校全面采用远距数字课程方式进行教学，从实体课程转为在线授课的差异性，以及对其教学成效所造成的影响，向全校师生发送了问卷调查，旨在将实施成果作为日后改进远距数字课程的参考依据。

3.3.1 学生回馈

　　由于台师大大学部学生皆须修习通识课程与共同科目课程两大类课程，台师大校方针对大学部修习通识课程与共同科目课程的学生发放了调查问卷。共计回收了 6,665 份。从李克氏五点量表（如表一）中可知，其中 64.4%（23.6%+40.8%）的学生认为"远距仍能学到课程知识"，而在调查问卷其余所有的评估指标中，选择"非常同意"与"同意"的学生皆过半。有鉴于通识课程与共同科目课程的教学内容知识不比各系所的专业课程内容，因此，在探讨系所专业课程执行远距在线教学的可行性前，台师大校方选择先分析通识课程与共同科目课程的实际执行成效，藉由其成果，再更深入规划专业课程的远距数字教学进行。

根据下表二所示，台师大的共同科目课程可再细分成共同国文、共同英文、英文三以及体育课等四项。从这五类课程领域的学生回馈可以发现，通识课、共同国文与各级英文的"非常同意"与"同意"支持率都超过60%。但是，在体育课这个项目，支持率仅有36.4%（21.8%＋14.6%），反对远距数字教学的学生比例则高达39.4%（17.8%＋21.6%），为五个子项目中最高。这是因为体育课为具专业技术、实际操作的课程，在远距数字课程中，学生许多肌肉动作、伸展模式等都无法得到充分的教师指导，落入跟着视频模仿或者自行摸索的困境，教师虽尽力针对学生上传的学习影片给予回馈，但口头指导仍旧无法弥补面授时教师可协助调整学生动作的成效差距，因此学生在体育课的回馈整体来说不佳。从需要专业指导、习得专业知识的角度来看，若共同体育课的学生对在线教学的回馈不佳，对于着重实际操作、强调技术指导的系所，如：音乐系、体育系、竞技系等而言，是一大考验，也是台师大校方迫切需要补足的远距在线教学限制。本次远距数字教学，不论是从台师大学生给予的回馈意见，或是单就通识课程与共同科目课程两大类课程的调查结果，都将是台师大日后推行远距数字课程的重要参考。

表1：台师大学生远距教学意见调查

	非常同意	同意	尚可	不同意	非常不同意
远距教学可以学到相关知识	23.6%	40.8%	26.9%	6.0%	2.6%
我学到新的同步学习方式	28.4%	38.2%	23.7%	5.7%	4.1%
我学到新的异步学习方式	25.1%	38.6%	27.7%	5.7%	2.9%
我支持学校这次全面远距教学	44.2%	29.0%	18.3%	5.1%	3.4%
我支持60人以上课程远距教学	57.7%	26.6%	11.2%	2.6%	1.9%

表2：通识课程及共同科目课程学生远距教学意见调查

	非常同意	同意	尚可	不同意	非常不同意
通识课程	45.7%	28.9%	16.1%	6.1%	3.2%
共同国文	42.1%	22.7%	20.7%	8.1%	6.4%
共同英文	44.1%	23.0%	18.8%	7.9%	6.2%
共同英文（英文三）	43.5%	26.9%	19.8%	6.0%	3.9%
体育	21.8%	14.6%	24.3%	17.8%	21.6%

3.3.2 教师回馈

除了学生的远距数字课程意见调查，台师大也十分重视教学现场教师的教学状况。除了向大学部学生发放问卷，台师大也针对全校各系所实施远距数字教学的状况进行调查。这些统计数据来自台师大校内的网络大学筹备处。在疫情全校进行远距数字授课期间，该处担任统筹角色，全面掌握在线平台使用与支持的关键数据以及技术。

针对疫情期间，全校全面改用远距数字课程进行授课，教师意见调查的内容如下：第一，4月6日起共三周的授课情况；第二，4月27日后想采取的授课方式。由下图四可知，填写问卷调查人数以教育学院居多，共计105位教师开设之课程，其次为文学院，共86位教师的课程，再次为理学院81位教师的课程。

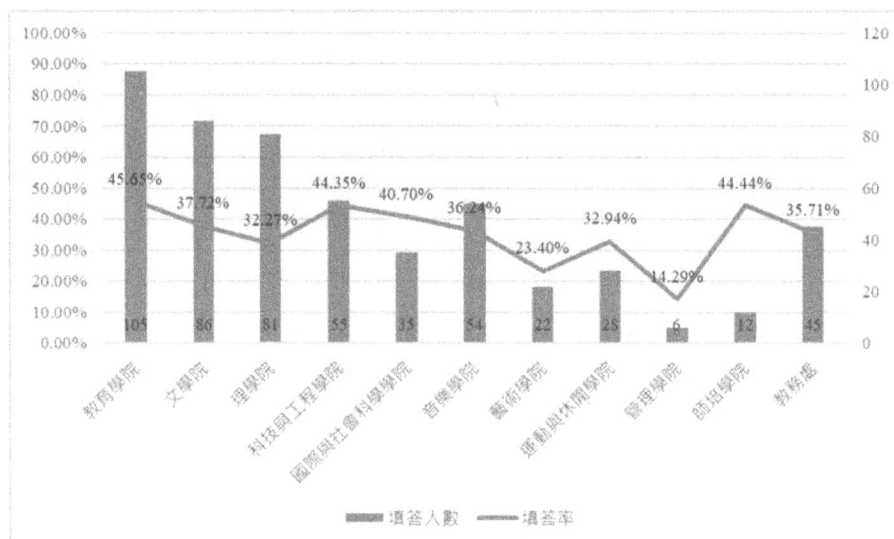

图 4：抽样调查之学院分布

为深入了解各领域教师实际执行远距授课时面临的挑战与发现，调查第一部分（4 月 6 日起共三周之授课情形）采质化叙述。根据回收的问卷，本文将教师实际回馈以数字代码呈现，下面随机列出六位教师的意见。

- "我的视讯处女课程，还搞不清楚按钮，竟大胆进行三波的分组讨论，总算……总算大功告成了。"（教师 2）
- "只有老天爷知道，为了这在线视讯课程，我焦虑、我排斥、我害怕、我和我自己生气了整整一个礼拜！终于，今天鼓起勇气，竟然上了四个小时扎扎实实的在线互动课程。"（教师 3）
- "回头想想，其实，还是蛮有趣的！"（教师 4）
- "我们几位老师最近在群组讨论了很多视讯方法。"（教师 7）
- "学生的回馈很特别，他们对我的影片所述提出超多问题，而且很有深度。"（教师 9）
- "让学生看影片后再给时间思考，他们提出的问题真的让我惊艳。"（教师 11）

4. 台师大师生远距教学意见调查结果分析与省

尽管台师大推行远距数位课程方式进行授课已逾十年，也有网络大学筹备处协助教师筹划远距教学相关的措施及事宜，然而，早期的 OCW、MOOCs 等平台都是局部性措施，并非全校所有教师都投身参与，因此，全校共计 1400 多位教师（包括专任和兼任老师，不含行政人员，尽管诸多行政人员也为配合防疫采取了在线工作等相应措施），并不是每一位都有远距授课经验或相关能力。此外，校内教师使用许久的 Moodle 教学系统，虽然属于具互动功能的在线教学媒介，但是 Moodle 教学系统上的互动并不是同步作业，教师仅需要具备一般信息能力、文字处理等能力即能操作。

因此，当 COVID-19 爆发，台师大面临要全校皆须以远距数位方式进行教学时，事实上，仍有许多教师是紧张的、是没有经验的，所以，在教学现场的授课教师的意见调查中可见，许多校内教师直至 2020 年才初次经历远距数字教学，又因为疫情状态多变且急转直下，且台师大校内有两起确诊案例，突如其来的策略，一夕间校级远距全面实施，学校在最短的时间内紧急提供各种不同的远距数位教学工作坊，并以在线方式进行，就是为了让教师能感受、体验远距教学的互动模式，此时，许多教师在进行远距授课后才发现远距授课与实体授课的差距是非常大的，不论是教学氛围、课程设计、活动进行、师生互动等等都与平常实体授课习惯有着截然不同的差异。由此可见，台师大在远距教学的实施上，校方的预备和教师的执行之间需要更多沟通与连结，下面将对这些问题进行探讨。

4.1. 教师执行对实体及远距教学的态度

2020 年 4 月 27 日之后，根据 CDC 政策，台师大开放 60 人以下课程回归实体授课，针对日后课程的实施方式，进行问卷调查，其调查结果如下图五所示。

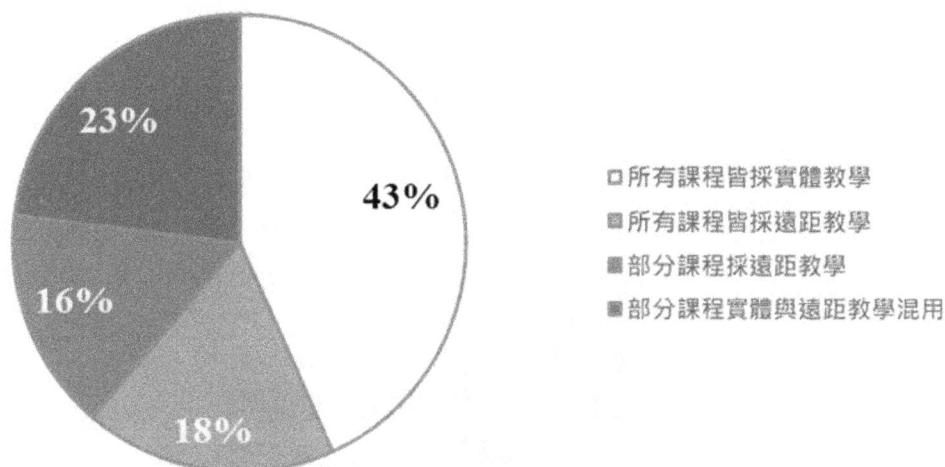

图 5：2020 年 4 月 27 日后课程实施方法调查

抽样基数中有 43% 的系所，于校级远距后全数课程回归实体教学，18% 维持全面远距；16% 采取部分远距；而 23% 则为混合授课，实体和远距并行。其中，实行实体授课的系所以文学院和教育学院为主（60 人以上的课程，如共同体育课则不在此讨论范围），原因为其院所下的专业课程要转为在线授课并不容易。这些课程可能极依赖讨论形式，或是同学密集的组间辩论，甚至需要实体板书才能呈现特定内容，因此若要转为在线课程，需要经过教师重新调整课程内容编排方式，并找出更合适的呈现方法，这是短时间内为因应疫情状况调整授课方式而无法设计周全的。根据统计资料，台师大不想再执行远距授课的学院，第一为音乐学院，其次理学院，再次为文学院。而针对体育课程采计的远距意愿，不同意比例高达百分之三十九，为所有科目中最高者。音乐、体育都极度仰赖教师的直接指导，如何翻转并跨越这个重要的问题，将会成为台师大推动远距教师培训的新议题。

然而，这三周（2020 年 4 月 6 日至 4 月 26 日）的远距数字课程是台师大扩大执行远距数字教学的契机，台师大校内原有的远距授课大多集中在华语文教学系、图书信息学研究所及工业教育学系。根据台师大网络大学筹备处数据显示，华语文教学系自 2014-15 学年起固定开课，为台师大第一个以系所名义执行远距的学术单位。2019-2020 学年，22 门台师大远距教学课程中，以华语文教学系、图书信息学研究所及工业教育学系等三系所开设的课程最多。疫情期间此三系开设多门实体与远距并进的课程，实施成效颇佳，在质化的回馈调查里，也能看见各系所实施远距教学的正向心得。这三周的远距教学，虽然还有许多不完美处，但是从另一方面来说，这个经验启发了许多教师新兴的教学方式，不论是预录教学视频、同步教学技巧还是数据呈现方式，都让台师大全校师生一同经历了这个全新的世代，未来校内各部的教职员以及各院学生，都能以此经验为基础，共同面对新的教学环境。

4.2. 教师执行远距教学时的实际需求

在全校全面进行远距数字课程结束后，台师大也针对教学资源展开调查，调查方式采自由填答（因教师需求可能不只一项，本问卷允许多选）。根据调查结果显示，教师进行远距数字授课时，共同的需求主要体现在以下三方面：

第一，学校应提供视讯同步教学平台，有 328 位授课教师填答。问卷中"提供同步教学平台"一项，可与学生端的回应相呼应。学生端认为教师的视讯平台过多（认为需要改进的比例达 29.7%，基数为所有参与远距课程的大学部学生），每一门授课教师的选择可能都不相同，学生需要安装不同软件才能顺利学习。因此，是否要提供多种选项让教师自行选择，或者全校使用同一种教学平台，值得进一步思考。

第二，学校需要提供教学助理，有 291 位教师填答；

第三，学校应提供硬设备，共有 263 位教师选择。

调查表之相关讯息，如下图六所示。而针对三点需求之回馈，台师大校方分别进行检讨。

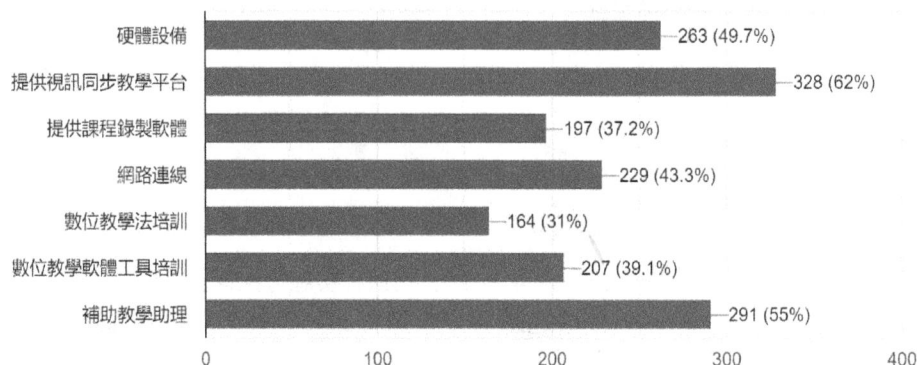

图 6：校方应提供协助之方向

4.2.1 学校应提供视讯同步教学平台

疫情消息发布之初，台师大网络大学筹备处立即制作了三种以上的视讯同步教学平台使用手册和录像教学，在 2020 年 2 月 25 日公告这些教学资源，让教师、教学助理（Teaching Assistant）以及学生提前预备。这些推荐平台如：Cisco Webex 和 Google Meet 后来也成为多数教师的选择，台师大并未明定单一的教学平台，因此，教师可以自由选择授课软件，或者与学生共同讨论形成班级共识。

然而，当时疫情状况多变，政令也因应情况快速宣布。台师大于 2020 年 4 月 1 日正式宣布执行远距数字教学后，同步教学工具研习，也随即安排以在线方式进行，提供教职员与教学助理在 Google Meet、Cisco Webex 和 Microsoft Teams 的紧急培训，以期减缓全校教师在进行远距数字课程之际的紧张与不安，尽量降低实体课程与在线课程的落差冲击。由上述台师大网络大学筹备处数据和实际教师执行的状况可见，即使台师大拥有完备的远程教学资源，但校内多数教师极度缺乏交流与连结，或许台师大在远距教学资源完备的状况下，可以更注重教师执行对于数字资源的应用和实际使用的操作状况。

4.2.2 学校应提供教学助理

关于教师在疫情期间，全校全面进行远距数字课程所提及的教学助理，并不是原来各教师自行聘用的教学助理，而是指负责远距教学的助理（以下简称远距助理）。远距助理的主要职务是协助系上教师执行远程教学，工作内容包括：课程设计讨论、硬件测试、软件使用教学和课后调整讨论等等。在远距授课期间，仅有华语文教学系另外聘用两名远距助理，其余教师在没有协助的情况下，则将这个任务转交给原来负责实体课务的教学助理（Teaching assistant, TA）。教学助理在多数情况下，已经比协助的教师更熟悉计算机及软件操作，然而执行远距教学不单是软件使用，还需要经过特定的训练才能顺利授课。

综上所述，可知教学助理在原来的备课工作以外，还要额外找时间学习使用教学媒介并协助教师上课，这对他们来说无疑是一大负荷。在缺乏充分的远距助理培训与支持的情况下，他们自身的学习状况和教师的授课质量都不稳定。台师大在此经验之上，或许能审慎考虑培育专责远距教学之教学助理，结合第一点响应中的建议，解决校内教师无法有效率地使用网络大学筹备处资源的问题。

4.2.3 学校应提供硬设备

关于教师对硬设备的疑虑，应从两种情况来讨论。第一，教师在校授课使用学校计算机设备。第二，教师在家授课使用个人计算机设备。前者的使用问题，若是平时有故障损坏，因在台师大管理范围之内，应有专人随时协助。后者所使用的设备，因教师个人使用习惯而有许多不同的状况，想必这是任何学校所不能兼顾的。

5. 建议与结论

Moore and Kearsley（1996）曾提出在线学习须注重的三大互动：学习者与学习内容之互动、学习者与教学者之互动，以及学习者彼此间之互动。综观台师大三周远距课程的分析结果，以及网络筹备处的计划成效，本文认为台师大校内教师所提出的教学助理补助实有必要。优秀的远距教学助理能够成为远距课程中，衔接学习者与教学者的中间桥梁，同时，这也是 TTRC 虚实整合课程的关键要素。高等教育学界该如何设计远距教学课程，增进教师对远距教学之信心与能力，让师生的教学环境即使由实转虚，其质量与成效也不受影响，应该是推广远距教学的首要之务。简而言之，从台师大校级远距教学、台师大网络筹备处以及 TTRC 三方执行成效与省思来看，本文提出两点建议：第一，如何培训专业的远距教学助理以期协助教师进行远距课程；第二，找出适合专业课程的远距教学模式。期待各界继续关注本文所提出的省思与问题，集思广益，共同营造更完善的远距教学环境。最后，本文需要分享的是由于台师大在疫情期间在远距教学方面取得的突出成绩，台湾教育部门在 TTRC 下设立了全球远距学院。学院由台师大负责，允许各校加盟，具体请详见其网站（https://toc.co.ntnu.edu.tw/）。

参考文献

Internet World Stats. (n.d.) *World internet usage and population statistics. 2020 Year-Q2 Estimates.* https://www.internetworldstats.com/stats.htm

Ministry Of Education. (2017) 大专校院校务信息公开平台 https://udb.moe.edu.tw/Index

Moore, M. G., Kearsley, G. (1996). *Distance education: A systems view of online learning.* Belmont, CA: Wadsworth.

NTNU Online. (n.d.) 磨课师 MOOCs. http://moocs.ntnu.edu.tw/

NTNU Campus Online. (n.d.) 网络大学筹备处 https://www.co.ntnu.edu.tw/zh_tw/org/vision

OpenCourseWare. (n.d.) National Taiwan Normal University OpenCourseWare. http://ocw.lib.ntnu.edu.tw/

Taiwan Teaching Resource Center. (2020) http://ttrc.aca.ntu.edu.tw/

White, C. (2003). *Language learning in distance education.* New York: Cambridge University Press.

18

新冠疫情下对蒙古国汉语拼音线上教学设计的探究与思考
(Teaching Chinese Pinyin Online in Mongolia During the COVID-19 Pandemic: A Reflection)

宋盼

(Song, Pan)

蒙古国研究大学

(Graduate University of Mongolia)

985049323@qq.com

摘要：新冠疫情的爆发给人们学习生活带来影响的同时，也使得教育教学的理念与方式有了改变。传统师生面授的教学模式在疫情背景下难以推行，为积极响应"停课不停学"的号召，依托互联网为支撑的线上教学模式成为目前教育的主要选择。本文以疫情期间蒙古国普通话中学的新一年级学生为教学对象，以汉语拼音为教学内容，从社会背景与学情出发，对蒙古国小学低年级学生在拼音教学方面进行浅析，通过梳理教学设计，分析教学效果，最终总结出线上拼音教学期间遇到的问题，同时根据问题，从课前、课中、课后三个阶段出发，提出相应的对策，由此保证蒙古国学生可以扎实掌握拼音知识，为之后的汉语学习打下坚实基础，提升教学效率。

Abstract: The outbreak of COVID-19 in 2020 affected people's life and work, It has also changed the concepts of education and teaching methods. In order to respond to the need of "stop classes without stopping school", the online teaching model relying on the Internet has become our choice. This article reflects on the author's experience of teaching Pinyin, the official romanization of the Chinese phonetic alphabet, to first graders in a Mongolian school during the epidemic period. Starting from the social background and academic conditions, this article analyzes design of the instruction and the teaching process. It also reports student learning outcomes and the feedback from the parents. Additionally, the article summarizes strategies for teaching Pinyin to younger learners of the Chinese language at three stages: pre-class, in-class, and after classes.

关键词：线上教学，拼音教学，新冠疫情，汉语教学

Keywords: online teaching, pinyin teaching, new crown epidemic, Chinese teaching

1.引言

　　2020 年爆发的新冠疫情在教育界刮起了一场"风暴"，在线下教学无法开展的情况下，以互联网为框架，以即时通讯技术为支撑的线上教学模式开始发挥它的作用（陈闻，2020）。线上教学与线下教学之间存在差异性，因此需要教师在进行教学设计时，深究教学内容，采用多种教学手段，合理计划教学时长。如何将线上教学模式和汉语国际教育得以有效结合，这需要教师花费精力，因为其教学对象的母语并非汉语，那么在实际教学中，我们可以采用何种教学手段，使用哪些软件辅助教学，如何设计教学内容，笔者将以自身的教学实践经历为例，探究上述问题。

2.背景分析

2.1 社会背景

　　随着中国经济不断发展，综合国力的逐步提升，中华文化在走出国门走向世界的同时，吸引了大批海外汉语学习者的兴趣与关注，并以此来了解中国五千多年的传统文化。自 2004 年世界第一

所孔子学院在韩国建立以来，之后的十几年间，海外汉语学习者的数量不断增长，学习者的年龄也逐渐向中小学生过渡，同时海外本土化的汉语学校也如雨后春笋一般，拔地而起，越来越多的海外人民开始注重汉语学习。在对外开放政策实行至今，中国也在不断向外派遣汉语教师，努力让自身文化走出国门，走向世界。

随着科技不断进步，人们的生活中随处都有科技的影子，传统教学从黑板、教师、学生组成的面授教学，转向多媒体辅助教学。网络的发展更是让在家学习成为了可能，2020 年新冠疫情的爆发，为教育界带来了一场更新和变革。疫情的爆发让我们无法再像往常一样在教室中，与学生进行面授教学，只得从线下教学转变为线上教学，这也充分发挥了线上教学的便利性、快捷性的特点，尤其体现在空间和时间两方面，同时这也也积极响应了"停课不停教，停课不停学"的教学方针，在为教学提供了新模式与新思路的同时，也督促教师重新审视教学内容，不断提升自身专业素质与能力。

蒙古国作为中国的邻邦国家，建交已有七十余年，两国拥有共同的文化渊源，同时蒙古国内人民对于汉语学习的兴趣较为浓厚，因此越来越多的汉语学校也在此文化背景下建立起来。

2.2 学情分析

蒙古国普通话中学位于乌兰巴托市中心，是一所只有三年历史的新学校，虽然建校时间较短，但是本学校学风严谨，教学环境优质，吸引了大部分蒙古国学生前来学习，这在一定程度上已形成较大规模的影响力。该校以汉语教学为主，每个班级每天都要上汉语课，学校的汉语课分为综合课和口语课。笔者作为一年级的汉语口语课教师，面对 100 名新生，与蒙古本土汉语综合课的两位老师相互配合，完成疫情期间的线上拼音教学任务。

一年级共有四个班级，共一百名新生。这些新生的汉语水平较为均衡，没有非常突出的，也没有非常落后的，但是四个班级整体的班风存在差异。一年级一班是四个班级中学习氛围较为浓厚的，学生学习兴趣也很高涨，因此教师可以在教学设计的过程中，针对该班学生提高要求。一年级二班课堂纪律较差，虽然在班主任老师的管理下有所改善，但是整体相比落后于其他班级，因此在教学过程中，要注意纪律的整顿，维持好课堂秩序，保证课程顺利进行。一年级三班是目前相对比较差的一个班级，班级整体比较散漫，因此需要教师在教学内容上有所取舍，在上课时严格要求。一年级四班学生整体比较安静，因此教师需要设计教学游戏，调动起班级氛围，激发学生活力与学习积极性。

蒙古国家长受传统文化影响，在教育孩子时，会为孩子提供较为"宽容"的成长环境，同时非常重视对孩子好胜心的培养，因此教师在进行教学设计时，一定要综合该国特色与民俗，选择合适的教学方法，保证教学顺利进行。

3.教学设计

3.1 教学内容

学好一门语言，打好发音基础是必须的前提准备，在汉语学习中，拼音学习是整个汉语学习过程中的重难点之一，也是基础内容，拼音学习会对之后的汉语学习和内容理解产生影响。汉语拼音由 23 个声母、24 个韵母、16 个整体认读音节三大板块组成，其中韵母又包括单韵母、复韵母、前鼻韵母和后鼻韵母。在完成了基础的拼音字母学习后，还涉及四个声调、两拼音节、三拼音节的学习，因此，拼音教学是存在很多难点的教学内容。

由于疫情爆发突然，传统教学模式无法正常进行，学校也没有与线上模式相匹配的一年级拼音教材可供使用，于是笔者结合国内部编版一年级语文教材中拼音教学的内容，综合蒙古国学生的实际情况，完成了一年级拼音口语教材的编写工作。

3.2 教学目标

　　由于笔者面对的学生来自于蒙古国，汉语并非他们的母语，同时由于蒙古国对于学生的评价考核机制与中国国内存在很大差异，因此在实际的教学过程中教师需要转变观念，根据实际情况，制定符合该国学生实际水平的教学目标。

　　一年级学生刚开始系统性地学习汉语，与母语蒙语在发音上存在较大差异，无法与母语产生较多联系，导致学生的原有经验不能被很好地利用，因此教师需要降低教学内容的难度，同时降低对于学生的要求，可从知识、能力、情感态度三方向出发制定如下教学目标：（1）知识层面。了解汉语拼音的构成，熟悉汉语拼音的特点以及用途。（2）能力层面。能够会认会读所有的拼音字母，能够准确读出四个声调，能够独立完成两拼音节的拼读，能在老师的帮助下完成三拼音节及词句的拼读。能够在学习汉语拼音的过程中养成独立发音的习惯，提升独立自主学习的能力，能够在小组合作的过程中，提升交流合作的能力。一年级学生刚开始接受系统学习，突如其来的大量课程和紧密的时间安排，需要有一个适应的时间，因此教师需要和家长相互配合，培养学生养成良好的学习习惯，提升其学习能力与综合素质；（3）情感态度层面。能够在学习汉语拼音的过程中感悟汉语魅力，保持汉语学习的兴趣。对于刚接触汉语的孩子而言，一门新的语言既陌生又新奇，想要让他们坚持学习，兴趣就是最好的老师。教师在教学过程中需要借助一切方法调动孩子的积极性，同时对于低龄段学生而言，奖励机制的使用必不可少，我们需要通过鼓励让学生爱上学习汉语。

3.3 教学模式

　　受疫情影响，本学期的汉语拼音教学以 WPS 软件录屏微课和教师教学实录为主，辅以视频一对一讲解的线上模式进行。疫情爆发后，全校汉语教师在校长的带领下，有条不紊地转战线上教学，针对一年级新生的拼音教学，三种形式完成结合。第一，课前教师在教室中录制视频，借助黑板，以传统模式开展教学。在这种教学模式下，教师与教学内容同时出现在视频画面中，能够拉近与学生之间的距离，同时在学习发音时还可以通过观察教师口型，使学生对所学内容更加清晰、明了，教师出现在画面中，让学生熟悉教师的同时，教师也能够起到一定的课堂管理作用。第二，课前和课中借助 WPS 软件进行录屏。教师需要提前根据教学内容完成幻灯片的制作，然后利用 WPS 软件，放映幻灯片，同时配以声音讲解，教师不出现在画面中，最终将声音和画面同时录入视频中，完成一个十分钟左右的微课讲解（见下图 1 展示）。第三，课后老师会对每一位学生进行一对一视频连线教学。教学时长由学生的教学重点和学生难点决定，把控在 10min~30min 之间。每位学生均进行一对一指导。由于教学对象及教学内容具有特殊性，因此在课程结束后，老师会对学生进行个性化辅导，通过视频连线的方式，针对每一位学生拼音学习的薄弱环节进行指导，以认真负责的态度扎实学生的拼音基础。

　　上述三种教学模式的结合，让学生跟随视频学习，学习完成后给予针对性辅导，加以巩固，做到及时查漏补缺，从而使学生对拼音知识熟练掌握，提升教学效率，保证教学效果。

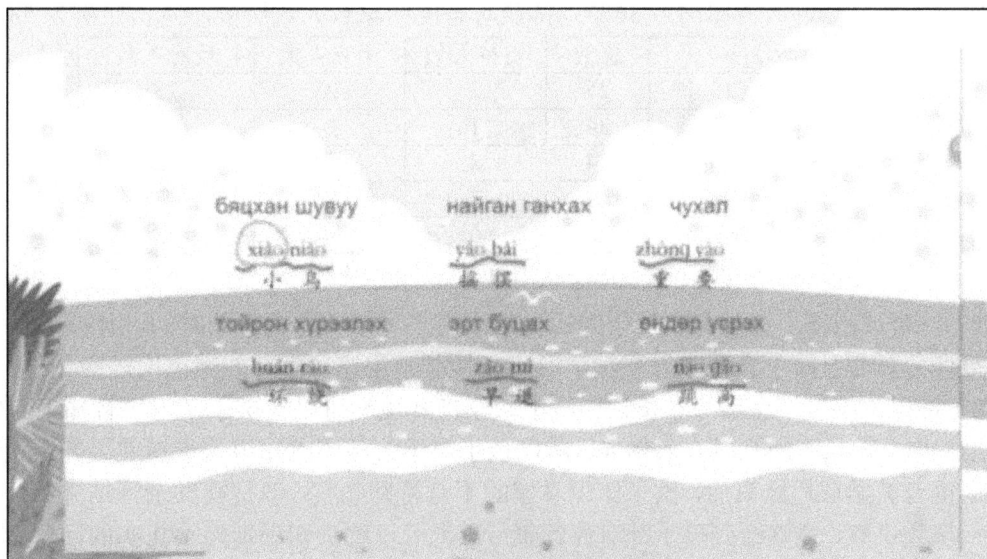

图 1: WPS 录屏微课讲解模式

3.4 教学过程

    在汉语拼音的学习中，发音是重难点内容，教师需要让学生学会准确发音，同时还要引导学生将发音与拼音字母的字形联系起来，音形对应才算扎实掌握了内容。这部分内容的线上教学过程主要由以下几个环节构成：第一，导入环节。在新课程内容开始前，教师需要通过创设教学环境，让学生快速进入学习状态，走进学习内容。由于教学对象是一年级新生，他们前期并没有系统学习的经历，同时在当前认知水平中，童话故事是较好的引导与创设情景的方式。因此教师在开始拼音教学时，以童话故事为背景，将教学内容融入其中，大大激发了学生的学习兴趣。如在"Z、C、S"的教学中，首先教师出示一张童话图片，图片里穿着紫色衣服的小熊老师在教刺猬学生学习，刺猬的身体就像一个"C"，旁边的桑叶上，一只蚕儿正在吐丝，老师在黑板上写着"Z"。这张童话图片包括了本节课所有的教学内容，教师在新课开始前先会出示图片，让学生观察图片里的内容，然后进行简单的看图说话，锻炼口语表达能力。第二，学习新课内容。当学生已经进入学习状态后，教师开始讲授新知。在这一环节中，教师首先出示整张故事图片中的部分内容，让学生聚焦于新知识，观察拼音字母的形状后教授读音。然后将拼音放置于四线三格，让学生熟悉它们在拼音格中的位置。最后开始拼读教学，这是这一环节中的重难点内容。从两拼音节开始，逐步加大难度到三拼音节。第三，拓展练习。在这一环节中，教师会设置一些图片连线题、儿歌拼读题目等，让学生巩固新学知识的同时也能复习先前知识。如在"Z、C、S"的教学中，拓展练习环节中，蒙语、汉语、拼音三者组合的连线题目，让学生从熟悉的语言出发，完成新知识的学习，还加入儿歌《过桥》，让学生在朗朗上口的儿歌中巩固新知识（王苗，2020, 18-19 页）。第四，课后作业布置。一般包括对本节课学习内容的发音练习与古诗复习。

    在这个教学过程中，从导入环节到最后的作业布置环节，构成了一节完整的拼音课程，学生在这一过程中，通过反复练习和复习，掌握新知识。

4.教学效果

4.1 家长反馈

    疫情期间线上拼音教学由三种模式相互配合完成，教师视频讲解带领学生学习新知，微课录屏辅助学生查漏补缺，最后辅以视频一对一讲解，巩固强化所学知识。课程结束后，通过与家长沟通收集意见后，得到如下反馈，见下表。持支持态度的家长人数屈指可数，所占比例为 6%；持中立态度的家长人数较少，所占比例为36%；持反对态度的家长人数居多，所占比例为58%。

	总数	支持人数	中立人数	反对人数
一年级（1）班	25	2	10	13
一年级（2）班	24	1	8	15
一年级（3）班	24	2	9	13
一年级（4）班	27	1	9	17
合计	100	6	36	58
所占比例		6%	36%	58%

（1）持赞成态度。这部分家长认为线上教学模式可以节省大量的时间，让孩子足不出户就能完成学习任务，而且孩子喜欢跟着视频学习，兴趣非常浓厚，学习效率也比较高。

（2）持中立态度。这部分家长认为线上教学模式虽然可以让孩子学习拼音知识，但是当孩子发音不准确时，家长不能及时介入指导，所以孩子对于一些难点知识的掌握效果并不太理想，他们认为线上拼音教学课程结束后，孩子知识掌握的不是特别扎实，但是视频录播结束后，会有老师进行一对一视频讲解，能够给到孩子针对性的辅导，也可以解决知识掌握不扎实的问题，因此他们认为这种教学模式虽然有缺点，但也是可以接受的。

（3）持反对态度。这部分家长从学生身心健康和学习效率两方面出发，认为线上拼音教学不能满足他们的需求，孩子学习效率差，且有损视力，因此他们持反对态度。如上图所示，

4.2 学习成果

由于教学对象为蒙古国的一年级新生，因此对于他们拼音学习的要求和目标与中国有所不同，且蒙古国考核机制也与中国有很大差异，同时蒙古国学生的家长对于学生学习汉语的要求较低，那么于他们而言，汉语学习应当以培养兴趣为主。在课程结束后，一百名新生都能做到会认会读所有的拼音字母，包括四个声调的读法，能够整体认读音节。程度较好的学生能够准确区分前后鼻音、平翘舌音的读法，能够进行三拼音节的拼读，同时可以做到看拼音读出词语，读出完整的句子。程度稍差的同学，能够做到拼读简单的两拼音节，读出简单的词语。

4.3 教师心得

疫情爆发突然，教学模式的转变让任课教师措手不及，但是在校方领导的领导下，以及在老师们的积极配合下，教学工作井然有序地进行着。线上拼音课程结束后，笔者将从教学实践与家校沟通两方面浅谈一些心得。

从教学方面出发，就教学内容而言，由于线上授课无法与学生面对面进行交流，也不能随时捕捉学生动向，而且学生接受水平与自控能力都参差不齐，因此在教学内容的设计上，一定要有所取舍，难易搭配要合理，比如对于基础薄弱的学生，弱化拼音书写的要求，对于基础较好的学生，加强拼音书写的要求。既能让能力较弱的学生学到知识，也能让能力强的同学有所提升。此外，尽量丰富教学内容，将视频、音频内容放入其中，吸引学生注意力，最大限度调动起学生们学习积极性。就教学时间而言，从学生身心健康考虑出发，不能将视频课程的时间设置过长，以20-30分钟为准，让学生做到在短时间内接受最精华的知识，劳逸结合，轻松学习。就教学手段而言，一年级学生自觉性较差，注意力集中时间短，因此我们在进行教学设计时，需要采用多种教学手段，除去简单的讲授外，教师可以创设情境，比如：表演创设情境、故事儿歌创设情境、利用实物或图片创设情境、生活再现情境等，让学生快速进入课堂。就奖励机制而言，我们需要在教学过程中不断给予学生奖励，采取累计积分的方法，让他们树立起汉语学习的自信心，利用积分兑换sticker，从而保持汉语学习的兴趣；奖励要实施具体，我们会按照月、学期为周期评选学习之星，制作电子奖状和纸质奖状，并按照获奖等级分发相对应的奖品，并且要让每一位孩子都得到被奖励的机会。

从沟通方面出发，主要涉及到与家长的沟通。由于笔者面对的是蒙古家长，他们受本国传统文化的影响，其教育理念、社会环境都与中国不同，因此沟通的时候总会产生方方面面的一些问题。一年级学生在上课时，一般情况下都需要家长陪同，课后学习情况的跟踪反馈，都离不开与家长沟通，所以这是必不可少的环节。在沟通时我们需要注意，首先在课程开始前或者活动开始前需要做到和家长沟通，了解他们的需求后，指导我们设计课程和活动内容。然后每天课程结束后，需要及时联系家长，收集信息意见，了解孩子拼音学习情况，以免引起家长的不满情绪。最后，在沟通的时候一定要注意民族文化差异，以及语言的组织和表述，要做到和本土老师打好配合，避免出现传达内容有误的现象。

5.总结反思

5.1 课前准备

5.1.1 认真做好调研分析，充分了解学情

我们在进行线上课程前,教师需要做到了解教学对象的实际情况,尤其我们面对的是国外学生,更需要从该国的文化背景、家长的教育理念、孩子的成长环境出发,对我们的教学对象有一个大方向的了解,就学生的学习情况而言,我们可以通过询问工作经验丰富的老教师,通过与家长聊天等方式,熟悉学生的汉语学习水平,以及平常的学习习惯和实际的学习能力,有助于我们在教学设计和反馈跟进时有目标,有方向,有准备。

5.1.2 结合学情分析教材，完成教学设计

在了解学情后,我们需要将教学内容和学情相结合,进行完整的教学设计。由于疫情持续时间较长,因此我们需要制定长期的教学计划,从整体的拼音教学出发,完成一整个阶段拼音教学任务的设计。拼音作为汉语学习的基础内容,是学好汉语的前提。拼音教学从单韵母开始,每一课时设置3-5个拼音字母的学习,在单韵母和部分声母学习完成后,开始介入音节拼读,直至所有的声母和韵母学习完成后,进行整体复习工作。其中的重难点在于对一些相似声母的区分记忆,对平翘舌音、前后鼻韵母的发音,以及整体认读音节的记忆。由于汉语并非蒙古孩子的母语,因此需要教师在实际教学过程中借助多种教学手段,借助童谣、儿歌、小游戏让学生反复拼读和记忆。

5.2 课中跟进

5.2.1 注意时时联系家长，相互打好配合

在课程进行的过程中,教师并非完成视频录制和投放后就结束了工作,而是需要在学生看完视频后,及时与家长沟通,跟进反馈。因为我们面对的蒙古国家长,他们的汉语水平非常低,甚至大多数家长根本不懂汉语,所以当孩子在学习拼读时遇到问题,他们是没办法提供帮助的,这时就需要本土老师起到沟通中的纽带作用及时联系家长,获取学生学习情况的信息,从而做到帮助学生及时查漏补缺,扎实基础知识的学习。

5.2.2 根据实际教学情况，及时调整方案

我们在课程开始之前,我们根据收集到的信息完成了教学设计,但这并不意味着这个设计能够与我们实际的教学情况完美贴合,因此在实际教学的过程中,我们需要眼观六路耳听八方,在了解了学生的真实水平后,及时调整和改进教学方案,以此保证教学内容符合学生的实际水平。例如一年级四个班级的学生,他们的水平都有差距,四个班级的班风学风也大有不同,因此教师需要在进行实际教学时,根据该班学生的学习特点进行差异化教学,尤其是在课后一对一辅导的环节中,对于能力强的学生可以设置一些难度更高的任务,对于知识掌握情况不好的学生,则需要进行反复领读练习。

5.2.3 积极运用奖励机制，调动学生兴趣

对一年级学生而言,奖励机制能够很大程度激发他们学习的兴趣,而保持汉语学习的兴趣是能

够学好汉语的动力。我们要在日常的教学过程中利用好奖励机制，吸引学生的注意力，激发他们的竞争欲望，从而保证良好的学习效果。在线上课程开展一个月时，笔者为学生设计了电子奖状，对学生一个阶段的学习进行奖励。在收到电子奖状后，学生对于之后的拼音学习内容充满兴趣，学习效果非常明显。在之后的课程设计中，教师还可以在作业布置环节设置积分奖励，将作业完成情况按照等级分类，最后根据不同的等级，给予学生不同的奖励，奖励尽量不要以物质形式出现。

5.3 课后反馈

5.3.1 教师相互交流，总结教学经验

在线上教学期间，教师需要在每天的工作结束后，召开教师会议，对当天工作进行反思总结，同时整合当日教学中出现的问题，并对之后的教学内容做出一定的修改和调整。由于一个班级会配有一名本土教师和一名中国籍教师，所以，两位教师需要相互交流经验，尤其是在中国籍教师的蒙语水平不是很高的情况下，本土教师需要担任翻译沟通的重任，一方面与学生交流，一方面要与家长沟通。在实际教学中，笔者在颁发电子奖状时，与一名家长因为沟通不畅，造成了误会，让家长产生了不信任感，在这种情况下，就需要本土教师清晰准确地传达汉语老师的意思，从中调和与解矛盾。

5.3.2 家校相互交流，及时解决问题

线上教学过程中，实际上是将家校沟通环节放置在了重要地位上，尤其是面对一年级新生而言，他们的学习多数需要家长在一旁监督和指导，当家长指导出现问题时，就需要联系教师，与教师进行沟通合作。良好的家校合作能够促进线上教学工作的开展和完善。如我们可以在进行某项活动前，通过调查问卷，收集家长的意见，完成沟通工作。也可以在每日课程结束后的一对一视频辅导环节，及时向家长询问孩子的学习进度与学习情况，学会倾听家长的意见，从而为我们的教学改进工作指明方向。

6.结语

在科技飞速发展的今天，互联网时代的到来必将引起教育的变革，教育与网络的紧密结合是未来教育的发展方向，新冠疫情的爆发更是让绝大多数教育工作者意识到了这一大趋势。线上教学模式具有其自身的优势，它能让学生做到足不出户就可以学习知识，能够推动教师不断反思教学实践，提升其专业素养。同时它也存在一些劣势，教师无法随时了解到学生实际的听课状态，对于一些自控能力较差的学生而言，他们的学习效率较低，而且长时间面对电子设备，也不益于学生身心健康发展。在优劣并存的情况下，教育工作者们更应该在教学实践中，分析学情，分析与设计教学内容，采用多种手段，做好家校沟通工作，做到提升教学效率，促进学生发展。

参考文献

陈闻(2020). 全球新冠疫情期间"中国概况"在线课程的领域模型设计.*国际汉语教学研究, 3*, 22-30.
王苗(2020). 儿歌在菲律宾儿童汉语教学中的作用研究. 山西大学硕士论文.

19

大疫情时期泰国的汉语专业教育现状分析与应对策略研究：以皇太后大学汉学院为个案

(Research on the Current Situation of Teaching Chinese Language in Thailand During the Covid-19 Pandemic and Coping Strategies: A Case Study Conducted in the School of Sinology at Mae Fah Luang University)

吴平
(Thiragun, Arphon)
泰国皇太后大学
(Mae Fah Luang University, Thailand)
thiragun@hotmail.com

周睿
(Zhou, Rui)
中国西南大学
(Southwest University, China)
zkidult@hotmail.com

摘要： 自 COVID-19 病毒爆发成为全球流行疫情以来，泰国的汉语专业教育遭遇了前所未有的冲击。本文选择办学规模完备、师资队伍充实、对外交流频繁、地缘环境独特的皇太后大学汉学院为研究对象，梳理疫情下汉学院的线上教学转换过程，审视其在教学实施、教育管理、技术操作、学生学习四大环节上出现的运作问题及采取的应对手段，指出其在管理统筹、人力资源、技术应用等层面的经验和教训，从而希冀对泰国本土乃至东南亚地区的汉语教学的运作调整和良性发展提供个案式的借鉴意义。

Abstract: Teaching the Chinese language in Thailand has been affected negatively following the unprecedented outbreak of the COVID-19 global pandemic. The School of Sinology at Mae Fah Luang University (MFU) is comprised of a well-developed faculty which frequently engages in international exchange, and has a unique geographical environment, all of which are major criteria for its selection as the subject of this study. This paper first examines the process of online teaching in the School of Sinology at MFU, while taking into account the preconditions of the pandemic. This study then addresses the problems and solutions in the following four major areas: teaching implementation, educational management, digital tools, and student learning. Furthermore, it discusses issues in management coordination, human resources, and technology application, with the goal of providing a case-study perspective on teaching the Chinese language during the COVID pandemic, and also provides insight which could be implemented to other regions of Thailand and Southeast Asia.

关键词： 汉语教学、线上教学、混合模式、泰国

Keywords: Teaching Chinese language, Online Teaching, Blended Learning, Thailand

1. COVID-19 大疫情前后泰国的汉语教学机构的运作概况
1.1 大疫情前后泰国的汉语教学整体情况述略

泰国华族人口在全泰占比 14%（West, 2009, p.794），来自潮汕人（潮州话）为族群主体之外，还有闽台泉漳人（闽南话）、海南人（海南话）、客家人（客家话）、广府人（广东话）、峇峇娘惹（马来话）和云南人（西南官话）的分布，然而基于历史原因，上世纪推行的"泰化"（Thaification）政策令五十年代之后出生的泰国华族以泰语为国族身份认同标志，汉语教学未受官方重视，直到九十年代才逐渐实现汉语教育的专业化和学制化（曹云华，2020）。朱拉隆功大学（Chulalongkorn University）先后于 1981、1996、2003 年设立汉语本科、硕士、博士专业，是

泰国最早筹备和开设中文专业的学校，目前，十数所公立及私立大学设立了中文专业，还有很多职业技术学院和中小学也都开设了汉语选修课，特别是在 2013 年 12 月泰国教育部颁布的《汉语教学发展计划》要求一般公立学校从小学四年级起开设汉语课，更进一步从学制上强化了汉语学习的重要意义。乘着政治、经济、文化互惠的东风，汉语在泰国已跃升为仅次于英语的第二外国语。

自 COVID-19 病毒爆发并被宣布为全球大流行（pandemic）以来，泰国的汉语专业教育受到了前所未有的危机式冲击。2020 年 1 月 13 日泰国首次确认国内首宗感染病例，病毒暴发初期几乎所有病例都是赴泰的中国旅客或自华返泰的泰国公民，1 月 31 日报告第一例本地传播，3 月中旬出现社群感染而导致病例急剧飙升，截至 3 月 30 日，全国累计确诊 COVID-19 感染病例 1524 例。泰国政府宣布全国进入紧急状态，通过倡戴口罩、实施宵禁、取消聚会、停飞外航、限制入境等一系列管制措施以控制病情的蔓延。四、五月以后，疫情逐渐缓解。截止 8 月 7 日，泰国总计确诊病例 3330 例，死亡 58 人。疫情爆发之际，正值高校正常行课阶段，据《曼谷邮报》（*Bangkok Post*）3 月 17 日报道，在教工和学生出现确诊病例之后，朱拉隆功大学和玛希隆大学（Mahidol University）宣布自 3 月 16 日起停课；4 月初，泰国政府决定将 2020 年 5 月 16 日的高校新学期开学计划推迟至 7 月 1 日开学，因势利导地将教学更替为线上模式，即教师在岗、学生在家的半封闭式措施（Semi-lockdown）。泰国的汉语教学陷入前所未有的困境，校园关闭、社交中止、恐慌心理导致传统教学模式几近失效，师资方面中国教育部中外语言交流合作中心及台湾全球华语文教育专案办公室选派的汉语教师和志愿者陆续撤离，本土教师面对暴涨的工作量和转型的教学法如何调整；学生方面同时在学业、疫情和技术的三重压力如何适从，教育技术方面在语言文化课程缺少面授环节时如何更新，这三大"如何"的难题，迫使泰国的汉语教学在大疫情下需要认真考虑教学模式转变的迫切性与必要性的问题。

1.2 疫情前皇太后大学汉学院的汉语教学概略

皇太后大学（Mae Fah Luang University）成立于 1998 年，是纪念泰国王室拉玛九世的母亲诗纳卡琳（Srinagarindra）对泰北教育的杰出贡献而筹建的高水平、国际化、年轻态的自治公立大学，地处泰国北部的清莱府，主要面向泰国北部及大湄公河次区域（GMS）周边国家提供优质教育服务和资源，近年来发展势头强劲，综合排名在泰国高校在第 10 名上下，2020 年版泰晤士高等教育（THE）世界大学排名更是高居泰国第 2。该校现有十五个学院、超过一万五千名注册学生。原中文系隶属于文学院，底蕴深厚、发展迅捷，分别自 2004、2008 年起招收中文本科、硕士专业，2014 年应时而生独立建设汉学院（School of Sinology），时至今日，汉学院开设商务汉语（Business Chinese）、汉语言文化（Chinese Language and Culture）、中国研究（Chinese Studies）、汉语教育（Chinese Language）四个本科专业和汉泰翻译（Chinese-Thai Translation and Interpretation）、汉语国际教育（Teaching Chinese as a foreign language）两个硕士专业（近年未招生），2020 年该院本科学生规模约为 1900 人。按照皇太后大学的校方规定，该校非汉语专业的学生须将汉语纳为必修课程，一般要求学生选修《汉语 1》《汉语 2》，掌握 600 左右的词汇量，达到 HSK3 级水平，但不同专业要求亦有偏差，如整合医学院（Institute of Integrated Medicine）的中医学专业要求学生第一学年结束必须通过 HSK4 级考试，掌握不少于 1200 词汇量，文学院（School of Liberal Arts）的英语专业则要求修到《汉语 4》。而这些汉语课程的授课任务都是由汉学院（联合孔子学院和诗琳通语言文化中心）承担（陈玉婷，2018）。

表 1：汉学院本科专业开设情况

专业名称 （中/泰）	开办年份 招生数量	近三年毕业学生规模			2020
		2017	2018	2019	
商务汉语 ภาษาจีนธุรกิจ	2004	186	153	153	380
汉语教育 สาขาการสอนภาษาจีน	2008	97	128	88	80
汉语言文化 สาขาภาษาและวัฒนธรรมจีน	2013	103	79	63	192
中国研究/汉学 สาขาจีนศึกษา	2015	-	33	30	26

　　截止 2020 年 8 月，汉学院在编师资 39 人，教授 1 人，博士 11 人，普遍具有海外留学背景，尤其是去与皇太后大学联办孔子学院的中方合作院校厦门大学接受学历教育的为最多，此外，北京语言文化大学、北京外国语大学、北京师范大学、对外经济贸易大学、中山大学、暨南大学、华东师范大学、武汉大学、台湾师范大学、澳大利亚堪培拉大学等教育背景也让汉学院师资呈现出多元化取向，他们在皇太后大学的汉语专业教育在疫情冲击之前按部就班、有序渐进。

　　选择皇太后大学为个案研究对象，一是由于该校汉学院规模宏大、结构完备，代表当今泰国汉语教育热潮的风向；二是与国家汉办指派的厦门大学合作关系密切深入，在外联受到疫情隔离冲击下的表现具有代表性；三是以清莱为中心的汉语教育还有与民办华语教育与当地美斯乐（Santikhiri）华人族群村落相结合的复杂性和在地性。综上所述，以皇太后大学汉学院在应对COVID-19 全球大流行危机的举措来反思中文线上/线下教学模式的"（再）泰化"（re-/Thaification）过程中的利弊，有助于了解汉语教学在东南亚地区的进一步调整与深化。

2. 自力型本土化线上汉语教学模式转变下的应对策略

2.1 疫情下的皇太后大学汉学院的线上教学转换过程

　　与朱拉隆功大学因师生出现确诊病例、农业大学未雨绸缪出于预防目的而主动宣布停课不完全相同，未出现病例报告的皇太后大学也宣布自 3 月 16 日起取消所有线下课程，汉学院的授课从线下转为线上，原定 3 月 23 日起的中期考试周也改为弹性举行，除了受到 COIVD-19 疫情蔓延的致命威胁之外，三月泰北森林大火的失控导致空气污染和生态灾难也是诱因之一，官方宣称以此保障师生健康、降低传染几率。此后，泰国教育部在疫情蔓延的 5 月发表官方声明，对新学期延迟开学提出了相应解释，教育部长 Natthaphon Thepsuwan 提出基于"学习引导教育"的理念，而"停课不停学"（โรงเรียนอาจหยุดได้ แต่การเรียนรู้หยุด 也成为线上教学官方指导思想。为了适应从线下教学到线上教学的转换，汉学院做出了如下努力：

　　一是积极利用既有平台基础 CIMFU-OCETS（皇太后大学孔子学院在线汉语学习与测试系统，http://chinese.mfu.ac.th），维系汉学院专业学生之外的汉语选修课程的正常运转。该系统由中方合作机构厦门大学开发，包括孔院汉语课程、中医网上教学、汉语水平考试和汉语水平自测四大板块，"汉语课程"内附适合不同学习层面的教学内容，如基础汉语、创创汉语、HSK 考试标准教程、YCT 标准教程、汉语听力/阅读教程等，"水平考试"则收录了历年真题，较好地满足了留学生在汉语学习过程和自我检测的实际需求，并可将签到、提问、练习、测试、考试等环节整合进线上教学过程中。汉学院也开始准备录制自己的慕课（MOOC），以期符合更本土化、专业化、精细化的汉语学习需求，第一批慕课预计 2021 年上线。

　　二是组织培训线上教学应用程序的学习和应用，包括但不限于谷歌视频会议（Google Meet）、谷歌表单（Google Form）、微软团队合作平台（Microsoft Teams）、Camtasia、Zoom、Loom、皇太后大学网讯（MFU WebEx）等，方便教职员工因地制宜选择适合自己课程内容和教学方式等平台，保证汉学院学生的专业学习如常进行。人文学科的教师在教育技术的运用上并不擅长，培训和演示在这一环节就显得格外必要。在没有既有数字化课程的辅助下，通过虚拟教室（Virtual Classroom）进行视频直播或云会议直播成为线上教学的主要方式，Google Meet 和 Zoom 最受欢迎，也有选用在中国本土 app 诸如腾讯会议（VooV Meeting）、钉钉（DingTalk），或者通过 Camtasia 或 Loom 录制视频进行播放/回放，而在考试环节采用 Google Form 为主。

三是调整师资安排，灵活安排在职本土教师与志愿者教师的分工，保证教学计划基本完成。汉学院师资力量雄厚，然而除了教授本院专业学生之外，还要承担其他学院的所有汉语课程，仍不免捉襟见肘、力不从心，所以对孔子学院的公派汉语教师和志愿者的善加利用至关紧要。疫情来袭又恰逢汉语志愿者的返华高峰（如论文答辩、毕业典礼、就业协议等），加上孔子学院总部出于安全考虑也建议志愿者尽早回国，故而在结束上学期课程考试之前志愿者已全部离岗，但在回国前被要求处理好未完成课程的相关事宜，通过课时调整补足、讲授视频录制、期末考试命题、相关人事协调、考试时间提前等措施来完成，从而保证疫情期间的课程进度。由于泰国目前仍未完全开放国境，新一轮的公派汉语教师和志愿者无法如期抵校，新聘的中国籍教师亦不能到岗，汉学院经研究决定自行采取院内聘用的方式在本校或泰国其他高校招募一年制临时师资来面对缺岗危机。即使是临聘制，人事制度上也有严格的程序，应聘者会经过学院和学校层面的两次专家联席面试，通过考核之后方可上报学校人事部门予以录取，以绝鱼目混珠之虞，薪资由诗琳通语言文化中心基金会提供，算是皇太后大学汉学院的"独家福利"。

四是以人为本，了解线上教学中师生的实际需求和困难，从物质支援和心理支持上提供更多协助。尽管疫情在不断纾缓，但由于师资短缺的困难和社交距离的限定，汉学院在授课方式上采用线下教学和线上教学混合模式（Blended Learning），采用师资混编协调、调整班级规模、错峰分流学习等方式，保证课程有序进行。对于主要采取线上学习方式的学生给予更多的关照，例如泰北山区丘壑纵横又时逢雨季，网络基础设施也相对滞后，这些都对线上教学提出了具体考验，家境清寒的学子添置线上学习设备所面临的额外经济负担、意志脆弱的学生在虚拟学习环境里所遭遇学业或人际上的懈怠所造成的心理创伤，也是汉学院在调整教学模式时需要顾及的。

2.2 线上课程教学中的运作问题与应对手段

皇太后大学汉学院的汉语线上教学面临时间紧、任务重、人手缺、难度大等诸多问题，需要同时考虑多方面的利弊均衡，包括专业学生与非专业学时分配、初中级与高级课程差异、软件平台与硬件设施跟进、社交媒体与学习工具兼容、学习与生活时间（时差）管理等，不一而足。要从之前全面的线下学习模式转换成线上学习模式或混合学习模式以应对疫情对教学造成的冲击，汉学院遇到最主要的实际运作困难及其解决途径简述如下：

教学实施环节。教师需要额外的时间重新准备课程内容以调整适应线上教学的实际需求，录制课程视频需要设备、精力、时间、环境、心理上全方位的配合，分配不同课程/课型/课时的时间，学习掌握和熟练运用必要的软件工具等。保障措施上，汉学院由领导班子挂帅，通过会议、问卷、电话、访谈等方式与每位任课老师协商沟通，调整原有工作量计划而改为弹性制，组织教学督导组为教师授课录制的视频把关审核，同一类型课程由不同老师分段录播共享，聆听教师的实际困难并给出相应的应对方案，组织技术专家为教师解决软件操作上的问题，鼓励教师把教学实施中遇到的问题反馈汇总从而进行更好的协调指导，录制汉学院自有慕课上实施奖励机制等。

教育管理环节。学校、学院层面需要面对调整教师处理专业学生与非专业学时分配、初中级与高级课程差异、本院师资与孔院师资协作等实际问题，帮助教师克服畏难情绪、解决超课时分配矛盾；教师层面要求教员有效管理课程实施过程、想方设法合理安排教学进度、保证学生学习热情，提升线上学习效率、调整师生互动方式等。保障措施上，学校将之前教师兼任各阶段教学的情况统一调整，本院课程授课由本院分属专业教研室教师承担，整合医学院中医学专业的汉语教学由孔子学院公派教师承担，其他专业的汉语教学则分配给本院的通识教育专任教师和新任或临聘教师，所有课程的协调工作都由汉学院完成，以此统筹保证教学进度。教学班的集中有利于教师更熟悉自己所带的班级学生的实际情况，根据学生需求调整进度、及时反馈、提高效率、有机互动，通过 Facebook 或 Line 的群组保持课中课后的有效沟通，促进辅导、答疑、讨论等教学交往。

技术操作环节。在使用设备上，笔记本电脑（Notebook）、平板电脑（Tablet PC）、智能手机（smartphone）成为最主要的接入端口，或多或少会给师生增加可能存在的经济负担，APP 对 PC 端和手机端、iOS 和 Android 系统的兼容与同步提出了进一步要求，对一些在某些国家或地区被禁用软件的依赖对部分留学生造成无法下载或登录的影响（例如谷歌系列产品如 Meet、Classroom、Translate、Drive、Docs、Sheets、Slide 等），对新软件的不熟悉也间接打击到部分师生的教学热情。保障措施上，汉学院力求保障师生能使用电子设备以满足线上教学的基本硬件要求，允许部分家境清寒的师生申请补贴添置设备，发布指导性文件推荐师生优先选择更符合本地教学特色的在线教学工具，安排培训讲座或发放操作手册让师生熟悉软件使用，通过皇太后大学资源网（http://reg.mfu.ac.th）集成整合更多的优质在线教学资源，鼓励教师使用 YouTube、抖音（TikTok）等多种技术手段实施视觉化教学的适配。

学生学习环节。缺少必要监管的学生的学习主动性和自觉性明显降低，线上学习让很多学生在无目光接触的虚拟课堂浑水摸鱼、得过且过，观看视频精力不集中，回答提问反馈不积极，完成作业进度不理想，跟不上线上学习进度，家庭代际冲突、青春期躁动和社交媒体干预导致学习效率低下，出现心理调适危机，受限于硬件条件（如电力、带宽、网速、终端等）而出现断线、掉线、离线状况，留学生还有时差、签证、母语等问题。保障措施上，汉学院动员学生提高自我学习的自主意识，强化疫情在今后一段时期长期存在的现实性，通过分班或限流的差异化方式保证学生学习效率，在线互动阶段强调布新纠错，课后互动阶段重在自测补缺，加大线上学习表现在总成绩的占比，督促教师关爱学生学习进度，鼓励学生在群组中交流问题协同解决，对个别因特殊情况无法参与线上或混合教学的学生给予必要的学习指导，建议部分学生推迟部分学分修习，对时差较大的留学生的在线教学安排特定时段。

总之，汉学院在线上课程教学中的运作中出现诸多问题都在群策群力中寻求到较为妥当的解决方案，以联防联控的应对疫情的方针措施，积极参与、分工合作，形成学校、学院、教师、学生各尽其责的教学组织保障。

3. 疫情冲击下泰国本土汉语专业教学的经验与教训

3.1 外援阻绝与本土自力的逻辑

随着"汉语热"在泰国的流行，泰国的汉语教学师资培养近年来越发倚重中方资源，一方面，在本国接受中文学历教育之外，泰国本土教师赴华攻读学位的比例越来越高；另一方面，汉办志愿者、台湾志工教师渐成泰国汉语师资主体不可或缺的重要构成部分。以皇太后大学汉学院与厦门大学的关系为例，二校不仅合建孔子学院，而且后者代培泰方师资。汉学院现任教职员工中，有厦门大学学历教育经历的占比 26.6%，其中，领导团队和留职进修教师团队的厦大学历占比分别为 75%、50%。在疫情阴影面前，当中方出于安全考虑撤回全部汉语志愿者，而泰方亦无从派遣教职员工赴华培训或招聘，如何弥补师资方面出现的巨大缺口应该是汉学院最紧迫亟待解决的问题。在外援阻绝的情形下，汉学院充分挖掘自身师资潜力，稳定队伍、加强团结，自力更生、自立图强，走上自新自救之路，通过调整薪酬重新分配在职教师工时，重新召回进修教师临时救场，招募泰国本地高校中文系优质毕业生补充新鲜血液等一系列举措，甚至考虑聘请清莱当地的美斯乐华人族群村落的社工和民办私立学校的师资共同参与教学管理和投入教学实践，以此来重新考量与中国高校之间的合作/牵制的关系，重塑汉学院的泰国本土特色和主体意识。

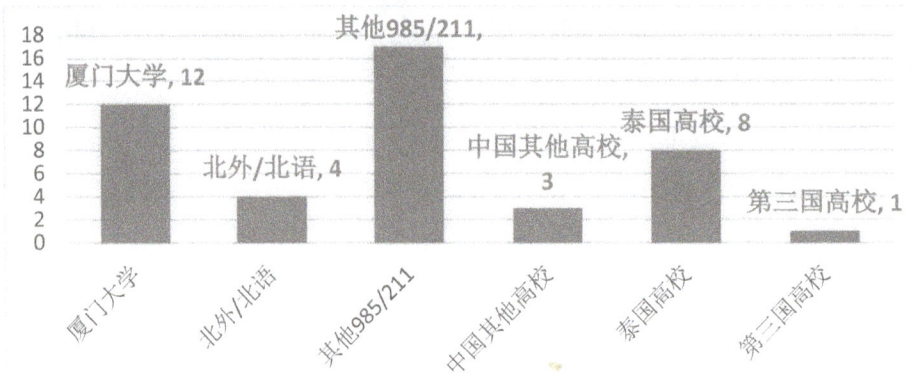

图 1： 汉学院师资最高学历背景表

就整个泰国的汉语教学而言，皇太后大学的教学实践具有普适性的借鉴意义。COVID-19 病毒疫情在 2020 年秋季进入全球第二轮爆发阶段，尽管部分地区的管控在逐步松绑，但对泰国的汉语教学整体形势来说，依然将比较长期面临海外师资短缺的困境，充分发掘自身本土师资的潜力，改善用人机制、调整薪资鼓励、提供培训平台、缔结帮对关系，从而探索在外援阻绝下本土师资自力更生的新途径。

3.2 线下线上与混合模式的安排

COIVD-19 疫情最严峻阶段来袭之际泰国诸校正值学期中段，皇太后大学汉学院积极采取疫情防控措施，在短期内调整后半学期的教学计划，在缓冲时间内组织教师熟悉线上教学平台、建立课程班级群组、班级学习分组以全面详细了解学生情况等，并及时为一时无法参加线上学习的学生制定相关学习计划安排，把所有开课课程按调整后的行课计划转为线上教学和考核，而把课程实践、教学实习、学术报告、联合培养等一律延迟或取消。随着新学期的临近和疫情的逐步受控，汉学院灵活采用混合模式实施教学来应对，先在夏季小学期试点运作。所谓混合模式，据 Curtis Jay Bonk 和 Charles R. Graham 教授(2006)的说法，教学系统应是"线上线下相结合"（Combine face-to-face instruction with computer mediated instruction），而之前汉学院授课均以线下为主，考虑到疫情持续和其他不可预测情形的可能出现，汉学院接受现实、持久迎战，预计在今后数年都会继续推行混合模式，通过转变管理思路、调整教学结构、提升师资能力、节约人力成本、推动慕课投入、加强资源集成等方式，有条件试行部分课程、部分师资、部分专业完全转向线上教学模式，确保线上学习与线下课堂同质等效，发挥优势、合理调整，从而适应危机形势下汉语专业教学的全新挑战，同时也关注混合模式向下师生的心理健康问题。

皇太后大学汉学院的教学实践也是在某个侧面反映了整个泰国的汉语教学实践新方向。2020 年 9 月 26-27 日，一年一度的泰国北部本土汉语教师培训由泰国教育部民校教育委员会和清迈大学孔子学院以及四川新华出版发行集团有限公司联合主办，来自泰北 52 所大中小学的 110 位本土汉语教师参加线下培训，值得注意的是，另有 300 余位本土教师参与线上培训，培训在线直播视频观看量超 16,000 人次，由此可见，线上线下同质等效的混合模式中的泰国汉语教育已在教师培训、教材编写、教法更新、教学理念上进行着更多合理探索和实践。

3.3 各自为阵与统筹规范的技术

汉学院充分利用现代信息技术，采取线上线下相结合、集中与分散相结合的方式开展相关汉语专业教学活动来保质保量，但在具体使用什么样的教育技术手段和工具上并没有统一规划，而是根据教师个人偏好选择线上教学平台，并没有官方推荐的"权威"版本。据知，中国大陆诸多高校教务系统与"超星学习通"携手合作，完成教学平台的师生数据、选课信息等对接工作，再由授课教师登录"学习通"教学平台完善教学安排、教学内容、课程资源等相关教学资料后即可快捷开展线上教学，并印发教师版和学生版操作手册。除了"学习通"，中国线上教学资源公共服务平台还有雨课堂、云班课、课堂派、课立方、智慧树、中国大学 MOOC、好大学在线、智慧树、学堂在线、优课联盟等，授课教师也可自主选择任意一种自己惯用的线上教学资源平台开展线上教学活动，但可能需要额外自主完成基础数据搭建工作，此外，校方也鼓励教师创建课程微信群、课程 QQ 群、钉钉直播、飞书、华为 Link 等灵活多样的形式组织学生进行线上学习。

相比而言，泰国高校行政和教育服务部门则显得有点"垂拱而治"，并没有提供能与"学习通"等量齐观的资源或服务，只能借助已有的 Google、Microsoft、Facebook、Line 等综合性办公和社交工具，但由此造成的在学习和娱乐之间的"破界"影响到教学质量是不言而喻的。皇太后大学的汉语教学在泰国算是率先垂范，其困境如此是值得反思的。皇太后大学汉学院正在与清迈大学、泰北中华文化教育基金会（มูลนิธิการศึกษาและวัฒนธรรมจีนภาคเหนือ）开展战略合作倡导创立"泰北地区本土汉语教师协会"，以区域团体优势在优质课程、资源服务、技术规范、培训共享等领域在本土汉语教学上进行精深培育新形势下的合作与交流，并进一步努力改变泰国全国的汉语教学力量零散、各自为阵的局面，相信未来会有更多的适合混合模式和本土特色的新教法、新教具、新教材、新教辅面世。

4. 结语

皇太后大学是立足泰北、引导湄公河次区域大学主导力量的国立自治大学，建校不过二十余年，2020 年泰晤士高等教育世界年轻大学排名已在泰国高居榜首；汉学院建院六年，学生数量一跃成为该校第二的院系，其汉语教学水平和规模也在泰国位居前茅，可见皇太后大学汉学院的发展是朝着高水平、国际化、年轻态的方向在迈进，应该说，在全球大流行的危机面前理当有着更果决、更弹性、更合理的应对措施，但实际情形也并不十分乐观。通过对大疫情期间皇太后大学汉学院的汉语专业教学的线下线上混合模式教学过程的梳理，审视线上课程教学中出现的运作问题与应对手段，总结在管理统筹、人力资源、技术应用等层面的经验教训，在办学理念、师资培养、数据集成、课程开发、技术支持、外联协作等领域加以反思，能够对泰国本土乃至东南亚地区的汉语教学的运作调整和良性发展提供个案式的借镜。当然，像皇太后大学汉学院这样的汉语教研机构能够从制度、师资、技术、底子、生源、外联等方面协同合作保证线上教学的效果和效率，实力稍弱的院校或机构或可效仿和效法皇太后大学的既有做法，通过高校联盟、校际合作、校地互动、对口支援等协议实现资源共享和技术支持，保证优质线上教学经验的效能与效力。我们有理由相信，皇太后大学汉学院的汉语专业教学会阪上走丸、再创新高。

参考文献

Bonk, C.J. & Graham, C.R. (2006). *The Handbook of Blended Learning Environments: Global Perspectives, Local designs.* San Francisco, CA: Jossey-Bass/Pfeiffer.

Cao, Y. (2020). Teaching Chinese Language in Southeast Asia under the Perspective of Globalization, Regionalization and Localization, *Overseas Chinese Journal of Bagui, 1,* 3-14. [曹云华 (2020), 全球化、区域化与本土化视野下的东南亚华文教育,《八桂侨刊》, 2020 年第 1 期, 3-14]

Chen, Y. (2018). *The Investigation of Chinese teaching situation in School of Sinology at Mae Fah Luang University in Thailand,* Master thesis of Xiamen University [陈玉婷 (2018), 泰国皇太后大学汉学院汉语教学情况调查研究, 厦门大学硕士学位论文]

West, B.A. (2009). *Encyclopedia of the Peoples of Asia and Oceania.* New York, NY: Facts on File.

20

新冠疫情期间的印度中文教学简介和反思
(Chinese Teaching and Learning in India During the COVID-19 Pandemic: An Introduction and A Reflection)

Banerjee, Avijit
(班纳吉，阿维杰特)
Visva-Bharati University, India
印度国际大学
avijitchinese@gmail.com

摘要：本文共分五部分。本文首先介绍印度语言及其在学校的使用情况，其次介绍印度的中文教学。第三部分介绍印度国际大学（Visva-Bharati University)的中文教学，包括中国学院（Cheena Bhavana）中文教学的历史和课程设置，以及学中文的学生情况和中文教学面临的挑战。文章第四部分介绍印度国际大学疫情期间的中文教学。文章最后反思了网课的困难和问题及带来的机遇，并对疫情过后的印度中文教学进行了思考。

Abstract: This article is divided into five parts. This article first introduces the Indian language and its application in schools, and secondly introduces the teaching of Chinese in India. The third part introduces the Chinese teaching in Visva-Bharati University, including the history and curriculum of Chinese teaching in the Department of Chinese Language & Culture (Cheena Bhavana), as well as the situation of students studying Chinese and the challenges faced during the process of teaching Chinese. The fourth part of the article introduces the teaching of Chinese at Visvs-Bharsti University in India during the pandemic. The article finally reflects on the difficulties and problems of online classes and the opportunities brought by them, and ponders on Chinese teaching in India after the pandemic

关键词：印度、中国学院、中文教学、网课
Keywords: India, Cheena Bhavana, Chinese Teaching, Online Classes

1.印度的语言及其在学校的使用情况
1.1 印度语言使用的基本情况

自古以来，印度就是一个多语言国家。印度的多种语言是其历史的产物，也是其多元文化的反映。学校在保持多语制和改变其性质方面发挥着至关重要的作用。印度使用的语言有着古老的根源，属于两大语言家族。大多数印度语言属于印度雅利安语系，该语系源自梵语，并受到波斯语和阿拉伯语的强烈影响。北印度大部分地区使用印度-雅利安语言，如印地语、旁遮普语和孟加拉语。

虽然世界上大多数国家都有一种官方语言，但印度的官方语言有两种：印地语和英语。印度有 29 个邦，几乎每个邦都有自己的语言，每个地区都有不同的方言。尽管印度有超过 780 种语言，但政府承认的只有 22 种。在这些语言中，大约 41% 的印度人以印地语为母语，是印度北部使用的主要语言。印地语是居住在德里、哈里亚纳邦、比哈尔邦、中央邦、北方邦的人们的第一语言，孟加拉语在西孟加拉邦使用，是印度第二大使用最广泛的语言。孟加拉语被认为是一种非常富有诗意的语言，印度国歌最初是用孟加拉语写成的。泰卢固语属于南印度达罗毗荼语系，为印度安得拉邦、特兰加纳邦人所使用。马拉地语是一种印度-雅利安语言，拥有约 7200 万使用

者，是印度西部一些邦（包括果阿和马哈拉施特拉邦）的官方语言。印地语被公认为官方语言。其他州政府有以州官方语言和英语书写的记录。

英语在英国殖民期间被带到印度，并作为通用语言留在印度，帮助许多不同母语的印度人进行交流。中央政府、全国新闻频道和商业中经常使用英语。但是，如果前往印度的农村地区，当地人不太可能会懂英语，因此有必要带一位会说当地语言的向导。

1.2.印度语言在学校的使用情况

在印度，有两种类型的中学和高中。一种是政府或政府资助的学校；另一种是私立学校。

政府或政府资助的学校是指由邦政府或邦政府直辖市直接管理的学校；而私立学校是自费学校，没有政府资助，完全由私营公司或组织经营。印度的大多数私立学校甚至鼓励学生从一年级开始学习多种语言。即使主要教学语言是英语，学生也至少有两到三个选择"第二"和"第三"语言。典型的选择包括印地语、当地国家语言和/或外语/古代语言，如法语或梵语。

印度的孩子通常与来自不同语言背景的父母一起长大，或者在一个社区中与来自该国远端的邻居说完全不同的语言。大多数印度儿童在其他语言方面达到母语流利水平，仅仅是因为他们有会说其他语言的朋友。

由于印度各邦是在语言上形成的，因此 28 个邦中的每一个都将其母语作为官方语言。大多数印度人因为学习英语被视为通往经济繁荣和社会地位的通行证。因此，印度几乎所有的私立学校都是英语授课。从五年级开始，英语被引入为第二语言。一些邦还要求从六年级开始学习非母语的第三语言。绝大多数城市和农村父母都渴望确保他们的孩子在掌握母语的同时掌握英语。

2.印度的中文教学

在印度，汉学是由伟大的诺贝尔文学奖获得者泰戈尔发起的。泰戈尔是设想全球化世界社区的先驱。他在 1921 年创办了印度国际大学。这是一所综合性大学、目标和课程方面真正国际化的大学。泰戈尔的中国之行，不仅让中国人了解了印度文明的高深造诣，也唤醒了中国人心目中东方文明的伟大性。在泰戈尔看来，东方两大文明的合作不仅关系到印度和中国未来的发展，也关系到亚洲乃至世界的未来。泰戈尔试图通过由印度和中国学者以及许多其他国家的学者共同承担的关于"中印文化研究"的各种学术研究项目来恢复和加强这两个跨喜马拉雅古代国家人民之间的历史关系。

印度的中文教学分为三个阶段：

第一个阶段：1918 年到 1962 年

泰戈尔从中国回到印度后，1926 年在法国学者西尔万·莱维 （Sylvain Levi ） 教授和中国学者林沃江的帮助下，在印度国际大学开设了中文课程 (Sun , 2005)。 1928 年应泰戈尔之邀，谭云山教授来到和平乡（大学所在的城镇）授课，1937 年设立了中国学院。

然而，在国际大学开设汉语课程之前，加尔各答大学于 1918 年开设了汉语课程，但是由于缺乏足够的汉语教师，该课程无法继续进行（Ray，1992）。

1939 年印度前总理贾瓦哈拉尔·尼赫鲁访华和 1942 年中国国家元首访印，拉近了两国的距离，为许多中国学者参观印度提供了机会。这也激励了印度学者表现出对中国研究的兴趣。正是在这个时候，在普纳的弗格森学院成立了一个小型的中国研究中心，印度一些学者开始对巴利文、梵文和中国佛教文本进行比较研究。

中印研究的下一阶段开始于 1954 年印中之间签署的《和平共处五项原则》。中国和印度学者的互相访问进一步促进和鼓励了印度汉语研究在语言、文学、历史、经济、政治和国际关系等领域的进步。这时候大部分学者从事中国研究主要关注中印佛教研究。

第二个阶段：从 1960 年到 1987 年

从 1960-1970 年代，印度的其他一些大学也开始把汉语纳入其教学课程内。它们是德里大学、尼赫鲁大学和瓦拉纳西印度大学。尼赫鲁大学语言文学和文化学校和国际研究学校的中国和东南亚研究中心也在进行中国研究课程。在 1962 年的中印边境冲突之后，除了外交界人士外，在印度还有一些人开始意识到印度必须开设汉学关注对中国现实问题的研究，在这种认识下，一些中国研究所在印度成立了。第一个这样的中心是成立于 1965 年的国防研究和分析所，它主要是为国家和国际安全事务提供客观的评估。

国防研究与分析中心的主要研究领域还包括中国政治、经济和对外政策和海军等。印度的一个重要研究中国的研究所是印度首都德里的中国研究所。中国研究所的一个主要目标是通过相近领域和机构内外的一些项目支持下提升在印中研究的系统性。这个机构也通过建立图书馆收集中英文材料和在相关领域内建立数据库来传播与交流关于中国的信息。中国研究所的学者也寻找在一个更宽泛的领域内研究中国的历史、文化、社会、政治、经济、国防、外交事务和当代中国等。他们通过举办关于当代中国的学术活动、出版学术期刊、定期刊物和报纸，中国研究所出版刊物《中国报告》是印度关于中国研究的唯一期刊。

第三个阶段：从 1988 年-现在

中印关系重新获得动力是在印度前总理拉吉夫甘地 1988 年访问中国之后。进入 21 世纪后，中印关系恢复到更快的发展轨道上。在这一个阶段，无论是国立学校还是私立学校都开始设立中文课程。这包括锡金大学，古吉拉特国立大学，金奈印度理工学院，贾坎德国立大学等。在印中双边贸易成倍增加特别是近年将达到 100 亿美元的巨大市场时，印度的商界也迫切感到需要学习现代汉语。在这种情况下印度各个地方表现了学习汉语的新热情。在这一阶段设立了观察者研究基金会，其学者们也在关注中国的研究。

在印度还有另一个重要的中国研究中心是成立于 2008 年的金奈中国研究中心，该中心主要研究与中国有关与印度有关的事务，如中印边境问题，中巴关系，中印经济与贸易前景，将来中国的政治演化和它对印度与世界的影响等。

3.印度国际大学(Visva-Bharati University)的中文教学

3.1 大学介绍

印度国际大学于 1921 年由印度大文豪泰戈尔所创立，也是印度的第一个国立大学。大学遵循泰戈尔设计的教学法。印度总理是大学的荣誉校长。大学有 60 个系和 2 个学院。一共有约 12000 名在校学生分布在不同的系学习。大学提供了 296 门不同级别的课程。

国际大学拥有丰富的外语课程。其中有——汉语、日语和现代欧洲语言——法语、德语、意大利语和俄语。除此之外，大学还开设了丰富的英语、比较文学、孟加拉语、印藏语、阿拉伯语和波斯语语言课程。

3.2 中国学院（Cheena Bhavana）中文教学的历史和课程设置

印度国际大学的汉学研究始于 1937 年，其目标包括：进行印度和中国学习的研究，促进中印文化交流，培养印中两国之间的友谊和兄弟情谊，团结印中两国人民，共同促进人类普遍和平与和谐，帮助建立世界的"大团结"（Tan, 1957）。

中国学院 1970 年以前的汉语课程主要是证书课程，没有中文本科或研究生课程。这时候中印学者主要研究的领域是佛教和印中历史。然而，1962 年印中突发边境冲突，导致中国学院的汉语课程急剧恶化。1970 中国学院开始开设本科，硕士和博士学位课程。1970 年至 1990 年间，中国学院的汉语教学和汉语学习活动没有显着的发展。

印度前总理拉吉夫·甘地 1988 年对中国的访问是朝着两国关系正常化迈出的重要一步。此外，自 1990 年代以来，中国在全球、经济和政治舞台上的崛起激起了人们对其语言和文化的兴趣。于是，随着印中关系的改善和中国的发展，许多印度人对学习汉语很感兴趣。

1993 年，根据中国教育部与印度原人力资源开发部（现为教育部）的协议，中国首次派遣了中国人民大学赵守辉教授到印度国际大学中国学院教书。80、90 年代。在此期间中国学院的课程包括现代汉语阅读、中国地理、中国近代史（1840-1911）、中国报纸的汉英翻译（人民日报、广民日报）等。中国学院汉语教学的另一个重要方面是学习古代汉语，从《论语》和《孟子》中选出的章节教授给本科毕业班级学生和硕士学位的学生。中国与周边国家的关系也是中国学院课程的重要组成部分。80、90 年代学习汉语的学生总数约为 40 人。当时，中国学院没有任何语言实验室，甚至没有多媒体教室。由此可见，与其他外语相比，此时的印度汉语教学正处于相对落后的阶段。

2000 年以来，印度掀起了学习汉语的热潮。中国学院的汉语教学也出现了上升趋势。2011 年，印度国际大学与云南大学签署了谅解备忘录。这是中国学院汉学研究活的转折点。2012 年，云南大学开始派遣汉语教师志愿者到中国学院为学生进行汉语培训。这些教师大多相对年轻，但他们的教学风格在学生中很受欢迎。云南大学的汉语教师主要帮助学生分析汉语词汇、理解课文、教授习语和短语，因为这些课程对印度教师来说有点困难。他们还帮助学生提高口语表达能力。除此之外，中文老师还教学生太极拳、中文歌曲、如何使用中文网站、组织中国文化知识竞赛和中国音乐比赛。为学生提供了良好的汉语学习环境，提高了学习汉语的兴趣。2011 年至 2015 年期间，约有 11 名教师志愿者从云南大学来到了中国学院，为改善中国学院的教学学习环境做出了重要贡献。

中国学院的老师们通常在课堂上使用英语和汉语并行教学，但有时他们也会使用当地语言向学生解释具体问题。现在中国学院有 6 个印度老师教中文，一个来自中国的汉语母语老师和两个助教。每个老师每个星期有 12 到 14 节课。

在最近几年，中国学院在教学课程上也做了一些改变，以提高学生掌握汉语的能力。现在中国学院课程上也有商务汉语、同声传译、看中国电影和电视节目学习汉语等多门新课和中国历史、文学、对外关系、泰戈尔与中国，报刊汉语等。课程教材大多出自北京大学、北京语言大学、云南大学等出版社。

3.3 学中文的学生情况和中文教学面临的挑战

中国学院的学生主要来自印度东部，但也有一些来自印度不同地区的学生。偶尔会有来自尼泊尔和孟加拉等不同国家的学生。目前也有两名来自中国的学生。这些学生的母语多种多样，包括孟加拉语、印地语和其他方言。因此，学生面临的主要问题是他们试图在语法、发音等方面将母语与汉语联系起来。

在印度汉语教学实践中遇到的第一个具体问题是教材严重短缺。近年来，印度学生学习汉语的人数迅速增加，但汉语教材却十分匮乏，更不用说多媒体视频教材等汉语学习资源了。由于汉语学习需要一定的环境，很多初级语言学习者希望在课后阅读一些汉语阅读材料，尤其是有拼音的汉语书籍，但在印度书店，很难找到汉语书籍，更不用说汉语拼音书籍了。

其次，缺乏适合印度学生需要的汉语教学方法。印度有许多民族和复杂的语言。学生们的母语也各不相同，甚至印地语和孟加拉语也与中文有很大不同。汉语教学的主要瓶颈是汉字的教学。由于印地文、孟加拉文甚至英文文字都与汉字有很大的不同，因此学生有时难以识别象形文字。

还有一个问题是方言差异严重，汉语书面语和口语差异较大，再加上汉字数量多、繁简体差异、汉语语法语调发音困难，有时会影响印度学生学习汉语的积极性。

现代汉语教学除了强调学生的写作能力外，还要求学生掌握听说能力。如果没有很强的听说能力，他们就无法利用电视、广播、互联网等新媒体上的相关信息提高汉语水平。只有让学生爱看、爱用，才能增加他们的学习兴趣，达到良好的学习效果。当然，如何在教学中使用这些新技术需要教师的指导。

4.. 印度国际大学疫情期间的中文教学

在国际大学，通常有两个学期——上学期（春季）和下学期（秋季）。上学期从 1 月开始，期末考试一般在 5 月 15 日前结束。下学期从 7 月开始，通常考试在 12 月 20 日左右结束。 2020 年由于新冠疫情的爆发，上学期（春季）延长到 8 月，下学期（秋季）于 9 月开课，考试于 2021 年 2 月结束。2021 年上学期（春季）考试将于 2021 年 8 月结束。这使得我们不得不延长和调整学期时间表。2021 年只举行期末考试，其余学期成绩根据上学期成绩和平时考试成绩而定。并不是所有的学生都对此感到满意，只有学习成绩中等或较差的学生从这个系统中受益。

国际大学中国学院的老师们在疫情开始的最初阶段不愿意参加在线课程，因为这对他们来说是全新的，对此存在恐惧心理，老师们对在线教学也不是很有信心。大多数老师没有线上教学经验，然而为了完成教学大纲而选择接受挑战，在摸索中前进。新冠疫情突发使印度的许多大学，许多学院陷入教学危机模式，并且没有任何的预兆和准备。老师们正在尽自己最大努力应对这种情况，年纪大的老师们缺乏学习新的方法和技术的经验和毅力。事实是，开发高质量的在线课程需要技巧，以及对教学法的新思考方式。中国学院在传统的课堂教学中，身体语言/手势语言(由手势或姿态无意中传递之讯息)、面部表情和教师的声音都是教授中文的重要工具，但在在线课程中，只有教师的声音为主导。

中国学院通过 Zoom 或 Google meet 视频会议上课。每周大约有 45 节课，其中包括中国福建省汉语教师的课，他是中国学院的访问教授。

传统课堂上的师生，开始的时候不适应网课。一方面，教师习惯于传统课堂，缺乏在线教学经验。他们不能很好地处理一些突发情况。另一方面，也有部分学生跟不上教学进度，从而失去学习兴趣。有些学生抱怨视力受到严重影响，因为每天必须盯着手机或电脑。我们也注意到一些学生缺乏自律，偷偷玩手机游戏，学习不专心，甚至养成了不良的学习习惯。从而形成了学生学习的两极分化——自律性强的学生成绩更好，自律性差的学生表现不佳。

在线课程期间学生的主要抱怨是互联网速度慢或缺乏网络连接。汉语初学者有时也抱怨汉语单词发音困难，因为他们不明白如何正确发音。另一个问题是写汉字，因为很难在线上课堂上练习写汉字。

5.反思和总结

5.1 网课的困难和问题

根据联合国儿童紧急基金会 (UNICEF) 发布的一份报告，印度只有 8.5% 的学生可以上网。新冠状病毒大流行的影响在各种情况下都增加了学生和老师们的压力。平均而言，网课的负面影响对教师来说几乎可以忽略不计，但学生对它的感知要强烈得多。尽管感到沮丧，但一些教师认为在线教学的技术资源能帮助他们更好地进行教学。然而，许多学生和一些教师认为在线教学和学习方法实际上是阻碍学生语言发展并造成额外压力的障碍。

负面情绪——在印度，学习汉语的学生由于缺乏与同学和老师互动而产生负面情绪，以及产生他们的语言技能和知识的发展可能受到阻碍的感觉。例如：由于自己的低熟练度而害羞或羞愧，对自己的进步感到担忧。他们中的许多人说有压力、偏头痛和注意力不集中问题，除此之外，许多学生来自经济弱势家庭。他们上网的机会是有限的，而且许多学生在手机上没有足够的数据流量来支撑他们完成所有课程。如果我们看一下实际问题，特别令人不安的是语言使用不准确的情况，这些情况可能会成为习惯，因此难以重新学习。在线学习环境中教师和学生之间的时空分离极大地影响了口语、听力和手写技能培训的方式。学生如何在没有定期面对面交流的情况下练习口语？我们如何在没有传统纸笔考试的情况下评估学生的学习成果？这些挑战需要对汉语网课课程设计进行重大调整和创新，以适应新的教学环境。

5.2 网课带来的机遇

在线汉语教学不受时间和地点的限制。只需有网络即可满足教学要求。而且课堂添加的元素更加丰富。通过在线汉语教学，音频+视频+文档+文字的形式，传输效果更便捷，教材传输更详细，尽可能帮助学生理解。在课堂上，只有学生可以看到老师。在这种情况下，学生的状态更加轻松。有问题时，不需要站出来提问，只需要在问题区打字，老师会回复，师生交流。在某种程度上，它是平滑的。

5.3 对疫情过后的印度中文教学的思考

从面对面到远程汉语教学和学习的转变挑战了我们所有人——教师、学生、家长和管理人员。这些挑战重申了利用我们的经验、兴趣和知识作为资源的机会。此外，新冠疫情和远程教学都迫使我们在教学中变得更具创造性和协作性。教师和学生可能需要用精心计划来有效使用技术，以确保练习、活动和家庭作业的专门设计用于促进汉语教学的发展，尤其是在身体疏远时可能未充分利用的听力和口语技能方面。有必要识别具有独特技术需求的学生并努力提供适当的解决方案。例如，低熟练度的学习者可能不具备在基于技术的学习环境中成功运作所需的语言技能。我们需要对学生和教师保持敏感、理解、富有同情心和耐心，因为他们可能面临直接的身体、经济、家庭或个人挑战问题，他们可能正在挣扎，或者他们的优先事项可能已经改变。平衡对学生和教师表现卓越的期望与优化成功的灵活性。有必要为学生和教师提供舒适且无压力的机制来报告他们的身心状况。然后为这些人提供支持或资源。明确帮助满足这些需求可以促进印度汉语教学获得更好的教学和学习成果。尽管线下面对面教学优先营造生动的语言环境，但印度未来的汉语教学和学习将趋于混合教学-课堂和在线。

在印度，多年来，学习外语一直是一个重要的课程.多语言能力的优势为学术领域、国际就业市场、个人成就、跨文化理解和社会包容提供了机会。即使在正常情况下，学习中文也很困难。在新冠病毒大流行期间，通过远程学习掌握语言及其文化背景的细微差别尤其具有挑战性。因此，我们必须设计方法来继续练习该语言并通过在线工具探索其细微差别。

参考文献

Ray. H.P. (1992). Indian Research Programmes on China. *China Report (A Journal of East Asian Studies), 40*(3), 305-310, Sage Publications, New Delhi. published: August 1, 2004 https://journals.sagepub.com/home/chr

Sun, Y. (2005).(ed.) *Tagore and China.* Guilin: Guangxi Normal University Press. [孙宜学 (2005). 《泰戈尔与中国》. 广西师大出版社]

Tan, Y. (1957). *Twenty Years of The Visva-Bharati Cheena Bhavana:1937-1957*, The Sino-Indian Cultural Society of India.

21

日本大学教育资源与应急远程教学：八份师生问卷调查报告分析
(Educational Resources and Emergency Distance Teaching in Japanese Universities— Findings from the Eight Surveys of Teachers and Students)

砂冈和子
(Sunaoka, Kazuko)
早稻田大学
(Waseda University)
ksunaoka@waseda.jp

摘要： 日本的大学教育深受新型冠状肺炎流行的影响，自从 2020 年 4 月至 8 月之间，包括汉语课，几乎所有的面授课堂教学都转向了远程教育。本文先介绍在 Covid-19 新冠疫情之前，日本大学教育资源配置及汉语教学的实际情况。同时，根据日本 7 所高等教育机关以及国家研究机构在不同时期进行的八份共 24,000 多件师生问卷调查，描述了应急远程教育给老师和学生带来的困难和新经验。最后，本文讨论教育资源如何影响 ERT 的质量。通过分析，我们发现；第一，尽管疫情使得教育资源差异变得明显，但所有教职员都为停课不停教做出巨大努力，弥补了资源的匮乏。大多数老师和学生都对在线学习结果感到满意。第二，教学管理系统自动化程度较低，人机协调的远程教学进行得十分艰难。应急教学使所有教育机构意识到应加快教育信息化的步伐。

Abstract: University education in Japan is deeply affected by the new coronavirus pandemic. From April to August 2020, including Chinese teaching, almost all face-to-face classroom teaching has been changed to distance education. This paper explores the educational resources of universities in Japan and Chinese language teaching before the Covid-19. It also reports what difficulties and new experiences emergency distance education brings to teachers and students based on findings from the eight surveying more than 24,000 teachers and students conducted by 7 Institutions in 2020. Finally, the paper discusses how the educational resources impact on the quality of the emergency online teaching and concludes with the following findings. First, we found that pandemic has widened the educational resource divide, but teachers and staffs made great efforts to filling the gap and in general most teachers and students were satisfied with the outcomes; Second, the low degree of automation of the learning management system makes it difficult for human-computer coordination in distance teaching, which impels educational institutions to realize that the pace of educational informatization should be accelerated.

关键词： 日本汉语教学，教育资源，应急远程教学（ERT），学生及教师问卷调查，教学管理系统的信息化

Keywords: Japan Chinese teaching, Educational resources, Emergency remote teaching-learning（ERT）, Teacher and student questionnaire, Informatization of educational management system

1. 疫情下日本高等教育概况
1.1. 2020 年春季开学前后

2020 年 8 月，国际劳工组织称，因新型冠状病毒疫情引发世界 65％的年轻人减少了学习机会，17％就失去了工作（The ILO Survey Report, 2020）。日本也深受 Covid-19 的影响，自从 2020 年 4 月初至 8 月，全国 1069 所大学与大专面临了停课的危机。于是各地大学纷纷开展远程教学，

决定停课不停学。ERT 就这样开始了。不巧 4 月初旬正赶上日本大中小学迎来新生的季节，而疫情蔓延造成各校入学典礼一律都取消，校园被封锁。约 63 万新生一次都没进大学校园就开始上了网课（日本统计局，2019）。其中含有约 2 万多名无法返回日本的海外留学生（文科省，20200903 通知）。如何让这些新生顺利适应在线教育，让他们对自己的校园有归属感是日本应急教学面临的一大课题。

1.2. 2020 年 6 月至 8 月期末

据日本文科省（相当于国家教育部）6 月 1 日和 7 月 7 日的两次通知，全日本共 1069 所大学和大专中，实施上课的比率分别为 99.7% 和 100%。其中在线教学的占 60.1% 和 23.8%，面授与线上并用的为 30.2% 和 60.1%，返回全面授的占 9.7% 和 16.2%（文科省 20200601 和 0707 通知）。由此可知在 6 月份半数以上单位全面实施在线教学，到了 7 月随着疫情有所缓解，部分公众舆论强烈要求返校。另有各校亦考虑面临实施期末考试等因素，8 月初，大学基本上暂停了在无奈之下开始的在线教学。但在日本大城市及海外疫情还没有得到基本控制的情况下，10 月秋期开学后，打算要返回全面授的仅占 19.3%，过半大学 80.1% 仍在面授与线上并用（文科省 20200915 通知）。实际上能否全面返校，还处待观望的状态。

1.3. 中小学及幼儿园

中小学及托儿所和幼儿园，4 月 1 日后停课时间约 20 天到 40 天。即使比大学短很多，可还是造成带孩子的教师家长无法投入自己的教研工作。为中小学生补课的方法，包括课本等纸板教材外，用电视节目与视频教材及电子教材等占多数（99-100%）。实施同步型在线教学的极少，分别为小学 8%，初中 10%，高中 47%（文科省 20200708 通知）[1]。

总之，这场突如其来且普及到全校的远程教学，其规模之广和时间之久空前无有，日本汉语老师遇到了许多困难和挑战。教师的负担已逼近极限，而教学效果却不尽人意，倍感焦虑，直到 8 月中旬才结束了 2019-2020 一学年的课程。我们先回顾这半年应急在线教学，然后总结反思此教学的得失，以期有助于今后远程教学更为优化。

2. 疫情前后大学教育资源配置

2.1. 术语说明

首先对本文使用的术语进行如下界定。

远程教学(Distance teaching)：师生在时空分离的状态下，从远距离进行教育服务(Remote teaching)。这被认为是当前 ERT 最本质的特征，本文基本上用此术语。"网络教学/网课(E-learning / Network education)"或"在线教学/线上教学(Online teaching)"等可为远程教学的一部分或其手段。我们有时用这些通俗易懂的说法，读者更易于理解。至于直播/录播等称呼，因与电视的直播和录播容易混淆，本文就少用（详看 3.2.1.）。

应急教学(ERT)：为应对危机或人类无法控制的事件而暂时实施的教学。应急教育所需资源不如正式教学的那么丰富。既要缩短上课时间，又要改变部分教学计划，预先制备精品课等，需要在动态环境中，重新安排资源。因此会得不到教师的全面支持，学生也是迫于无奈，别无选择(Goldenberg, 2020；UoPeople Blog, 2020)。

---

[1] 使用文科省制作的电视教育节目（小学 35% 初中 34% 高中 31%），地方政府教育局制作的视频教材（小学 22% 初中 23% 高中 30%），其他电子教材（小学 34% 初中 36% 高中 51%），实时直播课（小学 8% 初中 10% 高中 47%）。

教育资源(educational resources)：教育过程所占用，使用和消耗的人力、物力和财力资源的总称。原作为一种经济指标，亦称"教育经济条件"。本文着重于大学教育改革的质量，主要讨论部分人力和物力资源。具体后述于第2.2.和第4部分。

2.2. 远程教育所需资源

远程教育需要多方面的教育资源，每一个组成部分的优劣会影响到学与教的整体效应。所以在运行前，必须认真执行检验其资源，从而进一步完善教学质量（Garrison,2017）。整个工程包含哪些资源，不同学者有不同的理解（Garrison,2017；Moore.et al.,2012；Simonson.et al.,2006；）。我们对学界的不同说法进行梳理，结果见**表1**。

表1：远程教育的资源(笔者基于Moore2012整理)

		实施远程教学所需资源	
I	物理资源	(a)连线通讯资源	网络、教学平台（Moodle、Zoom、LMS）、维护器
		(b)教学工具资源	电脑、手机、摄像头、麦克风、屏幕等硬件
			电子白板、互动用APP、ML等教学软件
II	人力资源	(c)教学管理资源	院校研究机构（IR）及教学管理系统（CMS，LMS）培训机构（SD，FD）、验证，评价等系统
		(d)教学设计资源	课程设计理论、反馈，问卷，测试，评估系统等
		(e)授课资源	师资、制作视频，电子教材，题库，APP等
		(f)协助人才资源	助教、协调员、TA、咨询系统、学生等

2.3. 日本高校教育资源（应急之前）

据2018年文科省有关日本大学推行教育改革的调查（文科省，20200428），可知在ERT之前，日本高校为实施远程教学所具备的基本资源。我们从原调查共62项中，筛选19项，把它分为"教学管理"、"师资培训"、"教学改革"、"多元化"等4类指标。再与表1所示的教育资源相对应，汇总结果见**表2。**

比如"多元化"水平可作为该校能否迅速运行在线教育的一种标志。大学有一批外籍及社会学生，按他们学习的需求，相应建构在线教学。即需要**表1**中的(c)教学管理、(d)教学设计、(f)协助人才等资源，可以随时实施远程教学。而**表2**所示，日本大学无论是国内还是国外，多元化(**表2**中15-19)都不如其他国家。绝大多数大学实行4月入学制。有4月外可入学制度的，本科占36%、研究院[2]占52%。可见采取弹性学制的比例不高。社会学生也极少，虽在研究生中占22%，而本科生则不到1%，且这几年无增长。国际化方面，与海外大学缔结协议交换学分的，在2018年只有一半（53%），缔结双学位制度的（24%），设立海外基地的（21%）都不到四分之一。日本高校多元化教育资源如此缺失，使得平时对远程教学的需求不高。不难发现，面临应急教学他们遇到的困难是显而易见的。

再如，在ERT之前，实施异步型远程教学，同步型的分别只有29%和25%（见**表2**"教学改革"中13-14）。其他四分之三的单位和教员还没有体验过Remote-Teaching。尽管近半数大学(47%)实施混合式教学。还有约半数教员在面授课堂上用多媒体与ICT实施E-learning的经验(**表2**中10-12)。如**表1**所示，远程教育是以科技和教学资源组成的一系列工程（Moore.et al.，2012；Simonson.et al.,2006）。然而大多单位还未意识到建构教学工程的重要性，远程教学仅作为少数教师尝试的非主流模式（Sunaoka.et al.，2021）。至于其他日本大学教育资源与应急远程教育的关系，我们将在第4部分和问卷调查结果结合来详解。

表2：日本高校推行教育改革内容（部分）

---

[2] 表2里省略研究生的数据，据原资料来补。下同。

分类	与表1相应项目		教育改革项目（摘抄）	2014(%)	**2018(%)**	+/-(%)
教学管理	(c)(d)(f)	1	设有全院校研究机构(IR)	20.0	**42.0**	22.0
		2	由 IR 部门收集并评估有关教学数据	10.7	**30.1**	19.4
		3	由 IR 部门收集和分析学生的学修时间	9.7	**27.7**	18.0
		4	提供学习历程档案(Learning Portfolio)	28.0	**40.7**	12.7
		5	采用教学历程档案(Teaching Portfolio)	22.3	**29.6**	7.3
		6	以教学管理系统（LMS）促使学生预复习	45.0	**57.4**	12.4
		7	配置教学助理(TA)	63.5	**66.4**	2.9
师资培训	(f)(e)	8	设有师资培训机构(FD)	74.2	**77.9**	3.7
		9	75～99%专职教师参加 FD	39.1	**53.4**	14.3
教学改革	(a)(b)(d)	10	实施能动学习法(Active learning)	66.0	**93.5**	27.5
		11	实施混合式教学	42.8	**47.2**	4.4
		12	以移动终端实施 Clicker 教学	32.4	**43.4**	11.0
		13	实施异步型 E-learning	25.9	**28.5**	2.6
		14	实施同步型交互式远程教育	24.7	**24.6**	-0.1
多元化	(c)(d)(f)	15	入学时间弹性化（本科生）	37	**36**	1
		16	4 月外入学生比率（本科生）	1	**0**	-1
		17	设立海外基地	17.4	**21.0**	3.6
		18	与海外大学缔结协议交换学分	52.0	**53.4**	1.4
		19	与海外大学缔结双学位制度	19.8	**23.9**	4.1

2.4. 日本汉语教学基本情况（应急之前）

日本大学汉语教学情况如何？这里简介应急远程教育之前的基本情况。主要数据来源有两种，一种是日本文科省据 2014 年调查，发布于 2017 年的一份报告（文科省，2016）[3]。另外一种是由我们在 2012 年对全国汉语老师与学生实施的问卷调查之结果进行分析的论文（Sunaoka.et al.,2016；砂冈，2017）。两种调查都已时隔多年，此后却找不到相关可信数据。虽然疫情带来了教学方法及教材等巨变，但学习人口、学生背景、班级人数等与现在的情况基本一致。

汉语人口：汉语已成为日本大学生选修比例最大的语言，至 2007 年已成为仅次于英语的第二大外语课程。2014 年就有 624 所大学开设汉语课（文科省，2016），相当于全国大学总数的 80%，有近 50 万学生每年选修汉语（砂冈，2017）。

学生背景：日本高校学汉语的绝大部分学生是非专业，社会科学系为 55%占多数，其次是人文学科的 18%。大一学生占总人数的 73%，大二占 19%，基本上都是低年级学生的必修课。入学前学过汉语的有少数，75%的学生是零起点开始学习汉语。61%学生一周最多上两节大班课（共 180 个小时），约 20%学生每周只上一次课（共 90 个小时）。含汉语课，日本学生周均选修约 12 门课程，要比欧美学生的多两三倍。尤其是大一新生，入学第一年的选课数目还要多[4]。不仅预复习时间不够，也学不到自律（王松，2016）。多数学生在取得必要的学分后就会停止学习，他们的汉语相当于 CEFR 的 A2 水平（Sunaoka.et al.,2016）。

班级人数：与欧美国家相比，日本大学一个班的规模大得多。汉语课的班级规模以 21-30 名的最多（48%），其次是 31-40 名（31%），甚至有 41 名以上的大班（48%）。相比 20 名以下的极少（11%），导致在课堂上师生互动的机会不多。

---

[3] 2015 年之后，只提到英语教学的情况，包括汉语没有选修其他外语的学生人数统计。

[4] 在 ERT 期间，课数并没有减少。根据东京大学（S4）、东北大学等问卷调查（S2）得知，东京大学新生一周上 17 节课（约 25 小时），东北大学新生则 19 节课（约 28 小时）。

教师人数： 日本究竟有多少汉语教师，因为没有官方数据不可知，只能用其他资料来推算。其中"日本中国学会（The Chinese Language Society Of Japan，简称；CLSJ）"[5]和"日本中国语教育学会（The Japan Association of Chinese Language Education,简称；JACLE）"[6]是代表日本汉语教研工作者的两个组织，大多数会员担任汉语课。CLSJ 和 JACLE 2020 年的会员数分别为 1,188 名与507 名（都含兼职教师），合起来不到 1700 名[7]。假设一名教师教 30 人一班的 5 个班级，只能教有近 50 万学生的一半。由于汉语师资不够，大多大学由大批兼职教师来弥补专职教师的不足。日本的兼职汉语讲师占比近三分之二，其中女教师的比例要高。兼职教师担任课数比专职教师的多几倍，并在几所不同单位兼课（喜多，2020; 木下，2020；山崎，2020）。

教学方法： 日本汉语教学在固定时间和教室，在学时少、人数多的条件下，集体进行上课。与英语课相比，汉语课以综合课为主，其中会话跟语法的教学比率分别为 43.2% 和 36.6%（Sunaoka.et al.,2016）。从**表2**可以看出，近几年，日本大学盛行所谓"主动学习(Active Learning)"。不过实际教学活动与其名称不符。包括汉语二语课以单纯发音练习等操练为主，让学生"主动"进行成对或小组练习等"学习"还不多。虽有部分学校和教师尝试 TBLT 及 CBI 等主题式内容型教学，但初级大班的二语课对语言技能教学形式的依赖较高。导致课堂活动与内容的单一和贫乏（Sunaoka.et al.,2021）。

教材： 在日本汉语课堂中，使用多媒体教材的比率比其他外语高得多（65%），也不亚于英语教学（文科省，2016）[8]。至于教材的数字化，一是日本对版权保护管得很严，二是在 Covid-19之前的面授课堂上，对数字教材的需求并不高。所以连教材和讲义基本上都以纸质书本的形式所使用。在 ERT 期间，教师将主要精力投入到教材数字化的工作上。

3. 学生与教师调查问卷（应急后）

3.1. 问卷调查资料

2020 上半年，日本教育单位为具体了解所属教员和学生如何应对应急远程教学（ERT）进行了多种形式的问卷调查。我们从中筛选符合如下条件的七份，还加上 JACLE 的一份，一共八份，约两万多件的结果。除了 JACLE 外，其他七份都是在日本国家信息学研究所（The National Institute of Informatics，简称 NII）举办的研讨会上（简称 NII-CS）发表。它的资料与视频同时公开于 NII 的网页上（日文）。七份调查具备（1）样本量较大，（2）研究方法和数据分析具有科学依据，（3）本科生为主要调查对象，（4）提问设计反映线上教育的实际情况，（5）含有原始数据等条件。还考虑大学的规模，位置，机构类型和调查时间之间的平衡，选择了优良的数据源。在 ERT 的早期，像 JACLE 这样单独对外语课或汉语课程设计的问卷调查甚少。尽管其他七份针对性不强，但都深入到日本大学基础教养课程，取得了大量由外语教学本科阶段教师和学生完成的回卷。据此可以推测汉语学生与教师的情况。我们将八份问卷调查分为教师调查（T）与学生调查（S）的两部分，并按调查时间顺序排列为（T1- T4）和（S1- S4）。

教师问卷调查资料（T1-T4）： 以教师为对象的问卷调查如下共 4 所单位（大学 2，研究机构 1，学会 1），有效问卷共 2299 份。汇总结果见下页**表3**。

T1 庆应大学湘南校园（简称；庆大 SFC）私立大学，实施调查时间；5/7-5/13, 2020，调查对象；本校专职教师，N（有效回收件）=117，32%（有效回收率。下同）.（结果发表于 NII-CS 报告会上。参看；植原，2020；下同）

---

[5] https://ss1.xrea.com/www.chilin.jp/

[6] http://www.jacle.org/

[7] 数据来源皆为日本学术会议的学会名鉴（https://gakkai.jst.go.jp/gakkai/）

[8] 表 2 未举此项。据 2016 年文科省调查，在英语教学中，使用视频教材等的占 63%。

T2 中国语教育学会（JACLE）学术团体，5/25-6/4, 2020, 对该学会会员的汉语老师; N=91;（N/A）. 因内部资料非公开，所能记忆的范围内做一些记录。

T3 京都大学（简称；京大），国立大学，7/22-8/5, 2020, 本校教师含非常勤教师，N=1182; 67%，（山田，2020）

T4 国家信息学研究所（NII）国家研究单位，8/21-9/7, 2020, 对参加过 NII 线上报告会的教师进行的问卷调查结果。N=909; N/A，（NII，2020）

学生问卷调查资料（S1-S4）： 以学生为对象的调查共四所大学（其中庆应大学同时进行教师和学生的调查），共收回 21,242 份有效问卷：结果见下页**表 4**。

S1 庆应大学湘南校园（简称；庆大 SFC）。5/7-5/13, 2020; N=377; 8%.本校本科生，用英日文两语实施。其他上同。（植原，2020）

S2 东北大学（简称；东北大），国立大学，6/11-6/25, 2020; 本校本科生，N=4063; 83%.（松河，2020）

S3 九州大学（简称；九大），国立大学; 7/22-8/5, 2020; 本校本科生，N=4835; 27%.（野濑，2020）

S4 东京大学（简称；东大），国立大学; 7/22–8/20, 2020, 本校本科生及研究生，N=4822; 20-30%.（田浦，2020）

除外，还综合参考名古屋大学（简称；名大）的师生问卷（实施于 2020/5/25-6/7（藤卷，2020）。有效收回数：教师 N=412，学生 N=3302）、东京大学学生咨询中心（高野，2020）、东大学生（武居，20200529）等报告，以期从学生的角度去全面反映了解在线课程的内容（砂冈等，2021; Sunaoka et al., 2021）。

3.2.问卷调查所反映的在线教育

八份问卷调查实施时间与目的都不同，形式各异。但基本上都有网课质量、接受度、优缺点、互动满意度等问项。因不同单位有不同的问项设计，不易于同轨汇总。下面将其中的封闭式答复进行简单统计，按 T1- T4 调查时间顺序排列为如**表 3**。关于师生具体面临的困难和挑战等情况，引自其问卷的开放式答复，另在第 4 部分里加以说明。

表 3：日本教师的问卷调查

问项		T1	T2	T3	T4
	调查单位	庆应大学	中文教育学会	京都大学	信息学研究所
	机构类型	私立大学	学术团体	国立大学	国家研究机构
	简称	庆大	学会	京大	NII
调查概要	调查时间 2020 年	5/7-5/13	5/25-6/4	7/22-8/5	8/21-9/7
	调查对象	本科专职教师	会员教师	上课教师（含兼课）	全国教师（含兼课）
	有效收回数(N)	117	91	1182	909
	回收率(%)	32%	N/A	67%	N/A
网课类型	(A)同步	52%	40%	61%	26%
	(B)异步+视频	5%	25%	12%	14%
	(C)异步+资料	12%		14%	12%

(D)混合(同步+异步)	3%	32%	13%	45%
(F)其他	28%	3%	N/A	N/A	3%

对网课的看法	满意度		习效比去年		N/A	N/A
	满意	49%	未知	40%	N/A	N/A
	不满意	51%	差不多	20%	N/A	N/A
	N/A		好些	20%	N/A	N/A
	N/A		差些	20%	N/A	N/A

期望度	N/A	N/A	下期教学方式		对混合教学期指	
	N/A	N/A	想返回面授课	32%	非常期待	48%
	N/A	N/A	面授+在线	25%	较期待	43%
	N/A	N/A	在线+面授	22%	都不	7%
	N/A	N/A	全在线	21%	并不期待	20%

表4：日本学生的问卷调查

		S1	S2	S3	S4
问项	调查单位	庆应大学	东北大学	九州大学	东京大学
	机构类型	私立大学	国立大学	国立大学	国立大学
	简称	庆大	东北大	九大	东大
调查概要	调查时间(2020年)	5/7-5/13	6/11-6/25	7/22-8/5	7/22–8/20
	调查对象	本科生	本科生	本科生	本科生＋硕士生
	有效收回数 N	377	4063	4835	4822
	回收率%	8%	83%	27%	20 -30%
网课类型	(A)同步	52%	7%	95%	75%
	(B)异步＋视频	5%	83%	69%	少数
	(C)异步＋资料	12%	10%	88%	极少数
	(D)混合(同步＋异步)	3%	N/A	N/A	N/A
	(F)其他	28%	N/A	N/A	N/A

满意度		对网课的态度		网课满意度/满5分		互动满意度		网课评价 约7-8分/满10分	
		积极	61%	大一	2.7	师生之间	45%	N/A	
		消极	39%	大二以上	3.6	生生之间	28%	N/A	
课网期对望期度	期望继续实施	积极	68%	大一	53%	大一	48%	78%	

		网课	大二以上	77%			期望网课	
消极	32%	面授	大一	47%	大二以上	73%	不期望	22%
			大二以上	23%				
N/A		N/A		可取代面授课				N/A
N/A		N/A			大一	N/A		N/A
N/A		N/A			大二以上	N/A		N/A

3.2.1. 应急教学期的网课类型

八份问卷调查所示，日本大学远程教学的类型随着时间的推移有所变化。可以把它分为"同步/实时（Synchronous）"，"异步（视频/资料）（Asynchronous）"，"混合（Hybrid/ Hyflex）"，共三种大类与五种小类。结果见**表 3**。按时间顺序来说，春季学期开学后（2020 年 5 月至 7 月），除了规模较大的单位从网络安全与防护的观点，推荐异步型网课外，其他多数大学以(A:同步型)为多。到了期末（2020 年 8 月下旬）逐渐(D:混合型[同步+异步]) 增加，最后发展到(Hybrid / Hyflex:弹性混合[网课+面授]) (Brian，2019)。

具体说，2020 年 5 月至 7 月期间，除了东北大以 B:异步+视频型占 83%之多外，其他单位以同步型为占多数，如庆大 52%，京大 61%，九大 95%(多项选择题)，东大 75%(为大一新生的)[9]。其次是 C:异步+资料，除九大 88%(上同)和学会 32%之外，其他都偏少如庆大 12%，京大 14% 等。至于 B:异步+视频以及 D:混合[同步+异步]型，如 NII 45%（调查时间 8/21-9/7），京大 13%（8/21-9/7）等，在开学期间几乎没有。到了春季学期将结束时（8 月下旬至 9 月初）才多起来。到了 2020 年 10 月份开学后，过半大学 80.1％采用面授与线上并用的混合弹性教学方式。

表 5：远程教学类型及其随时间推移

A	Synchronous 同步/实时/直播	
B	Asynchronous 异步/非实时/录播	video materials 异步＋视频
C	Asynchronous 异步/非实时	text materials 异步＋资料
D	Hybrid 混合	synchronous＋asynchronous 同步＋异步
F	Hyflex 弹性混合	remote＋face to face 网课+面授

(A) 同步＞(B) 异步＋视频 (C) >资料) → (D)混合 → (F) 弹性混合
（→表示时间顺序、>示为小于号）

3.2.2. 网课满意度与期望度

学生：学生都能接受网络教学。其中大二以上学生的满意度高于新生和教师。近七成学生（新生半数）不仅表示满意，还期望疫情后还继续实施网课。

如庆大学生对网课持有积极态度的 61%远大于消极的 39%，期望继续实施持积极态度的为 68%高于持消极态度的比例（32%）。東大学生给网课 7-8 分的高评价（满 10 分），期望网课的占 78%。但大一新生都不如大二以上同学那么支持网课。东北大大二以上对网课的满意度为 3.6（满 5 分）高于大一的满意度（2.7）。期望继续实施网课，大二以上的为 77%大于大一的（53%）。而期望面授课的大一的为 47%高于大二以上的（23%）。同样，九大学生认为网课可

---

[9] 学会和 NII 的同步型分别为 40%与 26%，不算多。原因在于两者调查对象都由不同机关单位的成员来构成，统计结果较分散。至于 NII，因调查时间较晚有关系。

取代面授课的大二以上的占 53%，高于大一的占 20%，期望继续实施网课的大二以上的占 73%也高于大一的 48%。这些数字表明学龄越大所能支配的学习资源越多，对自律学习越有信心。

学生认为线上教学可以和老师单线联系，获得老师个性化的指导和帮助，不再在意周围人的眼光，在语言课上可以轻松地练习发音和会话（引自 T2 学会，S1 庆大问卷（植原，2020）开放式答复。其中，"同步（直播）"课受到学生的青睐。因为对学生来说，同步课与其他类型的较轻松，互动的机会比平时还多，容易感到成就感（引自 S3 九大问卷开放式答复（野濑，2020）。以前学生交给老师的作业，虽然花了不少时间做，老师却未必有反馈，学生甚至连评分标准都不太清楚。而同步网课以小游戏和 Quiz 等形式做测试，答案明确。课后做作业负担没有"异步（录播）"那么大（引自 S1 庆大问卷开放式答复及东大学生的报告）（植原，2020；武居，2020）。而不少单位担心网络平台负荷过大，禁止使用 Zoom 等同步型网课，学生只能选异步型课。S1 庆大，S2 东北，S3 九大，名大等问卷及（高野，2020）报告都反映学生被老师留下来的大量作业所折磨的声音。

教师：与学生相比，教员对网课的满意度和期望度相对低。如名古屋大学教师认为网课有益处的（有+有点）占 76%，少于学生的 82%（藤卷，2020）。庆大教员就不满意（51%）稍高于满意（49%），没有他们学生的满意度那么高（对网课持有积极态度 61%）。这可能主要是因为教师们对网课的习效不是很有把握而导致的。而对于未来混合教学模式，教员的期待值相对高，如 NII 的调查问卷里教师们非常期待和较期待的分别为 48%和 43%，远高于并不期待的比例（20%）。京大教师尽管下学期想返回面授课的占 32%，但不如期待线上混合（"面授+在线"25%、"在线+面授"22%）与"全在线"21%的合起来共 49%之高。

据 T3 京大，T4 NII，名大等教师问卷的答复中，不少教师提起说，无论是同步还是异步，网络课堂较传统课堂教学资源更丰富，教师有更多的教学操作空间，有利于教学方式和内容的多元化创新（山田，2020；NII 问卷调查，2020；藤卷，2020）。从庆大学生所推荐的最佳网课中获知，使用 Slack、Twitter、LINE、白板、聊天系统、Quiz 测验、用图标举手等工具和方式，将课程碎片化，随时确认学生理解度进行的课普遍受到学生们的点赞（植原，2020）。这些都说明远程教学模式已经成为广大师生都能接受的另一条教育渠道。

4. 教育资源与日本 ERT

4.1. 物理资源

网络与教学平台等：日本通讯环境，除了部分指标还不如欧美、新加坡、韩国，台湾等地区之外，整体水平还能进入世界先进行列中（日本总务省,2020[10]）。比如日本互联网普及率占总人口的 94%，宽带（固定）普及率 32.6/每 100 人[11]，手机普及率 141%，互联网线速 91.9Mbps，移动互联网线速 30.9Mbps 等。

2020 年 4 月，日本所有大学的课程都转成了网课，教师和学生访问学校教学平台次数暴增。如京大登记 LMS 与提交作业量分别比 2017 的约 20 倍和 30 倍（梶田，2020）。东大则与 2019 年相比，LMS 一天用户、页面阅览、提交作业、各种通知等分别高于约 3 倍、5 倍、7 倍和 15 倍（柴山等，2020）。起初大部分大学以同步视频课为多，如果集中在一个时间点上，给网络会带来巨大负载。于是 2020 年 5 月份，政府和国家机关单位（NII）发表书面声明，呼吁有效节约网络流量来保证全国网络的稳定性。大多学校立即响应如东北大和学会部分会员所属大学等有不少

---

[10] 除了这点是 2018 年之外，其他均为 2019 年数据。

[11] 关于日本大学为实施远程教学的网络环境，文科省报告没有此项调查。因此通过网课满意度等问卷调查结果来推测物理教育资源的质量。

单位一律禁止或不推荐使用 Zoom 等同步型课，以异步课代之（松河，2020；JACLE，2020）。虽然发生了个别学校平台服务器处于宕机等出乎意料的情况，早期由政策来调整与控制公共网络资源，大部分学校网络基本上保持稳定，避免了系统崩溃的危机。

教学硬件：不管是东大、京大等国立大学，还是私立庆大皆为代表日本的龙头大学，学生素质普遍高，具有较好的物理和人文资源。如东北大学 95%以上新生具备网络流量无限的网络宽带，95-98%学生已拥有笔记本电脑或平板。庆应大学 SFC 是一所以电脑辅助的科技教学方面占强势的院系，全校 ICT 水准高于一般学校。另外还有不少单位的学生硬件与网络条件较差的，上课硬件环境参差不齐，成为线上教学的短板。日本政府和学校拨了购置网络用品的专项经费，补贴资源之不足，还跟日本通讯公司合作，免费升值手机网络流量，为网困生在线学习环境的提高做了不少工作（文科省 20200430 通知）。尽管如此，但是仍然来不及补救所有学生。没有个人电脑或平板的学生只能用手机上课，也有宽带网速极慢的，造成教师带着如履薄冰的心情上课，学习效率下降（木下，2020；山崎，2020；JACLE，2020）。

教学软件：第 2 部分所述，含汉语老师在内的近半数日本老师在疫情之前没有 E-learning 或远程教育的经验。到了非连线不可的应急教学局面，无法利用或不擅长运用教学资源而急躁不安。不仅为适应用各种教学软件耗费大量时间与精力，又为对教学效果没有把握而感到焦虑，造成身心疲惫（T2 JACLE，2020；木下，2020；喜多，2020；山崎，2020）。无论是老师还是学生，ICT 技巧越差，上课中遇到的挫折越多（植原，2020；松河，2020）。相比之下，如庆大等已筹备相当丰富的资源与技术的单位，从起步到全面展开远程教学可有众多选择。在网课中教师所用软件，除了大学 LMS 以及 Moodle、Zoom、Slack、Google Classroom、Google Drive、Box、Microsoft Teams、Microsoft OneDrive 等知名网课平台外，还有 Webex Training、Webex Meeting、Dropbox、Google Hangouts Meet、Discord、Remo、Slido、LINE、Moodle 等许多工具被教师选用（植原，2020）。在网课实践中，这些尖子教员对新工具与资源的需求比之前更多。如分发视频平台、视频阅览管理工具、CBT 系统（Communication Based Train Control System）、学生名单管理、作业管理、白板、聊天、问卷等教学软件、学习分析、CBT(IRT) Item Response Theory（项目反应理论）等。T1 庆大问卷开放式答复中可见，他们懂得这些工具使得师生交流更活跃，可以提高学习深度（植原，2020）。

4.2. 人力资源

教学管理系统：表 2-6 所示，这些年日本高校创建 LMS (Learning Management System) 的步伐加快。但在疫情之前，它主要用于做课程、班级、师生帐号信息等学校教务管理，真正为学生学习管理用的较少。只有一半大学（57%）把它用于促使学生预复习。为学生提供学习历程档案 (Learning Portfolio)，或提供教师教学历程档案(Teaching Portfolio) 的分别只有 41%与 30%（见**表 2**）。可知采用形成性评价的还占少数，期末一次性考试决定学生成绩的占多数。LMS 是确保线上教学机制正常运转的枢纽。没 LMS 资源可利用，到了线上教学就连点名环节所花时间也比以前明显多（T2 JACLE，2020）。何况收集、考核与评估学生成绩等工作都由教师一人拼搏，造成极度疲惫（木下，2020；山崎，2020）。

教学辅助人员：远程教学因其教育资源分散并移动，所以分组、分类、碎片化的教学模式最为有效。但随之增加工作量，需要教学辅助人员分担教学业务，也可让学生之间进行协调学习（向后，2020；波多，2020）。如**表 2**所示，2018 年日本近七成大学已配置教学助手 TA。有了助手，学生上网课时，不用打断课程，可以随时得到他们的帮助（S1 庆大学生问卷开放式答复）。教师还能跟 TA 进行合作，创造新的教学法。如东北大本科学生们开发了一套 LINE Bot 咨询系统(中屋，2020),东大学生还开发了一个聊天问答系统(中条，2020)等。都是助手们在参加教学实践中发现了问题，用先进科技找到了解决方案。这些客服系统大大减轻了教职员人工咨询的负担，为提高全校信息共享做贡献。与此相比，未配置 TA/SA 的单位，或者即使有，兼课老师等也没权申请教助手，无法与他们分担教学业务，感到烦躁郁闷（S2 松河，2020；T2 JACLE，2020）。

师资培训：最近日本高等教育单位建构全院研究机构（IR），为加强教学管理系统的优化，定期举办培训活动，帮助一线教师使用这些系统。从**表 2**（1-3）可以看出，在 2018 年日本 48% 的高校已设置 IR，可是由 IR 部门收集并评估学生成绩与学习时间的分别仅有 30% 和 28%。其余半数以上大学还未设置 IR。这几年，大部分单位定期举办各种培训班和研讨会，帮助第一线教师提升教学能力，在教学中采用新的教学模式来提升教学水平。实际上，2018 年专职教员参加 FD 的只有半数，其余老师不经常参加（**表 2** 8-9）。其原因可能是因专职教师忙于自己的教研和校务工作，而兼课教师上课的负担重，参加培训没有报酬，未免对 FD 有些消极。但疫情突然而至，教学模式转变，于是所有单位通过网络，ML 与电话等不同形式，为教师（含兼职教师）提供了各种教学指南，还开过几次培训会，进行了具体指导服务。尽管 FD 次数是疫情前的几倍，但包括兼课教师在内的所有老师还是主动去参加了不同形式的 FD 培训，去吸收知识和技术。兼课教员担任不同单位的不同网课，必须学好不同教学系统的基本操作，产生身心过度负荷（山崎，2020；T2 JACLE，2020）。

教学咨询：关于教学咨询，国内外资源都很丰富。如 NII 自从 2020 年 3 月 26 日至今召开了共 38 场网络会议（NII-CS），发表了约 400 件报告。其中三分之二是信息计算与教育工学专家有关实施远程教学的实践与理论以及网络教学管理和教学设计的报告。另外还邀请了欧美、亚洲等海外大学做报告（38 件）。每次最多有 2 千名全国大中小学教职员和干部参加会议，共享应急教学的专业咨询。此次应急教学中，如 NII-CS 信息科学专家起到了带头作用。他们从网络管理和安全防护到以 ICT 支援特殊学生服务，为推进网络教学整体工作做出了重大贡献。

5. 总结与讨论

5.1. 总结与反思

本研究根据七个不同单位独立进行的共八份约两万多件师生问卷调查的结果，分析了 ERT 给大学机构、教师和学生带来的困难和新经验。同时结合有关日本高校教育改革的官方资料与汉语教学的文献回顾，指出近年来教育资源差距对 ERT 的影响，并对它反映出来的实体课堂存在的问题进行反思，以期为未来汉语教学可持续发展提供借镜与方向。通过分析，我们总结出了以下几点：

（1）ERT 之前，只有四分之一大学实施过同步或异步型远程教育。如上述几所巨头单位，他们早期储备物理与人力资源，大学开放度及国际化程度较高，实施 ERT 占优势。其他四分之三的单位，虽有过与 ICT 相结合的教学经验，但大多数还是时间固定、面授、大班的教学模式。大学多元化发展迟延，造成教学管理系统与教师的信息化基础较为薄弱，无法及时适应 ERT。

（2）尽管如此，全国一千多所大学在疫情期间都坚持停课不停教。八份师生问卷调查都反映，大部分师生支持在线教学，并期望疫情后还继续实施网课。说明这半年的 ERT 总算进行顺利。网络课堂使得教师有更多的教学操作空间，有利于教学法的创新。学生也感受到线上教学互动的机会比平时多。缺少对话和及时反馈是传统实体课堂上一直存在的问题 (砂冈等；2021)，通过远程教育的实践，这些缺陷突显出来了。不论网课类型是同步还是异步，或是混合型，远程教学已成为大部分师生普遍所接受的另一种教育模式。传统单一面授教学已一去不复返，受到了挑战。

（3）疫情使得教育资源之差异变得明显。如大一新生以及兼课教师，因他们所能支配的教育资源较少，参加远程教学的难度比专职教员和大年级学生还要高。但教师们废寝忘食，勤勤恳恳的付出，保证了 ERT 有效开展。学生也默契配合，2020 年高校退学率及休学率分别只有 2%和 3%[12]。巨头单位还率先控制自校网络流量，有效节约了公共网络资源。在日本，教学治理中利益相关者之间的冲突并不突出。依赖敬业精神弥补教育资源却成为教改路上的绊脚石。

（4）虽然如此，此次 ERT 让所有利益相关者重新认识到信息化大趋势不可阻挡，未来教育的必由之路。其中，教学管理系统是确保线上教学机制正常运转的枢纽，又在观察和分析学生学习过程中，起着不可取代的作用（绪方，2020；岛田，2020；重田，2020）。在 ERT 之前，LMS 自动化程度较低，曾未被半数教师所利用。教学助手也配置得不够，大多教员一人承担所有教学工作，导致过度疲惫。未得到教师的及时反馈与互动让学生失去对网课的期待感和成就感。今后要进一步提升科技和教学资源组成的远程教育工程。

5.2. 本文局限性及展望

本文所据资料主要以自身拥有较好的物理和人文资源，学生素质普遍高的大学进行的问卷调查，因此本文结果作为日本标准值会有一些误差。再者，部分问卷调查从 ERT 开始后不到一两个月的早期实行，教师和学生还没适应新的教学模式和环境。本报告可算为中期报告。最后，八份问卷中，只有一份是为 JACLE 会员的汉语老师所发放的，其他七份都不只限于汉语课程，资源针对性不太强。后来我们获得了三所日本外语大学（皆含中文系）的学生问卷调查资料。尽管它的结果与此八份的基本上一致，但外大学生信息化基础较薄弱，导致他们在网课上遇到的挫折较多（砂冈等，2021）。外语师生应对线上教学的主要短板在哪里，遇到的困难是什么？需要再深入细致调查研究。

此次全球教育单位都面临了 ERT，其中原先设有专门的网络学院或在线班的把网络教学做得非常卓越。他们积累了丰富的远程教学经验与专业知识，具有擅长于在线语言教学的机构与教员。与此相比，日本大学未转型为多元化大学，平时对网络教育的需求低，不但没能及时采取 ERT，还不善于借鉴海内外先进经验来提升自己的教学实践能力。

日本政府发出全球视野下的高等教育国际发展新战略的声明，站在长远的角度提升高校的远程和在线教育，为研发数据驱动型教学模式制定有效措施。同时，进一步推动大学招生和毕业时间的多样化与灵活性，以及要求企业为改变招聘和就业惯例继续努力（日本总理大臣官邸教育再生实行会议第 12 次建议 20210603）。以此，相信可以将危机转为契机，2020 年会成为开启远程教学飞跃发展的新元年。

致谢： 本文为日本学术振兴会科学研究基金（JSPS KAKENHI）项目的研究成果（基金编号：21K00773）。在论文写作中，主编和两位审稿教授帮我修改文章，受益匪浅，特此表示感谢。有关 JACLE 调查材料，日本明治学院大学西香织教授帮我下载内部文档，致谢。

参考文献

Brian, B. (2019) . *Hybrid-Flexible Course Design*, EdTech Books. https://edtechbooks.org/hyflex

Fujimaki, A.(2020, June 26）. *Review on education using ICT*. Presentation given at the 11rd ,Cyber symposium to share online learning from universities since April , The National Institute of Informatics (NII), Tokyo.[藤卷朗（2020）. 回顾使用 ICT 的教育，第 11 回 NII-CS 报告.]

Garrison, D. (2017). *E-learning in the 21st century: a community of inquiry framework for research and practice* (3rd edition). Abingdon, Oxon ; New York, NY : Routledge,

---

[12] 据日本文科省，2021 年 5 月 26 日通知。

Goldenberg, G.（2020）. Emergency remote teaching VS. online learning.
    https://theeducation.exchange/emergency-remote-teaching-vs-online-learning/

Hata, N .(2020, June 5). *Application examples of active learning in distance teaching*. Presentation given
    at the 10rd Cyber symposium to share online learning from universities since April , The National
    Institute of Informatics (NII), Tokyo.[波多伸彦（2020）.主动学习在远程教学中的应用实例.
    第 10 场 NII-CS 报告.]

Kajita，M. (2020, November20). *Behind the Scene；Current status of LMS at Kyoto University and
    challenges for learning analytics*，Presentation given at the 14rd Cyber symposium to share
    online learning from universities since April , The National Institute of Informatics (NII), Tokyo.
    [梶田将司(20201120) 教学幕后；京都大学 LMS 的现状和学习分析的挑战. 第 21 场 NII-CS
    报告.]

Kinoshita, Y. (2020, August 21). *Distance remote lesson in the first semester and its problems; Part-time
    lecturer*. Presentation given at the 14rd Cyber symposium to share online learning from
    universities since April, The National Institute of Informatics (NII), Tokyo.[木下由紀子(2020）
    前学期远程课程及其问题-兼职讲师的情况. 第 14 场 NII-CS 报告.]

Kita，H.（2020, July 31）. *Online classroom and part-time teachers*. Presentation given at the 13rd
    Cyber symposium to share online learning from universities since April , The National Institute
    of Informatics (NII), Tokyo.[喜多一（2020）. 课堂的线上化与兼职教师，第 13 场 NII-CS 报
    告.]

Kogo, C.（May 8, 2020）. *Specific examples of online class design by class size*. Presentation given at
    the 7rd Cyber symposium to share online learning from universities since April , The National
    Institute of Informatics (NII)[向后千春（2020）按班级人数设计的在线课程示例,第 7 场 NII-
    CS 报告.]

Matsukawa, H.（2020, July 26）. *Tohoku University's questionnaire survey on online classrooms*.
    Presentation given at the 11rd Cyber symposium to share online learning from universities since
    April . The National Institute of Informatics (NII), Tokyo.[松河秀哉（2020）. 东北大学有关在
    线课堂的问卷调查.第 11 场 NII-CS 报告.]

MEXT（The Ministry of Education, Culture, Sports, Science and Technology）（2017，December 6）.
    About the reform status of education in university. [文科省（2017）.关于大学教育改革状况调
    查报告.]
    https://www.mext.go.jp/a_menu/koutou/daigaku/04052801/__icsFiles/afieldfile/2017/12/06/1380
    019_1.pdf

MEXT（2020, April 28）. *About the reform status of education in university*. [文科省（2020），关于
    大学教育内容等改革状况调查报告.] https://www.mext.go.jp/content/20200428-
    mxt_daigakuc03-000006853_1.pdf

MEXT（2020，April 30）. Accelerate the construction of distance learning environments at universities
    for Securing learning opportunities. [文科省（2020）加快建好大学等远程学习的环境.]
    https://www.nii.ac.jp/news/upload/20200501-2_Mext.pdf

MEXT（2020, June 1 and July 7）. About the teaching status of universities under the influence of the
    new coronavirus infectious disease. [文科省（2020）关于新型冠状病毒传染病影响下的高校
    教学现状通知.]
    https://www.mext.go.jp/content/20200605-mxt_kouhou01-000004520_6.pdf
    https://www.mext.go.jp/content/20200717-mxt_kouhou01-000004520_2.pdf

MEXT（2020，July 7）. About the realization of GIGA school's philosophy [文科省（2020）关于实
    现 GIGA 学校的理念.]
    https://www.mext.go.jp/kaigisiryo/content/20200706-mxt_syoto01-000008468-22.pdf

MEXT（2020，July 18）. The status of study guidance in public schools under the influence of the COVID-19. July 18, 2020 . [文科省（2020）在新型冠状病毒传染病影响下的公立学校学习指导状况通知.] https://www.mext.go.jp/content/20200717-mxt_kouhou01-000004520_1.pdf

MEXT（2020, Sep 3）. Internationalization of higher education and the impact of COVID-19，[文科省（2020）高等教育的国际化与新冠肺炎的影响.] https://www.mext.go.jp/kaigisiryo/content/000071456.pdf

MEXT（2020, Sep 15）. Survey on the implementation policy of classes in the second semester at universities [文科省（2020）关于大学第二学期实施教学模式的调查.] https://www.mext.go.jp/content/20200915_mxt_kouhou01-000004520_1.pdf

Ministry of Internal Affairs and Communications（2020）. International comparison database [日本总务省信息通信总局（2020）国际比较数据库.] https://www.soumu.go.jp/johotsusintokei/field/tsuushin08.html

Moore, M., Kearsley, G.（2012）. *Distance Education: A systems view of online learning* (3rd ed). Belmont, California: Wadsworth Cengagae Learning

Nakajo, R.（2020, July 31）. *Development of Online class support chat by students*. Presentation given at the 11rd Cyber symposium to share online learning from universities since April, The National Institute of Informatics (NII), Tokyo.[中条麟太郎他（2020）.由学生开发的聊天问答系统支持在线课堂的实践，第 13 场 NII-CS 报告.]

Nakaya, Y.（2020, July 5). *Development of LINE Bot, Information distribution to Corona virus protection* . Presentation given at the 10rd Cyber symposium to share online learning from universities since April , The National Institute of Informatics (NII), Tokyo. [中屋悠资他（2020），开发 LINE Bot 咨询系统提供有关防备新冠肺炎知识，第 10 场 NII-CS 报告.]

Nose，K .（2020, July 10）. *Kyushu University Student Online Questionnaire*. Presentation given at the 12rd Cyber symposium to share online learning from universities since April , The National Institute of Informatics (NII), Tokyo. [野濑健，（2020）.九州大学有关春期在线课堂的学生问卷调查，第 12 场 NII-CS 报告.]

Ogata, H.（2020, July 25）. *Grade evaluation and analysis of learning data in Open eBook format*. Presentation given at the 9rd JMOOC Workshop on online classes - Utilization of grade evaluation and learning data, on online classes , Tokyo.[绪方浩明（2020）.以 Open eBook 格式做成绩评估和学习数据的分析，第 9 场 JMOOC 网络研究会报告.]

Prime Minister Cabinet of Japan（2021，June 3）. *New way of learning in the post-corona period*，Educational Rehabilitation Execution Council 12th Recommendation.[日本总理大臣官邸教育再生实行会议第 12 次建议（2021）关于后新冠病毒期的新学习方式] https://www.kantei.go.jp/jp/singi/kyouikusaisei/pdf/dai12_teigen_1.pdf

Shibayama，E., Sekiya, T. Okada, K. (2020, October 9). *Online lessons in the first half of this year looking back from log data*, Presentation given at the 18rd Cyber symposium to share online learning from universities since April , The National Institute of Informatics (NII), Tokyo. [柴山悦哉，关谷贵之，冈田和也 (2020) . 从 LMS 记录数据回顾今年上半年的在线课程，第 18 场 NII-CS 报告.]

Shigeta , K.（2020, July 25）. *Understanding of learning situation in online classes and multi-faceted performance evaluation*. Presentation given at the 9rd JMOOC Workshop on online classes - Utilization of grade evaluation and learning data, on online classes, Tokyo. [重田胜介（2020）.在线上课堂掌握学习状况及多面评估 2020. JMOOC 第 9 场网络研究会]

Shimada, T.（2020，August 21）. *Analysis of learning activities during online classes*. Presentation given at the 14rd Cyber symposium to share online learning from universities since April , The

National Institute of Informatics (NII), Tokyo.[岛田敬士（2020）.在线课堂学习行为分析.第14场 NII-CS 报告.]

Simonson, M. & Schlosser, L. (2006). *Distance education: Definition and glossary of terms.* https://www.semanticscholar.org/paper/Distance-Education%3A-Definition-and-Glossary-of-Simonson-Schlosser/3c93db5ffb111d8892ea7c45ce90337ed6fdb842

Sunaoka, K., Yamaguchi, T., Hori ,S.(2016).The current status on foreign language education in Japanese universities: The survey and analysis on the students' motivation of selecting the second foreign language courses and teaching activities of their instructors. In K. Sunaoka, & Y. Muroi (Eds.). *Voices from Japan in a multilingual world: Prospects for fostering human resources and global communication* (pp.121-132). Asahi Press Co，Tokyo.

Sunaoka, K. (2017). *Chinese classes and class management - Towards for open educational system -* WINPEC working paper series No. J1610, March 2017[砂冈和子（2017）.中文班和班级管理-走向开放教育体系.] https://www.waseda.jp/fpse/winpec/assets/uploads/2017/03/a63daefb179524f30be8ef67fd5ef3e8.pdf

Sunaoka, K., Sugie, S. (2021). How to Upgrade Online Chinese Language Teaching at Japanese Universities after Corona，Proceedings of the 11th International Conference on Technology and Chinese Language Teaching) pp.97-108. [砂冈和子，杉江聪子(2021). 疫情后如何升级日本大学汉语在线教学.第十一届国际汉语电脑教学研讨会论文集 pp.97-108.]

Sunaoka, K., Sugie, S. (2021, forthcoming). Remote Chinese Teaching and Learning at Japanese Universities during the COVID-19 Pandemic. In S. Liu (ed.) Online Chinese Teaching and Learning in 2020. National Foreign Language Resource Center, University of Hawaii.

Takano. A, (2020，June 26). *Support for student life in with Corona era - From the Student Counseling Center.* Presentation given at the 11rd Cyber symposium to share online learning from universities since April . The National Institute of Informatics (NII), Tokyo. [高野明（2020）.支援 with Covid-19 时代的学生生活-东京大学学生咨询中心现场的分析.第 11 场 NII-CS 报告.]

Takei, Y. (2020，May 29). *How students perceive online courses.* Presentation given at the 9th Cyber symposium to share online learning from universities since April, The National Institute of Informatics (NII), Tokyo. [武居悠菜（2020）. 从学生的角度来看在线课程，第 9 回 NII-CS 报告.]

Taura，K.（2020， September 4）. *Introduction of questionnaire results regarding online classes .* Presentation given at the 15rd Cyber symposium to share online learning from universities since April, The National Institute of Informatics (NII), Tokyo. [田浦健二郎（2020）.简介在线课程的问卷调查结果，第 15 回 NII-CS 报告.]

The ILO (International Labour Organization（2020, August 11）. *Survey Report: Youth & Covid-19 impacts on jobs, education, rights and mental well-bein*g. [国际劳工组织 Covid-19 对青年人的工作、教育、权利和心理健康的影响调查. 2020] https://www.ilo.org/wcmsp5/groups/public/--- ed_emp/ documents/publication/ wcms_753026.pdf

The National Institute of Informatics (NII), (2020). Cyber symposium to share online learning from universities since April (NII-CS). The first round (March 26, 2020) to the 44th (January14, 2022). [国家信息学研究所. 自 4 月以来大学等在线教学经验分享研讨会（简称 NII-CS）.第一场（2020 年 3 月 26 日）至第 44 场 （2022 年 1 月 14 日）]. https://www.nii.ac.jp/event/other/decs/past.html

The Statistics Bureau of Japan (2019). *Basic survey data on schools: Higher education students.* [日本统计局（2019-12-25）高等教育机关学生数.] https://www.e-stat.go.jp/stat-search?page=1&toukei=00400001&bunya_l=12

Uehara. K (2020, June). *Distance teaching and survey results in Keio University SFC*. Presentation given at the 10rd Cyber symposium to share online learning from universities since April, The National Institute of Informatics (NII), Tokyo. [植原啓介（2020），庆应大学 SFC 远程教学和问卷调查结果.第 10 场 NII-CS 报告.]

University of the People (UoPeople) (2020). *Emergency remote teaching Vs. online learning: A comparison.*
https://www.uopeople.edu/blog/emergency-remote-teaching-vs-online-learning/

Wang, S. Furukawa,Y., & Sunaoka,K. (2016) . Study on Japanese university students' Chinese learning motivation: A quantitative analysis based on a national survey of six foreign languages, *Chinese Language Education, 14*, 103-126. [王松、古川裕、砂冈和子(2016)日本大学生学习汉语的动机研究：基于六种外语国家级调查的定量分析，中国语教育，2016 年 14 卷，103-126 页]

Yamada , T., （2020, September25）. *How do teachers view online courses-according to a survey of teachers from Kyoto University*. Presentation given at the 17rd Cyber symposium to share online learning from universities since April , The National Institute of Informatics (NII), Tokyo. [山田刚史（2020）.教师如何看待在线课程-据京都大学教师问卷调查.第 17 场 NII-CS 报告.]

Yamazaki,Y., （2020, November 20）*How do part-time English as a second language lecturers deal with online classes during the corona epidemic (university, high school, junior high school)*，Presentation given at the 21rd Cyber symposium to share online learning from universities since April , The National Institute of Informatics (NII), Tokyo. [山崎吉朗（2020）英语外二语兼职讲师如何应对疫情期的网课（大学，高中，初中），第 21 场 NII-CS 报告.]

22

Teaching Online Chinese Pronunciation with Pronunciation Training Software: An Empirical Study
（一个基于发音训练软件进行在线汉语发音教学的实证研究）

Watanabe, Yukiko
(渡邉ゆきこ)
Okinawa University
（沖縄大学）
watanabe@okinawa-u.ac.jp

Omae, Tomomi
(大前智美)
Osaka University
（大阪大学）
omae@cmc.osaka-u.ac.jp

Odo, Satoru
(小渡悟)
Okinawa International University
（沖縄国際大学）
sodo@okiu.ac.jp

Abstract: Introduction to Chinese Pronunciation is a hands-on class that requires frequent interactive communication between teachers and students. However, with the spread of COVID-19, Japanese universities have been required to switch to distance learning. In this paper, we report on the implementation of distance education making full use of ICT (information and communication technology), including pronunciation training software (Watanabe et al. 2019) that utilizes speech recognition and speech synthesis functionality developed by the authors. In addition, we analyze the factors that affect the success or failure of distance learning and conduct a comparative analysis with face-to-face lessons using ICT in 2019 to examine the possibilities and issues related to online Chinese language pronunciation education. An analysis of the data found that the ease of communication with teachers is strongly related to the success or failure of distance learning. In addition, since distance education has the effect of promoting self-study, it was shown that if a learning environment utilizing ICT is in place, learning results equivalent to face-to-face learning can be obtained.

摘要： 针对汉语初学者的发音教学是一门实习性课程，需要师生之间的密切交流和互动。然而，新型冠状病毒的传播迫使日本的大学教育转向为远程教学。不仅如此，作为防疫措施的远程教学和新的学年度几乎同时开始，因此连完全没有学习经验的新生也不得不开始在线上学习发音。在本文中，我们报告充分利用 ICT 的远程教育的实施情况，包括使用作者开发的利用语音识别和合成功能的发音训练软件"ST Lab"（Watanabe et al., 2019）的发音教学，同时，分析了影响远程教学成败的主要因素。此外，我们与 2019 年的面授课程的结果进行对比分析，探讨了汉语发音的远程教学的可能性和问题。根据数据分析，远程教学的成败与师生沟通的难易度有较大的关联。另外，远程教学类似促进学生自学的倾向，因此，如果能提供一个可以回应自学意愿的 e-Learning 环境，即使是远程教学也可以获得相当于面授课程的教育成果。

Keywords: Distance Teaching, e-Learning, Pronunciation Education, Speech Processing Technology, Speech Recognition
关键词：远程教学，电脑教学，发音教学，语音处理技术，语音识别功能

1. Introduction

In Japan, the presence of COVID-19 was confirmed in January 2020. In response, the Japanese government's Ministry of Education, Culture, Sports, Science, and Technology (MEXT) issued a notice on March 24 to all universities to consider switching to distance learning in April, at the beginning of the new academic year. According to a survey conducted by the Japanese Association for Teaching Chinese as a Foreign Language of 65 Chinese language teachers in Japan between May 25 and June 4 this year, 64% of the 89 classes conducted by the teachers were classes in Chinese as a second language and 18% were classes for students majoring in Chinese. This indicates that relatively few of the Chinese classes were lecture courses, while most were so-called "practical" classes. In this survey, after the shift to distance education, 40.4% of the classes adopted the interactive synchronous model, 24.7% the on-demand asynchronous model, and 31.5% a combination of the two models.

The Japanese government's "Standards for Establishment of Administrative Institutions" classify university classes into "lectures," "practices," "experiments," and "technical intern training." All foreign language classes for first-year college students are classified as "practices." In other words, foreign language classes for first-year students are categorized as courses that conduct repeated practice exercises to acquire skills rather than focusing on classroom lectures, and actual class time is also centered on "practice."

Okinawa University offers two types of Chinese courses for first-year students: the "Basic Course" and the "Oral Course." The "Basic Course" focuses on grammar and writing, while the "Oral Course" is designed to improve conversation skills. It is the "Oral Course" that was the subject of this study. Since none of the students who took this course this year had ever studied Chinese before, they first learned about the phonetic structure of the Chinese language and practiced pronunciation. Students first listened to the teacher's explanations in class, then listened to the model pronunciations in the online textbook on the computer and repeatedly practiced their pronunciation using the original pronunciation practice software "ST Lab." While the students were practicing with this software, the teacher would answer their pronunciation questions and give each student pronunciation advice. We recognize that this kind of interactive teaching can effectively provide a more active atmosphere to the class as a whole, enhance the learning effect, and keep the students motivated to learn. This type of instruction is essential for pronunciation learning and may determine the success or failure of learners in acquiring Chinese.

According to a yearly report published by the Ministry of Internal Affairs and Communications of the Government of Japan, the "Telecommunication Usage Trend Survey," dated May 29 this year, the Internet usage rate for individuals in Japan is 89.8%, which is not low. However, the national proportion of households accessing the internet using a personal computer is only 50.4%. On the other hand, the usage rate of smartphones was 63.3% nationally. Since survey respondents were allowed to give multiple answers, this figure includes households where the Internet is accessed on both smartphones and PCs. Still, it also suggests that some homes do not have any internet access other than via mobile phones. As a result, many universities were forced to rent out free PCs and routers and provide students with the funds to purchase a computer to improve the communication environment. Of the classes surveyed by the China Education Research Association, only a little less than 70% of the courses were taught in a simultaneous delivery format, including in combination with on-demand, even though these are "practice" courses and require interactive instruction. The reason for these results can be interpreted as being due to a lack of ICT skills on the part of teachers and being greatly influenced by the communication environment, including the Internet connectivity environments of the students.

In this paper, we report on distance learning in China using ICT, including pronunciation training software with speech synthesis recognition and speech synthesis functions developed by the authors. In addition, we will compare the results with face-to-face learning conducted in 2019 to illuminate the issues and possibilities related to using ICT in introductory courses.

2. Current status of distance learning in Chinese language education in Japan

Waseda University was the first university in Japan to incorporate distance learning of the Chinese language into its regular curriculum. In 1999, the university launched the Digital-Campus Consortium (DCC), an industry-academia collaborative organization, to commercialize financial support for the development of distance education, management of technical assistance and distance learning, and cooperation with overseas universities[1]. For the Chinese language, there is Cross-Cultural Distance Learning (CCDL), conducted since 2001, and a tutorial language learning system where teachers have been intensively teaching small numbers of students starting in 2003. The latter is now highly regarded as a special component of Waseda University's language education. There are many related research results, such as Sunaoka et al. (2008) and Sunaoka et al. (2009). Waseda University's attempt at distance education was only possible with sufficient funds and human resources through industry-university collaboration, and few universities were able to meet those conditions, so Waseda University's efforts did not encourage other universities to promote distance education.

According to Fujimoto (2019), since the mid-2000s, there has been an increasing number of valuable reports of online exchange classes in English, Japanese, and Korean. However, as Sugie (2015) points out, there have been few reports on online courses in Chinese, mainly limited to the development of learning management systems (LMS) and application materials and content creation using mobile device applications.

Fujimoto (2019) conducted a questionnaire survey of teachers who teach Japanese online to investigate the psychological burden they feel during classes. In this paper, the author first cites Kappas et al. (2011) and states that in face-to-face communication, including videoconferencing, non-verbal communication plays a significant role in the success or failure of relationship building. For example, the time lag of nonverbal feedback creates negative feelings toward the other party, making it challenging to build a good relationship for both parties. In her study, Fujimoto (2019) found the same phenomenon, pointing out that system failures inhibit smooth and quick feedback and negatively affect trust between students and teachers, which is significant stress for teachers conducting distance education classes. She also pointed out that faculty members see problems when they cannot respond to system failures quickly and appropriately, which increases unnecessary tension in the classroom.

Although the speed and stability of communication are improving year by year, the communication environment depends on the connectivity situations of both teachers and students. Especially in Japan, the Internet environment at home is inferior to that of other developed countries. Therefore, when studying Japan's actual distance learning situation, we must first recognize that we had to start distance learning in an inadequate communication environment as described above.

3. The practice of distance learning for beginners of the Chinese language

In this chapter, I will report on implementing a class called "Oral Chinese 1," which was offered in the first semester[2] of the 2020 academic year at Okinawa University. This class is held in a CALL (Computer Assisted Language Learning) classroom for first-year students who have no prior experience learning Chinese. The textbook is a web-based textbook, the same one used for nine years. Until 2019, a blended learning format was used, incorporating e-learning into face-to-face classes. The teacher will first explain the lesson's main points using the blackboard and slides, and then each student will practice pronunciation using pronunciation software.

3.1 Communication Tools

The three main communication tools used in the remote class were a teleconferencing software for real-time video calls, a Learning Management System (LMS) for sharing files and URLs of teaching materials, and finally, a social networking service (SNS), which was used as a sub-channel in case of communication interruptions due to system failures or other issues.

---

[1] From the Waseda University DCC website http://www.waseda.jp/dcc/7th/ (accessed July 26, 2020)

[2] Under the Japanese school system, the school year begins in April, summer vacation is less than two months from August, and the second semester usually begins around the end of September.

Since Okinawa University uses a cloud service provided by Microsoft, we selected the online conferencing system "Teams" included in the cloud service as a remote class tool. With this software, the university manages our account so that when a student logs in, their name will automatically appear on the screen. As a result, teachers were able to quickly confirm student attendance in remote classes. In addition, direct communication with the file transmission function and by raising hands and chatting was also helpful for online learning. However, when students were asked to turn on their cameras to participate in class, the load on the network increased, and there was a risk of communication problems, so the students took classes with their cameras switched off. This measure was unavoidable, but it undeniably hampered immediate communication between faculty and students.

Okinawa University has been using Moodle as a learning management system for a long time, and the shift to remote classes was not the reason we started using it. However, the LMS has had a more significant effect in an environment where communication has become more complex. For example, students were able to check class schedules, URLs of teaching material sites, test results, etc., at any time from home. It also provided important clues for students who could not access class information due to lack of information or equipment failure to catch up with the class.

For the social networking service as a sub-channel, we chose "LINE," as it is the social networking app most commonly used by students and many students are familiar with its operation. Students often reported poor reception at home during class via SNS, and SNS as a supplementary tool was a great clue to understand the communication environment. It also became a means to give students a sense of security in an unstable communication environment, and we strongly felt the importance of sub-channels. Another notable effect of incorporating a communication tool that is familiar to the students into the class was the increase in questions from the students compared to face-to-face classes. Many questions were asked not only in class but also outside of class.

3.2 Teaching Materials

3.2.1 Textbook

The class uses a textbook called "Point Learning for Beginners in China" and has a website with the same content. On this website, students are able not only to easily listen to the textbook by simply clicking on the audio, but the lessons' "e-homework" function automatically generates listening and translation exercises for each lesson. In addition, there is a grading function and an "e-test" quiz for each lesson.

The "e-homework" consists of four types of questions. The first question asks students to listen to a new word and practice writing it down in Pinyin. The second question asks students to practice translating words written in Japanese into Chinese, the third question asks students to listen to a short Chinese sentence and practice writing it in Chinese characters, and the last question asks students to translate a short sentence written in Japanese into Chinese. Each of these questions requires students to answer correctly three times. As the student solves the problems, the color of the achievement indicator for each problem gets darker and darker, and when the student has answered all the questions correctly three times, the indicator turns red, and the word "Excellent" appears. According to the author, if all 40 lessons are completed over the course of a year, the average student will have solved 6,000 problems each.

The "e-test" is worth up to 100 points, of which 40% is allocated to the four "e-homework" problems, and one "Excellent" is worth 10 points each. The next 40% is for listening questions, where half is for writing Chinese words in pinyin and the other half is for listening to short Chinese sentences and writing them in Chinese characters. The questions are all randomly selected from the "e-Homework" questions for each student and are automatically generated and graded. The remaining 20% of the points are also for listening comprehension. These questions, however, are not typed in on the computer but are printed out by the students using the PC classroom printer, and the short sentences made by the teacher are handwritten in Chinese characters and Pinyin on the printed-out test paper. It is said that the most reliable way to learn Chinese characters is to write them by hand, and it is unique of this test to include such handwriting questions in the e-Learning materials.

3.2.2 Chinese Learning Web Site

Since it is difficult to visually explain individual pronunciations in distance learning, we used "Pronunciation Basics" from Seikei University's multimedia Chinese learning site, "游 (Yu)."[3] On this website, students can hear all the Chinese syllables and watch videos to see tongue movements and other additional information. The website also features the ability to visualize the pitches of student-recorded sounds as waveforms. It is also possible to compare the waveform of the site's model voice with the voice recorded by the student, a significant feature that has conferred significant benefit when learning the four tones.

3.2.3 "ST Lab"

Chinese language education in Japan is heavily focused on input, such as listening to teachers' explanations and recorded model sounds and weak on output, such as practicing pronunciation aloud. Therefore, even in face-to-face classes, it is difficult to motivate learners to practice pronunciation and increase the number of practice sessions to make them more effective. It is also challenging for learners to study pronunciation on their own in an environment without a teacher. To address this issue, we developed the "ST Lab" pronunciation training software that utilizes voice recognition and text-to-speech functionality. For details on the content and educational effects of the software, see Watanabe et al. (2019).

The "ST Lab" Chinese exercises consist of two types: listening practice to distinguish the four Chinese tones and speech practice using the voice recognition function to input voice data. The listening practice is a four-choice practice exercise, "Four Tones Listening Practice." For pronunciation practice, there are three types of utterance practices: "Pinyin Reading Practice" (See Fig.1), in which questions are given in Pinyin, "Reading Aloud Practice," in which questions are given in Simplified Chinese, and "Simulated Interpreter Practice," in which questions are given in Japanese (or the learner's native language), and learners translate into Chinese and input their responses. If the answer is correct in any of the exercises, a chime sounds, and if the answer is incorrect, a buzzer sounds. When a correct answer is given in "Four Tones Listening Practice," the next question is automatically provided. In contrast, the other question types are not given until the correct answer is given. If the learner wants to move on to the next question, they may press a "skip" button. There is no limit on the response time in each practice type, and even in the

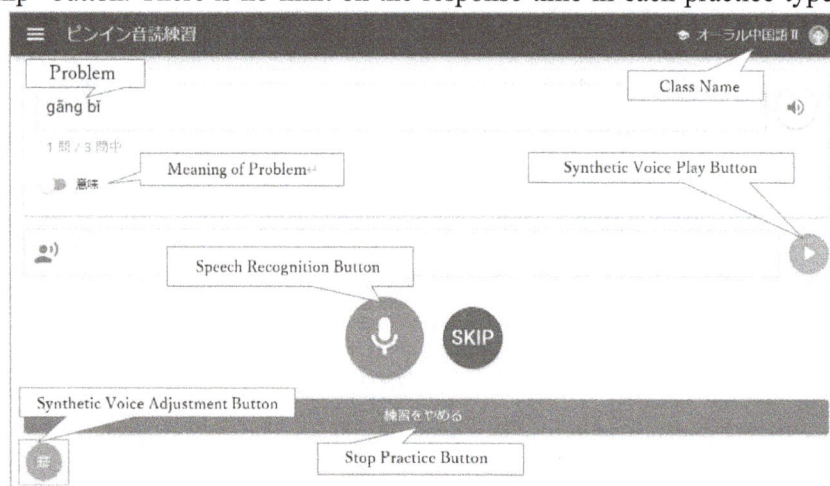

---

[3] http://chinese-you.net/webtop.html, "Yu" e-Learning System, Seikei University. "Yu" is the Japanese pronunciation of the software name.

middle of a question, it is possible to adjust the synthetic voice's volume, speed, and pitch by using the "Synthetic Voice Adjustment" button. When one set of practice questions is completed, the correct answer rate and the correct answer for each question are displayed to the learner. Also, all the practice results are automatically accumulated as a practice history so that the learner can check their practice history at any time.

As seen in Watanabe et al. (2019), when 32 questions of "Reading Aloud Practice" were practiced in a three-hour class, 25 students voluntarily practiced a total of 11,198 times (448 times per person). It was also found that the lower the correct answer rate of the question, the more times the practice was performed. These facts show that ST Lab increases motivation for pronunciation practice and has the effect of further improving motivation when it is difficult to pronounce correctly.

When learning the four tones, prior to 2019, students practiced using only the listening comprehension exercises in the "Four Tone Listening Practice" in "ST Lab" and did not practice using voice input. This is because it is difficult for speech recognition to recognize single sounds correctly. In 2020, however, to provide more classroom practice opportunities, we have experimentally created six sets of "Consonant Practice" for "Pinyin Reading Practice" by collecting two-syllable words composed of previously learned sounds actually used in the classroom.

3.3 Class Procedure

In each lesson, a brief overview of the class was given, followed by a detailed description of the points, and then practice using ST Lab was repeated for each point. After the practice ended, photos of the practice history (taken by the students themselves) were required to be submitted using the chat function. Also, every time one lesson of the textbook was completed, the "e-homework" of the lesson was requested to be finished.

For the learning phase of consonants, the aforementioned "Consonant Practice" from ST Lab was used in class. The textbook categorizes consonants into six groups: "b/p/m/f", "d/t/n/l", "g/k/h", "j/q/x", "zh/ch/sh/r", and "z/c/s." In accordance with the textbook's classification system, we created six sets of exercises of eight words each as "Pinyin Reading Comprehension Exercises." Since ST Lab also provides synthesized voices for the exercises as teaching materials, we tried to choose words that are easy for beginners to hear and identify. Another important point was that the pronunciation of the synthesized voice should be accurate enough to be used as teaching material. The exercises focused on words that satisfied both of these points at the same time.

Consonant-themed classes were held twice, once on April 20th (23 students) and once on April 23rd (21 students). The practice time set for each class was 30 minutes, and six sets of practice were performed, three sets each. Table 1 shows the results of exercises and extracurricular activities performed during the course. As is clear from this table, the average accuracy rate is not high at 20% or more, but it can be seen that each student practices about 280 times on average. (See Table 1)

Table 1: Average number of exercises and average percentage of correct answers for "Consonant Practice"

Pinyin	Toatal		Per Student		Correct answer rate (%)
	Number of correct answers	Number of exercises	Number of crrect answers	Number of exercises	
b p m f	479	2044	20.8	88.9	23.4
d t n l	244	1514	10.6	65.8	16.1
g k h	227	1172	9.9	51.0	19.4
j q x	121	660	5.8	31.4	18.3
zh ch sh r	78	468	3.7	22.3	16.7
z c s	78	463	3.7	22.0	16.8
Total	1227	6321	54.5	281.4	Average: 19.4

4.   Comparison with Face-to-Face Lessons

Table 2 shows the number of exercises per student and the average percentage of correct answers for the "Four Tone Listening Exercises" practiced with ST Lab in 2019 and 2020 (see Table 2). From this table, we can clearly see that the average number of exercises is higher in 2020 distance learning than in the face-to-face lessons in 2019, although the percentage of correct answers per student is lower.

Table 2: Average practice frequency and average correct answer rate for "four tone listening exercises"

Date of Lesson	Number of Practice per Student	Correct Answer Rate (%)
11–Apr–19	117.4 times	77.3%
16–Apr–20	191.8 times	70.9%

Each year, after teaching the four tones, vowels, consonants, etc., when moving on to two-syllable words, we have conducted "two-syllable practice" using "Pinyin Reading Practice" in "ST Lab." This is a practice that can be considered a comprehensive review of pronunciation. In 2019, it was conducted twice, on May 9 (27 students) and May 16 (25 students), and in 2020, it was conducted on May 14 (23 students) and May 21 (24 students). Figure 2 shows the result of performing an exponential approximation of the number of times of practice responses per person and the average correct answer rate for each question.

The correlation coefficient between the number of practices and the correct answer rate was -0.86 in 2019 and -0.81 in 2020. As shown in Figure 2, there is a strong negative correlation. In other words, if face-to-face and remote class answers are difficult (low percentage of correct answers), the number of exercises tends to increase. Conversely, if the question is simple (high accuracy rate), both tend to require less practice. The correlation between the number of practice sessions and the percentage of correct answers tends to be similar between face-to-face and remote classes. However, if the correct answer rate is the same, it can be interpreted that the face-to-face lessons in 2019 have more practice sessions, and the motivation to practice in 2019 is higher.

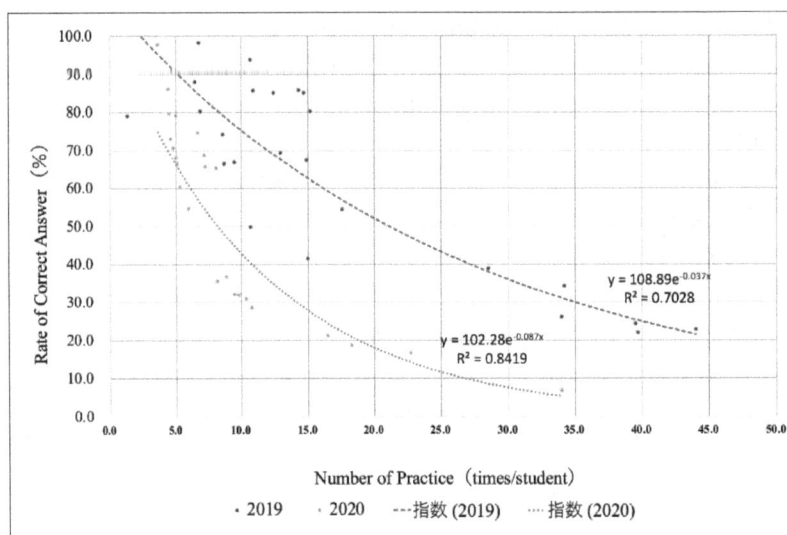

Figure 2: Average number of exercises and average correct answer rate for each "two-syllable practice" question

Furthermore, as shown in Figure 3, there is a relatively large variation in the correct answer rate for both years. Also, the median correct answer rate in 2019 was 68.3%, but the median in 2020 was 62.8%— 5.5 points lower (see Figure 2). In face-to-face classes, students receive tutoring when practicing in the ST Lab. However, since tutoring is not available in remote learning, this can be interpreted as the cause of the low accuracy rate.

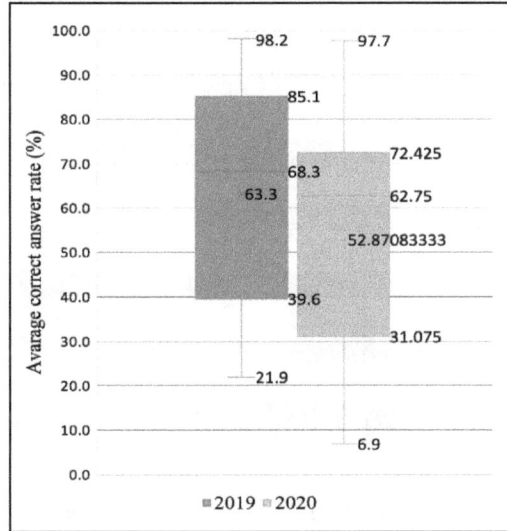

Figure 3: Distribution of the average correct answer rate of "two-syllable practice"

The "Two-Syllable Practice" can be juxtaposed with "ST Lab" pronunciation practice of Lesson 5 to see how the results of these pronunciation exercises are reflected at the transition into the conversation class. Lesson 5 has the theme of "您贵姓? (What is your family name?)." The lesson was held on May 23, 2019 (attendance: 24 students) and on May 22, 2020 (attendance: 23 students). Table 3 shows the results of the "Reading Aloud Practice" of the conversation in this lesson.

Table 3: Average practice frequency and average rate of correct readings in lesson 5

	Number of Exercises per Student (times)	Average Correct Answer Rate (%)
23-May-19	65.0	25.9
22-May-20	47.5	26.1

It can be seen from the data in Table 3 that the average number of correct answers is almost the same, although the number of exercises per student this year is smaller in the case of "Two-Syllable Practice." It was worried that learning outcome in the distance course would be inferior to face-to-face classes. Yet when Lesson 5, the point at which which pronounced phrases began to become longer, was reached, the learning outcome did not appear to change.

5. Questionnaire Results

5.1 Distance Classes

Every year at Okinawa University, teachers conduct anonymous class evaluation questionnaires in several classes at the end of each semester. This class is one of them. We ask the same questions every year for easy comparison, but this year we have added a new question about distance learning. The questions are as follows.

(1) It was easy to operate remote class equipment.
(2) I immediately became proficient in operating the equipment.
(3) I didn't dislike the class format of taking classes remotely.

(4) I felt free to take distance classes.
(5) I was able to fully understand the contents of the remote class.
(6) Communication with the remote class teacher was easy.

Figure 4 shows the results of each question, divided into five levels: "Strongly Agree," "Agree," "Neither," "Disagree," and "Strongly Disagree." (See Figure 4)

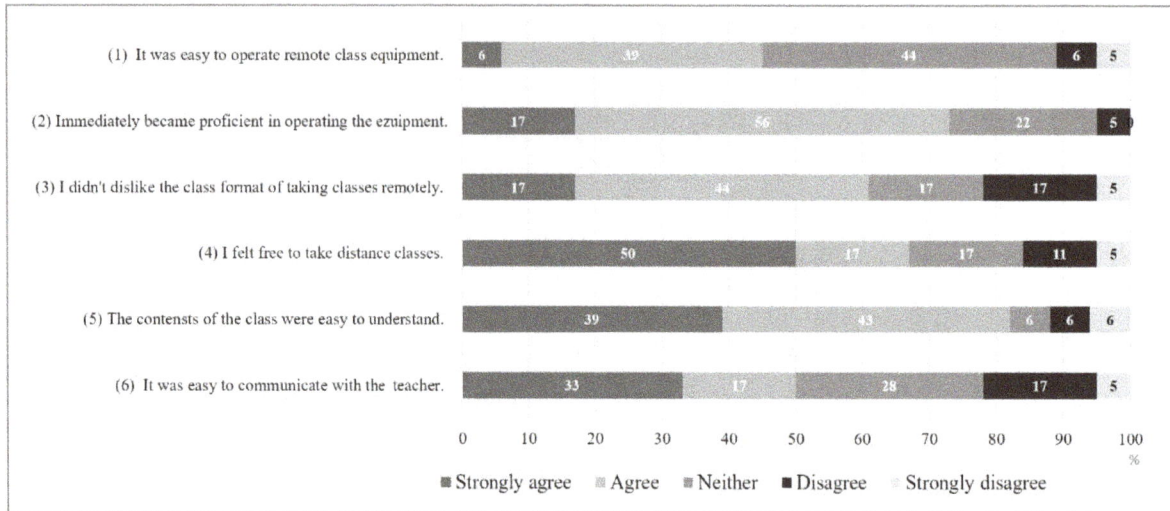

Figure 4: Satisfaction survey results for distance learning

Only about 10% of the students negatively answered the question, "It was easy to operate remote class equipment." In addition, more than 70% of the students said that they became proficient in operating the equipment immediately. These results indicate that students did not feel that they experienced many problems with the equipment, software, and communication environment used in the class, even though the course was interrupted several times at the beginning of the remote class due to equipment operation errors and conectivity interruptions.

Table 4 shows the single correlation coefficients for each question on the content of each student's response by converting "strongly agree" to 5 points and "strongly disagree" to 1 point. (See Table 4.)

As can be seen in Table 4, the correlation coefficients between "I got used to operating the

Table 4: The correlation coefficient for questions regarding satisfaction with distance learning

		1	2	3	4	5	6
1	The operation of the equipment was easy.	1.0000	0.5541	0.2988	0.4449	0.3712	0.4547
2	I got used to operating the equipment immediately.	0.5541	1.0000	0.2277	0.3346	0.0882	0.5593
3	I didn't feel any resistance in the distance class.	0.2988	0.2277	1.0000	0.6857	0.5421	0.5929
4	The distance class was easy to take.	0.4449	0.3346	0.6857	1.0000	0.8010	0.7512
5	The contents of the class were easy to understand.	0.3712	0.0882	0.5421	0.8010	1.0000	0.6384
6	It was easy to communicate with the teacher.	0.4547	0.5593	0.5929	0.7512	0.6384	1.0000

equipment immediately" and, respectively, "I didn't feel any resistance in the distance class" and "The distance class was easy to take," were 0.2277 and 0.3346, showing low correlation. On the other hand, correlation coefficients of 0.5421 and 0.5929 were found between "I didn't feel any resistance in the distance class" and "The contents of the class were easy to understand" and "It was easy to communicate with the teacher", respectively. The strongest correlation was between the degree of understanding of the lesson and the degree of communication with the teacher. The correlation coefficient was 0.6384.

The following partial correlation coefficients were obtained by excluding the influence of other variables. The results of the partial correlation coefficients are shown in Table 5. Figure 5 also shows a graph showing the relationship between the variables. The thickness of the lines drawn between the variables indicates the strength of the correlation, with positive correlations represented in blue and negative correlations in red.

Table 5: Partial correlation coefficients between questions regarding satisfaction with distance learning

		1	2	3	4	5	6
1	The operation of the equipment was easy.	1.0000	0.4946	0.0189	0.0487	0.2433	-0.1203
2	I got used to operating the equipment immediately.	0.4946	1.0000	-0.1148	0.1418	-0.4802	0.5470
3	I didn't feel any resistance in the distance class.	0.0189	-0.1148	1.0000	0.3937	-0.0828	0.2038
4	The distance class was easy to take.	0.0487	0.1418	0.3937	1.0000	0.5803	0.2296
5	The contents of the class were easy to understand.	0.2433	-0.4802	-0.0828	0.5803	1.0000	0.3310
6	It was easy to communicate with the teacher.	-0.1203	0.5470	0.2038	0.2296	0.3310	1.0000

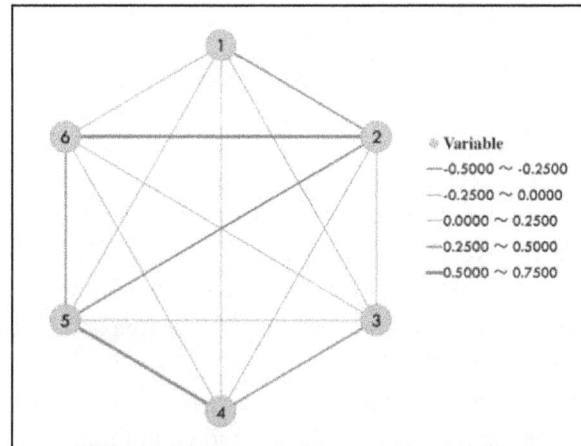

Figure 5: Edge-weighted graph of partial correlation values

These results indicate that there was a large positive correlation between "The distance class was easy to take," "The contents of the class were easy to understand," "I got used to operating the equipment immediately" and "It was easy to communicate with the teacher," and a large negative correlation between "I got used to operating the equipment immediately" and "The contents of the class were easy to understand." In addition, a no-correlation test of the mother correlation coefficient was performed on these with the null hypothesis "correlation coefficient is zero." The results showed significant correlations at the 5% risk level for "The distance class was easy to take" with"I understood the contents of the class well" and "I got used to operating the equipment immediately" with "it was easy to communicate with the teacher."

In the remote class held in 2020, we used the chat functionality of LINE and Teams to accept questions from students 24 hours a day. It was suggested that close communication with the teacher would reduce student resistance to remote classes and make it easier to take classes. In addition, the ease of understanding the content of the course was significantly related to the comfort of taking remote courses. Furthermore, making the content of the class easier to understand is associated with the convenience of communicating with the teacher. Therefore, it can be said that smooth communication is indispensable for a deeper understanding of the lesson.

5.2 Comparison with 2019 Survey Results

To investigate how the students evaluated distance learning compared with face-to-face instruction, the results of the lesson evaluation questionnaire conducted in 2019, were compared with those from this year. The question items are as follows, and the comparison results from (1) to (3) are shown in Figure 6.

(1) The class was easy to understand.
(2) I can speak Chinese a little.
(3) Through the class, I have become familiar with the Chinese language.
(4) I voluntarily learned during extracurricular hours.

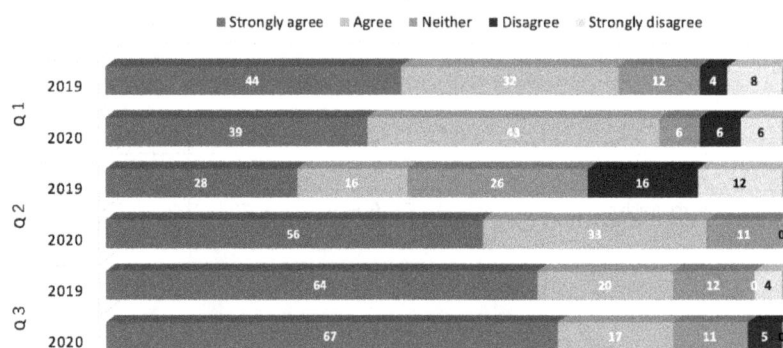

Figure 6: Comparison of 2019 and 2020 survey result

The proportion of "strong agreement" was slightly lower for "The class was easy to understand," but the overall positive opinion was that 2020 was 8 points higher. Also, it should be noted that the number of "strongly agree" responses in 2020 doubled from that of 2019 for the item "I can speak Chinese a little." All positive opinions also doubled from 44 to 89 points. Even for the item "Through the class, I became familiar with Chinese," it is worth noting that the number of "Disagree at all" responses was zero this year, with 2020 showing an improvement over 2019.

The fourth question about extracurricular learning was set to four options: "I did frequently," "I did occasionally," "I did few," and "Not at all." The results are shown in Figure 7.

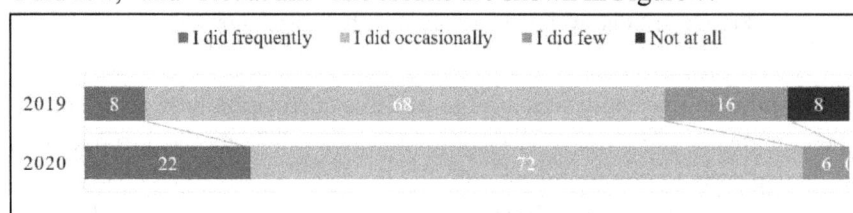

Figure 7: Comparison of questionnaire results regarding the frequency of extracurricular self-study

Figure 7 shows that the percentage of students engaging in extracurricular self-study almost tripled in 2019, with no students failing do so. In other words, students did more extracurricular learning in remote classes than in face-to-face courses. These factors may contribute to improving the learning effectiveness of remote courses.

Figure 8 shows the results of a question about the learning effect of the pronunciation training software "ST Lab" that uses speech recognition. The percentage of positive opinions has not changed significantly, but it is worth noting that in 2020, the number of "strongly agreeing" that learning is effective has almost halved. In face-to-face lessons, the software was used in a mixed learning format. The teachers gave one-on-one guidance to students with pronunciation problems, and when they succeeded in voice input, the teachers were delighted with them. This type of instruction often inspires students throughout the classroom and creates a vibrant atmosphere. However, this type of instruction was not possible with remote

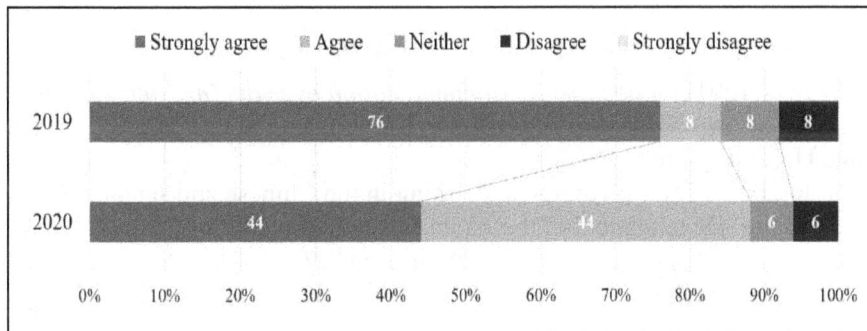

Figure 8: Comparison of questionnaire results regarding the effectiveness of "st lab"

classes. This may be the reason why the learning effect of pronunciation practice software is much lower.

6. Conclusion

As can be seen from the survey conducted at the end of the semester, students are studying on their own more than in 2019, and the percentage of students who feel that they can speak a little better has more than doubled. In addition, it can be seen that students' motivation to learn and their sense of accomplishment is higher even though remote learning does not allow for one-on-one pronunciation instruction by teachers, and students cannot feel the energy of the classroom to motivate them to learn.

At the beginning of the class, teachers were worried that distance learning would be complex due to insufficient communication infrastructure and facilities. However, as one can see from the questionnaire results, it was not challenging to operate the equipment for conducting distance learning. In addition, the degree of discomfort with distance education was lower than expected. Moreover, the students' sense of accomplishment was much higher than in face-to-face lessons. As a result of analysis of the data, it was found that the ease of communication with the teacher significantly contributed to the students' learning effectiveness. Although by no means the only factor behind success in a distance learning course, students' spending more time studying on their own during distance learning may also be associated with improved learning outcomes. Many factors affect the effectiveness of education. Drawing conclusions from survey results and test scores is not easy. Based on the results of this survey, it can be said that distance learning can be as effective as face-to-face lessons, provided that a certain degree of e-learning environment is in place and smooth communication with teachers is possible.

Although students did not get motivated to learn through classroom atmosphere and interaction with their classmates, they achieved high learning effectiveness in remote classes. From another angle, it can be argued that distance learning is like a pseudo-individual class, where both parties are forced into unfamiliar and challenging situations, which ultimately encourages students to take an active hand in their own learning. In addition, the self-study environment of listening comprehension training and pronunciation practice through e-learning was already available to meet their extracurricular learning needs. Furthermore, in distance learning, we have prepared elements by improving the 24-hour communication environment using SNS and responding quickly to questions. These factors appear to contribute to the success of distance learning in complex ways.

Acknowledgment: This work was supported by JSPS KAKENHI Grant Number JP19K00879

References

Fujimoto, K.（2019）. A Qualitative Study of Challenges Face by Japanese language Teachers in Conducting Online Classes for Groups of Students -Focusing mainly on interviews with the teachers in charge-. *The Japan e-Learning Association Journal*, 19, 27-41. [藤本かおる. (2019). 日本語初級レベルのグループオンライン授業での教室活動に関する研究–担当教師へのインタビューを中心に–. *日本e-Learning 学会誌*. 19.]

Kappas, A. & Krämer, N. (2011). *Face-to-Fac Communication over the Internet: Emotions in a Web of Culture, Language and Technology* (Studies in Emotion and Social Interaction) Kindle Version. Cambridge University Press.

Sunaoka, K., & Yu, J. (2008). The Collaborative learning in the Chinese and Japanese Cross-Cultural Distance Learning: Development of the Asian Miscommunications Corpus. *IEICE Technical Report. Thought and Language*, 108(297), 37-41. [砂岡和子，Yu Jingsong. (2008). 日中ビデオ会議にみる共同学習：アジアン・ミス・コミュニケーションコーパスの開発. *電子情報通信学会技術研究報告，TL，思考と言語*. 108(297), 37-41.]

Sunaoka, K., & Yu, J., & Gao, Y. (2009). The Collaborative learning in the Chinese Cross-Cultural Distance Learning. *Information Processing Society of Japan Research Report, Report of Natural Language Processing Research Group*, 2009(2), 127-133. [砂岡和子，俞敬松，高媛媛. ビデオ会議でのＮＳとNNSの協調的コミュニケーションの方略（検索・対話）. *情報処理学会研究報告，自然言語処理研究会報告*. 2009(2), 127-133.]

Sugie, S., & Mitsugi, M.（2015）. The Practice of Blended Learning with Distance Learning for Chinese as a Foreign Language and the Evaluation with Mix Methods Data Analysis. *The Journal of Information and Systems in Education*. 32, No.2, 160-170. [杉江聡子，三ツ木真実（2015）. 遠隔交流を活用した中国語ブレンディッド・ラーニングの実践と混合研究法による評価. *教育システム情報学会誌*. 32, No.2 160-170] ä

Watanabe, Y. & Omae, T. & Odo, S. (2019). Investigation the Effect of Chinese Pronunciation Teaching Materials Using Speech Recognition and Synthesis Functions. *Journal of Technology and Chinese Language Teaching*. Vol.10, 102-124.

编作者介绍
(Notes on Contributors）

包括编者在内，本专辑共有 42 位作者。其姓名和简介如下（按姓氏字母拼写为序排列）：

Banerjee, Avijit (班纳吉, 阿维杰特), 印度国际大学(Visva-Bharati University)中国学院院长兼教授。班纳吉教授在国际大学取得汉语言文学博士学位, 曾在中印双边文化交流项目支持下就读于北京语言大学（1996-1997）。班纳吉博士发表过多篇文章并与人合编《中国青年眼中的印度》一书（2016 年）。班纳吉博士致力于对中文以及中印文化交流的研究，在中国的许多城市出席并参加了很多国际会议。班纳吉博士于 2014 年获得中国国家主席习近平在印度新德里访问期间亲自授予的和平共处五项原则奖。

鲍蕊 (Bao, Rui), 丹麦奥尔堡大学（Aalborg University）文学博士，从事国际中文教育工作 16 年，现任浙江师范大学国际文化与教育学院副教授，硕士研究生导师，主要研究方向国际中文教育、第二语言教学与习得，主持国家社会基金项目、语合中心重点项目、中国侨联课题各 1 项，在国内外刊物发表论文 10 余篇， SSCI 权威论文 2 篇。

鲍莹玲(Bao, Yingling), 美国印第安纳大学东亚语言及文化系高级讲师，中文项目代理主任及中文领航暑校主任。曾任教于弗吉尼亚大学、明德暑校。任教期间积极进行各种教学创新，包括翻转课堂、商业跨文化交际模板、多媒体材料等，三度获得校级优秀教学奖。研究兴趣为语言社会化、对外汉语教学法、师资培训等。

蔡江坪 (Cai, Jiangping), 美国罗德岛大学（University of Rhode Island）古典与现代语言文学系中文讲师，教育学博士在读。曾参与多个罗德岛中文领航项目暑期密集班（Chinese Flagship Intensive Program at URI），研究兴趣为二语习得、科技辅助语言教学、语言学习和教学中的身份研究等。

张曼荪（Chang, Cecilia），美国威廉姆斯学院(Williams College) 亚洲语文系威尔斯（Frederick Latimer Wells）中文讲座教授。从事国际汉语教育三十余年。前美国大学理事会大学中文先修课程试务委员会主席及主试官 （College Board AP Chinese Co-Chair & Chief Reader）。自 1980 年代起，在明德中文暑校陆续担任过教学与师资培训等工作，现任该校校长。主要研究领域为二语习得，阅读理论与策略。

陈昭珍(Chen, Chao-Chen), 现任中原大学通识教育中心讲座教授兼图书馆馆长。研究方向为汉资讯组织、数位典藏、阅读研究、数位学习、数位课程发展等，发表之专书论文与期刊论文已超过百篇，对于推动阅读教学不遗馀力，每年服务人数达数十万人次。担任国立台湾师范大学教务长期间，全力推动校内数位课程、数位学位专班，并邀集台湾各大学有意加入远距教学之大学共同加入台湾师范大学所创立之"全球远距学院"。

陈彤（Chen, Tong）,美国海德堡大学（ Heidelberg University）教育心理学硕士。曾任教于Williams College，1997年至今任教于MIT，曾几次担任MIT中文项目负责人；于2013年获得MIT的 Levitan 杰出教学奖，并先后获得 MIT 各类研究基金和 Consortium 研究基金十余次。自 2000 年起任教于 Middlebury College 中文学校暑期班，负责一年级的暑期教学工作，同时协助学校做教师培训工作。发表论文十余篇，各种学术报告 60 多次；近年主编的教科书和教学参考书包括《Teaching Basic Chinese Grammar: Communicative Strategies and Activities》、《China from

Different Perspectives》、《Chinese School at Middlebury—A Passage to Success》等。陈彤曾任美国新英格兰地区中文教师协会会长，现任美国中文教师协会理事。

陈雅芬 (Chen, Yea-Fen)，美国印第安那大学(Indiana University Bloomington) 语言教育博士、应用语言学硕士。从事中文教育 30 余年，曾先后任教于汉密尔顿学院、威斯康辛大学密尔瓦基分校，现任美国印第安纳大学东亚语言及文化系教授、中文领航项目主任。研究方向为对外汉语教学、跨文化教学、教育科技、在线学习和师资培训等。

陈文慧(Chen, Wenhui)，北京语言文化大学课程与教学论硕士。现任教于美国布朗大学，曾任教于哈佛大学、清华大学 IUP 中文中心、清华大学国际中心。研究兴趣为古文教学、语言课程设计与科技在语言教学中的应用。

高畔畔 (Gao, Panpan)，美国麻省理工学院全球语言系中文讲师，曾任教于哈佛大学，并于 2019 年起任明德中文暑校年级负责人。曾以商业中文系列视频获麻省理工学院创新基金奖，并发起"中文冥想"项目，获麻省理工 MindHandHeart 创新奖。其合作主编的中级教材《故事内外 Expressive Chinese》一书于 2021 年由 Cheng & Tsui 出版。研究兴趣为语言偏误、文化教学与学习动机等。

高瑛(Gao, Ying)，弗吉尼亚大学东亚语言文学文化系中文讲师。曾先后任教于 ACC、Hamilton College、Oberlin College、CET 昆明项目。曾任弗大上海暑期项目驻地主任，2020 年明德暑期中文学校四年级负责老师。研究兴趣包括课题设计、教学创新、新兴科技及媒体资源与语言教学的有机结合等，曾获美国中文教师学会教学创新奖。

郭晶(Guo, Jing)，法国国立东方语言文化学院 (Institut national des langues et civilisations orientales) 中文系副教授。出版著作三部：《外语课堂口语教学》（主编）（L'enseignement de l'oral en classe de langue, 巴黎 Editions Archives Contemporaines)，《法语背景学生学汉语偏误分析》（合著，巴黎友丰出版社），法国高校汉语学习系列教材《中级汉语（下）》(合著，巴黎亚洲书库出版社)。发表学术论文 20 余篇。

郝雪飞(Hao, Xuefei)，中国人民大学语言学及应用语言学硕士，并修完美国俄亥俄州立大学 Foreign, Second and Multilingual Language Education 语言教育博士专业课程。现为密西根州立大学语言文化系学术专员。曾先后任教于耶鲁大学、圣路易斯华盛顿大学等学校。教学中探索多种教学模式并尝试创新，目前专注于翻转课堂与混合课程的结合发展，以及多媒体文化课程的设计开发。工作之余，积极服务于当地中文学校，曾任社区中文学校校长等职务。研究兴趣包括汉语教学法、继承语教学、教师培训等。

Harris, Mairead(何小蔓), is the founder of Language Wise Education Consulting and the Associate Director of the Middlebury Chinese School. Mairead taught Chinese at Stowe Middle & High School, as well as English in China, prior to starting Language Wise. She serves on the Board of Directors of both New England Chinese Language Teachers Association (NECLTA) and the Chinese Language Teachers Association (CLTA). Mairead was a co-editor of *Teaching Basic Chinese Grammar*, published by Cheng & Tsui in 2020, and is a lead instructional contributor to the series *Go Far with Chinese*, also published by Cheng & Tsui.

何文潮(He, Wayne Wenchao)，美国克拉克大学(Clark University)二语习得博士 。现任罗德岛大学中文教授、中文领航项目主任、中文部主任。是大纽约地区中文教师学会和新英格兰地区中文教师协会创始会长。到罗德岛大学之前曾先后任教于纽约大学和西点军校，参与开发了听、说、读、打、写五种技能的"电脑中文"教学法，主编出版了《走向未来》系列教材和和 18 部中文教学方面的专著和教材。他所领导的罗德岛大学中文领航项目团队荣获 2019-2020 年全美中文教师学会中文作为外语教学创新奖。

洪嘉馡(Hong, Jia-Fei), 台湾大学语言学研究所博士，其博士论文获得台湾语言学会 2010 年最佳博士论文奖。现任国立台湾师范大学华语文教学系副教授，台湾师范大学网路大学办公室主任。研究方向为汉语语言学、语料库语言学、词汇义学、华语文教学、中文文本分析等。目前已发表的相关专书论文及期刊论文已有四十多篇。近年来积极参与远距教学、数位课程的教学，所参与开发之数位学习平台，每年服务教师、学生超过十万人。

黄梅 (Huang, Mei)， 北京语言大学语言学专业博士毕业后留校任教，现任汉语学院副教授，从事汉语教学十余年。辅修经济学。曾派往美国南犹他大学、韩国培华女子大学等多地做访问汉语教授，学习当地汉语教学理论与实践。研究方向和工作兴趣是商务汉语和商务英语的教学理论与实践，高年级汉语语体语法研究和韵律语法理论。发表专著 2 本，论文十多篇。

李佳行(Li, Jiahang), 美国马里兰大学(University of Maryland College Park)教育学博士，北京大学中文系古典文献学硕士、学士，现任美国密西根州立大学 (Michigan State University)教育学院助理教授。研究方向为教育科技、在线学习、世界语教学和教师教育(world language teaching & teacher education)。

李岩(Li, Yan), 国家开放大学讲师，主要研究方向为混合教学模式及远程中文课程设计。2008 年至 2009 年赴泰国 BURAPHA 大学进行本科生汉语教学工作，2014 年始陆续赴美国、法国、意大利等地进行海外中文教师培训。2019 年至 2021 年任美国密西根州立大学孔子学院公派教师，从事网络中文资源建设及 AP 中文课程教学工作。国际中文教师证书模拟题撰写人。

梁宁辉(Liang, Ninghui)， 耶鲁大学东亚语言和文学系高级讲师，曾担任中文项目负责人，多次荣获耶鲁外语教学中心的教学创新资助，并获得美国教育部 2006-2010 Title VI Grant 。现任美国外语教学协会的中文口语水平测试官（ACTFL OPI tester），创立了美国中文教师学会（CLTA）初中级中文教学兴趣小组。研究兴趣包括对外汉语教学法、语言课程设计、科技辅助语言教学及跨文化教学等。

林钦惠 (Lin, Chin-hui)， 荷兰莱顿大学(Leiden University)语言学博士，台湾师范大学华语文教学研究所硕士。曾先后任教于荷兰莱顿大学汉学系、德国哥廷根大学东亚系，现任德国柏林洪堡大学(Humboldt-Universität zu Berlin)亚非学系专任中文讲师。著有《画蛇添足》(Paint Feet on a Snake)中级汉语阅读教程，由莱顿大学出版社出版。研究兴趣为课程设计、科技辅助语言教学、线上教学、教材编写、师资培育等。

刘波 (Liu, Bo), 浙江师范大学国际文化与教育学院 2019 级汉语国际传播专业在读硕士研究生。曾于 2016 年 5 月至 2018 年 3 月在泰国从事汉语教学，获国家汉办/孔子学院总部"优秀汉语教师志愿者"。攻读硕士研究生期间，曾参编《中国语言政策研究报告(2020)》一部，主持"战疫情·敢担当"校级专项课题一项。曾先后获国家奖学金和浙江师范大学一等学业奖学金、学术创新优秀奖。

刘美慧 (Liu, Mei-Hui), 现任国立台湾师范大学教务长和教育学系教授。研究方向为多元文化教育、课程设计、数位教学、混成式课程设计等。发表之专书论文与期刊论文已达近百篇，皆为各类教育、课程设计相关的主题。每年所开设之课程、工作坊、讲座，受益之教师与学生，达数万人次。

刘士娟 (Liu, Shijuan), 美国印第安那大学(Indiana University Bloomington)教学系统科技(Instructional Systems Technology) 博士，中国人民大学原语言文字研究所硕士。从事中文教学 20 余年，曾先后任教于中国人民大学、加州州立大学洛杉矶分校、西北大学，现任美国宾州印第安纳大学外语系和教育系副教授。曾获美国中文教师学会教学创新奖，发表学术论文多篇和完成科研项目多项。自 2010 年应邀任 Journal of Technology and Chinese Language Teaching (《科技和中文教学》 编辑至今。其主编的《Teaching the Chinese Language Remotely: Global Cases and Perspectives》 一书由 Spring Nature International 国际出版社旗下的 Palgrave Macmillan 出版。

刘晓南（Liu, Xiaonan）, 北京大学中文系现当代文学博士，清华大学原对外汉语教学中心博士后。从事中文教学 10 余年，曾先后任教于清华大学、北京大学，现任北京大学对外汉语教育学院副教授，汉语国际教育专业硕士生导师。主讲研究生课程获北京大学教学优秀奖。出版有专著、研究生专业课教材、留学生选修课教材等，发表论文 40 余篇。

马跃(Ma, Yue), 外国语言学及应用语言学硕士/博士（广州外国语学院/广东外语外贸大学），现担任开普敦大学语言学院中文部负责人、高级讲师。目前为南非中文教师协会主席。曾在山东师范大学、广州外国语学院（广东外语外贸大学）、暨南大学、南非罗德斯大学等高校任教，国内退休后加入南非开普敦大学。研究兴趣为心理语言学和第二语言习得、语料库语言学、汉语作为第二语言教学等。出版学术专著 1 部，合著、参加编写数部著作与词典、译著；发表学术论文 30 余篇并多次在专业学术会议发言。

Odo, Satoru (小渡悟), holds a doctorate in Engineering from University of the Ryukyus. He is currently an associate professor in Department of Industry and Information Science in Okinawa International University. His research interests are computer vision, human-computer interaction, virtual reality, e-Learning technology and intelligent computer-assisted language learning.

Omae, Tomomi (大前智美), holds a doctorate in Language and Culture from Osaka University. She is currently an associate professor in the Language Education Support and Research Division, Cybermedia Center, Osaka University. Her research focuses on ICT-enhanced foreign language teaching, primary German language teaching.

任少泽(Ren, Shaoze), 斯坦陵布什大学（Stellenbosch University）教育学博士在读，渤海大学汉语国际教育学硕士，现任职南非中文教师协会副秘书长。先后在南非多所孔子学院（课堂）任教，自 2018 年起至今担任南非高考汉语科目督考，并于 2020 年由 Umalusi 南非继续教育与培训质量委员会委任负责南非高考汉语试卷质量评估工作。研究兴趣在中文国际教育、现代教育技术、国际中文课程大纲研究以及师资培训。

宋春香 (Song, Chunxiang), 中国人民大学文学博士。现为中国政法大学国际教育学院副教授、学科带头人，专业负责人，从事教育工作二十五年，世界汉语教学学会会员。先后在北京语言大学、北京大学做访问学者。出版个人学术专著 4 部，合著 1 部，在国内外学术期刊发表论文 30 余篇，主持和参与各级课题研究 10 余项。所开设的课程《中国文学赏析》被列为中国政法大学课程思政示范课。近年研究兴趣为中国语言文化、汉语作为第二语言的读写教学、汉语国际教育中的"三教"问题等。

宋盼(Song, Pan), 西安学相长教育科技有限公司创始人，2017 年毕业于延安大学西安创新学院汉语国际教育专业。2020 年毕业于蒙古国研究大学教育学专业。曾任教于蒙古国伊赫扎萨克国际大学(2017-2019)和蒙古国普通话中学(2019-2020)。赴蒙任教期间取得多项荣誉，包括 2018-2019 年优秀汉语教师志愿者；被推荐参加国家社科基金重大招标项目"汉语国际传播动态数据库建设及发展检测研究"及"世界汉语教育发展报告"课题组调研组项目，负责项目调研和论文撰写。2020-2021任教于掌门教育（担任小高语文讲师）；2021至今任教于领格卓越，担任进阶版中文讲师。

Sunaoka, Kazuko (砂冈和子), 早稻田大学荣退教授。东京都立大学中国文学与语言硕士并修满博士课程，御茶之水女子大学历史学学士。曾任北京大学计算语言研究所外籍专家，日本国立信息通信技术研究所访问学者。曾获早稻田大学 ICT 教学一等奖，发表学术论文多篇和完成科研项目多项。并应邀任日本及海外多个学术期刊的编委。研究兴趣包括中文习得与教学、自然语言处理、远程教育和敦煌学等。

宋曜廷(Sung, Yao-Ting)，国立台湾师范大学副校长和教育心理与辅导学系讲座教授。研究方向为教育心理学、心理与教育测验、电脑辅助学习、电脑辅助测验与评量、混合研究法、中文文本分析等。已发表中英文期刊论文超百篇，并担任国内外多家学术期刊的主编、编辑委员及审查委员。所研发的电脑化教学、学习和评量等系统，已在全球多国运用，每年参与的学生约有三百万人。宋教授积极推动远距教学、数位课程，获得诸多研究奖励包括科技部的杰出研究奖及台湾教育部学术奖。

Thiragun, Arphon(吴平)，西南大学汉语言文字学博士、汉语国际教育硕士，泰国孔敬大学（Khon Kaen University）信息科学学士，现任泰国皇太后大学（Mae Fah Luang University）汉学院讲师。研究兴趣在比较文字学、中文国际教育、中国传统文化及其在东南亚的传播互动等。

王薇(Wang, Wei)，现为美国哈佛大学(Harvard University)东亚语言文明系中文讲师，曾任教于圣母大学（University of Notre Dame）多年。也曾参与普北班（Princeton in Beijing），罗德岛中文领航项目暑期密集班（Chinese Flagship Intensive Program at URI）等多个暑期项目。研究兴趣为科技辅助语言教学、语法教学等。

Watanabe, Yukiko (渡邊ゆきこ)，台湾大学硕士，(台湾)东海大学中文研究所博士班肄业，现任冲绳大学人文学院教授。曾以多语言发音练习软件的开发获得(日本) 2018 PC Conference 优秀论文奖。研究兴趣在计算机辅助语言教学、线上学习、教育软件开发及应用虚拟实境在语言教学上。

杨君(Yang, Jun)，美国亚利桑那大学(The University of Arizona)第二语言习得及教学(Second Language Acquisition and Teaching) 博士。在美国从事中文教学 20 余年，曾任美国芝加哥大学东亚语言文明系中日韩语主管，现任该系中文部主任，2008 至 2018 芝加哥公立学校中文星谈(Startalk)暑期班课程设计和主讲人。研究方向为二语习得、国际汉语教学、任务型教学法和汉语传承。

杨清钰(Yang, Qingyu), Yang's professional background is in teaching Chinese as a second language and exploring the fields of blended Chinese teaching methods and proficiency-based teaching. Before coming to University of Rhode Island, she was a visiting professor at Brandeis University, where she earned her MA. Besides teaching multiple levels of Chinese at URI, Yang also teaches calligraphy.

张恒煜(Zhang, Hengyu), 北京师范大学汉语国际教育硕士毕业。现任教于 CET 中文学术项目，主要负责美国留学生中文教学以及美国外交官中文培训。曾先后于美国欧柏林大学（Oberlin College）、美国中文领航项目北京中心(the Chinese Overseas Flagship Program in Beijing)、美国明德大学中文暑校（Middlebury College the Summer Chinese School）教授中文。

张一平(Zhang, Yiping), 美国罗德岛大学（University of Rhode Island）古典与现代语言文学系中文讲师，教育学博士在读。曾任教于西蒙思大学（Simmons University）。主要研究兴趣包括: 科技在汉语教学中的应用，教师教育等。

周康 (Zhou, Kang), 美国麻省理工学院全球语言系中文讲师，曾先后任教于布朗大学、威廉姆斯学院、哈佛大学，并于哈佛北京书院、明德中文暑校担任过多年教学及教师培训工作。其合作主编的汉字读本 Beginning Mandarin Chinese Characters 与 Intermediate Mandarin Chinese Characters 分别于 2018 年和 2021 年由 Tuttle 出版。研究兴趣为汉语教学法、语法教学、汉语教材编写、书法教学等。

周睿(Zhou, Rui), 四川大学文学博士，西南师范大学文学硕士、学士，现任西南大学文学院副教授，研究兴趣在中国古典文学、域外汉学研究及中文国际教育，出版专著 2 部、译著 1 部，目前主持中华学术外译项目 1 项。